珍藏版

THE WORLD'S RELIGIONS

人的宗教

（美国）休斯顿·史密斯（Huston Smith）/著
刘安云 /译　刘述先 /校订

海南出版社
HAINAN PUBLISHING HOUSE

版权合同登记号：图字：30-2021-108 号

图书在版编目（CIP）数据

人的宗教：珍藏版 /（美）史密斯 (Smith,H.) 著
; 刘安云译 . -- 海口 : 海南出版社 , 2013.6（2024.3 重印）
书名原文 : The world' s religions:our great
wisdom traditions
ISBN 978-7-5443-5084-6

Ⅰ. ①人… Ⅱ. ①史… ②刘… Ⅲ. ①宗教 – 研究 –
世界 Ⅳ. ① B928.1

中国版本图书馆 CIP 数据核字 (2013) 第 128538 号

人的宗教：珍藏版

REN DE ZONGJIAO：ZHENCANGBAN

作　　者：（美国）休斯顿 · 史密斯（Huston Smith）
译　　者：刘安云
校　　订：刘述先
责任编辑：张　雪
装帧设计：亿点印象
责任印制：杨　程
印刷装订：三河市祥达印刷包装有限公司
读者服务：唐雪飞
出版发行：海南出版社
总社地址：海口市金盘开发区建设三横路 2 号 邮编：570216
北京地址：北京市朝阳区黄厂路 3 号院 7 号楼 101 室
电　　话：0898-66812392　010-87336670
电子邮箱：hnbook@263.net
经　　销：全国新华书店
出版日期：2013 年 6 月第 1 版　　2024 年 3 月第 17 次印刷
开　　本：787mm × 1092mm　1/16
印　　张：25.5
字　　数：365 千
书　　号：ISBN 978-7-5443-5084-6
定　　价：50.00 元

目　录

〈导读〉
宗教的最佳面貌

台大哲学系教授　傅佩荣

“宗教”作为客观存在的事实，无论就时间的绵延或空间的广袤来看，都是人类现象的首要特征。我们可以毫不夸张地说：人群聚居之处，必有宗教痕迹。然而，宗教不只是外显的迹象，它其实是人类生活的核心本质。要了解一个民族，不能不认识其信仰；正如要明白一个人的真相，不能不知道他相信什么。既然如此，借着探讨世界各大宗教，不是可以全面而深入地发掘人性的奥秘吗？

基于此一理念，史密斯教授在《人的宗教》一书中，依序谈到了印度教、佛教、儒家、道家、伊斯兰教、犹太教、基督教与原初宗教。这八派宗教可以用“源远流长”来形容，因为其中最年轻的也历时将近 14 个世纪了。在漫长的年代中，宗教所启发的善行固然使人景仰，但是假宗教之名而犯下的错误、不义与罪恶，其数量之多与情节之严重，也同样让人不敢恭维。史密斯教授的写作策略很清楚，就是要展现宗教的最佳面貌。因此，本书内容的重点既不是宗教史，也不是对宗教做全盘或平衡的论述，更不是比较宗教之优劣，而是环绕着宗教所引发的“价值”。这种价值，简而言之，就是促使人性趋于完美的力量。

人性若要趋于完美，就须解除其限制、厘清其定位，并且安顿其过程。说得浅显些，人性原本是不完美的，因为人生苦多于乐，最后又难免于死亡；那么，人性的潜在能力究竟是神还是魔？要如何使个人定位得恰到好处？然后，落实在具体人生中，应该怎么活出意义？本书所强调的“价值”，正是为了答复这一类重大问题所提供的智慧索引。我们可以从三方面进行解读。

首先，宗教提醒人类：生命取向要高。取向是指目标而言，宗教无不涉及超越的力量或境界，其目标在于使人与此超越者建立关系。步骤有二：一是在程度上超越凡俗，譬如舍弃世间的享乐与成就，不受人群恩怨利害所牵绊；二是在种类上超越凡俗，亦即在小我中发现真我，从变化生灭中走向永恒本体。这种高远的目标所产生的效果是立即而明显的，足以使宗教信徒与凡俗价值分道扬镳。典型的例子当然是由宗教的创始者所示范的。佛教看来温和，而释迦牟尼对于当时的印度教而言，无异于“众人皆醉我独醒”，并且醒得十分彻底：不要权威与仪式，排除理论与传统，不谈超自然，解脱则以自力为主。耶稣与凡俗的决裂，更是毫无妥协余地，以致亲自成为牺牲祭品，印证了“道成肉身”的奥迹，开创了规模宏大的基督教。

即使是力图入世淑世的孔子，也与“不义而富且贵”厘清界线，绝不允许有同流合污的嫌疑。本书多次引述一句话：**“世界是一座桥，走过去，不要在上面盖房子。”以生动的比喻来描述信仰的超越态度**。但是，“桥”应该是连接两岸的，我们身在此岸的人如何确知彼岸存在，并且肯定彼岸是今生一切缺憾的满全？由这个问题必然引致各大宗教如何创立的过程，亦即如何取信于人。

其次，宗教不离修行，因此生命体验要深。印度教的“瑜伽”包括身心的操练与实际的作为，在此提供了完整的参考架构，就是“知的、爱的、业的、修的”这四种瑜伽。顾名思义，这四条路径是指智慧、情感、工作与苦修。只要运用合宜，都可以助人觅得真我，不再迷失于大梵之外。

进而言之，不论采行何种修行法门，“回归自我”都是不可或缺的关键。这正是“退出与复返”的标准历程。以佛陀为例，他在森林中独自苦修六年，悟道后投入世间弘法四十五年；这段期间仍然按时“退出”，就是每年有三个月雨季的休息与冥想；在积极传教时，每日亦有三次退到静处沉思。唯其能够退出，在复返时才有源源不绝的活力与动力。宗教人物的充电是接上超越界或绝对界的，其经验之深刻只能以“神秘经验”来描摹。这种经验的特征之一是忘我或契合。

依此而论，道家的宗教性格并不含糊。当庄子说“天地与我并生，万物与我为一”时，他心中想的是自己体“道”之后的心得，亦即在心斋与坐忘之后的境界。问题在于这种经验不可言传也无法教导，一般信徒只能遵循“退出与复返”的原则，在日常生活中保留一个神圣的领域。推而言之，犹太教徒谨守安息日不工作的训示，基督徒望弥撒或做礼拜的规定，以及穆斯林每日五次朝麦加祷告的仪式等等，无不提醒人收敛心思，回归自我，再上溯生命源头。

第三点，宗教鼓励我们活在世间时，生命能量要强。生命能量是指积极而乐观地行善爱人。宗教徒的爱的最大特色，就是无私而普遍。其中道理很简单。依穆斯林的说法，人应该只向神顺服，一旦做到这一点，就可以摆脱世间一切局限，帝王将相与贩夫走卒并无差异，这样的人才是真正自由的，可以博爱众人。

耶稣主张“要爱你的邻人”，那么“邻人”是谁？不是专指我们熟识的亲戚或朋友，也未必是指我们的同乡或同胞，而是指所有“碰巧出现在我身边，并且需要我帮助的人”。为什么应该爱这样的邻人？原因有二：一是人人皆是神之子女；二是信徒本身充满爱心。我们谈到宗教的社会效应时，最常听见的说法是“劝人为善”。这是宗教的必然结果，但并非宗教的本质。宗教的目标在于上契超越者（神、力量或境界），以求得个体生命之解脱。行善爱人不论成绩如何，只能诉诸机缘。这是基督教中的新教所坚持的“因信称义”原则，足以说明信仰的单纯性。唯其有单纯的源头，才能因应繁杂的事象，所谓“万变不离其宗”即是此意。

倾听了宗教所引发的价值，知道人生在世应该朝着“**生命取向要高，生命体验要深，生命能量要强**”这三个目标前进，然后在阅读本书时，将能获得充分的资讯与资源。史密斯教授不谈宗教史，但是对相关的历史事件却叙述得十分生动；他承认自己的论述未达全盘与平衡，但是却称得上丰富与精彩；他无意于比较各大宗教，但是行文中随处引用不同教派的事例与格言来互相印证，使读者自然体会到宗教的“价值”是相通的，宗教的“最佳面貌”是神似的。

我国读者看到儒家与道家的部分，也许会觉得意犹未尽，这是因为“宗教”的严整形式并非孔子与老子所在意，更不是他们立说的目的。史密斯教授谈到儒家时，**为“宗教”一词提出最宽泛的定义：“环绕着一群人的终极关怀所编织成的一种生活方式。**”这种生活方式不能脱离传统的祖先崇拜与人际之间的礼仪。重要的不是信什么，而是如何信，以及如何以行动去实践信仰，由此转化自己的生命，成为博爱众人的君子。孔子对祭礼的重视，并不止于“祭如在，祭神如神在”，更及于“虽疏食菜羹，必祭，必齐如也”。这种“每饭必祭”的做法，就是较之于其他宗教的规矩也不遑多让。我的意思是，**以宗教角度来理解儒家与道家，在西方是习以为常，在我们自己也不妨重新温习一遍，或许能有新的领悟**。

我初次接触史密斯教授的作品是18年前，当时的《人的宗教》正是眼前本书的原版。令我印象深刻的是，这位作者竟是麻省理工学院人文学科的教授。理工科的第一流学生能听这样一位教授的课并且读他的书，实在使人有“相得益彰”之感。现在这本名著译为中文，则是我国读者的福气，值得珍惜。**本书内容实为知识分子所必备者，但愿这篇短文能促使更多的人一探究竟，共品智慧传统所广施的喜悦**。

〈校订序〉
人的宗教

香港中文大学哲学系教授　刘述先

我在五月返港，本来是为了看研究生的论文，哪知他们都申请延期，于是不期而然，整个暑假我全神投于这部译稿的校改工作。《人的宗教》一书有印度教、佛教、儒家、道家、伊斯兰教、犹太教、基督教、原初宗教的专章，范围广阔，内容复杂。安云和我在一起三四十年，耳濡目染，她的颖悟力又高，基本观念和体证是没有问题的。但是她毕竟没有这方面专业的训练，里面有那么多专门名词，还有好些奇奇怪怪的东西，有一小部分连我也不知就里，真不知她是怎样在八个月的时间把全稿翻译完的。当我回到家里，她把沉甸甸的八九百页稿纸交到我手里，真令我惊诧得连话都说不出来。为了在开学之前把校改工作完成，保持译笔信达的品质，还要查对原典，我真是一点也不敢轻忽。返港之后几乎没有休息，详加校改，一整天最多也不过只能做二十多页。这样马不停蹄，整整做了三个多月，终于把全稿完成，这样才松了一口气。我校改后，安云还要再看，互相斟酌讨论之后方始定稿。虽不敢说译笔有多好，至少是达到了我们自己所要求的标准。

为什么我们两人有这么大的热情来做这一件事情呢？按顺序先说安云的角度，然后才说我自己的角度。安云一拿到这部书，就觉得与之有所感通。这部书不像一般哲学书只讲一些抽象的观念，同时配合着丰富的比喻、感受与实际的作为。最特别是人物的描写：释迦牟尼、孔子、穆罕默德、耶稣这些人，不只是形象上栩栩如生，而且他们本身也经历坎坷，极尽曲折，所以对生命的感受也非常深刻，不会令人感到过分简单化，或者落入庸俗的感伤及陈腔滥调之中。对于境界的描写亦然，由此岸渡到彼岸的比喻，写得就是美。看了这部书，就算不被它说服，也会感到心弦触动。因此她只要有时间就伏案翻译，近一年来一个人独处也没有感到寂寞。安云一向富于批判精神，对于这部书她却由衷地给予了高度的赞誉。

而我是完全为了不同的理由欣赏这部书。读这书宛如回到年轻时读大学的味道。那时方东美先生教我们每读一家哲学必须先入乎其内，而后出乎其外。对于东西的大传统更要出之于同情理解的态度，取高瞻远瞩的观点，掘发其精华，这样自然能够拓宽自己的眼界。不要一上来就心存敌意，吹毛求疵，结果花了许多工夫，还是未能入门，依然故我，于自家分上何有！读史密斯的书，他真能出之于同情理解的态度，出入世界各大宗教，顿生亲切之感。而近数十年来哲学界流行繁琐细致分析的风气，对于宏观式的世界观人生观每弃如敝屣，带有情感性的观察更不屑一顾，这样造成了哲学与宗教——史密斯称为智慧传统——之分离，实在是一大讽刺。但最近主理情割裂之逻辑实征论一蹶不振，钟摆又摆往另一端。科学认知已不是唯一普遍承认的客观标准，多元文化主义流行，有堕入相对主义的危险。史密斯却能够不落两边，可谓难能可贵。

史密斯搜罗的材料丰富，把各精神传统当作活的传统来看。他也真能做到深入浅出的地步。他深深了解世界宗教绝不可能归一，各有各的教义，各信各的神（God），像基督教内部的众多宗派的差别就不可能解消。但他并未否定会通的可能性，就超越名相的神性（Godhead）而言，各教的体证有若合符节之处。这样的想法与我在近时重新阐释“理一分殊”之旨，颇有契合之处。在精神上，我感觉得到，他与我是同时代人，虽则他的年龄比我大一些。我们都熟悉汤恩比、诺斯陆普一类的宏观，深深地浸润在传统之中。但史密斯的书却不只是回到数十年前的潮流，由细处观察，就可以看到与时推移的痕迹。我注意到，他的用字遣词是非常符合“政治正确性”的。譬如此书原名：*The Religions of Man*（《人的宗教》），出版于1958年，1991年才改为*The World's Religions*（《世界宗教》）。这是因为近年来女性主义高涨，英文“Man”指的是“男人”，作为“人类”的缩写，那就在政治上不正确。他在行文时到处用 he or she（他或她），有时不免嫌累赘，特别是到了超越的层面，何分他或她？而中文的“人”字，本就无分性别，故偶尔加以简省以免辞费，但他那种心意是可以感觉得到的。在世界宗教之中，他先讲东方，后来才回到西方，似乎也有避免“西方中心”的想法在背后。讲完东西方的大宗教传统——他所谓历史的宗教，最后讲所谓“原初”（primal）宗教，也断不愿意给人“原始”（primitive）的联想，并指明如今在北美讲印第安传统的精神性——不再是野蛮性，恰正是时潮所趋，都可以看到他用心深切的所在。他最后一章结论所言，又恰可以为联合国教科文组织（UNESCO）在最近推动的“普世伦理计划”（Universal Ethics Project）张目，我也是由衷地赞赏这部书而乐为之介。

正由于本书的性质不是写一部学术的专著，而是要把世界宗教的精神性传达给大众，作者对于原典的征引并不是那么严格，有时甚至并未注明出处。他在序里声明此书的缘起是为公共电视制作的电视片集，有时带着为大众宣讲的味道。这恰好适合安云的翻译风格，她非常注意文字的流畅与语脉。我做校订工作，主要负责内容的准确性，以及部分疑难杂症的解答。佛道两章有一些专门术语我曾请同事王煜、霍韬晦两位教授帮忙，谨此致谢。友人侯惠爱女士赠《圣经》中文译本，也代查了一些相关资料，一并在此致谢。小儿杰夫、豁夫凑巧回香港参加家庭聚会，对于英文的解读颇有帮助，也可一记。钟惠民女士后来亲身参与她的同事们的校订工作，敦促我们在文字表达上务求进一步明白晓畅，敬业的态度令人感佩。但他们的重点放在修辞，有时改变原文句法，与我们注重直译的风格不尽相合，但我们也明白他们考虑的角度，在可能范围内，尽量接受了他们的提议与修改。

也正由于本书的性质，我们采取了一些特殊的译例，必须在此说明。

安云在译初稿时，连史密斯征引的原典都译成了语体文，这从她的观点看来是有必要的。她谴责我们写文章常常未能把论点充分铺陈出来，最后往往引几句古书来敷衍塞责，令她甚为不满。现在好不容易有一个洋人，把古书写成今语，在思想、感受、体证上直接对我们说话，不能代换原以我们已与之有隔阂的原典。我同意她这样的看法，但为了学术的原因，也不可以不附原典。只要原文注明出处，或者我们能力所及，都尽量找到原典附入。但为了迁就译文原来的架局，风格难免有不统一之处。有时译文在先，以译注的方式把原文引在后面，有时先引原文，后面附以译文。其实即便是同一语文，古典要用白话译，也并不是什么出奇的事。我在美国留学时，有人想把杜威的著作译为英文，这不是开玩笑，因为一般人真读不懂杜威本人那样艰涩的英文。除了中文原典产生的特殊问题以外，我们并没有费神去查其他传统典籍的中译本，原因是史密斯本人常常用意译，而中译本并没有共同接受的标准体，故此我们只负责译文忠实于史密斯的引文。另外，用中文本的《圣经》也有一些小问题。我们尽量用通行本的译文，但有时两边太不符合，便只有另译。而这在今日也不是不容许之事，女性主义者就把《圣经》另译，中译本有些文字并不那么好，我们也就部分改译了。至于有些专门名词不能翻译，只能音译。我们有时根本不译，有时只音译一次，仍附原文，这是非常不合惯例的做法，但我们却有充分的理由这样做。因为这样的音译根本没有意义，而现在能看这样书的人至少认识英文字母，最重要的是可以方便查考原文。我们这种做法与通行的一些译本做法恰好相反。它们有时连原书的作者、书名、出版者都不附原文，以致完全没法查考。我们在后面的附注也留了很多原文未译，正是为了同样的理由。乃是在这种奇特的方式下，我们努力尝试保持了学术的严谨性。

史密斯这部书据普及本的封面说，销量已超过150万册，当然绝不是偶然的。但一部好书也不是不可以批评，特别是这样性质的一部书。史密斯本人就明白，他讨论到那么广大的范围、那么复杂的论题，不可能不涉及一些争议，并有一些疏失之处，需要加以指正。而我们如果真正重视这部书，想由这部书得到启发，做进一步探究的出发点，就不能不认真从学问、思想、体证各方面加以批评，才能收到真正的效果。但人虽向往无穷，却是有限的存在。每个人都必须植根于某一传统之内，通过自己时空的限制去表达无穷。从这个观点看，每一个世代，每一个个人都要尽自己的努力，史密斯也尽到了他的努力，只要自强不息，与时推移，每一种努力都是我们所欢迎的。

一九九七年八月九日于香港中文大学

〈原文再版序〉

宗教是生活的模式

休斯顿·史密斯

自本书出版之后多少年过去了，人们逐渐对语言中的性别偏见有了较多的敏感性，因此我把本书原先的书名《人的宗教》（*The Religions of Man*）改成了《世界宗教》（*The World's Religions*）。没有一本书可以包罗世界的一切宗教。在本书中，主要的宗教是根据其时间之悠久，历史的影响力，以及当前信众的数目而定的，我将分别对之加以个别地处理，而人数较少的部族宗教则将之另作为一个类别。

除了改换成包括两性的语言之外，我还在锡克教加上了一个简短的按语，并对西藏的佛教和伊斯兰教神秘层面的苏非派各增加了一节。论“孔子的方案”一节是加上的，道家的材料是经过相当大的修改了的，有关犹太教的一章现在包含了论弥赛亚（救世主）主义的一节，并且更详尽地讨论了历史上的耶稣。

我也对口说传统加上了简短的结论性的一章。这等于部分承认了本书涉及的历史宗教乃是较后来的事，就人类大部分的历史而言，宗教是生存在部族和几乎完全是超时间的模式中。不仅如此，我加写这一章，还有一个很强的支持理由，就是它容许我们肯定人类的过去。最近几十年人类见证了恢复对于女性和土地的关切，这一类的关切由部族宗教保留了下来，历史宗教（道教除外）却有倾向将之失去。

本书有一点非正式的——虽然并非不严肃的——语气，那是由于它是从现在的公共广播系统的一个电视连续节目演变成的。提到这一点，我就要因为本书在沟通上的成功，而再度感谢制作人梅约·西蒙了。本书的目的与当初拍摄该连续节目时是相同的，要把一般的聪明大众带入世间各种伟大而持久信仰的核心，使他们借此得以看到甚至于感觉到，这些信仰何以，以及如何能够指导和推动那些按照它们生活的人。

一九九一·柏克利·加州

第一章
出发点

虽然我提到名字的那些人对我来说已经变成了回忆，但在本书的再版中，我还是以首版发行时的头四段话来开始。

我写这几段开场白的那一天，正是基督教界中广泛庆祝的世界性的主日圣餐。这天早晨我所参加的主日崇拜，讲道主题是：作为一个世界现象的基督教。从非洲的泥舍到加拿大的苔原，基督徒们今天全都跪下来领取圣餐。这是一幅令人印象深刻的景观。

不过我的脑子只是一半在听讲，另一半却漫游到寻找神的广大人群中去了。我想到六个星期之前在耶路撒冷的教堂中看到的也门犹太教徒们，黑皮肤的男子赤足盘坐在地板上，身子包裹着祖先们在沙漠里穿的祈祷用的披风。今天他们也在那儿，至少有法定的十个人一组，早上和晚上，朗诵着他们的犹太经文，身体前后摇摆着像骆驼骑士一样，他们下意识地在模仿着祖先当时因不许骑马的缘故，所发展出的补偿式的佯装姿态。为我在伊斯坦布尔的蓝色回教寺担任导游的回教建筑师亚新，虽然已经完成了我们在一起时就已开始了的为期一个月的斋戒期，不过今天他也在祷告，五次朝麦加方向扑身朝拜。拉马克里希纳今天在他那喜马拉雅山脚下恒河边的小屋子里会不发一言。一年中三天除外，他会持续那五年来为信仰所保持的虔诚的静默。到了这个时候，宇努（译注：缅甸首相 U Nu，或译乌努）大概正在面对代表团、危机以及内阁会议，这乃是一个首相的命运。但是今天早晨从四点到六点，在世界朝他展开之前，宇努也在仰光他住宅隔壁的佛教寺庙内独自与永恒同在。京都的禅宗和尚 Dai Jo 和 Lai San 早在他一个钟点之前就已开始了。他们今天早上三点钟就已起身，一直到晚上十一点，这大半天里都会以莲花坐姿一动不动，专注于沉思那位于他们存在核心的佛性。

这是多么奇特的情谊啊！在各地区的神的追寻者，以自己独到的方式向一切生命之神大声地呼唤。从上天那里听起来会像什么呢？像是疯人院，或者是不同旋律融合在奇异而不可思议的和谐中？是由一种信仰在主唱，抑或由各分部来重唱和轮唱，再一起汇成和声？

我们无从知道。我们所能做的就是全神贯注，细心轮流聆听每一种向神说话的声音。

这种聆听说明了本书的目的。人们可能怀疑这个目的太广泛了。我们打算思考的宗教环绕着全世界。它们的历史回溯到几千年之前，它们在今日更是激发着前所未有的众多人们。有没有可能在一本书之内认真严肃地去聆听它们呢？

回答是肯定的，因为我们将去聆听明确界定的主题。这些主题必须先列出，否则从这本书中显露出来的景象就会变形。

一、**这不是一本宗教史的教科书**。这就是何以本书很少列名字、日期以及社会影响等的原因。这一类的材料有另类书籍专责讨论。[1]本书也可以满载着这一类书籍中的事实和数字，不过它却只想善尽本身的职责而无意这样做。本书引述的历史事实不多，只求符合本书所集中谈论的概念所需的最低限度。我会尽一切努力摒除专门的学术论述以免我们要探查的结构隐而不张。

二、就是在意义的领域中，**本书也不打算对所思考的宗教提供一个完整无缺的统观**，因为每一种宗教内部都有太多的差异，在一章以内是难以穷尽的。我只需以基督徒的世界为例。东正教徒在装饰华丽的教堂内崇拜，而贵格派（Quaker）信徒甚至认为教堂的尖顶都是亵渎的。基督徒中有神秘主义者和反对神秘主义的人；有耶和华见证教派，也有统一教派。单一章节又怎么可能把基督教对所有的基督徒的意义说清楚呢？

答案当然是不可能，于是选择就无可避免了。作者面对的问题并非是否在观点之间作出选择；问题是在陈述多少种，以及哪几种。在本书中第一个问题得到扼要的答复，我尝试对几种观点作出合宜的陈述，而并不企图把它们全数罗列编目。以伊斯兰教为例，不顾逊尼派/什叶派之分，以及传统的/现代的分歧，而留意到对苏非教派的不同态度。对佛教，我分别出小乘、大乘与金刚乘各传统，但是大乘内部的主要派别就绕过不论了。分支永远不超过三个，否则就有见树不见林之虑。我们姑且这样说吧：如果你要想对一个聪明而有兴趣但又忙碌的泰国人描述基督教，你要描述多少派别？不去辨别罗马天主教、希腊东正教和新教之间的不同是很困难的，不过讨论到浸信会信徒和长老会信徒的不同就大可不必了。

在我们考虑要介绍某一种看法的时候，其中的指导原则是要与我们心目中的读者之兴趣相干才行。有三种考虑决定了这种相干性。第一，简而言之乃是数量的考虑。有的信仰每一个公民都应该知晓，只单纯地因为千千万万的人都仰赖它生存下去。第二点考虑乃是要对现代人的心智有相干性。因为像这样的书最终对世道人心有所裨益，乃在于帮助匡正读者诸君个人的生活，我特别优先着重（不免小心谨慎但是却也颇有信心）陈述我们所认为的各宗教的当代的说法。第三点考虑是普遍性。每一种宗教都把普遍原则与本土的特殊性混合在一起。把前者提出来加以澄清，乃是对我们内在的一般人性发言。而后者拥有丰富组合的仪式和传说，就不容易被外人了解。理性主义的一个幻觉就是认为宗教的普遍原则远比那滋养它们的典范和仪式来得重要；作出这样的确认，就好像是一口咬定一棵树的枝叶要远比它们由之生长出来的树根重要一样。但是就本书而言，之所以肯定原则比脉络重要，唯一的原因只不过是作者的毕生之力都在研究它们。

我曾经拜读过把宗教的脉络成功而又生动地展现出来的书：如伍慈有关印度的《三等车票》，林语堂有关中国的《吾土吾民》，以及罗宾维茨有关东欧犹太人的《古国》。或许有一天有人会写一本有关各大宗教如何溯源于各自的社会脉络的书。不过这种书是我要读的，而不是我要写的。我知道自己的局限，所以只想探讨那可以抽离出来的各个观念范围。

三、这本书对于它所讨论的题材并非是平衡的论述。这项警告是很重要的。我不太敢想象读者将如何震惊，如果他们读完印度教那一章，马上就读到尼赫鲁说印度教是“奴役你的宗教”，诸如：加尔各答的加里庙，可诅咒的种姓制度，两百万头牛被崇敬到了恼人的地步，托钵僧把他们的身体奉献给床虱任其吸血。又或者当读者被带到巴里，看到那里的戏院叫“毗湿奴—好莱坞”（毗湿奴为印度教神祇），书店里销售所谓古典（Klasik）漫画书而生意兴隆，漫画书中印度教的男女诸神用宇宙射线枪把各色不堪的魔鬼射杀，反应又将如何呢？我明白这种对比。我写的道家和我在中国时弥漫在我四周的道家，在这二者之间我鲜明地觉察到了这一点：后者几乎完全淹没在占卜、巫术和迷信中了。那就好像在静默基督和大审判者之间，或是在伯利恒的静寂和百货公司里大声播放“平安夜”来促销圣诞产品之间的对比一样。宗教的故事并不全是玫瑰色的，反而常是低级粗糙的。智慧和慈爱是间歇的出现，得到的结果则是极度的模棱两可。一个对宗教的平衡观点会包括生人祭和替罪羔羊，宗教狂热和宗教迫害，基督教的十字军东征以及伊斯兰教的圣战；也会包括在美国马萨诸塞州的猎巫，田纳西州的进化审判，以及在密苏里州的拜蛇。这样的清单会是没完没了的。

那么何以这些事情将不会包括在以后的书页中呢？我的回答简单得听起来可能有点天真。这本书是在谈价值。在人类历史的进程中，坏的音乐创作出来的可能性和好的是一样的多，但是我们却不能期望音乐欣赏课程上给予它们同等的注意。时间乃是最重要的因素，我们假定只有最好的才得到眷顾。我在宗教上也采取了相同的策略。最近有一本论法律的书，作者招认他把法律写得太可爱了。如果像法律这样与个人无关的东西都能够令一个作者倾心，那么宗教以其最佳面目令另一位作者倾心，也就毫不令人惊奇了。别的人也许会有兴趣想断定宗教整个来说究竟是祸是福，但那就不是我们所关切的了。

说完了我的关切之所在——世界宗教的最佳面目——我要指出我认为宗教最好的是什么，不过我要先从不好的说起。林肯·史提芬斯有一个寓言，说一个人爬上一座山顶，踮起脚尖，想抓住真理。撒旦怀疑这个傲慢无礼的人会搞什么花样，就叫一个小鬼去跟踪他；小鬼大惊失色地回来报告那个人的成功——他抓住了真理，但是撒旦毫不慌张。“不必担心，”他打着哈欠说，“我会引诱他把真理制度化。”

这个故事有助于把宗教里最好的部分从模糊的东西里面分离出来。这本书打算提出的论点是：世界各宗教在神学和形而上学中所揭示的真理，乃是受到启发的。至于机构组织——特别是指宗教机构——却是另外一回事了。由于机构是由本身内在有缺陷的人组成的，也因之就是由善与恶所组成。当恶行——譬如对自己小圈子的忠诚与对圈外的忠诚之间的对抗——众多时，结果将使人感到可怖，以致（像有意嘲讽者一样）说：宗教所犯的最大的错误就是跟人搅在一起了。事实上这是不对的，因为避开了人，其结果就是在历史上不能留下任何印记。如果让它选择——一边是保持距离、不着形迹的睿见，另一边是把这些睿见制度化以便在历史中建立牵引力——那么，宗教选择了较明智的道路。

本书尊重这个选择但却不去追溯它的故事——我已经说过这不是一部宗教史的书。它所采取的可以说是比较容易的路线，直接把历史上层的精华取出：亦即宗教组织所保存的真理，正是这些真理使宗教组织得到权势。当宗教是为了筛取真理而设的时候，一个不同的、比较干净的面向就出现了。它就成了世界智慧传统。（在智慧中失去了的知识到哪儿去了？在知识中失去的智慧到哪儿去了？——T. S. 艾略特。）它开始看起来像是储藏着人类精挑出来的智慧的资料银行。由于本书集中在那些智慧储存上，它也可以称之为“世界伟大的智慧传统”。

四、最后，本书不是要由评价观点来作比较宗教的讨论。比较总是会变得可厌的，而比较宗教是最令人讨厌的一种。因此这里没有一种宗教优于或劣于他种宗教的假定。汤因比就做过这样的观察：“当今没有一个活着的人有足够的知识，使他可以有信心说一种宗教比其他所有的宗教优越。”我已经竭尽所能追随最令人印象深刻的信徒本身之所见，来使每一种信仰中最好的部分透显出来。读者诸君如有意想要作比较也可悉听尊便。

在说到本书不是什么的时候，我已经开始在谈本书是什么了，让我再说得明白一点。

一、这本书追求拥抱全世界。当然，在某一意义下，这个希望一定会落空。就算伸展到最大的极限，一对胳膊也还是太短，我的双脚总必须站在什么地方。就先从最明显的说起吧！本书以英文写成，从某种程度来说从一开始就有了立足点了。其次就是交叉引证，所引的条目是为了便于进入陌生的地盘。书中引了中国的格言，印度的传说，日本的诡论，但多数的说明都是西方的：莎士比亚的一句诗，《圣经》上的诗篇，心理分析的提示——艾略特和汤因比已经在前面引用过了。我们必须承认这本书假如由一位禅宗和尚或者伊斯兰教的苏非派教徒，又或是波兰的犹太人来写，就会不一样了。

那么，这本书是有它的家——这个家的门是可以自由进出的。这个家是出发和回归的基地，只不过不是在做真正的旅行，而是在做研究和想象之旅。倘若我们可能对世界产生怀乡之情，对我们从来没有去过的地方以及猜想永远也不可能去的地方怀乡，这本书就是从这种怀乡之情中产生出来的。

我们生活在奇妙的世纪中。我暂且不谈那些置我们于毁灭和成就边缘的了不起的科学发现，而来谈人与人之间的新处境。全球各地都变成了我们的邻居，中国就在街对面，中东在我们的后门。年轻人背着背包到处都是，那些留在家中的人则可以接触到无数的书籍、纪实影片以及海外来客。我们听说东方和西方在相会，不过那却是一个保守的说法。它们被掷向对方，以原子的力量、喷气机的速度，永不休止的心灵等不及想要了解他人的方式。当历史学家们回头来看我们的世纪，他们最记得的，可能不是什么太空旅行或原子能的释放，而是在这个时期，世界上的各种人首先把对方认真当回事了。

我们突然间从城镇和国家，弹射到一个世界舞台上，这种新形势要求我们大家做的改变是惊人的。2500 年前只有一个像第欧根尼那样特异的人才能喊得出，“我不是雅典人或希腊人，而是一个世界公民”。今天我们大家都必须自己挣扎着去说出这些话来。今天我们已经来到历史的转折点上，任何人如果只是日本人或美国人，只是东方人或西洋人，就只能算是半个人。那另一半跳着整个人类脉搏的还有待诞生呢！

从尼采那里借一个比喻来说，我们是被召唤来做宇宙舞者，不会沉重地停在一个定点上，而是轻盈地从一个位置转身跳跃到另一个位置。作为一个世界公民，宇宙舞者将是自己文化真正的孩子，而又与整体密切关联。舞者在家庭和社群里的根是深厚的，但是在其深处将会探触到人性共通的水源。譬如，难道舞者不也是人吗？设若她能看到是什么令别人感兴趣的，难道她就没有可能自己也对之感兴趣吗？这是一个令人兴奋的前景。分化程度降低之后，会出现互相借用的情况，这样有时会产生变种，但多数时候则是充实了品种而保持住了它们的活力。

促使我们走向世界性理解的动机是多方面的。有一次我乘坐轰炸机到空军基地去向军官们讲其他人种的信仰问题。为什么呢？显然是因为那些军官可能有一天会把他们当作盟友或敌人来跟他们打交道。这是要了解他们的一个理由，可能这是一个必要的理由，但我们希望还有别的理由。甚至连用外交来避免军事行动的目的也是工具性，因而也是临时性的。彼此了解对方的最终理由乃是内在的——是为了享受世界性理解的见识所提供的宽大角度。

我当然是用隐喻的方式来谈见识和看法的，不过以视域来类比却完全适合。没有我们的双眼——双目视觉——就觉察不到三维空间。拥有两只眼睛的回报是实际的：它使我们不会撞到椅子，得以判断迎面而来的车子的速度。但是最终的回报是对世界本身深化的观点——在我们面前展开的全景，从我们脚下伸展开来的风光。正如柏拉图称之为“灵魂的眼睛”是一样的。“只知道英国的人，他们对英国又能知道什么呢？”

我已说明能通过别人的眼睛来看世界，所得到的实际收获是很大的。这样可以帮助企业机构跟中国做生意，令外交官少出纰漏。但是最大的收获是难以估量的。瞥眼看一下对日本人来说归属感的意义是什么；跟一个缅甸的祖母体会一下什么是生命中的过眼云烟，什么是历久常新；去了解一下印度教徒如何把自己的个性当作是压盖住他们那内在无限性的面具；去设法参透向你保证万事万物都是神圣的，不过要小心不去做某些行为的禅宗和尚的悖论——把这类事物转移到视线之内，就是为精神的视野增加了维度。这乃是打开了另一个可以生活的世界。无条件的、唯一的善，不是（康德所主张的）善意（good will），因为在狭窄居所中的意志也可以是善的。唯一无条件的善，乃是延伸出去的洞见，扩大吾人对万物终极性的了解。

这些对世界了解的想法直接关连到世界各宗教，因为带领我们达到一个族群的心的最确切的方法，就是通过它的信仰，如果那个信仰还没有僵死的话。至于要区分活的和死的宗教，则接上了本书的第二个建设性意图。

二、这是一本严肃对待宗教的书。它不是一本导游指南。我不会去迎合那些猎奇的人，我不会从人们信仰里去翻查出有震荡性价值的东西来曝光；也不谈禁欲主义者所躺的铁钉床，墨西哥忏悔教徒以钉十字架来考验的苦行，不谈把死者曝露给秃鹰去吃的印度袄教的空寂塔，也没有提供色情的雕刻或进入到秘戏的漫游。伟大的宗教里包容这一类的材料，但是集中讲这些却是最低级的庸俗化表现。

还有一些贬低宗教的巧妙方式。其中之一就是承认宗教的重要性，但却主张宗教是为如下的人而说的——古人，不同文化的人，以及那些自我力量需要鼓舞的人。这也不是我们的方式。我们将会用第三人称的口吻来讲述。我们讨论印度教、佛教、儒家、伊斯兰教的信徒——会一路都用“他们”来称呼。但是在这些面向的背后，乃是对我们自己最深的关切。我发觉自己之所以回溯世界伟大的智慧传统，主要的理由是为了对我自己还无法回避的问题有所帮助。既然人性在根本上是相似的——我们总是彰显人性甚于其他——我推想本书的读者也会对这些问题有兴趣。

连赞助宗教最精微的方式也要避免，就是为了宗教所产生的效果，而不是为了宗教本身——它对艺术，或者对心灵的平静，或者对团结群体有所帮助。这是一本有关宗教的书，以威廉·詹姆士（William James）的对比来说，不是以宗教作为一项呆板的习惯，而是以它作为一种敏锐的狂热。这是有关活的宗教的书。而当宗教获得生命时，它就展现出惊人的品质。它会接管一切。其他的一切，即便是没有沉寂下来，也被迫屈居于辅助的角色。

活的宗教以生命所能提供的最重大的选择，来加于个人身上。它感召灵魂去参与最高的探险，去跨越人类精神的丛林、山巅和沙漠。这项感召是要面对真实，主宰自己。那些敢于聆听和追随那秘密感召的人，很快就会明白这孤独旅程中的危险和困难了。

磨得锐利的刀刃，难以越过，
这是一条艰难的道路——诗人们宣称！[2]

霍姆斯（Holmes）法官喜欢说，科学是对次要的需要作出主要的贡献，又进一步说，宗教的成就不论多小，却至少是针对最重要的事物。于是，在宗教领域中，当一个孤单的精神成功地突破，有了重要的成果，它就变得远不只是成王成后了。它竟成为世界的救世主。它的力量延伸数千年之久，赐福予多少世纪以来纠缠的历史进程。“谁是……这一代人类最伟大的恩人?”汤因比问道，“我会说：孔子和老子，佛陀，以色列和犹太的先知们，瑣罗亚斯德（Zoroaster），耶稣，穆罕默德和苏格拉底。”[3]

他的回答不该使人惊讶，因为真正的宗教是最畅通的管道，让宇宙生生不息的能量通过它得以进入人的生命。那么还有什么东西能比它更能激发生命中最深的创造核心呢？通过宗教的神话和仪式，它提供了多种象征把历史往前推进，直到最后力量用尽而生命重新等候新的救赎。这种周而复始的模式使得像萧伯纳这样的幽默者也下结论说，宗教是世界上唯一真正的动力（怀特海另外加上科学，而成了两个动力）。[4]在接下来的诸章中作为有推动力的宗教将是我们的对象。

三、最后一点，本书作出了真正的努力来沟通。我把它当作是一项翻译工作，不仅是要深入印度教徒、佛教徒和穆斯林的世界，而且还要从那些世界搭起桥来通到读者的世界中。宗教研究可以是很技术性很学术性的，不过我始终努力让自己不要忘记这些材料对于今日人类问题的相关性。“假如你始终都对人说不清楚你在干什么，”一个伟大科学家，也是顶了不起的沟通者写道，“你的作为就毫无价值。”[5]

这种对沟通的兴趣，就把我们带回到本书早先所提到的对待历史学问的态度问题。

就我所知，本书内容是没有违反历史事实的，不过在避免明显错误之外的范围，问题就不简单了。我做了大量的省略，简化了把要点弄得晦暗不明的历史细节。有时候我还提供一些似乎是隐含在内的推论，我也引进一些符合主题却并不包括在材料本身的例子。这些自作主张或许会令有些人觉得这本书“不太切合事实”，但是历史的正确性不是基本的问题。宗教讲的主要不是事实，乃是意义。在这里拿生物化学来类比说明是会有帮助的。“尽管清楚明白了蛋白质分子的结构，甚至它们各原子的三向度正确位置，我们还是一点都不明白那些原子如何折叠成其自然形式的规则。”[6]宗教类比于生化学家的原子，乃是历史社会学、人类学以及文本研究所罗列的事实。它们所把握到的，可以像生化学家所把握到的对蛋白质分子的原子结构之知识一样；但它们本身也是无生命的。在本书的章节中，我虽没有详细明说，却含蓄地应用那些“规则”把宗教事实“折叠”成“它们自然的形式”。我尝试使它们在宗教世界活转过来。

我们即将开始一个通贯时空与永恒的旅程。去的地方往往是遥远的，时间是远古的，内容乃是超越时空的。我们会用一些外国的词语——梵文、中文以及阿拉伯文。我们会努力描述那语言也只能暗示的意识状态。我们会用逻辑来划定那些嘲笑我们做这种努力的尝试。而最终我们将会失败；我们自己生来就有不一样的心灵，怎么样也不能了解那不属于我们自己的宗教。但是如果我们认真地对待它们，我们也就不至于失败得太惨。要认真对待它们，我们只需做两件事。第一，我们需要明白那些信奉各宗教的男男女女，面对的问题跟我们的相似。第二，我们必须从我们的心智中，去除掉所有可能让我们感觉迟钝或警觉不到新洞识的先入主见。如果我们把有关这些宗教的全部先入主见都放置一旁，而把每一种宗教看成是人们在寻求生命的帮助与意义时所铸造的成果，再尝试不带偏见地用他们的眼光来看——假设我们能做到这些，那么分隔我们的面罩就会变成薄纱。

一位大解剖学家在他结束医学院新生第一堂课时说的话，也同样可以应用到我们自己的工作上。“在这门课程中，”他说，“我们处理肌肉、骨骼、细胞和肌腱，很多时候它看起来冷血得令人害怕。但是永远不要忘记，它是活的！”

第二章
印度教

如果有人问我在什么样的天空下，人的心灵……对生命中最重大的问题做过最深刻的思考，而且已经对其中的一些问题找到了解答，是值得被那些甚至研究过柏拉图和康德的人注目的——我就会指向印度。假如我再问自己，对我们这些几乎完全受希腊人、罗马人以及闪族之一的犹太人的思想所教养的人来说，什么文献最有匡正的效果，而最需要它使我们内心生命更完美、更全面、更普遍，事实上是更人性化的一种生命……我会再度指向印度。

——马克斯·缪勒（Max Müller）

1945 年 7 月 16 日，在新墨西哥州一个沙漠的隐蔽所在，可能可以证明是 20 世纪最重要的单一事件发生了。开始于芝加哥大学和集中在洛斯·阿拉莫斯的“Y 试场”，一连串科学发现的反应到达了顶点。正如我们所说的，第一颗原子弹试爆成功了。

在这一项成就上，没有人比洛斯·阿拉莫斯研究计划的主任欧本海默扮演更关键的角色了。那天早上，一直密切观察着他的人，给了我们这样的报道：“当最后一秒钟到来时，他是愈来愈紧张了。他几乎停止了呼吸。他扶住一根柱子让自己站稳……当发射员叫道‘发射’，跟着就爆发出可怕的光亮，接着是爆炸的深沉吼声，他的脸放松了下来，一脸十分放心的表情。”这一切还是从外表看起来的反应。那一刻在欧本海默的内心又有些什么想法呢？他事后回想，在他脑海中出现的是《薄伽梵歌》中两句由神说出来的话：

> 我成了死亡，世界的粉碎者；
> 等待世界毁灭的时刻来到。

这一偶发事件为这一章的开场白提供了深刻的象征。圣雄甘地的一生可以加进来为我们即将探讨的信仰问题准备好舞台。在一个暴力与和平以前所未有的命定方式面对彼此的时代，甘地的名字在20世纪中期成了斯大林和希特勒的对比。这世界认为这个人的功劳（不到一百磅的体重，死的时候他在世界上的财产还不值两块钱）是使得英国从印度和平撤退，但是不太为人所知的是，在他的人民中间，他降低了那比美国种族问题更强固的障碍。他把印度的贱民重新命名叫“神的子民”，把他们提升到人的地位上来。这种做法为美国的马丁·路德·金类似的人权运动者，提供了非暴力的策略和灵感。

甘地本人的灵感和策略把我们直接带进这一章的主题，因为他在自传中写道：“我在政治领域中工作所拥有的那种权力，乃是从我在精神领域中的试验发展得来。”在那个精神领域中，他继续说道：“真理是至高的原则，而《薄伽梵歌》乃是指向对真理的知识的最精妙的书。”

人们要什么？

如果我们把印度教作为一个整体来看——它浩瀚的文献、复杂的祭礼、散漫的民俗、丰富的艺术——把它压缩成单一的断定，我们会发觉它说：你要什么就有什么。

这听起来很有指望，但是却把问题又抛回我们手中。因为我们要什么呢？给一个简单的回答容易，给一个好的回答却不容易。印度跟这个问题生活了不知道有多久却还是在等待答案。她说，人们要四样东西。

他们开始时要享乐。这很自然。我们生来就备有苦—乐的反应器。如果我们疏忽了它们，把手放到火炉上或是从二楼的窗户走出去，我们就会死。那么，还有什么比跟随享乐的刺激而把生命交付给它更自然的呢？

总是听说——因为通常都是这样以为的——印度是苦行的、他世的、否定生命的，我们会以为她对享乐主义者采取责备的态度，但并非如此。的确，印度不以享乐作为她最高的善，但这与谴责享乐可是不同的。对那些要享乐的人，印度实际上是说：去追求吧——这样做并没有什么错；它乃是生命四项合法的目标之一。世界充溢着美和满载着感官的享乐。而且在这个世界之上，还有每增高一层就增加百万倍乐感力量的世界，这些世界我们到时候也会经历到的。就像其他一切事物一样，享乐主义需要好的见识。“不是说每一个冲动都去追逐而不会受到惩罚。目前的小目标一定要为长远的利益而牺牲，伤害到别人的冲动必须控制住以免受到敌视和后悔。”只有愚蠢的人才会为了当前的利益或耽于恶习不能自拔，以至于去说谎、偷或骗。但是只要遵守了基本的道德规范，你可以自由地尽量追求享乐。印度教典不仅不谴责享乐，还藏有如何扩大其力量的提示。对于那些几乎专门追逐享乐、心思单纯的人来说，印度教所表现的只不过是能保证健康和繁荣的一种养生术罢了；而对于光谱另一端那些心思复杂的人来说，它详尽阐述一种感官的美学，其直言无讳的程度是骇人的。如果享乐是你所要的，不必压制你的欲望，以明智的方式去追逐它。

印度是这样说的，并且等待着。待时间的到来——每一个人，即使不一定在今生——都会明白享乐并非所要的一切。每一个人到最后会有这项发现的原因，并非因为享乐是邪恶的，而是因为它太琐碎浅薄而不能满足人的整全人性。享乐主义是个人的，而自我是太小的一个对象，无法对之有持续不断的热情。克尔凯郭尔曾经尝试过一阵子感性的生活，把享乐当作生命的主导原则，却只体验到极端的失败，这一点他在《致死之疾》一书中做了描写。“在享乐的无底海洋中，”他在《日记》中写道，“我无法探测到可以停泊的地方。我感到那种一个享乐追逐一个享乐的几乎不可抗拒的力量，感到它所能产生的那种虚假的热情、无聊和随后而来的折磨。”就连很少被认为有深度的花花公子，也公开下结论，正如最近就有一位说：“昨日的光辉在我今天看来，如华丽而不值钱的装饰。”无论它有多么美妙，最终每一个人想要的都不只是万花筒般的暂时快乐经验。

到了此刻，个人兴趣通常转到人生的第二个主要目标：那就是俗世的成功[7]：有财富、名誉和权力这三大方向。这也是值得追求的目标，不应该被斥骂或谴责。而且，它的满足会持久些，因为不像快乐，成功是一种社会成就，并且它本身关涉到别人。基于这个缘故，它所支配的范围和重要性就不只是快乐所能表述的了。

对现代西方人来说，这一类的目标已无须争辩。盎格鲁—撒克逊人的性格并不是淫逸的。国外来的客人发现英语系的人并没有十分享受生命，他们太忙了。他们没有沉浸在感官主义中，而是在成功之中。在西方需要争辩的不是成功的报酬超过感官，而是成功也有它的限制——“他的价值是什么？”并不就只是“他拥有多少？”

印度承认追求权力、地位和财富的动力是根深蒂固的，就它们本身而言不应该受到轻视。尘世间小小的成功对于供养家庭以及承担市民责任是不可或缺的。除此之外，俗世成就也带给人一定的价值感与自尊心。不过最终，这些报酬也有它的极限。因为它们都含有我们可以细列的限制：

一、财富、名誉和权力是排他性的，因之是竞争性的，也是不稳定的。不同于智力上的和精神上的价值，当与人分享的时候它们不会倍增；它们不能在不减少自己的部分下平分与人。如果我有一块钱，那块钱就不是你的；我坐在一张椅子上，你就不能坐。名誉和权力也是一样。说一个国家之内人人都出名，这个观念是本身矛盾的；如果权力平分的话，没有人是我们习惯上说的“有权势”了。从这些东西的竞争性到它们的不稳定性就只是一小步之隔。因为别人也要它们，谁知道什么时候成功会转手呢?

二、追求成功的欲望，永远也满足不了的。此处需要一些澄清，因为人们的确是得到了足够的金钱、名誉和权力，只是在他们把这些东西当作是主要的野心时，他们的贪念就不能满足了。因为这些东西并不真正是他们要的，而人们对并非自己真正想要的东西，是永远觉得不够的。用印度的格言来说:“想要用钱来熄灭追求财富的欲火，就像是往火上倒牛油一般。”

西方也明白这一点。“贫穷不仅是个人财物的减少，乃是个人贪念的增加。”柏拉图如此写道。神学家纳滋禅（Gregory Nazianzen）也同意:“假使你可以把世界上的全部财富拿到手，你还是拿不完，而如果世上的财富没有了，那你也穷了。”一位心理学家最近这样写道:“成功是一个没有饱和点的目标。”而研究一个美国中西部城镇的社会学者们发现:“为了过好日子，生意人和上班族拼命赚钱来追赶那增长得更快的主观需要。”西方是从印度盗用了那个赶骡子的人的寓言，他在杆子上吊着红萝卜绑在骡子挽具上，叫骡子一直不停向前走。

三、俗世成功的第三个问题跟享乐主义相同。它也集中在自我的意义上，而自我毕竟太渺小了，不可能对之保持永久的热情，不论是财富或地位，都会让人觉得还缺少许多别的东西。到头来人人在这一生中除了得到别墅、跑车和奢华的旅行之外，还想去得到更多的东西。

四、为什么尘世上的成功不能完全满足我们，最后一个原因是成就转瞬即逝。财富、名誉和权力是及身而止的，“死了又带不走”，我们总是这样说。正因为我们带不走它们，所以也不能完全满足我们，又因为我们是能够展望永恒的动物，所以必定会本能地悲叹，那相形之下赚来的世上的成功，其所支配的时间是多么短暂!

在继续谈印度教认为人们所要的另外两样东西之前，最好先把所讲过的做个总结。印度教在“欲望之路”上，安置了享乐与成功。他们用这样的片语，乃是因为个体的私人欲望到目前为止乃是规划一生旅程最主要的因素。前面还有其他目标，但这并不是说我们就应该贬斥初步的目标。整个抑制欲望或假装我们没有欲望是收不到效果的。只要享乐和成功是我们认为需要的，我们就应该追求它们，不过要记得节制和公平的附带条件。

印度教的指导原则不是不理会欲望，而是等待欲望离你自去，因为它把欲望道路上的东西视如玩具一般。如果我们问自己，玩具有什么不好的时候，我们的回答必然是：正相反。想到小孩子没有玩具，难免令人觉得悲哀。但是如果大人不能发展出比对洋娃娃和火车更有意义的兴趣的话岂不是更悲哀。同样的道理，个人如果突破这种限制，欣然地享受着成功等感官的快乐，到了步入人生另一阶段，它们就不再有什么吸引力了。

但是人生还有什么更吸引人的东西呢？印度教说有两种。与欲望之路相对比，这两种组成了“弃绝之路”。

弃绝这个字有一种负面的意味，印度是以否定生命的扫兴者为世人所知，原因之一即是由于惯常使用这个词。不过，弃绝有双重面貌。它可能源自想象幻灭与彻底失望，因而感觉不值得再延伸自己的生命；但是它同样可以表示一种怀疑，就是觉得生命可能并不限于眼前所经验的这一切。在此处我们发现那些回到本性的人们，他们弃绝富足而从社会领域与物质的浩海中解脱出来——但是这只不过是开头呢。如果弃绝只是牺牲小小的现在以得到更有前景的未来，那么宗教的弃绝就成了如同运动员抗拒放纵自己，以免偏失了那需要全副精力来对付的目标一样。跟幻灭刚好完全相反，弃绝在这第二种样式中，正是证明了生命的力量在强有力地运作。

我们必须永远记住印度教的“弃绝之路”是跟在“欲望之路”后面而来的。如果人们能够顺从他们的冲动而得到满足，弃绝之念根本永远不会起来。它也不会只发生于那些在第一条路上失败的人身上——失望的情人遁入空门作为补偿。我们会同意那些不屑的人所说，弃绝对于这班人是一项救援的行为——企图对个人的失败作最好的安排。迫使我们注意聆听印度教的假设的，是那些顺利通过欲望之路而仍然发现自己在要求更多的人的见证。这些人——不是指弃绝者，而是指看不到任何值得为之弃绝东西的人——才是世界上真正的悲观主义者。因为要活下去，人必须相信他们为之活下去的东西。只要他们在享乐和成功里没有感到索然无味，他们就能相信值得这样活下去。但倘若如托尔斯泰在他的《忏悔录》中所指出的，他们不再能相信那有限的了，而要相信那无限的，否则毋宁死。

让我们讲清楚。印度教并不是说，每一个男人或女人在今生都会发觉欲望之路是匮乏的。对照着广大的时间量度，西方也熟悉印度教在编年的和心理的年代之间的区分。两个 46 岁的人在编年上来说是同庚的，但是在心理上来说，一个可能还是孩子而另一个则是成人。印度教徒把这个区分延伸出去应用了好几世；这一点等到我们讲到轮回观念的时候会再加以阐明。如果我们看到男男女女像几岁大的官兵和强盗一样地玩欲望游戏：虽然他们什么也不懂，死的时候觉得不负此生，而裁决说生命是美好的。但是同样的，别的人玩这个游戏也一样有本事，却发现胜利完全不足道。何以会有这样的差别呢？印度教徒说，热衷的人被困在一时的新奇感中，而其他人呢，则是一而再地玩过游戏后，想要另找世界去征服。

我们可以描写一下第二类的标准经验。世界上肉眼看得见的报酬仍然强烈地吸引着他们。把自己投身在享受中，增加拥有，提高地位。但是追逐和成就都没有带来真正的快乐。有些东西他们没有得到，因而痛苦莫名。有些东西得到了也拥有了一阵子，却又在刹那间即被夺去，也还是痛苦。有些得到了也保住了，却发现（像许多少男少女的圣诞节）它们不能带来期望的欢乐。许多第一次的经验很刺激，却在一百次的时候令人生厌。每一项收获似乎都煽动了新欲望的火焰。没有什么能完全令人满足；显然地，全都随着时间而毁灭掉了。最终他们会怀疑自己被困在踏车上，要愈踏愈快去获得那愈来愈没意思的报酬。

当怀疑开始的时候，他们发现自己在叫喊着："空虚，空虚，全都是空虚！"他们可能会想到问题出在自己一直在忙着侍候的那个小我。那么如果他们关注的焦点改变了呢？会不会可能变成一个更大更有意义的整体的一部分，而解除了生命的琐碎无聊呢？

这个问题宣布了宗教的诞生。因为就算在冲淡的意义下，可能有自我崇拜的宗教，但真正的宗教是开始于超越自我中心去追求意义和价值。宗教否定了自我可能拥有终极性。

但是这项否定是为了什么？这个问题把我们带到弃绝之路上的两座路标前。第一个上面写着“社群”，是大过我们自己的明显候选人。在供养我们自己以及别人的生活上，社群的重要性是没有一个单一的生命得以支配的。那么，且让我们转过来向它效忠，把它放在我们自己的前面来优先考虑。

这一转换显示出了宗教上的第一大步。它产生了责任宗教，这是在享乐和成功之后，印度教认为的人生第三个大目的。它对成熟的人，其力量是巨大的。无数的人从一心去取变成一心去予，一心要赢变成一心要服务，不是要求胜利而是要尽已之力。负责地去做手上任何工作，变成了他们首要的目标。

印度教对那些有意服务社会的人多的是各种指导。按照不同的年龄、性别和社会地位详列出不同的职责。我们将在随后的段落中加以省察。在这里我们只需重复它与享乐、成功有关的说法：责任也产生显著的报酬，只不过人的精神还是没有得到满足。它的报酬需要成熟的人才能欣赏，不过只要人成熟了，这样的报酬还是相当大的。忠实地完成职责从同辈那里带来尊重和感激，更重要的是，做了自己分内的事令人有了自尊。不过这些报酬最终仍是不足够的。因为纵然当时间把社群转变成了历史，孤立的历史仍然是有限的，因之最终还是悲剧性的。其所以如此，不仅仅因为它必须终结——历史最终也会死——也因为历史拒绝被完美化。希望和历史之间永远是有好多光年的距离。人最终的善必然是在别的地方。

人们真正要什么？

“到了某个时候，”阿道斯·赫胥黎（Aldous Huxley）写道，“人们甚至于会问莎士比亚，会问贝多芬，难道就是如此而已吗？”

很难想到一个句子能够比这更正确地说明印度教对世界的态度了。世界所提供的其实并不差。大致来说是好的。有些还好得足以支配我们的热情好多世呢！但是，最终每一个人都会跟西蒙·威尔（Simone Weil）一样明白到“这底下并没有真正的善，这个世界中每一桩表面上看起来是善的都不过是有限的东西，有限制、会耗尽，一旦被耗尽了，必然性就赤裸地暴露无遗了”。[8] 到了这个地步，我们会发现自己在问：世界所能提供最好的东西，“就是如此而已吗？”

这一刻正是印度教所等待的。只要人们满足于享乐、成功或服务所带来的一切，印度教圣者除了提供一些如何能更有效地去执行的意见以外，是多半不会去打扰他们的。当这一切丧失原有的魅力，而一个人发现自己还在盼望生命提供更多东西时，人生的转折点出现了。生命究竟是否拥有更多的东西，大概是比任何别的问题更尖锐地区分了人们。

印度教对这个问题的答案是毫不含混的。生命还有其他的可能性。要明白这些可能性我们必须回到人们要什么的这个问题上。到目前为止，印度教会说，我们对这个问题回答得太肤浅了。享乐、成功和责任从来就不是人类的最终目的。它们顶多不过是假定能带领我们朝我们想要走的方向前进的工具罢了。我们真正要的东西是埋在更深的层次中的。

首先，我们要“存在”。任何人都想要存在，而不想要不存在。正常情形下，没有人要死亡。一位第二次世界大战的通讯员，描述一间屋子中有 35 名飞行员，被派去执行一项只有四分之一的人能生还的轰炸任务时的那种气氛。那位通讯员所感到的是，那些人并不是那么害怕，而是“他们很不愿意放弃未来”。印度教说我们都是有这种情怀的。没有人会快乐地接受我们在未来会没有份的想法。

其次，我们要“知道”。无论是科学家研究自然的秘密，一个普通的家庭看晚间新闻，或是邻居们探听当地的闲话，我们都是无餍足地好奇。实验证明连猴子都会为了想知道活门那边是什么东西，比为了食物或性事而愿意工作更长的时间。

第三件人们要追求的是“妙乐”，那种相对于挫折、徒劳无功和厌倦的感觉。

这些是人们真正所要的。如果我们要完成印度教的答案，还应该加上说他们无止境地要这些东西。人性一个很显著的特征就是有能力想象那没有限制的东西："无限"。这种能力影响着人类全部生命，正如基里科（de Chirico）的绘画《对无限的乡愁》所深刻暗示的那样。只要提出任何好的东西，我们就能想到更多的，结果我们就要得更多。医学已经倍增人的寿命，但是能活一倍长的时间是否使人们比较乐意死呢？那么，要说明整个真相，我们必须说，人真正要的是无限的存在、无限的知识和无限的妙乐。他们可能会接受少一点，但是真正要的就是这么多。如果用一个词来总结的话，人真正要的就是"解脱"——要摆脱那拘束我们的有限性，达到我们的心灵真正欲求的无限的存在、知识和妙乐。

享乐、成功、责任和解放——我们完成了人以为他所要的以及他实际所要的整个圈子。这就把我们带回到开始省察印度教时那令人惊讶的结论。人们所最想要的，他们可以得到。无限存在、无限觉知以及无限妙乐都在他们能力所及的范围。这样还不算，最惊人的宣布还在后面。印度教说，这些好东西不仅仅是人们能力所及，事实上人们已经拥有了它们。

究竟人是什么？身体吗？当然，不过还有别的吗？还有人格，它包括心智、记忆和从独特的生命经验轨道衍生出来的习性。这个也是，但是还有别的吗？有人会说没有了。印度教则不同意。隐藏在人的自我与活力之下是一个存在储藏库，它永远不死、永不枯竭，并且在意识与妙乐上皆无限制。每一生命中这一无限的中心，这隐藏的自我或"大我"，其实无异于"梵天"或真神。身体、人格和梵我——一个人的自我是要注意到这三样才算是全部说清楚了。

但是如果这样没错，我们的存在真的无限吗？为什么看起来并不那么明显呢？为什么我们的行为并不照着做呢？"我今天并不特别觉得无限"，人们可能会立即说，"还有我的邻居——我没有觉察到他的行为有什么像神一样。"印度教所假定的，怎么经得起每天报纸新闻的验证呢？

印度教说，答案是埋藏在我们内心深处的永恒，可是这种永恒被几乎无法穿透的表面自我所遮蔽，那一大团眼花缭乱的事物、虚伪的臆测与自我关注的本能。一盏灯可以覆满灰尘泥土，几乎完全把光芒盖住了。生命向人之自我所提出的问题，是要清理它存在的浮渣，使它那无限的中心可以完全透显出来。

内在的超越

“生命的目标，”霍姆斯法官曾说，“乃是要从非完美性中尽量能获取多少就获取多少。”印度教则说，它的目的是要完全超越非完美性。

假如我们为限制我们生命的特殊缺陷列一张清单的话，恐怕是会没完没了。我们缺乏力量和想象来实现我们的梦想；我们会厌倦、生病，也难免愚蠢。我们会失败而气馁，我们会年老而死亡。这样的清单可以无止境地列下去，不过没有这个必要，因为所有这些特别限制都可以简化成三种基本变数。我们在妙乐、知识和存在上是有限的，这三样东西是人们真正要的。

有没有可能越过把我们和这些东西分隔的种种束缚呢？有没有办法提高生命的素质，使它由于不太受限制而成为真正的生命呢？

先看看加在我们妙乐上的束缚，这些可以分为三类：肉体上的痛苦，因欲望不能得逞而来的挫折感，对生命一般的厌倦。

肉体上的痛苦是三者之中最不麻烦的了。由于痛苦的强度，部分是来自伴随它的恐惧，征服恐惧则痛苦也就随之得以减轻了。痛苦若有目的的话也是可以接受的，比如病人会很高兴接受他被冻着的手臂恢复生命的感觉，即使那是痛苦的感觉。还有，痛苦可以被紧急的目标盖下去，例如在足球赛中。极端例子中，无用的痛苦可以通过药物或感官的控制而加以麻醉。印度教19世纪最伟大的圣者拉马克里希纳（Ramakrishna）死于喉癌。一个医生在他患病后期给他做检查，刺探他那退化的组织时，拉马克里希纳感到痛不可当。他说：“等一下。”接着再说：“检查吧！”这之后医生怎么刺探都没有遭到抗拒了。病人把他的注意力集中到一个程度，使得神经刺激简直不能通过。总而言之，要提升到肉体痛苦不再成为一个主要问题的程度是有可能的。

相对而言，更为严重的是，由于特别的欲望不能得逞所带来的心理上的痛苦。我们想要赢比赛，但是却失败了。我们要赚钱，可是生意却没有做成。我们的竞争者升了级。我们希望被邀请，却接着又被冷落了。生命中充满了失望，我们多半会假定人生本来如此。但是如果加以省察，证明所有的失望都有一个共同的特色，就是：每一次都瓦解了个体自我的一项期望。如果自我没有期望，就没有所谓失望了。

如果这听起来好像是杀掉病人以结束一场病情的话，我们可以正面地来说同样的意思。如果从接近神的眼光的角度来看待人类，那么自我的真正利益是什么？从永恒观点来看待一切，一个人就会对自己比较客观，把成功与失败看成人类庞大剧场所上演的是是非非、反反复复、来来去去。如果人们能经验成功者的喜悦就如同自己的一样，又怎么会失望于自己的失败呢？如果对竞争者的成功能够产生共鸣的欢乐，怎么会因为自己升级不成而受到伤害呢？吾人与其大叫要做到这样是“不可能的”，不如去注意这种生活与寻常生活的大异其趣；因为有关心灵世界中杰出人物的报道，也无不显示他们确实可以提升到类似这样的高度。“这些事你们既作在我这弟兄中最小的一个身上，就是作在我身上了。”——难道我们以为耶稣在说这些话的时候是装模作样吗？据说拉马克里希纳曾经一度“在看见两名舟子生气地争吵的时候痛苦地哀号，不论世界是多么的污秽和残忍，他都要让自己与全世界的悲哀认同，直到他的心满是受伤的疤痕。但是他知道，不论是怎样的对抗和敌意，他都一定要在各种人和不同境遇中去爱神，并且在控制他们存在的同时驱使他们彼此不和的种种思想形式中去爱神”。[9]

与有限的自我分离，或者依附于事物的整体——我们可以把这种现象由正面或反面来说。当它发生时，生命被提升到超越了挫折的可能，也同样超越了厌倦——妙乐的第三种威胁——因为面对着这样生动的认同，宇宙的戏剧是太壮观了，哪里还会有厌倦呢！

人的生命第二个最大限制是在无知。印度教认为这也是可以除去的。《奥义书》上说到一种“本体之知，对它的知识带来对一切事物的知识”。这里所谓的“一切事物”不可能是指字面上的全知。更可能是指穿透一切事物的洞见。既然已经把握到总体的洞见，还要问细节的话，就如同追问一幅伟大的画中包含多少原子一样不相干了。一旦要点已经抓住了，谁还在乎细节呢？

但是，究竟超越的知识甚至在这种比较限定的意义下有没有可能呢？很明显，神秘主义者是以为有的。学术上的心理学并未完全支持他们，不过却相信心灵是比表面所见的有更多值得研究的。心理学家把心灵比作冰山，大部分冰山是看不到的。心灵那广大浸在水面下的底舱到底包含了些什么呢？有人认为它包含了它所经历的每一个记忆和经验，那永不休止的深藏的心灵什么也没有忘记。另外的人如荣格（Carl Jung）就认为那包括了总结全人类经验的种族的记忆。心理分析对于这种精神黑暗区只能对准几个光点。谁又能说黑暗能够在什么程度下被驱散呢？

至于生命的第三种限制，就是它那受到局限的存在，为了有效地思考这一点，我们首先必须问：自我的界域要如何规定？这当然不是指我们身体所占据物理空间的大小，在浴缸中所排出的水量的多寡。以我们精神的大小，亦即它认同真实的幅度来计量，应该是比较可取的。一个人与他的家庭认同，在家庭中找到他的欢乐，所拥有的也就是那么大的真实；一个人若能够认同整个人类所拥有的则是更大的了。根据这个判断准则，能够认同于存在全整体的人，是没有限制的。可是这似乎不太对，因为他们还是会死。他们关心的对象会继续下去，可是他们自己却不在了。

因此，我们对这个“存在”的问题不仅是要由所谓空间的角度来处理，还要由时间的角度来处理。我们每天的经验提供了我们这样做的切入点。严格地说，我们生命的每一时刻都是死亡；那一时刻的我死了，永远也不会再生。虽然在这个意义下，我的生命事实上只由葬礼组成，我却并不认为自己每一刻都在死亡，因为我并不把自己等同于我自己个别的时刻。我经历了它们而且还活下来了——经验它们，而不与其任何单独一个认同。印度教把这个观念更推进一步。它所设定的自我是有延伸性的，可以活过一世又一世的生命，正如我们在现世的生命可以活过一日又一日。

小孩子会因我们认为的小事而伤心。他完全认同于每一件偶发事件，不能以一生有不同片段的整体眼光来看它。在小孩子能够不再认同于个别时刻并因而长成大人之前，需要经过长期的生活。与小孩相比我们是成熟的，但与圣人相比我们就是孩子。跟三岁的孩子把冰淇淋球掉落地上一样，不能够以整体的眼光来看我们自己，我们的注意力也只盯在现世生命上。假如我们能够完全成熟的话，我们就会由一个比较大的框架来看这一世的生命，其实人如能这样，就永不会终结。

这乃是印度教对人的情况估量的基本观点。我们已经看到心理学使我们熟悉的一项事实，就是我们自身远比我们猜测的更丰富。正如 18 世纪欧洲对于地球的看法一样，我们的心灵有自己的黑暗非洲、蛮荒的婆罗洲、亚马逊盆地。它们那巨大的幅员继续等待着被探测。印度教看心灵所隐藏的陆洲是伸展到无限的。它们在存在上是无限的，在意识上是无限的，在它们之外没有任何东西还是未知的。在欢乐上也是无限的，因为再没有跟他们相反的东西来损坏其福祉了。

印度教文献中到处都是比喻和寓言，想要借此唤醒我们注意那潜藏于生命深处的珍贵领域。我们像是失忆的国王，衣着破烂地在自己的国家中流浪而不知道自己是什么人。或者像一只与母亲失散了的小狮子，被羊养大了习惯吃草和作羊叫而假定自己也是一只羊。我们像是一个恋人一样，在梦中绝望地寻找着自己的爱人，却不知道她一直就在自己的身边。

我们完整的“存在”被觉识之后是什么样子，要描述它就像对生来就瞎眼的人描述日落一般不可能；这种觉识必须靠自己亲身去体验。不过，那些已经体验过了的人的传记给我们提供了线索。这些人比较聪明，他们有更多的力量和快乐。他们似乎是比较自由，这并不是说他们到处打破自然的规律（虽然他们时常被说成具有这种能力），而是说他们似乎不为自然秩序所局限，是安详的，甚至是容光焕发的，是天生的和平制造者，他们的爱向外流注，对任何人都不例外。跟他们接触会令人坚强、净化。

走向目标的四条道路

我们都处于生命创造力的无限海洋边缘。它就在我们里面：最大的力量、充实的智慧、无尽的欢乐。永远不会受挫不会被毁。但因为它是深深埋藏着的，而使得生命变成了问题。无限是在我们存在的最黑暗、最深奥的地窖里，在遗忘了的仓库和深水的贮池中。如果我们能使之见光，并从它那里不断摄取灵源，情况将会如何呢？

这变成印度教挥之不去萦绕于心的问题。印度人民追求宗教真理，不是单单要增加一般知识的储量，而是要用来作为一幅航海图，来指导他们到达更高的存在境地。虔诚信教的人乃是那些寻求转化自己本性的人，重塑自己成为超人类的模型，通过它才能显发无限，而少有障碍。在印度教经文中有一个暗喻，以很多种方式表现出来，而令人感觉到这种渴求的急迫性。好像一个人头上顶了一捆着了火的柴要冲到池塘去灭火。追求真理者更有过之，被生命之火烧烤着——生、死、自欺的徒劳——急于奔向一个懂得处理生命中最要紧之事的导师。

印度教有关实现人的潜能的特别指导，列明在瑜伽这个标题之下。瑜伽这个词一度会令人想到披麻衣、满头乱发的人，身体扭成麻花般，一面却炫耀着超自然的神秘力量。现在西方已经挪用了这个词，不过我们想到的多半是为了保持苗条体态而去做体操的妇女。这两者并非与真正的条目全然无关，但其相关性却只在形体这方面。瑜伽这个字（yoga）是跟英文字牛轭（yoke）一样来自同一字根，而 yoke 有双重的意思：结合在一起，接受训练。两种意思在梵文中都有。于是，yoga 的一般定义是一种训练方法，用来引导人走向整合，或是结合成为一体。但究竟要整合什么呢？

有人主要是关心他们的身体。不用说了，印度也一样有这种人——把身体当成他们关心和努力的首要目标。经过多少世纪的实验，印度为了这种人，设计出一套世界上前所未见的最奇妙的身体文化。[10]这并非说印度比西方对身体更有兴趣；只不过她的兴趣走了一个不同的方向而已。西方追求的是力量和美，印度则是精确和控制；理想在于完全控制身体的每一种功能。在这一领域内她有令人难以置信的成就，不过其中有多少可以得到科学上的支持，还有待证明。[11]这里我们只需注意到，她在这方面广泛的指示包括了一项真正的瑜伽，即所谓的 hatha yoga，就足够了。原先这项瑜伽是练了来作为精神瑜伽的前奏，但是既然它已大部分丧失这一方面的关联，我们在此就不须再理会了。印度圣人们对于这方面的评断也可以是我们的评断。如果你愿意把你的一生拿来做这类的修炼，你就可以使身体做到一些不可思议的事情，不过这些与悟道并无太大关系。假如这修炼是出自一种炫耀的欲望的话，那就会妨碍精神上的成长。

跟我们相关的，乃是那些用来结合人类精神和隐藏在其最幽深处的神的瑜伽。“由于所有印度精神的（与身体的不同）修炼都是认真致力于这一实用的目的——不只是空幻的默想或者是空谈高远的理念——它们可以说是代表人心所曾建立的前所未有的最真实、最实际、最现实的思想系统之一。如何达致梵天（梵文中的神）并继续与梵天保持接触，如何变成与梵天合而为一，并依之而生活；如何仍然留在尘世上却变成神圣——生活在地球上，气质却变化了，而获得了重生；这便是在印度世世代代启发并神化人类精神的追求。”[12]

印度人朝这项目标迈进的精神途径有四。起初可能有点令人惊讶。如果是一个目标，还有别的道路吗？因为就算我们都是从同一点出发，交通方式也有可能不同——走路、驾车、坐飞机——可能选取不同的途径。事实上大家从不同的方向朝目的趋近，就算目标相同，也必须走多条不一样的途径。

至于人从哪里开始，则要看他是哪一类的人了。这一点，西方精神导师也有类似的看法。比如其中最有名的例子，苏仁（Surin）神父就批评道："导师拿他先有的一套计划用在所有来找他们的人身上，就像要所有的人都穿同样的衣服，并把他们都教成一个样子。"基督教的圣十字约翰（St. John of the Cross）在他写的《活的火焰》中提醒人们留心这同样的危险，他说，精神导师的目标应该"不是用适合自己的方式来指导人们，而要确定上帝向他们指出的途径。"印度教的特别之处，是付出大量的关注，设法界定基本精神人格的类型，以及对各不同类型最可能行之有效的修炼。其结果是弥漫在整个宗教中的认识，认为走向神有多种途径，每一途径要求采用特别的旅行方式。

按照印度教的说法，基本精神人格类型有四类（荣格的类型学乃是按照印度模式建造的，在某些方面上有所修改）。有些人基本上是反省性的，另外一些人是情绪性的，另外还有一些人是行动性的，最后的一些则是倾向于实验性的。印度教对以上每一人格类型，开出不同的瑜伽，设计来应用在各个类型的特定力量上。类型并非密封在水泄不通的间格内，因为每一个人都在某一程度上拥有全部四种才能，正如大多数人分到的牌有全部四种花色。不过攻牌先出最强的花色会比较合理罢了。

全部四种途径都由道德准备开始。由于瑜伽的目的乃是要令表层的自我对其内在的神性透明，因此必须先要清除它粗俗的不洁。宗教永远不光是道德，但是如果它缺乏道德基础就不能站立。自私的行为不是把有限的自我融解而是将之凝结；恶意则扰乱了意识流。因此，每一种瑜伽的第一步，皆牵涉到培养诸如不杀生、诚实无欺、不偷盗、自我控制、洁净、满足、自我修炼这一类的习惯，以及到达目标的迫切欲望。

把这些共通的初阶牢记在心，我们就可以来了解各种瑜伽特殊的指导了。

通过知走向神的途径

"知的瑜伽"（Jnana yoga）是特别提供给有强烈反省倾向的精神追求者而设的，它是通过知识而与真神合一的途径。这类的知识——希腊人的 gnosis 与 sophia——是与事实资讯毫无关系的；它并不是百科全书上的那种知识。它是一种直觉式的辨别力，具有转化力量，最终把能知者转变成了她之所知者（此处用女性的她是恰当的，因为在主要西方语言源头上——希伯来文、拉丁文和希腊文——用在这类型知识的字通常在性别上都是女性的）。思考对这类人是重要的。他们多半是用脑袋在生活，因为观念对于他们来说几乎是一种明显的活力；他们为之舞蹈歌唱。如果把这类思想者比作四处走动而脑袋藏在云中的哲学家，是因为他们能感觉到那照亮在云端上的柏拉图的太阳。思想对于这类人会产生实际效用；他们的心智激发着他们的生命。并非有很多人被苏格拉底的“知善就能为善”的主张所说服，不过以他本人的例子来说，他的确是报告了一个直截了当的事实。

因之对于专心追求知识的人，印度教提出了一连串的说明用来说服思想者，指出她所拥有的多于她有限的自我。理由很明显，一旦知的瑜伽行者掌握到这一点，她的自我意识就会转向更深的层次。

这套修行之钥是在于辨识，辨识那挤在我们注意力前的表面自我，以及那肉眼见不到的大我。培养这种力量要通过三个阶段，首先就是要学。顺着圣托马斯（Thomas Aquinas）的《神学大全》中的秩序，通过听取圣人、经文及论说的含义，求道者被带领去体认“她根本的存有即是存有本身（Being itself）”。

第二个步骤是思想。通过长期的、深切的反省，第一个步骤引进作为假设的必须赋予生命的大我（Atman，内在的神）必须从概念转变成实在。这一步骤中提出了几条反省方针。比方说，信徒可能受指导要省察我们的日常用语，思考它的含意。“我的”这个词总是意味着拥有者和被拥有者之间的差异；当我说到我的书或是我的外衣，我并不以为我就是那些东西，但是我也说到我的身体、我的心智，或是我的人格，因此证明，在某种意义上我同样认为自己有别于它们。那么这个拥有我的身体和心智却又不是我的“我”究竟是什么呢？

再说，科学告诉我七年之前我的身体之内曾经有的成分现在都不在了，我的心智和人格也有了类似的改变。然则经过多方面的修改，某一方面我仍然还是同一个人，一个一时相信这个，一时相信那个的人，一个一度年轻现在老了的人。那么这组成我的某种东西，比身体和心智更恒久持续不变的是什么呢？认真沉思，这个问题就得以把自己的大我与自己的小我理清出来。

我们用的“人格”一词出自于拉丁文persona，它原先是指演员出场，演出他的角色时所戴的面具，通过（per）面具说出（sonare）他角色的台词。面具记录着的是角色，而在它后面的那演员则是隐匿的，超然于他所表演的情绪之外。印度教徒说得对极了；因为角色正是我们的人格，是我们此刻在这最伟大的悲喜剧中，这幕我们同时是作者也是演员的生命剧中所一直扮演着的角色。正如一个好演员把她最好的赋予她的角色，我们也应该尽力扮演我们的角色。我们的错误在于误以为我们现在扮演的角色就是真正的我。我们被目前的台词迷惑住了，记不起我们先前扮演的角色，对未来的前景也视若无睹。瑜伽行者的工作就是要改正这种虚假的身份。把觉识朝内转，穿透数不清的人格层次，直到层层刺穿它们之后，她来到站立在下面那匿名的、欢欣地无动于衷的女演员面前。

小我（self）大我（Self）之间的区别可以用另一种形象来帮忙。一个人在下象棋。棋盘代表他的世界。棋子要移动，车马要赢或输掉，一个目标要完成。棋局可输可赢，而不关乎下棋人自己。如果他苦下工夫，就可以令棋艺进步；这既能在失败中同时也在胜利中发生。参赛者与他整个人相关涉，任何特殊生命时期的有限自我，也一样与其潜在的大我相关涉。

隐喻多的是。其中最美丽的一个在《奥义书》中，也（完全是有趣的巧合）在柏拉图中。一个坐马车的人在他的车中，因为已经把行旅的责任交托给了御者，他就可以自由安坐车中全神关注着车外的景色。在这个景象中含着一个生命的隐喻。身体是车子。车子经过的路是感官对象。拉车的马乃是感官自身。经过修炼之后控制感官的心智由缰绳来代表。心智的决策机能是御者，那车子的主人，有全部的权威却无须动一根指头，正是那无所不知的真我。

一个瑜伽行者如果能干又勤奋，这样的反思最终就会引发出隐藏在吾人虚幻的有限我之下那无限我的活泼感受。两者会在吾人的心灵中变得愈来愈有别，使先前像水乳一般的混合会变得像水和油一般地分隔开来。那么吾人就有资格走上知识之路的第三步了！这在于将她的认同转成为那持久不变的部分。要做到这样，直接方法就是把自己想成精神，不仅只是专为这个目的而设的冥想时段中如此，在日常生活中亦复如此。不过后者要做到就不容易了。她需要在包裹于表皮中的自我和大我之间隔开一道缝，能这样做的一个方法就是把前者想成第三者。不再想着“我在街上走”，而是想着“施碧尔在第五街上走”，并从一段距离之外来这样想象她自己，以加强这样的断定。

既非主动者，也非被动者，她面对所发生的事的方式是“我乃是见证人”。望着她那非实质性的历史就如同她任由头发在风中飘荡一样地无动于衷。正如一盏灯照亮一间屋子而并不关心屋中在进行些什么一样，经文告诉我们，瑜伽行者注视着他那原质屋中所发生的一切时，情况亦是如此。“就算是太阳，以它那全幅的温暖，也被美妙地超越了”，这一句话写在某个地方的牢室墙壁上。生命中的事件只不过是任其自由进行。坐在牙医的椅子上，施碧尔提醒自己，“可怜的施碧尔。很快就会过去的”。不过当幸运眷顾她而她万分欢喜地陶醉在赞美中时，她也必须公平地采取相同的姿态才行。

从第三者的眼光来思考自身的处境时，等于在同时进行两件事：一是把自我认同与表面自我区隔开来；二是把这点自我认同推到更深的层次，然后借由一种与存有等同的知识，使人完全转化为内心深处的那个样貌。“你即彼，除你之外，并没有另外的见者、听者、思考者或行动者。”[13]

通过爱走向神的途径

知的瑜伽据说是通向神性实现最短的途径，也是最陡峭的路。它需要理性和精神作罕见的结合，因此只适合极少数人。

一般来说，生命的推动多出自情感而少发自理性；而充塞在人心中的许多情绪，其最强烈者是爱。甚至连恨也可以解释为从这一冲动的阻挠所反弹出来的。更有甚者，人们常常会变得肖似他们的所爱者，在眉眼中透露所爱者的名号。“爱的瑜伽”（bhakti yoga）的目的是引导那潜藏在每个人心中的爱朝向神。“正如恒河的水不停地流向海洋，”在《*Bhagavata Purana*》中的神说，“‘爱者’的心灵也不断地朝‘我’而来，每个人心中都存在着这无上的真人，他们立刻会听到有关‘我’的特质。”

与知识之路相比，爱的瑜伽有无数信奉者，是四者之中最流行的。不过它却源于古代，其最著名的宣教者是16世纪名叫杜尔胥达斯（Tulsidas）的神秘诗人。在早期的婚姻生活中，他非常挚爱太太，到了一天见不到她也不行的地步。有一天她去探望父母，才半天时间，杜尔胥达斯又跟随在她身边，他太太叫道：“你那么热情地依恋着我呀！假如你能把这依恋转移向神的话，你就会立刻到了它那里。”“就这样做吧！”杜尔胥达斯想。他试了，也真的成功了。

爱的瑜伽所有的基本原理在基督教中都有丰富的例证。的确，从印度教的观点来看，基督教乃是照亮通向神的伟大的bhakti道路，其他的道路虽也没有被忽略，不过没那么清晰地划出来罢了。在这条路上，对神的理解与知的瑜伽是不同的。在知的瑜伽中，其指导形象是，存有的无限海洋隐于我们有限自我的波浪之下。这个海洋象征着那无所不在的真我，既内在又外在于我们，而我们就是要追求与之认同。如此想象之后，神是非人格性的，或者说是超人格性的，因为人格由于是某种确定性的东西，似乎是有限性的，而知的神性却是无限的。对于“爱者”来说感觉要比思想来得真实，神在这两种考虑之下表现互有不同。

首先，由于健康的爱是外向的，“爱者”会拒绝所有的倡议说人爱的神只不过是自己，甚至是那最深层的真我，而要坚持神的他在性。正如一部印度教祈祷经文阐释着这一点，“我要尝糖的味；我不要成为糖”。

水能把自己喝干吗？
树能尝到它们自己生长的果实吗？
崇拜神的人必须跟它分得一清二楚，
只有这样他才能知道神欢乐的爱；
因为如果他说神跟他是一，
那欢乐、那爱，就将即刻消失掉。
不要再祈求与神为一了，
倘若珠宝和镶嵌是一的话，那么美丽何在？
热和荫是二，
若非如此，哪来荫的舒适，
母亲和孩子是二，
若非如此，哪来的爱？
当分割开来之后，他们相遇，
他们感到多么的欢乐呀，母亲和孩子！
倘若两者是一，何来的欢乐？
那么，不要祈求完全与神合一了。[14]

其次，既相信神的他在性，爱者的目标也与知者不同。爱者不会努力去与神认同，但却以他或她存在的每一个成分来崇拜神。贝德·佛洛斯特（Bede Frost）说的话，虽然是来自另一个传统，却直接可以应用到印度教这一方面的意思上来："合一并非是泛神论那种把人吸收到一里面，而是在特质上主要是位格的。更有甚者，由于这显然是一种爱的结合，所需要的知识乃是对最高意义之下的友情的知识。"[15]最后，在这样关联下的神的位格，不但不是限制，反而是不可或缺的。哲学家们也许可以爱纯粹的存有，那超越一切属性的无限，但他们是例外。人所爱的正常对象是拥有属性的人。

在这种瑜伽中我们只需十分地爱神——不只是声称这爱，而是真的爱神，只爱神（爱别的东西是因为它与神有关系）；爱神而没有什么特别的理由（甚至于不是为了解放欲望，或者是为了爱的回报）而只是为了爱。如果能成功地做到这一点，我们就会了解快乐，因为没有任何经验能跟这种全心全意真正确实的爱相比。而且，我们每一步对神亲近的强化，都将削弱我们对世界的紧抓不放。圣徒们可能真的会比不敬神的人更爱世界一些；不过他们是以一种非常不同的方式去爱，在里面看到了他们所崇拜的神之荣耀的反映。

如何才能产生这种爱呢？显然地，并不容易。这个世界上的东西无休无止地叫嚷着要我们的爱顾，以致使人惊讶那既见不到又听不到的存有如何可能成为它们的对手。

进场的是印度教的神话，她那美妙的象征，她那几百个神的形象！她的仪式日夜不停地转动，像是永不休止的祈祷之轮。如果这些以其本身为价值，当然有可能篡夺了神的位置，不过这却不是它们的意图。它们乃是媒人，其职责是带领人心到那不是它们本身而是它们所代表的东西那里。把印度教的形象与偶像崇拜混为一谈，以及将其多样性当成是多神论，是愚蠢不过的。它们乃是跑道，要让那困于感官的人类精神能从那里跃升，进行“孤独者朝孤独本身之飞翔”。连乡村僧人都经常会用这一段挚爱的祈祷，来开始他们寺庙的仪式：

> 啊，神啦，请原谅我因为人性的限制而来的三种罪：
> 你无所不在，而我却在此处崇拜你；
> 你无形象，而我却以这些形象崇拜你；
> 你无须赞美，而我却对你献上这些祈祷的礼敬。
> 神啊，请原谅因为我人性的限制而来的三种罪。

例如那多臂形象的象征，生动地描写出神惊人的多面性和超人的威力，其实能够集中体现一整套的神学。神话能够探察的深度、智力只能间接地见到。寓言和传说能用它们的方法来表达理想，使听的人热切地想去体现它们——鲜活地支持了爱德曼（Irwin Edman）的主张：“是神话而不是指令，是寓言而不是逻辑使人感动。”这些东西的价值乃在于能够把我们的心从世界的迷扰中召回到对神的思想和对神的爱当中。在对神的赞美声中，在全心全意热忱地对神的祈祷中，在沉思神的庄严和荣耀中，在阅读有关神的经典中，在把整个宇宙当成神的作为中，我们把我们的爱意稳定地朝向神。“那些沉思我、崇拜我而对其他一切都毫无牵挂的人，”《薄伽梵歌》中的克里希纳（Lord Krishna）说，“我很快会把他们从死的海洋中提升出来。”

“爱者”的方式有三个特点值得一提：一、亚帕姆（japam）；二、反复述说爱的变化；三、崇拜个人选择的理想。

亚帕姆是重复着神的名字的修炼。在代表俄国精神传统的经典之一《一个朝圣者之路》（*The Way of a Pilgrim*）中，我们发现基督教中有相似的东西。这是一个不知名农夫的故事，他首要的关切就是要完成《圣经》指令的“不停地祷告”。他想找一个能解释如何可以做到这件事的人，就带着一个背包、以干面包为粮，及依靠当地人的善心来宿夜；他走遍了俄罗斯和西伯利亚，请教了无数的权威，却一直失望没有结果，直到遇见一位老人教他“在做任何事、任何时间、任何地点，甚至于在睡觉的时候，都用嘴唇，在精神上、在心中，稳定而无间断地呼唤耶稣的圣名”。朝圣者的老师训练他，直到他能在一天之内毫不费力地重复耶稣之名一万两千次。这种察觉不到的嘴唇修行变成了内心真实的呼求。祈祷变成了他内在经常的、温暖的呈现，为他带来了欢乐。“保持神的名在你全部的活动中运转。”一个人不论是在漱洗或在纺织，在播种或在购物，口中念念有词而心存盼望，长期下来，他的祷告就会在不知不觉中浸润到潜意识里，使它满载着神性。

不断述说着爱的变化以为宗教之用，是因为爱是按照所牵涉的关系而表现出细致的不同。父母对孩子的爱带有保护的色彩，孩子的爱则含有依赖的成分。朋友之间的爱有别于男女之间的性爱。一个忠诚的仆人对他主人的爱又是不同。印度教认为所有这些模式在加强对神的爱上都有它们的地位而鼓励“爱者”全都加以利用。在修炼上基督教也有相似的做法。最常见的是把神看成一个仁慈的保护者，象征是主或父，不过其他的模式也找得到。“在耶稣那里我们有着何等样的朋友呀！”乃是一首熟悉的基督徒赞美诗，“我的主人与我的朋友”在另一首人们喜爱的基督徒诗篇显著地述说出来。在雅歌中神被说成是配偶，在基督教的神秘文献中，灵魂嫁给基督的婚姻是经常性的暗喻。把神当作是吾人的孩子的态度，在西方人听起来是有点不入耳，然则大部分圣诞节的魔力，是来自这一年之中，神唯独一次作为一个孩子进入人的心中，因而引发出人的父母本能的柔情。

我们最后要谈到，以个人选择的理想形象来崇拜神。印度教徒以数不清的形象来代表神。他们说这是适当的。每一种形象只不过是指向某种彼处的东西；由于没有东西得以穷尽神的真正本性，因此需要整个的阵容来完成神的面相和表现。不过虽然各种表现都同样指向神，每一位信徒最好还是对其中一种产生一世的依恋关系。唯有如此它的意义才能深化，它整个的力量才能发生作用。所选择的表现就成为个人的 ishta，也即是他所借用的神性形象。“爱者”无须避开其他的形象，但这一种将永不可取代地在其信徒心中享有特殊的地位。对大多数人来说最理想的形象乃是神的化身之一，由于我们的心已经调整为去爱人，神以人形出现最容易被爱。许多印度人承认基督是神人，而相信还有其他的如罗摩、克里希纳以及佛陀。无论什么时候，当世界的安定遭到严重的威胁时，神就下来恢复平衡。

当善变弱，
当恶增强，
我把自己变成肉身。

我在每一个时代回来
传递神圣，
摧毁众人的罪，
建立正义。（《薄伽梵歌》Ⅳ：7—8）

通过工作走向神的途径

第三条走向神的路径乃是为具有活动趋势的人而设，是“业的瑜伽”（karma yoga），通过工作走到神那里。

研究人体解剖和生理，会展现出一项有趣的事实。所有消化和呼吸的器官都是为了提供滋养血的物质。循环器官把滋养血液运送到全身各处，维持着骨骼、关节和肌肉。骨骼提供了支架，肌肉没有了它就无法运作，而关节提供了运动所需的灵活性。头脑预见将要做出的动作，脊椎神经系统执行它们。植物神经系统通过内分泌系统的帮助，维持了运动肌肉所依赖的内脏平衡。总之，整个身体除了生殖器官之外都聚合于行动上。“人这部机器，”一位医生写道，“似乎的确是为行动而造的。”[16]

工作乃是人类生命的主要标记。重点不单是除少数人之外，所有的人都必须工作才得以生存。终究说来，工作的驱策是源于心理的而非经济的因素。被迫无所事事，多数人都会变得烦躁不安；强迫退休，他们会衰弱。这里所包括的有劳碌的管家以及伟大的科学家，诸如居里夫人。对于这种人，印度教说，你不必退居到修道院才能意识到神。你可以像在任何别的地方一样地在每日事务的世界中发现神。[17]全力把自己投入工作；不过要聪明地做，要做那能得到最多回报的事情，而不只是琐碎的事情。学习了解工作的秘诀甚至就在其他事情完成之际，让每一动作都能把你带向神，就如同手表在履行其他责任时会自动卷上发条一样。

要如何做到这一点，则要视工作者的性格之其他部分而定。在选择工作的道路时，从事“业的瑜伽”的人已经表现出一种朝向活动的趋向，不过在具体作为上，还要看这个人是侧重于情感的还是反省的。其答案决定了该名瑜伽行者是以智力或是以爱的精神来对待工作。在四种瑜伽的说法上，业的瑜伽可以使用两种模式：知的（知识），或者爱的（献身的服务）。

正如我们已经看到，生命的重点是超越有限我的渺小。为了达成这个目标，可以把自己认同于那位居个人存在核心的超个人绝对者，也可以把个人的兴趣和热爱转向那在经验中与个人迥异的人格神。前者是知的路，后者是爱的路。工作可以是通过任何一者来达到自我超越的一种工具，因为按照印度教教义，每一次对外在世界之所为都会反应到所为者身上。假如我把挡住我视线的树砍了，斧头每砍一下都在把树砍倒；但它也同样在我身上留下印记，把我在这个世界上要我行我素的决心，更深地驱策进我的存在中。我为了个人的福祉而做的每一桩事情，都在我之自我上增加了一层隔膜，随着厚度增加我也从神那里被隔绝得更远。反过来，每一桩行为都不去考虑自己，就会减少我的自我中心，直到最后，就不会有任何障碍把我同神隔离。

具情感倾向的人若要忘我地工作，最好的方法是把他炽热和情爱的本性发挥出来为神而不是为自己工作。“没有执著地去行动并且把行动交托给神的人，就像莲叶不被水玷污般不受行动效果的影响。”[18]这样的人仍然像先前一样地活跃，可是却为了不同的理由，就是出自奉献去工作。其行为已经不是为了个人的报酬。完成这些作为，是为了服侍神；不仅如此，这些行为是由神的意志和能量激励信奉者去完成的。“你才是作者，我只是工具。”在这种精神下完成的行为，是在减轻而不是拖累自我。每一件工作都变成神圣的仪式，以爱心去完成它以作为荣耀神的活祭祀。“无论你所做的，无论你所吃的，无论你在祭祀上所供奉的，无论你所施予的，无论你所修炼的苦行，啊孔迪（Kunti）之子，做这些是为了对我的供奉。如此你将从产生好或坏的结果之束缚中解放出来。”《薄伽梵歌》说。“他们没有欲求他们行为的果实，”《*Bhagavata Purana*》回应说，“这些人甚至连与我结合的情况都不接受；他们总是宁可要我的帮助。”

一个新近结婚而且在爱恋中的年轻妇人，不单是为她自己而工作。当她工作时，对她之所爱的思念乃是在她心思的背后，给予她劳作的意义和目的。对于一个献身的仆人亦复如此。他不为自己要求什么，不顾个人的代价，而是为了主人的满足来执行他的职责。同样，神的意志就是信者的欢乐与满足。向万物之主交出一切，生命的荣枯再也影响不到他。这样的人不会被挫折击败，因为赢并不是激发他们的动机；他们只是要站在对的那一边。他们知道如果历史改变的话，不会是人类而是它的作者在改变它——当人心准备好了的时候。在历史人物变得对他们的行为结果焦虑时，就会丧失了他们的中心。“没有执著地做你必须要做的。把全部的行为交托给我，把你自己从盼望和自私中解放出来，去战斗——不要被忧伤所打搅。”（《薄伽梵歌》）

一旦对工作的一切要求都扬弃了，包括其意图的成功与否，“业的瑜伽”行者的行为不再膨胀自我。他们心灵上不再留下指导其随后结果的印记。在这样的方式下，信奉者把先前行事所累积的印记加以总结而无须获取新的业。不管我们如何看待“业”的这种处理事务的方式，都可以清楚发现其中蕴含了心理学上的真理。一个完全供人差遣的人是几乎不存在的。西班牙人讥讽地说：“你想变成隐形人吗？只要两年不去想到自己，就没有人会留意到你了。”

性情上是理性反省的而不是情感冲动的人，把工作当成是走向神的道路，转了一个不同的弯。对于这些人，关键也是不自私地去完成工作，只不过他们用的方式不同。哲学家往往发现更有意义的观念，是那位居个人自我核心的无限存有，而不是那含着爱意注视世界的神性创造者。因此，随之而来的，他们对工作的态度就应该适应他们看事情的方法。

导向解悟之路的工作，是与经验的自我隔离开来去进行的。它特别在行动的有限我与注视行动永恒的真我之间划分出一条界线。说得精确些，它是指划下界线，一边是行动中的有限自我，另一边是观察此一行动的永恒自我。人们通常是为了经验的自我，从工作的效果来看它所能带来的报酬或喝彩。这种作法将使自我膨胀，使它益趋隔绝与孤立。

另一个选择是无动于衷地去做工作，几乎与经验的我脱离开来。工作者一面认同于永恒者，一面工作；不过因为事情是经验的我在做，真我与它们是毫无关系的。“认识真理的人，由于处于真我的中心就应该这样想，‘我什么都没有做。’在他看着、呼吸着、说着话、放下、抓住、开眼和闭眼之际，他观察到的只是感官在感觉对象之间移动。”[19]

当瑜伽行者的认同从有限我转换到无限我，她就会愈来愈对她有限行为流出的结果无动于衷。她会愈来愈认识梵歌格言的真理："你有权利工作，但并非为了由之而来的果实。"为责任而责任成了她的口号。

做工作的
被责任所支配，
一点也不关心
工作的果实，
他就是瑜伽行者。（《薄伽梵歌》Ⅵ：1）

有一个瑜伽信徒的故事，他坐在恒河岸边沉思时，看到一只蝎子掉入水中。他用手把它舀起来，却被咬了一口。蝎子又掉入河中。瑜伽信徒又把它救起来，又再度被咬。这样的过程又重复了两次，这时一个旁观者问那瑜伽信徒说："为什么你一直救那只蝎子，而它的报恩只是咬你？"瑜伽信徒回答道："蝎子的本性就是要咬。瑜伽信徒的本性是他们尽其所能来帮助其他的生物。"

"业的瑜伽"的信徒会去做每一件来到他们面前的事，并且在做的时候，这些事有如他的唯一要事。完成后，又以同样的精神去尽另一桩责任。每一件责任出现时，他们都以安定的态度全神贯注地对待，他们会抗拒烦躁、兴奋，也会避免同时去做或去想好几件事情的无谓企图。对于落到他们手中的各项工作他们尽全力去做，若不如此，就是屈服于懒惰了，那又是另一种形式的自私。而若一旦完成，他们会把自己与其作为分隔开来，不去理会后果究竟如何。

"一"对我来说是失或得，
"一"对我来说是誉与耻，
"一"对我来说是乐或苦。（《薄伽梵歌》Ⅻ）

成熟的人不在乎要改正，因为他要能认同那从改正中得益的长远的我，而不是那被指出需要改正的一时的我。同样的，瑜伽行者以泰然的态度接受损失、痛苦和耻辱，知道它们也都是导师。在某种程度上瑜伽行者是处身于永恒之中的，他们在紧张的活动之中体验着安详。像那急速运转的轮轴核心，他们似乎是静止的——情绪上是静止的——就算在他们极端忙碌的时候，就像是绝对运动的静止。

虽然哲学本性和情感本性的这两种人，其修炼业的瑜伽的概念框架不同，却不难理解他们共同的追求。两者都致力于大量减少食量，目的是要使有限我在饥饿状态而限制其增长，对于世人认为是健康的自爱的那种天生的自我主义，也完全不假辞色。“爱者”是追求“自我否定”的，把心和意志交托给永恒的伴侣而发现反而丰富了千百倍。“知者”也同样地企图在缩小自我，他们相信修炼成功到某个程度，就会出现一个与它外表面具截然不同的自我核心，“一位高贵住客和旁观者，超越过以前的意识及非意识系统的圈子，对于先前支持个人生平的各种倾向超然地无动于衷。这一无名的‘钻石存有’完全不是我们一直以来所爱护的性格，以及所培养的才能、性向、品德和理想；因为它超越了未经澄清的意识的每一水平线。它乃是隐藏在身体和人格的包装之内；而那黑暗、浑浊、粗厚的‘表面自我的表层’无法展露它的形象。只有‘一个一切私人要求都已被驱散的自我’的半透明的本质，才许可它变得能被看到——如同通过一面镜子，或是反映在一泓平静的池水中。然后，一旦它被辨认出来，它的显现就给予我们当下的知识，而知道这就是我们真实的本来面目。生命—单子（life-monad）虽然与我们的身心现象组合体截然不同，终于被回想起来了，并受到欢迎，我们曾经由于习以为常的无知及无鉴别力的意识，而鲁莽地误将那种组合体当成是我们存有的真实和永恒的本质呢”。[20]

通过心身训练走向神的途径

“修的瑜伽”（raja yoga）在印度被认为是“通向重新整合的皇家之路”。因为它带领人到令人目眩的高度。这是为那些具科学倾向的人而设的，乃是一条通过心身试验走向神的路。

西方在实验室内尊重经验主义，却在精神事物上不信任它，其理由是：它将个人经验神圣化，作为真理最后的检证标准。印度没有这种疑惑。她争辩说精神的事物能够如外在自然一样用实验来处理，她鼓励那些有这样的倾向而且又有意志力去这样追求的人，用实验室的方式去追求神。这种方式引起一种强烈的猜测，我们的真我远超过我们现在所意识到的，并且要求一种激情去挖掘真我全幅的限度。“修的瑜伽”为那些拥有这些条件的人们列出一连串的步骤，要求像物理实验般地严格遵行。如果这样做不能产生预期的结果，那么至少对于这一位实验者而言，假设就被否定了。不过，这里提出的主张是：如此开展的经验将会证实此一假设。

与大多自然科学的实验不一样的是，“修的瑜伽”是用在自己身上而不是外在的自然。就算科学真的转过来作自我实验——例如在医学上，伦理学规定了危险的实验只可在自己身上做——印度所强调的却不同。瑜伽行者并非对他的身体进行实验（虽然我们会发现身体无疑是牵涉在其中的），而是对他的心灵进行实验。实验是采取依规定的心理训练并观察其主观效应的方式来进行的。

并不需要先接受什么教条，不过实验总需要设计假设来加以证实或否定。“修的瑜伽”背后的假设就是印度教有关自我的教旨；虽然我们已经多次描述到它，在这里仍然需要重新加以说明，来作为“修的瑜伽”进行的步骤的背景。

印度教义假设人的自我乃是一个多层次的存有。我们无须去分析这些层次的细节；那些阐述是非常专业的，将来科学或者可以阐明它们是比较有隐喻性的而没有直叙上的准确性。为了我们的目的，只消把主要的层次化约成为四层来概括其假设就够了。首先，最明显的是我们有身体，其次是我们心灵的意识层。这两层之下是第三领域，个人下意识的领域，乃是通过个人的历史所建造出来的。我们过去的经验大多都从我们意识的记忆中消失了，但是那些经验却继续以当代心理分析企图去理解的方式，在塑造着我们的生命。关于自我的这三层，西方是完全同意的。印度教假设不同之处，是它所假设的第四个成分。在其他的三层之下，甚至比隐蔽的下意识（虽然完全与之有相关性）更少被有意识的心灵所觉察到的，乃是存在本身，它是无限、不受阻挠而永恒的。“我比最小的原子更小，同时比最伟大的更伟大。我就是那整体，是多样的、彩色的、可爱的、奇异的宇宙。我是那古老的一——我是人，是主。我是纯金的存有。我正是神圣至福的本然状态。”[21]

印度教同意精神分析，认为只要我们能够挖掘出我们个人的下意识——我们存在的第三层——就会经验到个人力量惊人的扩张，亦即一种活泼、清新的生命。但是如果我们能揭露那不单是被我们自己，并且也被整体人类所遗忘的某种东西，不单是能提供我们个人性格和奇癖的线索，并且也能提供一切生命和一切存在的线索，那将会如何呢？

很明白地，印度的召唤，是要人从世间琐琐碎碎的万象中退出，回到灵魂深处有因果秩序的领域中，因为在那儿才看得到真正的问题与解答。不过，除了这一点之外，“修的瑜伽”的回应并不能说成是对印度教明白发出召唤的答案。它是一种坚定不移的拒绝，不许自我为了日常生活的纷扰，而对我们内在某种等在那里、迫切未知的要求分心：这是一种对常规、平凡存在的全面性攻击。成功的瑜伽行者得以肩挑起生命的问题到这一新层面上，并在那里解决它。这种人的洞察力不太针对短暂的个人和社会境况，而是针对有关那使一切人类和社会更生之永不熄灭的源泉，因为他们的启发是直接来自与这原初源泉的接触。在身体上他们会继续是个人，但在精神上每个人都将变成是非特殊的、普遍的、完美的。

“修的瑜伽”的目的，是带领探究者去体证个人对“内在的超越者”的直接经验，来说明人类对自我四层评估的有效性。方法是有意识地进行内省，这是任何一行中具创造性的天才所采取的典型步骤之一，不过在“修的瑜伽”修行中将它推到了逻辑的极限。其意图是驱策自我灵魂的能量到最深的部分，以激活真我的已失去了的陆洲。冒险当然有；如果赌注失败了，最好的情况将只是失掉时间，而最坏的情况则是走火入魔。不过，方法正确的话，在一个导师的引导下，瑜伽行者可以结合随之而来的洞察力和经验，高度的自我知识以及更大的自我控制就会脱颖而出。

有了“修的瑜伽”提供在我们面前来做实验的假设，我们就可以简单陈述实验本身的八个步骤了。

一和二：头两个项目关涉到全部四种瑜伽的道德准备。任何人坐下来尝试这件自我发现的工作时，就会发现分心等在那里。最明显的两个就是，身体的要求和精神上的不平静。正当专注积极开始时，瑜伽行者会经验到想抽支烟或喝杯水的欲望。或者怨恨、嫉妒以及良心的苦责会闯出来。“修的瑜伽”的头两个步骤就是要清理这种干扰，而把进一步的干扰之门关上。第一步包括练习五种戒绝：不伤生、不说谎、不偷、不淫以及不贪。第二步包括练习五种教规：整洁、满足、自制、勤勉以及对神圣的冥想。合起来它们构成了人类精神的五种操练活动，可以准备进行下一步更复杂的探究。中国和日本官员惯常在佛教寺庙内修炼类似的“修的瑜伽”而完全没有宗教的兴趣——只是为了增加他们精神的清明和活力——然后发现就算是这样，相当程度的道德举止仍然是成功的必要条件。

三、“修的瑜伽”甚至在全然关涉于心灵时，也要作身体训练。更精确地说，它是经由身体对心灵起作用的。一般的健康之外，它在此处的主要目标是，当心灵在专注时不让身体来干扰。这可不是一个微不足道的目标，因为未经训练过的身体过不了多久就会发痒或烦躁的。每一种感觉都会吸引一点注意力，就干扰了正在进行的计划。这第三步的目标就是要除去这类的干扰，把这“驴兄”——正如圣方济各（Saint Francis）这样称呼他的身体，好好地拴住拉走。这里要设法做到的，是使身体处于一种中间状态，介于坐立不安、蠢蠢欲动以及完全放松、昏昏欲睡之间。有关到达这种平衡的发现，印度称之为 asanas，这个字通常翻译成“姿势”，不过却有平衡和不费力气的内涵。其对身体的和心理的益处，目前至少在一些这类姿势中已经广泛被承认了，印度教经文描述的 84 种姿势，在这一方面陈述了大量的实验，不过只有五种是被认为对冥想重要的。

这五种之中，被证实为最重要的，乃是世界知名的瑜伽信徒所坐的莲花式——最理想的是坐在老虎皮上，它象征力量，下面一层是鹿皮，象征安详——双腿交叉而坐的方式要使每一只脚脚底朝天放在另一大腿上。脊椎顺应其自然的弯曲度伸直。双手手心向上，大拇指轻触重叠地放在怀中。双眼可以合上也可不聚焦地注视地上或地板上。人在身体长成后采用这种姿势曾觉得痛苦，因为它令肌腱拉紧，需要许多个月的调节才能适应过来。不过一旦把这个坐姿掌握成功了，却是出乎意外地舒服，能令心灵处在一种有助于冥想的状态中。既已知道站立引致疲劳，椅子令人昏沉，而躺下引人入睡，那么或许并没有其他的姿势可以如此维持长久，而能令人保持静止又警觉。

四、瑜伽的姿势能够保护冥想者，不被在静态中的身体状况所干扰，不过身体的活动如呼吸仍然在进行。瑜伽行者必须呼吸，不过未经训练过的呼吸会破坏心灵的平静。瑜伽新手进行冥想时，吃惊地发现未经控制的呼吸影响冥想的程度。气管的刺激和堵塞引发咳嗽和清喉的动作，每次呼吸下沉得太低，深深地叹气就会冒出来打破瑜伽的魔力。而这类明显不合常规的情况发生并非是唯一的冒犯者；通过专注的静默，“正常的”呼吸能够有如横切般地割裂，令静止战抖、飞散。“修的瑜伽”的第四步就是要通过控制呼吸来阻止这类干扰。为了达到这个目的所开列出来的练习种类繁多各不相同。有一些，像学习用一个鼻孔吸气另一个鼻孔呼气，听起来怪异得很，但是有研究指出它们或许可以帮助平衡大脑的两个半球。整体说来，这类练习都是想要减缓呼吸，平衡呼吸，减低所需要的空气量。一项标准的练习是轻微呼吸通过鼻孔前的鸿毛，让旁观者看不出究竟气在入或出。闭气特别重要，因为没有呼吸的时刻，身体是最静止的。比方，练习周而复始地吸气数 16 次，闭气数 64 次，呼气数 32 次，这中间有一段时间活动减低到某一点，心灵好似脱离了身体一般。这些乃是做这种功夫时所珍惜的时刻。“灯光，”《薄伽梵歌》说，“是不会在无风的地方闪动的。”

五、从容沉着、身体轻松自在、呼吸均匀，瑜伽行者坐着浸润在冥想中。突然间，一道门开了一条缝，一道银色的月光闪烁在前方的土地上，一只蚊子发出鸣声，他回到了世界之中。

心灵是不安的，
在感官的掌握中
那么强烈地受到震动。
我真的认为
风都没有那么狂野。(《薄伽梵歌》Ⅵ：34)

感官指向外面。作为通往物质世界的桥梁，它们是无价的，不过瑜伽行者追求的是别的东西。走在搜捕更有趣的猎物之路上——那内在的宇宙里面（根据报道所说）可以找到生命奥秘中的最后秘密——瑜伽信徒不要感官的轰击。外在世界自有其魅力，对于目前的工作却并无任何贡献。因为瑜伽行者要追寻的是生命外观的底层结构。在它那肉身的表面之下，我们经验到生死戏剧，瑜伽行者要寻找一种不知死亡的更深刻的生命。在我们对事物与对象的表面考量底下，是否有一觉识的层面，不仅是在程度上而是在种类上不同的呢？瑜伽行者在尝试一项假设：最深刻的真理只对那些专注于内在的人开放。在这项实验中，身体的感官只不过是惹是生非的臭皮囊罢了。“感觉是向外的，”《奥义书》说，“人们因此朝外面的东西看而看不到内在的存有。只有少数聪明人对外在的东西闭上眼睛，而看到了内在大我的光辉。”五百年之后的《薄伽梵歌》重复着那样的限制：

只有那瑜伽行者
他的喜乐是内在的，
他的和平是内在的，
他的视象是内在的
才得以体证大梵，
了悟涅槃。

正是以这项绵延三千年的预设为背景，圣雄甘地才对我们这外向性的世纪提出："把注意力转移到内在去。"

达成这一从外在转向内在世界过程的最后一步转折点，乃是关上知觉之门，因为只有如此，那世界的咔嗒声才会被有效地封闭在外面。能够做到这一点且不至于伤身，乃是一项寻常的经验。丈夫提醒太太，他们要去参加约会。五分钟之后她坚持没有听见；他坚持说她一定听到了，因为他就在隔壁房间里很清楚地说的。谁是对的呢？这乃是定义问题。如果听见的意思是指频率足够的声波撞击在健康的耳膜上，她是听见的；如果它是指声波被留意到了，她就没有听见。这并没有什么深奥难懂的；它们的解释只不过是专心与否——那位妇人当时正对着电脑全神贯注着。同样的，在这"修的瑜伽"的第五个步骤中也并没有什么花样。它是要把瑜伽行者带到超过该妇人所到达的境地，首先，把专注从偶发的事情转移成一股操纵自如的力量；其次，把那项本领提高到连在同一间屋子的鼓声都能够没留意到的程度。其实，技巧是一样的：专心于一件事而把其余的事摒除。

六、最后瑜伽信徒独自与他的心灵共处。到目前为止，上面所提出的五种步骤都指向这一结果，欲求的侵袭、良心的不安、身体、呼吸以及感觉都已一件一件地被停止了。但战争仍然还没有打赢呢；一场肉搏战才正开始，因为心灵最凶恶的敌人乃是它自身。即使与自身独处，心灵也丝毫没有想要安顿或顺服的样子。由最不足取的、最令人想象不到的链环所结合的记忆、期望、白日梦、狂想的镣铐从四面八方迫近，使得心灵有似一泓湖水在微风下起了波澜，在充满了不停的变化、自我粉碎的反省下活泼跃动。如果放任心灵独处，它永远不会静止下来，不会变得平滑如镜、像水晶般澄明，以致清清晰晰映照出一切生命的太阳。要让这样的情况得以成功，单是把流进来的小河堵住是不够的；这一点，上面的五个步骤已经有效地做到了。留下来的还有湖底下的水源要设法停住，还有幻想要加以抑制。明显地还有很多事要做。

或者换一个没那么严肃的暗喻吧。印度教徒说，一般人心灵运动的规律性，是有点像一只发狂的猴子在笼子内腾跳一般。不，更有过之呢；

乃是像一只喝醉了的、发狂了的猴子的腾跃。就算是这样我们还是未曾表达出它的不安性；心灵像是一只得了舞蹈症喝醉了的发狂的猴子。不过要对我们的主题公平，还得更进一步来说明。心灵像刚被黄蜂咬过，得了舞蹈症喝醉了酒的发狂猴子。

那些认真尝试去冥想的人中，很少人会觉得这个暗喻太过分。听到“别管你的心灵”这句劝言时，麻烦就是心思纷乱的情况依旧。我叫我的手抬起来，它听了。我叫我的心灵静止，它却嘲笑我的命令。一个平常的心灵思想一件事能多久呢——单只一件事，而没有先滑越过去想有关“想”那件事，再从那里出发，开始一个毫无意义的不相干的锁键？大概是花了三秒半钟罢，心理学家告诉我们。像一个乒乓球般，心灵在其主人指定的地方落下来，不过却即刻完全不受控制地紧张而不连贯地弹跳着。

如果心灵能从乒乓球转变成一个面团，把它掷到墙上，除非有意把它拿下来，否则会一直粘在上面，那又将如何呢？如果能这样把它聚集在那里，它的力量难道不会增加吗？其力量会不会像电灯泡被反光镜围住那样力度倍增呢？一个正常的心灵可以用世间的对象，持续地吸引其注意力到某种程度。一个患精神病的心灵就不能；它会即刻陷入不能控制的幻想中。设若心灵的第三种情况可以发展出来，就是使正常心灵远超过它自己的程度，正如精神病人的心灵远低于正常心灵，在这种情况中，心灵可以被引导，使其能延长对一个对象的专注。以便能深刻地领会它，那又会如何呢？这就是专注的目的，“修的瑜伽”的第六步。一头象走起来的时候，长鼻子左右摇摆着朝两边摄取物件，一旦给鼻子一个铁球握住后它就定下来了。专注的目的是类似的：要教导不安的心灵，使它不再摇摆不定而能专注于指引的对象上。“当所有的感觉都静止了，当心灵安定下来了，当理智不再动摇——智者说，那就是最高的境界。”[22]

到达这种境界的方法并没有什么奇特，不过却是艰难的。开始时借着放松心灵，让那些需要从下意识中驱走的思想释放出来。接着选择一样东西来集中心思去专注——一支点燃着的香火，个人的鼻尖，想象中一个无限光亮的海洋，目标是什么无关紧要——要练习把心灵保持专注在目标上直到成效不断增加。

七、最后两步乃是这专注的过程持续不断深化的阶段。在前一步骤中，心灵被引到能稳定地朝其对象流去的地步，不过它并没有丧失其自身是与其所专注对象不同之物的意识。在这第七步中，专注深化成为冥想，两者紧密结合而分离已经消失："主客体完全合而为一，使得个人主题的自我意识完全消失了。"[23]到了此刻能知与所知的二元性消融变成了完美的统一。用谢林（Schelling）的话来说："能知我与所知我合而为一。在这一时刻中我们消解了时间和时间的持续性；我们不再置身时间之中，而是时间或者说是永恒，内在于我们了。"

八、剩下来的，是应该用梵文字 samadhi（三昧）来描述的最后、最高的境界。按字源来说，sam 的用法与希腊文字头 syn 在 synthesis（综合）、synopsis（纲要）与 syndrome（集合）的用法乃是平行的。意思是"与之一起"。Adhi 在梵文中通常是翻译成"主（Lord）"，与旧约中希伯来文用来称主的 Adon 或 Adonai 也是平行的。因此，三昧是指人的心灵完全贯注在神那里的境界。在第七步中——冥想——专注深化到自我完全消失不见的地步，所有的注意力都集中在所知的对象上。而三昧的不同特征在所有的对象形象都消失了。因为形象是限定的界域；有了一种形象就必然排除其他形象，而"修的瑜伽"其为人所知的就是最后阶段是无限制。心灵继续思想——一个如果那是正确的字眼的话——不过是思无物。这并不是说它什么都不想，只是全然的空白。它完满实现了一个吊诡，就是看见了那不可见者。这时充满它的，是那"自一切性质分离了，既不是这又不是那，没有形式，没有名字的存有"。[24]

喀尔文勋爵（Lord Kelvin）说，他无法想象出任何他不能为之建造成一个机械模型的东西，我们离开他这一断言已经有好长一段路。借由那种知者与所知合而为一的模式，知者领悟到全部存有的知识——着了魔，彻底消融在其中。[25]那被设计来试验的实验已经得到结果了。瑜伽行者已经达到了那洞识："彼，真实地，汝即彼。"

我们已经展示了四种瑜伽作为选择，但是却要以一开始就说过的一点来做结论，就是：印度教不把它们看成是彼此不相容的。没有人是单单内省的、情绪的、活跃的或是实验性的，而且不同的生命情况要求不同的资源来作用。一般来说，大多数人会觉得走一条路比走其他的路更为满意而就紧守着它；可是印度教鼓励人去试验四者，而尽量将之结合起来以适应自己的需要。主要的区分是在“知的”与“爱的”，内省的和情绪的类型。我们已经看到“业的”功夫能够适用于任何这些种模式，而做点冥想在任何情况之下都是有价值的。因此，正常的模式是以哲学的或者崇拜的模式来铸造其宗教，把他们的功夫应用在所选择的那一类上，去冥想到可以实行的程度。我们在《薄伽梵歌》中谈到，有的人“通过冥想实现了大我。有的人以哲学的方式实现了大我。又有人遵从瑜伽的正确行为而体现到它。还有人如他们的导师教导他们那样地崇拜神。如果这些人忠诚地修炼了所学，他们就会超越死亡的威力”。

生命的阶段

人是不同的。很少有比这更为陈腐的观察，不过严肃关注这一事实却是印度教的特色之一。在前面诸节中探究了其强调人性格的不同，因而要求不同的途径来走向生命的实现。我们现在必须注意来自另一方面的同样强调。不仅人与人彼此不同，每个人还经历着不同的阶段，并且每一个阶段都要求它有自己适当的行为。正如每一天从早上到中午再由下午而进入黄昏，每一个生命同样通过四个阶段，每一个阶段都拥有特别的倾向，规定着特别模式的反应。因此，如果我们问，我们应该怎样活呢？印度教回答，那不仅要看你是哪一类人，还要看你是在生命中的哪一阶段。

印度教将第一阶段划分为学徒期。传统上，这个阶段在入会仪式之后开始，8 岁到 12 岁之间。一共持续 12 年，这期间学徒通常是住在导师家中，并服学徒之劳。生命在这一阶段的首要责任就是学习，以一个接纳的心灵来学习老师所传授的一切，而老师所代表的则向来是传统的伟大结晶。自此以后各种责任很快就会接踵而来；因此处在这段愉快的空档期间，学生的唯一职责就是储存知识以应付将来大量需求出现的时候。所要学的包括事实的资料，还有更多其他的东西；因为印度——梦想的、不切实际的印度——对于为知识本身而求知识，是很少有兴趣的。成功的学徒不是要成为一个会走路的百科全书，一部能发声的参考图书馆。习惯要去养成，性格要去塑造。整个的训练更像是在学徒期限中把资讯实现在技巧中。受人文教育的学徒得到适当的训练，可以去过美好有效的一生，如同陶瓷学徒能制作上好的器物一样。

第二阶段开始于个人婚姻之后，乃是家居期。这是生命的全盛期，身体力量到达了顶点，兴趣和精力自然是转向外面的。他们可以从三方面的发挥来得到满足：家庭、职业和个人所属的社区。一般来说，注意力会分配在三者之间。这就是满足人的三项最初需要的时期：主要是通过婚姻和家庭而来的欢乐；通过职业而来的成功；以及通过公民参与而来的责任。

印度教对于这些需要的快乐实现报以微笑，但在它们开始衰退时也不会事先给予指示。对这三者的依恋最终会减退是自然不过的，因为生命在其行动和欲望最鼎盛时叫它停止是不自然的。生命不是注定如此。如果我们顺应着既来的各个生命季节，我们就会留意到性和感官的愉悦（快乐），以及生命游戏中的成就（成功）不再新鲜和惊喜的那一刻了；甚至在执行一项人的职责时（责任）也开始令人生厌，变得重复而乏味。当这一季节到来的时候，就该是个人朝生命顺序中之第三阶段走去的时候了。

有的人永远也不会走向生命的第三阶段。他们的情况可不太妙了，因为人生的追求各有合宜的时机，如果勉强延长就会显得怪诞不雅。一个 25 岁的花花公子可能很有吸引力，50 岁的花花公子就让人不敢领教了。他们要多么努力地装腔作势，回报却少得可怜。同样的情形，更具活力和新观念的年轻一代，应该接替那些不肯让位出来的人。

然而，这样的人还不能对之加以谴责，因为看不到生命的另一领域，他们一无选择地只有抓紧他们所知道的那一套，所提出的问题也是很尖锐的，“老年到底有没有价值?”医学显著地延长人的生命，愈来愈多的人就要面对这个问题。诗人们总是赞许着秋天的落叶和日落西山的年月，不过他们的诗句听起来并不踏实。如果我们扣紧诗句来谈的话，“跟我一齐终老吧，最好的还在后面呢”就没有“能采玫瑰花蕾就采吧……明天我们就会死亡”一半的信心。

生命在中年之后是否有未来，最终不是靠诗来决定，而是要靠事实，靠生命真正的价值是什么来决定。如果它们只是肉体和感官，我们最好承认青年之后生命必须走下坡的事实了。如果尘世的成就和权力的运用是最好的，那么中年的家居期乃是生命的顶峰。但是如果洞察和了解自己，能带来与这些相等或更多的回报，老年就自有它的机会了，而我们就可以在生命之河缓慢流动时进入快乐之境了。

一个人日后的年月是否能有这种回报，完全要看掀起无知帷幕之后所展现的情景而定。如果真实是一片单调而令人沮丧的荒原，自我也只是比较精巧的自动化机栝，那么洞察力和自我知识的回报，怎么样也不可能与感官的激情和社会成就竞争的。不过，我们已经看到，在印度教中它们被认为是远不止这些。“抛弃一切跟随它！享受神，它那无法形容的财富。”《奥义书》说。没有什么喜乐可以比拟那极乐的景象，而那等着被发掘的自我，简直远比一切报道所说的还要伟大。在学徒期和家居期完成之后，随着而来的，印度教就信心十足地标志出生命应走的第三个阶段。

这乃是退休的阶段。只要有了第一个孙子之后，个人就利用老年牌照，从他向来决意承担的社会责任中退隐下来。二三十年来社会已经征收了预期的费用，现在接下来是轻松的时候了，否则生命就会在未被了解之前即结束了。到目前为止社会需要个人去分工合作；几乎没有时间去阅读、思考、无间断地寻思生命的意义。这并不令人厌恶；游戏本身即带来它自身的满足。不过难道人的精神就永远这样签约卖给社会吗？开始自己真正成人教育的时间已经到了，去发掘我是谁，以及生命的意义是什么——那个“我”与之多年来亲密相处却仍然充满不可解释的怪癖、无可理喻的奇想以及非理性冲动的陌生人——其秘密是什么？为什么我们生来要工作和挣扎，虽然各有其部分的快乐和哀伤，但却活得太短促了，一代又一代像浪花般短暂地上涨，然后打在岸上碎了，消退成为无名的死亡的伙伴。去发现存在奥秘的意义乃是生命最后的挑战。

在传统上，那些最为这种精神探险所引诱的人被称为“林栖者”，如果妻子愿意也可以夫妇同行，妻子不愿，丈夫就一人独行——他们辞别家庭、家的温暖和束缚，投入森林的孤寂中，开始自我发现的课程。他们的责任终于只是针对自己了。“事业、家庭、世俗生活，就像青年的美貌和希望以及成熟期的成功等等，现在都被抛到脑后了；只留下了永恒，也因此心灵转向永恒——不再是此生的苦差和忧心，它们已像梦般来了又去地不见了。”[26]退隐朝星星之外看出去，不是朝村子的街道看去。是编织出一套哲学，然后将之转为生活方式的时候了；是超越感官去发掘隐藏在自然界下面的真实并与之共处的时候了。

退隐之外，真正到达目的的最后一个阶段是云游者的境界，《薄伽梵歌》把他界定为“一个既不恨也不爱任何一切的人”。

现在朝圣者自由返回到世界中来了，森林锻炼的意旨已经完成了，时间和地点已经丧失了它们的约束力。若非四海为家的话，在这整个世界上，一个人能够完全自由地到哪里去呢？印度教徒把云游者比作是一只野雁或天鹅，“没有固定的家而浪游着，与喜马拉雅山以北的雨云一同迁移，又回到南方来，以每一面湖或一湾水为家，处于那无限的、无边界的天空覆盖之下”。如今市场也变得似森林般宜人了。不过虽然云游者回来了，却变成了不一样的人。发现了完全从一切限制中释放，云游者学到了把有限我持续地消解，不让它遮蔽了那无限。

决非要“成为某种人物”，云游者的意愿刚好相反：为了让自己从根源上融入全体，在表面上他要维持做一个全然不起眼的人。我们怎么容忍自己再度以个人身份出现，戴上面具去遮蔽内在自我的纯净与光辉，恢复一个有限自我的姿态与装扮呢？适合这种完全自由的外在生命是做一个无家可归的托钵僧。别的老年人会设法做个经济上独立的人；云游者则想完全与经济切断关系。在这个地球上居无定所、无职责、无目标、无所有，没有身体愿望。装腔作势的行为也不再出现和干扰他了。社会上的各种炫耀做作，在这里也找不到滋生与介入的机会。一个手持托钵站在他从前仆人后门口的人，是再也没有骄傲可言，而且也不作他想。

耆那教（Jainism）是由印度教分出的一个支派，它的云游圣人（译注：耆那教与佛教是反正统的教派）“以空间为衣”，完全赤身裸体。佛教，另一个支派，其圣人着黄褐色的粗布衫，那是被社会所摒弃，被判处死刑的囚犯所著的颜色。所有的身份都一扫而空，因为所有的社会身份都会阻挡人与不灭的存在整体认同。“不去思想未来，并无动于衷地凝注着现在。”印度教典这样写着，云游者“与永恒的我认同而生活，对其他一切视而不见”，“他不再关心他的身体是倒下还是留存着，有如牛不关心某人挂在它颈上的花环会变成如何一般；因为现在他心灵的官能全部安顿在神圣的力量、福祐的本质之中。”[27]

不智的生命乃是与那闯入者“死亡”作长期奋斗的一种生命——乃是年纪通过巧计和否定时间之腐蚀，而被执意拖迟了的不平衡的竞赛。欲望的热度减退时，不智者就用更多的烈性催情药来给它加油。等到被迫放弃时，却又怨恨不平而充满自怜，因为他们看不到那不可避免的正是最自然的，并且还是好的事。他们不能理解泰戈尔的洞见，即当人们丧失了把真理当朋友来接受的艺术时，真理才会以征服者的身份出现。

生命的位置

人是不同的——我们又第三次回到印度教主要的信条上来了。前面已经描述了不同的人走向神所应采取途径的含意，以及在人一生不同阶段中，其生命相应的不同模式。现在就要讲到它对于个人在社会秩序中所占位置的含意了。

这就把我们带到印度教的种姓观念上来了，种姓包含观点和曲解。有关这个题目的任何讨论都要靠我们对于两者之间的分辨能力。

种姓如何产生出来乃是一个混乱的历史题目。问题的中心当然是在公元前两千年到一千年期间，有大量不同语言、文化和相貌（高大、肤白、蓝眼、直发）的亚利安人迁入印度的事实。随后这种差异性的碰撞，使种姓制度急速发展出来，就算并没有令它实际上产生种姓制度。种族的差异，肤色，商行窝藏的职业秘密，具有不同免疫系统族群之间的保健限制，以及有关污染和净化的巫术宗教禁忌等，其影响到日后冒起的模型程度究竟如何，可能永远也难以完全揭开的。无论如何，其后果是社会分成了四个群体：见者、行政人员、制造业者以及跟从者。

让我们即刻录下那不知如何源起而产生的堕落。首先，第五类——贱民或被遗弃的族类——出现了。就算谈到这一类人也有一些温和论点得被记住。在处理最低层的社群上，印度并没有像多数其他文明那样堕入奴隶制度；有些无种姓者进入他们生命的第四个阶段，为了神而扬弃世界，他们被认为不属任何社会阶层，却是被最高种姓的婆罗门[28]从释迦、达耶难陀到甘地所尊敬；许多宗教改革家寻求把贱民自种姓制度中除去；当代印度宪法把它定为非法。但是至少贱民的命运在整个印度的历史中都是悲惨的，追根究底，这是种姓制度根本堕落了的恶果。第二项变质乃是在种姓制度下再分成次级的种姓，到现在已有三千种之多。第三，反对通婚及一起进食的禁令，更急遽地使社会交往复杂化。第四，权力也介入种姓制度中，高种姓的人剥夺低种姓的人而得益。最后，种姓变成了世袭，个人一生被留在其所出生的种姓之中。

面对如此严重的指责，你会吃惊地发现，有些非常熟悉西方那一套的现代印度人却为种姓制度辩护——当然不是整个的制度，而是它的基本形式，特别是它已经堕落到现今的地步。[29]像这样的制度可能拥有什么永久的价值呢？

此处所要求的是，承认在对社会作出最佳贡献以及发展自己的潜能上，人就是有四个种类。（1）印度人称呼第一类为婆罗门或是见者。他们内省，有强烈欲望要去了解以及凭一种敏锐的直觉要去掌握人生中最重要的价值，这些人是文明在知识上和精神上的领袖。在我们比较专业化的社会中，其功能就分配在哲学家、艺术家、宗教领袖以及教师的这一领域；心灵和精神的事务乃是其素材。（2）第二类刹帝利，乃是天生的行政人才[30]，有组织群众和计划的才能，并能尽力让人发挥其才能。（3）另一类的职责是制造者，他们是工匠和农人，善于制作生命之所赖的物质成品。这些人就是吠舍。(4) 最后首陀罗，其特征是跟随者或仆人，又称为非技术性的劳工。这些人如果要为他们自己开辟前程，长期训练自己，或独立从事营生，就会一败涂地。他们的注意力是相对的短暂，不愿为了未来的报酬而在眼前牺牲得太大。但是在监督之下，他们却能刻苦地工作及忠诚地服务。这种人为别人工作远比独立自主来得更好更快乐些。我们带着民主与平等的情怀，是不喜欢承认有这种人的，但是正统的印度教徒会回答：你喜不喜欢并不是重点。问题是人们实际上究竟是什么。

只有少数当代印度教徒为印度始终保持种姓分化的程度而辩护。她管制通婚，一起进食以及其他社会接触的规定，使得她成为——用其总理讽嘲的评估——“这个国家在社会形式上是最不包容的，但是在观念领域上却是最包容的”。然而就算在这样可咒的衍生现象背后也还是有其某种理由。不许不同种姓的人饮用同一水源的规定特别严格，其所提示的部分原因可能在于彼此对疾病免疫力的差异。不过，主要的理由要比这一点更为广泛。除非不平等的人以某种形式分隔开来，否则弱势者必须全面与强势者竞争，而他们无论如何都没有取胜的机会。在种姓之间是没有平等的，但是在每一种姓之内，个体的权利是比他或她被迫独自在广大世界上照顾自己要来得安全多了。每一种姓皆自我管理，出了麻烦的时候，肯定由同阶级的人来审判。在每一种姓之内是有平等、机会和社会保障的。

种姓之间的不平等，目标是在为各自提供的服务作出适当的补偿。社会的福祉需要某些人在相当自我牺牲的代价下，去肩负远超过一般平均的责任。大多数青年会早早结婚投入工作，有一些人却必须延迟这种满足十年之久，以备去做繁重的工作。赚工资的人五点钟下班一天就没事了；雇主却必须把企业家永远都有的不安全感带回家中，常常还要做功课。部分问题在于不增加报酬之下雇主是否愿意承担责任，也在于要他们这样做是否公平。印度可从来没有把民主与平等主义混同。对公平的定义是：权利与责任成比例的一种状态。因此，在工资和社会权力上，第二类种姓的行政人员是应该站在最高等级上的；在荣誉和心灵力量上，则是婆罗门居上。这不过只是因为（按照理想说法）他们的责任是比一般要大些。刚好与欧洲国王永远不会错的教旨相反，正统印度教的观念，几乎主张最下等种姓的首陀罗永远不会做错，这类人被当成小孩而不该对他们期望太多。古典的法律教条规定，同样的犯规，“吠舍的刑罚应双倍于首陀罗，刹帝利的更要双倍加重，而婆罗门的则再双倍甚至四倍于刹帝利的”。[31] 在印度下等种姓是不受高等种姓的许多形式所约束的，如信守正直和克制，寡妇可以再婚，不吃肉和不饮酒的规定也没有那么严格。

用现代的惯用语来说，理想的种姓会是这样的：社会级别最下面的是守成规的阶级——从事家务、工厂工人和雇工——他们可以忍受一种一成不变的重复性工作，可是他们的自我控制有限，要做一天工就必须按钟点来做，不会为了长远的利益来延迟眼前的享受。在他们之上乃是技术人员阶级。在前工业社会的工匠——工业社会时代则是了解机器、修理机器、操作机器的人。再就是管理阶级。在政治方面是政党官吏和民选代表；在军事方面，则是军官和参谋官；在企业方面，则是企业家、经理、董事以及执行人员。

不过，如果社会不仅是复杂的而且是善的，如果它是明智的、鼓舞的而又有效的，在行政人员之上必然会有第四个阶级——其所重者在受人尊敬上而不是在薪酬上，因为这一阶级的界定的标记就在于它对财富和权力的无动于衷。在我们专业化的社会中它包括了宗教领袖、教师、作家和艺术家。在字面上的意思，这一类人正确的称呼是见者，因为他们乃是社群的眼睛。正如头（行政人员）置放在身体（劳工和技工）上，眼睛置放在头上。这一阶级的人必须拥有足够的意志力来对抗干扰知觉的自我主义和引诱。他们之能得到尊敬，是因为其他人承认自己缺乏这种自制以及见者所告知他们的真理。这种情况好像是：见者可以清楚看到其他类型的人只能去猜测的东西。但是这种洞识是脆弱的；只有在小心维护下才会产生健全的辨别力。由于需要闲暇来做从容的内省，见者必须受到保护，以免过度卷入各种干扰与遮蔽心灵的日常急务中。正如领航人不能去做划船和锅炉的工作，是为了寻找星星不使船只迷失方向。更重要的是，这最后的种姓必须隔绝世俗的权力。印度认为柏拉图的哲王梦想是不切实际的。不错，当婆罗门掌握社会权力时，他们就变得腐化了。因为世俗权力置其使用者于压力和引诱之下，在某一程度下折射了判断以致扭曲了它。见者的角色不是制裁而是给予劝告，不是驾驶而是指路。像罗盘的指针，保护着使其可以指北，婆罗门是要去确认，然后指示出生命的意义和目的所在的真正的北方，筹划出文明前进的道路。

当种姓腐化时，就会像腐烂的尸体般可怖了。无论它在开始时的特点是什么，它却忽略了柏拉图的洞见："金子般的双亲会生出银子般的儿子，或是银子般的双亲会生出金子般的儿子，跟着必然会发生等级的变化；有钱人的儿子必然降级，技工的儿子社会等级上升；正如一项预言所说'假如一个国家由铜或铁质的人来统治的话必定会衰亡。'"最近宣扬种姓基本观念的一位人士写道："我们可以期望未来发展将有些不同，主要是在某种情况下，许可相互通婚、选择或改变职业，而大家仍然乐意看到的是同一种姓内的婚姻以及子女继承父母的职业。"[32]至于说种姓变成意味着僵固不化、排他以及不当的特权而言，当今的印度正在努力从体制中清除这种腐败。不过仍然有许多人相信，并没有任何国家成功地解决了如何规划社会以确保最大的公平和创造这个问题。种姓的基本主题会继续受到注目。

到目前为止我们主要是以其现实的影响来谈印度教的。一开始是对人的需要加以分析，我们描述其可能达到的方法，以及对人生不同阶段和位置的相应的反应。下面将把焦点从实行转移到学理上，指出其主要的哲学观念。

在汝之前一切话语都消退了

日本花道的首要原则就是学习有些花不要放进去。这也是印度教徒坚持的，在谈到神时的首要学习原则。人们总是想用字眼来掌握真实，最后却发现奥秘非难着他们的言词，他们的音节也被沉默所吞食。问题不在我们的心智不够聪明，其实根源更为深刻。心智，就其一般外表意义来说，做这份工作可以说是用错了工具。其效果好像用网来舀海水，或者用套索去捕风一样。商羯罗（Shankara），这位印度教中的圣托马斯，在他那激发敬畏的祈祷中，是以这样的祈求开始的，“啊汝，在汝之前一切话语都消退了。”

人的心智演化以利于在自然世界中求生存。它适应了去处理有限的事物。而神，相反地，是无限的，属于与我们心智所能理解的完全不同的存在秩序。期望我们的心智来抓住无限，就好像要一只狗用鼻子来了解爱因斯坦的公式一样。如果把这个类比往不同的方向推，就会产生误解，说我们永远也无法知道深不可测的神。我们已经看到，瑜伽正是通往这一觉悟的道路。但是他们所指向的知识，超越了有理性的心智的知识；它上升到神秘意识那深奥而令人目眩的黑暗之中。[33]唯一能够让普通心智用文字来正确地描述出那不可追寻者的话，就是 neti……neti：不是这……不是这。假如你纵横宇宙，对每一件你所见所思之物说：“不是这……不是这。”剩下的就会是神了。[34]

然而文字和概念却是无法避免的。由于是提供我们心智使用的唯一工具，任何朝神有意识的趋近，都必须借助它们。虽然概念永远不能把心智带领到目的地，却能指出正确的方向。

我们可以开始简单地用一个名字来撑住我们的思想。印度教徒管最高的真实叫（梵），它有双重字源，从 br——呼吸，从 brih——伟大这两个字源变化出来的。和这个名字相连的主要属性有 sat，chit，ananda，即神是存在、觉识和妙乐。全然的真实，全然的意识，全然地超出一切可能的挫折——这就是印度对神的基本看法。不过就连这些词语也不能说真正描写出了神，因为它们所带给我们的意义是截然不同于它们应用到神身上的意义。纯粹存有会是什么样子，由于是无限而绝对没有排除任何事物，我们可是一点也不明白了。对于觉识和妙乐也是一样。在斯宾诺莎（Spinoza）的表述下，神的本质之类似我们的词语，就像说狗星座类似狗一样。最多只可以说这些词语的功能是指向；我们的心智朝它们的方向走比朝反方向走要好。神正如我们所理解的是处于存在的最极端，并不是无；超出我们所知的心灵之外，却并非无心识的泥土；超出忘神喜悦之外，却又不是苦恼。

这就是有些心灵在对神的洞察所须达到的限度了；无限的存有、无限的觉识、无限的妙乐——其余的一切描述最好的不过是注释罢了，最坏的可能就是撤回前言了。有些圣人可以生活在这种严峻的、概念上单薄的精神气氛中而觉得振奋，他们可以与商羯罗一样了解“即使无物可被照耀，太阳依然光辉灿烂”。不过大多数人是不能以如此高程度的抽象来掌握的。路易斯（C. S. Lewis）就是其中之一，此即证明他们的心灵并非低劣，只是不同罢了。鲁易斯教授告诉我们，当他孩提时代，父母就不断教诫他不要以任何形式来思想上帝，因为这样做只限制了它的无限性。他尽最大的努力去做，可是对于无形象的上帝这个观念，他最接近的想法也只是一个无限的灰色珍珠粉的海洋。

这一个小故事，印度教徒会说，正指出世间男女的状况，假如要找到延续生命的意义，他们的心灵就必须咬住某种具体和有表象性的东西。大多数人对于任何远离直接经验的东西是无法去想象的，更不用说被其激发了。印度教劝告这一类人不要设法去把神想成如存在或意识那种高抽象的情况，而把神想成他们在自然世界中所遇到最高贵的真实原型。这个意思就是把神想成是一位至高的人，因为人类是自然界最高贵的冠冕了。我们通过对“爱的瑜伽”亦即经由爱和忠诚走向神之道路的讨论，已经向我们介绍了以这样的方法来想象神。在帕斯卡（Pascal）的西方谚语中，这乃是亚伯拉罕（Abraham）、以撒（Isaac）和雅各（Jacob）的神，而不是哲学家的神。上帝是父母，是亲爱仁慈，是无所不知，是全能，是永远与我同在的，是能了解我的伴侣。

如此想象的神叫做 Saguna Brahman 或有属性的神，不同于哲学家较为抽象的，或没有属性的神。Nirguna Brahman 是没有水波的海洋；Saguna Brahman 是同样的海洋却活跃着巨浪和波涛。以神学的语言来说，其差别乃是在对神人格性和超人格性的理解。印度教包括了对两种观点的最高拥护者，其中超人格性的是商羯罗，人格性的是罗摩奴阇（Ramanuja）；但是整体来说最能对之作公平结论，并有其明确的拥护者，如拉马克里希纳一类的人，认为两者都同样地正确。一眼看去这好像是极大地违背了排中律。我们多半会坚持，神可以是人格性的或不是，却绝不会两者都是。不过，真是这样的吗？印度教争辩道，这项选言命题所忘记的，首先乃是我们理性的心灵与神之间的距离。内在地来说，神也许不能是两个互相矛盾的东西——也许是因为逻辑本身，在神圣的白热中可能会融化掉了。然而神的概念一开始就包括那么多的成分，互相矛盾的两者可能都是真的，各来自不同的角度，就好像光波与粒子，可能在描述光的性质上，都同样是正确的推断法门。[35]一般来说印度满足于鼓励信徒把“梵”想成是人格性或超人格性的，这完全要看对信者的心灵来说，哪一种带来最大增强的意义。

神对世界的关系，同样是按照其所拥有的符号象征而不同。用人格性的词语来想，神在对世界的关系上就像艺术家之于他或她的作品一样。神将是创造者（大梵天，Brahma），维持者（毗湿奴，Vishnu）和毁灭者（湿婆，Shiva），最终将会把一切有限的形象，解体回到他们所自来的原初性质。而另一方面，从超人格性来想，神处于斗争之上，在每一方面都与有限分离。“由于太阳是不会颤抖的，因此主也不会感觉到痛苦，虽然当你摇摆盛满水的杯子，里面所折射的太阳的影像会颤抖；虽然痛苦会被他那叫做‘个人灵魂’的部分所感受到。”[36]世界将仍然是依赖神的。它会从神圣的充满中，以某种不可测的方式涌现出来，并以它的力量来支持。“它照亮着，太阳、月亮和星辰跟着它照亮；因着它的光一切都照亮了。它是耳朵的耳朵，眼睛的眼睛，心灵的心灵，语言的语言，生命的生命。”[37]但是神不会有意地去渴望这个世界，也不会被世界固有的暧昧、不完美和限定所影响。

如果神是远离我们的处境，完全察觉不到我们这样的存在，那么这种神的观念在位格论者（personalist，或译人格论者）看来，是不大能用到宗教上的。把人心的最后宝藏，神爱的钻石剥夺了，这难道不是宗教的死亡吗？答案是神对于超位格论者提供了完全不同的功能，同样是宗教性的，却还是不同。如果一个人在逆水中挣扎，身边有一位游泳好手是会叫人安慰的。同样重要的是，在挣扎之外有一片牢固、宁静的涯岸作为吾人拼命划水的终点。超位格论者变得过分被目标迷惑而忘记了其他，甚至于连支持同伴的鼓励也忘记了。

在宇宙中成长了

明白了神在印度教系统中占有中枢的地位之后，我们可以回到人身上来，共同有系统地刻画出印度教对人的本性和命运的观念。

个别的灵魂神秘地进入到世界中，我们可以确定是靠神的力量，但是如何进入和为了什么原因，我们仍无法充分加以解释。像在烧滚的茶壶底部形成的水泡，他们通过水（宇宙）一路上来，直到照明（解放）的无限大气中。他们始终是最简单的生命形式，但是并不跟着他们原先的身体之死亡而消失。在印度教看来，精神对于它所寄存的身体依赖的程度，顶多也不过像身体对于它所穿的衣服或所住的房子的依赖一样。当我们发现衣服小了不合穿，房子太挤了，我们就换一间可以任我们身体自由活动的房子。灵魂也一样。

> 穿破了的衣服
> 身体就把它丢了：
> 用坏了的身体
> 被寓居者抛弃。（《薄伽梵歌》Ⅱ：22）

个别的灵魂通过一连串身体的过程，就是所谓的再投胎或是轮回——即梵文 samsara 所指，无尽地通过生、死、重生之循环行程。在人的层面之下，行程是通过一连串愈来愈复杂的身体，到最后才得以成就人身。到此为止灵魂的成长可以说完全是自动的。灵魂像植物般稳定而正常地生长着，每次赋形都得到一个更复杂的身体，能给它的新能力提供所需的赏赐。

灵魂晋升到步入人身之中，这种自动电梯式的上升就终止了。它之步入高处寄居，就是灵魂到达自觉的证明，由之而来的是自由、责任和努力。

把这些新的所得结合在一起的机制就是“业”（karma）的律法了。业的字面意思（正是我们在业的瑜伽中已接触到的）是工作，但是作为一个教条，它的意思大体上是道德的因果律。科学已提醒西方，因果关系在物质世界中的重要性。我们倾向于相信每一物质事件都有它的原因，而每一原因都将有其决定性的效果。印度把这一因果概念扩大到也包括道德和精神生命。从某一程度上来说西方也是如此。“一个人种下什么，他就会收到什么。”也或者，“种下思想之因，收到行动之果；种下行动之因，收到习惯之果，种下习惯之因，收到性格之果，种下性格之因，收到命运之果”——这些就是西方所表达的观点。不同的是印度把它收紧了，将道德律的概念延伸出去而把它看成是绝对的，不容忍任何例外。每一内在生命的现况——多快乐，多混乱或宁静，能看到多少——正是它过去所欲所为的确切产物。同样的，它当前的思维和决定就决定着它未来的经验。每一指向世界的行动，都会对行动者的自我产生等值与对反的作用。每一思想与作为都能发出一记看不见的凿刻，雕塑着一个人的命运。

这个业的观念以及它所包含的全部道德宇宙，带有两项重要的心理必然结果。第一，它让了解这个道理的印度教徒去完成个体的责任，每个人都要为他或她的目前状况负全部责任，也将有一个完全如其当前正在创造的未来。大多数的人是不愿意承认这一点的。正如心理学家所说，他们宁可去投射——将其困难的源头归于自身之外。他们需要找借口，责怪别人好给自己开脱，印度教徒认为这是不成熟的。每个人都完全得到他所该当得到的——我们铺了自己的床就应该睡在上面。反过来说，道德宇宙的观念把机会或是偶然性的门关上了。大多数人不知道他们多么秘密地依靠着运气——坏运气解释了过去的失败，好运气带来了未来的成功。有多少人就这样在人生中飘浮，只是等待着转机，等待着幸运奖券的号码带来财富和瞬间荣誉的那一刻。如果你采取这样的方式来面对生命，以印度教的说法，你是悲惨地把你的位置判断错误了。转机是完全与持久层次的快乐毫无关系的，它们也完全不是偶然的机会造成的。我们生活在其中的世界是没有机会或偶然性的。那些字眼只不过是无知的掩饰罢了。

因为“业”所隐含的是一个有律则的世界，它常常被解释成为是命定主义。无论印度教徒多么可能屈从于这一解释之下，对教旨本身这样说却是不正确的。“业”判定每一决断必然有其决定性的后果，但是决断本身，在最后的分析中，却是自由地达成的。从另一方面来看这个问题，个人过去决定的后果，制约了吾人现在的命运，正像玩牌的人发现自己发了一副特别的牌，却同时可以用许多不同的方式来自由地玩那手牌。这意思是说一个灵魂的事业在它通过无数身躯时，是被它的选择所引领的，在它旅程的每一阶段中都是由灵魂的需要和意志所控制着的。

它所需要的是什么，以及这些需要所出现的秩序，可以很快地在这里做个概述，因为在先前的段落中已经详细地讨论过了。当它进入人体时，灵魂所要的只不过是一个新的身体设备，才有可能广泛地去品尝那感觉的快乐。不过，由于不断地重复，就算在这种感觉中，那最激情的也会变成习惯而愈变愈单调，这时灵魂就转而从事社会征服以逃避无聊。这些征服——不同模式的财富、名誉和权力——可以吸引住个人的兴趣好一阵子。风险很高，但当意愿得遂时，报酬却非常丰富。可是，这整个个人野心的计划最终应当视为只不过是一场游戏——一场精彩的、令人兴奋的、创造历史的游戏，但终究还是一场游戏。

只要它能吸引住我们的兴趣，它就能满足。但是当新鲜感消失了，当胜利者接受先前已经多次得到的表扬时，鞠着同样的躬、说着同样的感谢词时，就开始渴望一些新东西和能给予他们更深满足的东西。把吾人的生命整个奉献给吾人的社群责任，能填满它一段时期的需要，但是历史的吊诡和反常把这个目标也变成了转动活门。靠着它，它就会转动，但是却立即会发现它是在不停地兜圈子。在社会奉献之后那唯一能予人满足的善，就是无限和永恒。它的觉悟能把一切经验，甚至对时间以及对明显的失败的经验转变成光辉，正如同在山谷中飘浮的暴风雨，从沐浴在阳光下的山巅上看起来会完全不同。气泡在接近水面时，也在要求最后的释放了。

灵魂通过这些人类需要的上升层面，其进路并非是走尖锐直线上升角度的形式，而是朝它真正的需要，一路瞎摸曲折而行的。不过，归根究底，依循的趋势是向上的——每个人最后都会体认到那一点。在此，“向上”的意思是逐渐放松对物质对象和刺激的执著，连带而来的是逐渐从自利中解放出来。我们几乎能够想象出“业”的活动，产生出灵魂所追求的那些效果。就好像以自我满足为目标的每一个欲望，都是加一把混凝土在一道围墙上，就是这座墙围起了个体自我，使它无法接触环绕在四周的存有之海。反过来，每一件慈悲的或无关利害的行为都从那围堵的堤坝上拆去一粒沙石。不过，超脱不能外在地加以估计，它没有公开的指标。某人退隐寺庙的事实并非就是克服自我和欲求的证明，因为它们可能在内心想象中继续地大量存在着。反过来，一位行政主管可能是沉重地牵连在世俗责任中；不过若他或她能超然地从事——如泥鳅生活在泥塘中，而不让泥土粘上身一般——世界就变成了上升的阶梯。

人类精神在其上升的旅程中也永远不是完全飘浮无定和孤独的。从开始到终点其核心是 Atman，内在的神，像玩偶匣般施压即“弹跳起来”。隐藏在短暂的感觉、情绪和幻想的漩涡之下的是那自明的、寂然长存的超位格的神。虽然它埋藏在灵魂深处，因而平常留意不到，它却是人生存和觉识的唯一基础。正如太阳在云层遮盖下仍然照亮世界，“那不变者，从来就不被看到，但却是见证者；永远不被听见，但却是听者；永远不被思想到，但却是思想者；永远不被知，但却是知者。除此而外，别无见证者，除此而外，别无知者。”[38]不过神不是灵魂每一行动后面的推动者。最终乃是神所放射的温暖融化了灵魂久积的冰雪，把它转变成一个纯粹容纳神的所在。

然后又如何呢？有些人说，个体灵魂将会消融，与神合而为一，完全失去它以前独立时的一切痕迹。另有些人希望尝到糖的滋味而不成为糖，希望仍然保留着灵魂与神之间小小的分化——海面上一道淡淡的波纹，犹如让个人的自我身份留下一点点痕迹，因为在他们看来，这对于享受至福景观是不可或缺的。

伊修悟（Christopher Isherwood）根据一篇扼要叙述灵魂在宇宙中生长的印度寓言，写了一则故事。一个老人坐在草地上，给一群围在他身边的孩子们讲述关于那满足一切愿望的魔法树。“如果你跟它说话，告诉它一个愿望；或是你躺在它下面去思想或者甚至去梦想一个愿望，那么那个愿望就得以实现。”老人又告诉他们，有一次他得到这样一棵树，就把它种在自己的园子里。他告诉他们：“那边就是一棵魔法树。”

孩子们朝树冲过去，开始说出一大堆要求。这些要求大多都不是很聪明的，结果不是弄得消化不良就是哭了起来。但是魔法树仍不分彼此地一概予以实现。它没有兴趣给他们劝告。

一年一年过去了，魔法树被人忘记了。孩子们长大了，并想要满足他们找到的新愿望。最初他们要愿望立刻实现，不过后来他们找的却是那些愈来愈难实现的愿望了。

这个故事的含意是，宇宙乃是一棵巨大的魔法树，枝桠伸到每一颗心中。宇宙的过程注定了此时或彼时，此生或彼生，这些愿望的每一个都会得到实现——当然，是连同后果在一起的。不过，故事结束是这样的，原先这一群孩子中，有一个并没有把他的岁月花在从一个欲望跳进另一欲望，从一项满足到另一项满足之中。因为从一开始他就明白了树的真正本质。“对他来说，那魔法树并非是他叔父故事中美丽的魔法树——它的存在并不是为了满足孩子们愚蠢的愿望——它乃是说不出的可怕和宏大，它乃是父母。它的根把世界系在一起，它的枝丫伸展到星辰以外。太初之前就是如此——也将永远如此。”[39]

世界——欢迎和再见

印度教所构想的世界平面图看起来会是这样的：宇宙中有无数与我们类似的星系，每一星系的中心有一个地球，从那里，人各自走他们自己的路到神那里。围绕着每一地球的上面会有无数更精致的世界，而下面则是无数较粗糙的世界，灵魂就在不同的化身之间，按照其所应得的来进行修补。

“正如蜘蛛从自身吐丝出来又收回去，宇宙更是从那不灭者生长出来。”[40]丝线周期性地被收回；宇宙倒塌成梵之黑夜，而现象界的一切存在都回到一种纯粹潜能的状态。因此，像一具巨大的手风琴，世界涨大出来又吸收回来，这种摆动是建构在事物的组织之中的；宇宙无始也无终。印度宇宙论的时间结构超乎人的想象，这可能跟举世闻名的东方人从容不迫的心态有关。据说喜马拉雅山是由坚实的花岗石形成的，每一千年就会有一只鸟衔着一条丝巾飞越它，用丝巾扫拂其山巅。由于这样的过程，喜马拉雅山被磨损，而宇宙周期的一天就会消逝。

当我们从此世在时空中的位置转向它的道德品格时，第一个论点已经在前面的段落中确定了。它乃是一个正义的世界，每一个人都在其中得到他该得的，也创造了他或她的未来。

第二点要说的是，它乃是一个中间世界。之所以如此，意思不仅仅是说它悬在其上的天空和其下的地狱之间。它另一意思是，在那个世界中好与坏，甘与苦，智与愚，互相间以大致相等的比例交织在一起。而事物将保持在这样的方式之下。所有述及社会进步、净化世界、在地球上创造天堂的国度——总之，所有乌托邦的梦——不只是注定了要失望；它们根本就误判了世界的目的，因为世界并不是要与天堂竞争，而是要为人类精神提供一个训练场地。世界是灵魂的体育馆，是它的学校和训练场地。我们的所作所为是重要的；但是终究说来，它提供我们个人性格的培养，才是重要的。如果我们期望把世界完全改变，那根本是自欺欺人。我们在世界上的工作有如在一条上坡的巷子里玩保龄球；玩球可以强健肌肉，但是却不应该以为我们会把滚球永远置放在巷子的另一端。它们最终都会回来，就算我们过世了，它们也会面对我们的子孙。世界能够发展吾人的性格，并为我们做好准备去越过它——为了这些目的它就很值得了。但是它却不能被完美化。“愿耶稣的名受祝福，他说，这世界是一座桥：走过去，但是不要在上面造房子。”对于印度思想来说，这一被归于诗人卡必尔（Kabir）的经句确实应该是源出于她的土壤的。

假如我们问有关世界形而上的情况的话，我们就必须继续前面作过的分辨，这种分辨到此为止，已经在每一个主要课题上，辨明了印度教自身的特质；总而言之，是那在二元与非二元看法之间的差别，在生命的行为上，这项区别把知的瑜伽和爱的瑜伽分别开来；在对神的说法上，它把位格性的与超位格性的看法区分开来；在救赎问题上，它把预期与神合而为一的人，与那些在至福的洞察中渴望与神为伴的人区分开来；在宇宙论上，也同样伸展出一条线来分开那些认为世界从最高的层面来看是不真实的人与相信它在每一意义上都是真实的人。

所有印度宗教思想都否认自然世界是自存的。世界的基础在神，如果这一神圣基础被移走，它就会立刻倒塌，沦为虚无。对于二元论者，自然世界正如神一样地真实，不过当然无法企及神那种无限高贵的程度罢了。神、个体灵魂以及自然乃是不同类别的存在，没有一个可以简约成为其他的。另一方面，非二元论者区分出世界得以出现的三种意识模式。第一种是幻觉，例如当我们看到粉色大象时，或是看到一根直棍子在水下面好似是弯曲的。这类现象会由进一步的观察而被纠正，包括别人的观察在内。第二种是对于人的感觉正常显露出来的世界。最后是对于已晋升到超意识形态的瑜伽修炼者所显现的世界。严格地说，这根本不是世界，因为在这里每一个一般认为是界定世界的特征——它的多样性与物质性——都消失了。在这里只有一个真实，像满盈的海洋，如天空般的无边界、不可分别、绝对，像一望无际的水，无涯岸而平静。

非二元论者认为这第三种看法乃是三者之中最重要的。比较起来，一般正常向我们显现的世界是 maya。这个字常常翻译成“幻觉”，但这是误解。因为它暗示无须把世界当真。这一点印度教徒是否认的，他们指出只要它看似真实，就要求我们必须如此地去接受它。何况 maya 的确有它在条件上、暂时上的真实性。

如果有人问我们梦是否真实，我们的回答会是有条件性的真实。在我们有做梦的意义下，它们是真实的，但是就其所刻画的未必是客观的存在上，则是不真实的。严格地说，一个梦是一种心理上的建造、一种精神的虚构。当印度教徒讲到 maya 时，心中是有类似这样的想法。心灵在正常状态下所知觉到的，就是世界的样貌；但是如果我们以为这时所看到的就是世界本身的真正面目，那就未必是正确的。一个小孩第一次看电影会误把动画当作真实的物体，不会觉察银幕上吼叫的狮子，乃是从戏院后面放映室中投射出来的。我们的问题也一样；我们看见的世界是有条件性的，在那个意义下也是由我们的感官操作所投射出来的。换一种暗喻来说，我们的感觉接收器只记录狭窄的电磁频率带。借助于显微镜以及其他放大器，我们可以觉察出一些更多的波长。但是超意识必须认真加以培养，才能了悟真实自身。在那种情况下，我们的接收器会停止像棱镜一样，将那纯粹的存在之光折射成多样性的光谱。真实会如实地被知为是：独一、无限、非合成的。

maya 与魔术（magic）一字是来自同一字根。说世界是 maya，非二元的印度教的意思是事情有点复杂。问题关键在于：世界的物质性与多样性竟然伪装得好像是独立的真实物，其真实性可以不受我们的知觉所影响——而事实上唯一真实的是那无所不在的无分别的梵；世界就像藏在灰尘下的绳子，即使被人误认为蛇，但仍是一根绳子。maya 展现世界时也同样让人炫惑着迷，把我们困在其中，不想再继续上路。

但是我们必须再问，如果世界只是有条件性地真实，吾人会严肃地对待它吗？责任会不会衰退？印度教认为不会。在与柏拉图的《理想国》类似的，对理想社会的一个素描中，Tripura Rahasya 描写一位王子成就了这种对世界的看法，而因之从“心结”以及“把肉体与自我认同”中解放出来。其所描述的后果，并不是反社会的。如此解放出来之后，那王子有效而不动感情地履行着他的责任，“如舞台上的演员一般”。追随他的教导和榜样，他的子民也得到类似的自由而不再被激情所推动，虽然他们仍拥有激情。世间事务继续着，不过公民们没有了原先的愤恨而较少受到恐怖和欲望的折磨。“在他们日常的生活中，照样有笑声、喜乐、疲乏或愤怒，只是他们对自己所做的事，既沉醉其中又无动于衷。”圣人造访那里时就称它为“智慧之城”。

如果我们问何以真实，在事实上是唯一和完美的，却被我们看成是有瑕疵的？何以灵魂，它从来就是真正地与神合一，却有时把自己看成是分离的？何以绳子看似蛇？如果我们问这些问题，我们就是在问一些不会有答案的问题，就如何以上帝创造世界之不会有答案的基督教的问题一样。顶多我们只能说世界是 lila，神的游戏。小孩玩捉迷藏扮演各种角色，在游戏之外就无效了。他们把自己置于危险之中而又必须从中逃离。为什么在他们只需步出游戏便能解放自己时却还要这样做呢？唯一的回答是，游戏就是其自身的目的和报酬。它本身好玩，是一股创造的、想象的能量自发的流溢。世界在某种神秘方式下也必定是如此。就像孩子独自玩游戏一样，神是宇宙的舞者，其常规活动乃是所有的生物和世界。从神的能量永不疲乏的动力中，在一而再地永不停息的雅致演出中，宇宙流动不息。

那些看过女神卡利（Kali）一手握剑、一手持人头在一个降伏了的身体上舞蹈的形象的人；那些听过献给湿婆（他常去的地方是火葬场，乃是毁灭之神）的印度教寺庙比献给为创造者和护持者的神所盖的寺庙来得多的人——那些知道这些事实的人是不会很快地认定印度教的世界观是温柔的。他们所忽略的是卡利和湿婆所毁灭的乃是那有限之物，其目的是为了给无限让出路来。

> 因为你爱火葬场，
> 我就造了一个我心中的火葬场——
> 因之你，黑暗者，火葬场的猎人，
> 就可以跳你那永恒之舞。（Bengali hymn）

正确地来看，世界终究是仁慈的。它并没有永久的地狱和永恒的毁坏之威胁。它可以无须惧怕地被爱；它的风，它那变化无穷的天空，它的平原和林地，甚至于那淫荡的兰花之有毒的光辉——只要不过分陷溺其中都可以去爱它们。因为这一切都是 maya、lila，是宇宙魔术师那深具魔力的舞蹈，在这一切之外就是那无边的善，亦即最后一切都会抵达的善。印度不能产生的唯一艺术形式是悲剧，因而就完全不是偶然的了。

总结以上所说的：对于“我们所拥有的是一个什么样的世界？”这个问题，印度教的回答是这样的：

1. 一个多样的世界，它包括从横的来说是数不清的星系，纵的来说是数不清的层级，时间上来说是数不清的循环。

2. 一个业报法则永不休止运作的道德世界。

3. 一个永远也不会取代天堂来作为精神目的地的中间世界。

4. 一个 maya 世界，把它事实上是暂时的多样性、物质性以及二元性，虚假狡猾地当作是终极的来贩卖出去。

5. 人们可以在其中发展他们最高潜能的训练场地。

6. 一个 lila 的世界，是神以其宇宙之舞来表演的戏——永不疲惫、永不休止，没有阻碍，而最终是有益的，具有一种生于无尽活力的优雅。

走向同一顶峰的许多途径

印度教多少世纪以来就与耆那教徒、佛教徒、袄教徒、穆斯林、锡克教徒以及基督徒共同分享土地的事实，或者可以帮助解释，那通过印度教而不是其他伟大宗教，所产生出来的一个最后理念：那就是，她坚信各个不同的主要宗教乃是通向同一目的的不同途径。把得救当作是任何一种宗教的专利，就好像主张神只能在这一房间找到而在隔壁就找不到，神是这样的打扮而不是那样的打扮一样。一般情况下，人们会追随其自己文明土地上源起的道路；那些绕着山转，想带领其他人到他们道路上去的人并非是在爬山。虽然在实践上印度各教派常常极端地缺少包容性，但在原则上，大多数态度是开放的。在早期，吠陀就宣说印度教的经典主张，认为不同的宗教乃是神向人心说教的不同语言。“真理只有一个；圣人以不同的名字来称呼它而已。”

生命之山，可以由任何一边去攀爬，可是到达山顶时各条途径就会合而为一了。在基础上——神学、仪式及组织结构这些山丘底部，宗教是不同的。文化、历史、地理以及集体的癖性上的不同，都会造成其起点上的分歧。这完全不必叹惋，反倒是好的；它增加了人类整体冒险的丰富性。人生难道不是因为儒家、道家、佛家、穆斯林、犹太教徒以及基督徒的贡献而来得更有趣吗？“多么艺术化呀，”一位当代印度教徒写道，“有空间来容纳那么多的不同——多么丰富的结构呀，比起上天只规定一种防腐性地安全、排外、正统的方式，这可要有趣多了。虽然神是单一的，它却好像是在多样性中找到了愉悦。”[41]但是超越这些分歧之外，同样的目标在召唤着我们。

要证明这一点，19 世纪的一位印度教圣人，依序透过好几个世界伟大宗教的实践来追寻神。他轮流通过耶稣基督、无形象而由神主导的古兰经教训以及印度教之神的各种具体化形象，来找寻神。在每一例子中的结果都是相同的，同样的神（他报告说）其所显现出来的，有时化身在耶稣身上，有时通过先知穆罕默德在说话，有时以护持者毗湿奴或者以完成者湿婆的面貌出现。通过这些经验就产生出一套对于伟大宗教在本质上统一的教导，并构成印度教在这一论题上的最高尚的声音。由于说话方式在此地也如观念一样重要，如果我们把这一节余下的篇幅用拉马克里希纳自己的话来说而不去试图重述[42]，我们将更能接近印度人的立场。

神创造了不同的宗教以适应不同的需求、时代与国家。所有的教旨皆只是许多条路而已，任何一条路并非就是神自己。的确，吾人如果全心全意地跟随任何一条道路都可以到达神那里。吾人可以从正面或者从侧面来吃一个有糖霜的蛋糕，怎么吃都会一样甜。

水，作为单一的和同样的物质，不同的人用不同的名字来称呼它，一种叫它是水（water），另一种叫它作 eau，第三种是 aqua，更有一种是 pani，那唯一的永在——智慧——妙乐者同样是被有些人呼为神，有些人称为阿拉，有些人称为耶和华，还有些人则称作梵天。

正如人可以经由梯子或竹竿或楼梯或绳子到屋顶，接近神的工具和方法也是不同的，世界上每一种宗教都是表现这些方式的一种。

在别人屈膝的地方，你要躬身礼拜，因为在这么多人经年累月祷告的地方，仁慈的神必会现身，他是慈悲无比的。

救世主是神的使者。他有如一个强大君王的副手。当某个遥远的省份发生动乱时，国王就会差遣副手去平乱一样，当世界任何角落宗教衰亡的时候，神就差遣救世主到那里去。他乃是独一及同一的救世主，投身进生命的海洋，在某一处升起来，名之曰克里希纳，又潜入水中在另一处升起来名之曰基督。

每一个人都应该追随他自己的宗教。基督徒追随基督教，穆斯林追随伊斯兰教，依此类推。对于印度教徒来说，那古老的道路，亚利安圣人的道路乃是最好的。

人们用疆界来分隔他们的土地，但是没有人能够分隔开那头上覆盖一切的天空。那不可分割的天空包围了一切，也包含了一切。无知的人会说，“我的宗教是唯一的，我的宗教是最好的”。但是当一颗心被真知照明，它知道越过这些派别和教徒的战事之上，乃是那不可分割的、永恒的、全知的妙乐。

一位母亲，在照顾她病了的孩子们时，给一个孩子米饭和咖喱，给另外一个孩子则是面包和牛油，主也同样为不同的人铺设了不同的道路来适应他们的天性。

有一个人崇拜湿婆，可是恨所有其他的神祇。一天湿婆向他现身说：“只要你恨其他的神，我将永远不会喜欢你。”但是那人仍然毫不动摇。几天之后湿婆又再度向他现身说：“只要你还在恨，我永远也不会喜欢你。”这一次他的身体一半是湿婆，另一半则是毗湿奴。那人一半高兴一半不高兴。他把供奉放在代表湿婆的那一边，而在代表毗湿奴那一边则什么也没有供奉。于是湿婆说道：“你的固执是无可救药的了。我，以这两种面貌出现，是想说服你，所有的男女神祇都只不过是唯一绝对的梵天之不同面貌罢了。”

对于锡克教的补充

印度教徒趋向于把锡克教徒（Sikhs，字面意思是信徒）当作是他们自己大家庭中有点不听话的孩子，不过锡克教徒却不承认这种说法。他们把他们的信仰看成是，出自一项原初的神之启示而开创的另一新宗教。

启示传授于宗教导师南纳克（Guru Nanak），Guru 这个词一般流行的解释是无知或黑暗（gu）的驱除者，以及启蒙（ru）的携带者。南纳克于 1469 年出生以来即是虔敬而内省的，他约在 1500 年在河中沐浴时神秘地失踪了。三天之后再出现时，他说："这里既没有印度教徒又没有穆斯林，我要追随谁的路走好呢？我将追随神的路，神既不是印度教徒也不是穆斯林，我追随的路乃是神的路。"他继续解释，他这些论断之所以有权威，乃是出自他失踪的三天里被带到神的殿堂的事实，在那里神给了他一杯琼浆（nectar，amril，锡克教的圣城 Amritsar 之名即由此而来），并告诉他说：

这是敬神之名的杯，喝下它。我与你同在。我祝福你并把你举起。记得你之人都能享受我的宠爱。去罢，欢欣于我的名，去教别人也同样如此。把这个当作是你的天职。

南纳克一开始就把他的道路从印度教和伊斯兰教的道路区别开来。这一点标明了一个事实，就是：锡克教出现于伊斯兰教统治之下的印度文化。南纳克本人则出生自刹帝利阶层。锡克教的家乡是旁遮普，所谓"五河之地"，位处印度西北部，伊斯兰教侵入者很牢固地控制着那部分地区。南纳克重视他的印度教传统，也承认伊斯兰的高贵性。摆在面前的是两种宗教，各自在其本身都受到神的启示，但是两者冲突却都会引发仇恨与屠杀。

如果双方同意协调彼此的差异，大概也不可能在锡克教之外找到更合理的神学折中方案了。在保留印度教的永恒的真理上，传授给南纳克的启示肯定了那超越人所想象的至高无上而无形无相的神的终极性。不过，在保留伊斯兰教的启示上，它扬弃神的化身、种姓差别、把形象作为崇拜的辅助手段以及神圣化吠陀的观念。虽然在这几方面与印度教分离了开来，锡克教的启示却回过头来支持轮回的教条，而不同于伊斯兰教。

这种在印度教与伊斯兰教教旨之间作出相对的均衡区分，使得教外的人怀疑南纳克在他深刻而直觉的心灵中，即使不是有意识的，也已经设计了一套信仰，希望能够解决在他的地区由宗教所产生的纷争。至于说锡克教徒们自己，他们承认其信仰的调和性格，不过却将源头归之于神。只有在第二义上，导师南纳克是导师。“真正的导师”是神。其余的，是按照神通过他们说话的比例之多少，来决定其作为导师的资格。

正式的锡克导师共有十位，从导师南纳克开始，通过他们的宗教服务，锡克社区得以形成。到了这一系的第十位，导师高宾·新（Guru Gobind Singh）宣布他乃是这一系最后的导师；他死了之后已经成形了的圣经（Sacred Text）就取代了人间的导师，作为锡克社区的首脑，名之为《圣智集》，这套经文从此就成为锡克教徒所膜拜的活导师，在神的意志和话语都活在里面的意义下它是活着的。经文的内容大部分是诗篇与赞歌，是几位导师在内心深沉平静时冥想着神，不由自主地歌唱出对神的颂词。

锡克教在其大部分的历史中都受到沉重的打击。在其信仰一度特别受到强烈迫害的时候，第十位导师呼吁那些毫无保留、全心把他们的生命奉献给锡克教信仰的人公开站出来。对那接受召唤的“挚爱的五名”，他给予特别的入会仪式，因此而创立了纯净教团，一直延续到今天。它接受任何愿意遵守其教规的男女，要那些参与的人戒绝酒、肉和烟，并佩戴“五个 K”，之所以这样称呼是因为在旁遮普文之中，五者都以“K”开始。五者是不剪的发，一把梳子，一把剑或匕首，一个钢手镯，裤裙。最初，这五种东西都有保护以及象征的一面。梳子与不剪的头发（标准的样式就是用头巾包在一起），用来保护头颅；这里又结合了瑜伽的信仰，相信不剪的头发可以保存生命力并且使它向上发展。梳子本身则象征洁净和秩序。钢手镯提供一面小盾牌，而同时把带镯子的人与神“镣铐”在一起，提醒信众手是永远用来为“神”服务的。裤裙，代替了印度的围腰布，意思是吾人永远要穿好以备行动。匕首，现在大半是象征性的，原先是需要用来自卫的。

在他创立了 Khalsa 的同时，导师高宾·新把他的名字 Singh（字意是狮子，延伸出去是壮健、勇敢的意思）给予所有的锡克教男人，女的就赐名为 Kaur 或公主。直到今天，锡克教人仍然沿用这两个名字。

这类事情跟宗教的形式有关。以其中心思想而言，锡克教徒借由爱来体现到那苦恼在自己存在深处的神之位格，通过与神结合而寻求得救。与神结合乃是最终的目标。脱离神，生命就没有意义；正是因为与神的分离才造成人的苦难。用南纳克的话来说："与神的分离是多么可怕的分离，而与神结合是多么幸福的结合啊！"

扬弃尘世在这一信仰中并未表现出来。锡克教信徒没有弃世、苦行、独身或行乞的传统。他们是家庭的成员，用他们的收入养家糊口，而把收入的十分之一捐助慈善事业。

今天世界上约有 1300 万锡克教徒，大多数在印度。总部设在 Amritsar 的有名的金寺庙内。

第三章
佛　教

醒悟了的人

佛教的建立，始于一个人。到了这个人的晚年，他的教义在印度如火如荼地传开了，王侯们拜倒在他面前，人们到他那里，就好像到耶稣面前一样，询问他是什么。[43]多少人直接提出这样的问题——不是“你是谁?”像名字、出身和家世，而是“你是什么？你属于什么样的存有层次？你代表了哪一种人?”当然不是恺撒，不是拿破仑，更不是苏格拉底。这种人只有两位：耶稣和佛。当人们怀着疑惑来到佛面前，他给的回答为他整个的教义提供了一个身份。

“你是神吗?”他们问他。“不是。”“一个天使？一个圣人?”“不是。”“那么你是什么呢?”

佛回答说：“我醒悟了。”

他的回答变成了他的头衔，因为这就是佛的意思。梵文字根 budh 含有醒来和知道双重意思。那么，佛，意思就是“启悟了的人”，或是“醒悟了的人”。当世界上其他的人都被包裹在沉睡的子宫中，处于自以为是清醒的人生而其实仍在梦境的状态时，他们之中的一个把自己叫醒了。佛教开始于一个摆脱了迷乱、瞌睡、日常知觉像梦般妄想的人。它开始于一个醒悟来了的人。

他的一生充满了可爱的传说。这些传说包括：他出生的时候世界满溢着光；瞎子渴望看到他的荣光，以至于他们恢复了视觉；聋子和哑巴以忘神的喜悦谈论着那即将来临的事情；驼背的身子直起来了；跛子能走路了；囚犯们从镣铐里解放出来，而地狱的火也被熄灭了。世界为和平所围绕，甚至野兽也不再吼叫。只有那邪恶的魔王不欢喜。

他一生的历史事实大致是这样的：他出生于公元前563年左右，在今天印度边境靠近尼泊尔的地方。他的全名是 Sidhartha Gautama of the Sakyas。悉达多（Siddhartha）是他的名，乔达摩（Gautama）是他的姓，而释迦（sakya）是他家庭所属的族名。他父亲是国王，不过由于当时在印度地区有许多国家，比较正确地说他应该是一位封建诸侯。以当时的标准来看，他是处身在荣华中的。“我穿的是丝绸，我的仆人为我撑着白色的伞遮。我涂抹的油都是来自 Banaras。”他似乎特别英俊，因为有数不清的文献都提到“他身体的完美”。他16岁时娶了一位邻国的公主耶输陀罗为妻，生了一个儿子取名叫罗睺罗。

总之，他看来是个拥有一切的人：家庭——尊贵的乔达摩的父母双方都是出身纯正的刹帝利；仪表上，“俊美，受人信任，生来就具有美丽的相貌，肤色适中，风度雅致，看上去庄严而华贵”；财富上，“他拥有象队和打扮他象队的银饰”；他有一位模范的妻子，“如天后般的高贵，永恒的坚贞不移，日夜都是欢愉可人，充满了庄重和超凡的风范”，并为他生了一个美丽的儿子；更加上他是父亲王位的继承人，注定了要享受名誉和权力。

虽在拥有这一切，他却在20来岁的年纪就产生了不满足之心，结果终于使他全然断绝了尘世上的资产。

他不满的来源，集中在“四个路见的景象”传说中，这是世界文献中呼吁人探索生命意义最有名的篇章之一。故事是这样的，当悉达多出生之后，父亲召来几位算命的人，想要算出他继承人的未来。大家都同意这不是一个平凡的孩子。不过，他的事业却遭遇到一项基本模棱两可的情况。假如他留在俗世中，他将会统一印度成为她最伟大的征服者，一位转法轮王（Universal King）。而另一方面，假如他舍弃这个世界的话，他就会变成世界的救赎者而不是征服者了。面对着这样的选择，他的父亲下定决心指导儿子朝第一条路上走。用尽了所有方法让王子与世界保持紧密的关系。三座宫殿和四万名宫女供他使用和差遣，严令不许让丑恶闯进宫廷的欢乐中。更特别不让王子接触到病、老和死；甚至当他骑马外出时，下人们先清除路上这些景象。可是，有一天，一位老人被忽略了留在路边，或（按照有些说法）这位老人奇迹般地由神化身而成，以便提供所需要的教训：一个老人，牙齿坏了，头发白了，身子弯了，倚身在一根棍杖上，一面颤抖着。那一天悉达多学到老年的事实。当然国王更加严密守护他，第二次悉达多骑马出去，遇到一个病重的人躺在路边。第三次出门则是一具死尸。最后，第四次他看到一个剃发的僧人，身穿粗麻布，手捧饭钵，就在那一天他学到了从世界脱身出来的生活。这个故事乃是一项传说，但是正如所有的传说一样它包含了重要的真理。因为佛陀的教训很清楚地表明人的肉身与病痛、老化以及死亡之间有无可逃避的牵连，由此使他觉得在身体层面上要找到满足是无望的。“生命注定了要老要死。何处是没有老死的生命领域呢？”

他一旦看到身体的病痛和死亡是无可避免的时候，肉体上的欢乐就失去了迷人之处。舞女的歌唱、琵琶和铙鈸的韵律、奢华的餐宴和排场、节日的精心庆祝，都只是嘲讽着他那思考的心灵。花儿在阳光下点头，白雪在喜马拉雅山上融化，更大声呼告着尘世上事物之不永存。他决定离开已经变成令他分心的陷阱的宫廷，去追随那寻求真理的呼唤。在他29岁那年的一天晚上，他作出了与俗世的决裂，他的“大跃进”。午夜时分之后他走到妻子和儿子熟睡的地方，默默向他们道别，命令看门人备好他的白马。主仆二人朝森林驰骋而去。天亮时他们来到了树林边，乔达摩换穿了仆人的衣服，仆人则带着白马回去报信，乔达摩剃发之后“穿着破旧的衣服”，投入树林中去寻求启示了。

这样过了六年，在这六年中他全副精力都集中在这个目标上。“过一个孤独的林栖者的生活，在孤独中欢欣是多么艰难呀。的确，沉默无言的丛林是多么沉重地压着那心思尚未固定的僧人呀！”这些话为他寻求真理的艰难做了活生生的见证。他似乎经历过三个阶段，不过并没有记录指明每一阶段有多长或者三者如何作清楚的划分。他的第一步是寻找当时印度教最主要的两位大师，想经由他们的心灵去学习那庞大传统中的智慧。他学到了很多——特别是有关“修的瑜伽”，同时也学到关于印度教的哲学；他听到学到的太多了，以至在事实上印度教徒宣称他是他们的一分子，并且认为他对当时宗教的批评是改革趋势之一，而更具重要性的则是他赞同印度教的部分。但是，经过一段时间之后，他下结论说，他已经学完了这些瑜伽大师所能教给他的了。

他的第二步就是加入一群苦行者，诚意地尝试用他们的方法。是不是他的肉身令他拖累不前呢？他要粉碎它的力量摧毁它的干扰。由于具有强大的意志力，这位未来的佛陀在苦行者提出的每一项苦行上都胜过他们。他吃得极少——在某次斋戒期间，他一天只吃六颗米——以至于“我以为摸到的肚皮，其实是抓到了脊椎骨”。他会咬紧牙关，舌头顶住上腭直到“汗由腋窝流出”。他又屏住呼吸，直到觉得“有如一条皮带缠在我头上”。[44]到最后他变得衰弱万分昏倒在地上；如果当时附近没有同伴喂他一点温热的米粥的话，他很有可能就此死去。

这个经验教他认清苦行主义的无效性。他毫无保留地全部投入这个实验，结果却并不成功——它并没有带来觉悟。不过负面的实验也带来它们自己的教训，在这个例子中，苦行主义的失败为乔达摩的方案提供了第一条建设性的纲领：在极端的苦行主义与放任纵情之间的中道原则。这乃是定量安排生活的观念，要给予身体之所需使它能最有效地运作，却不能逾分。

放弃了苦行之后，乔达摩在他寻求的最后一个阶段，努力按照“修的瑜伽”的线索，结合严格的思考和神秘的专注。一天晚上在印度东北方，现今柏提纳城之南一个叫加亚的地方附近，他坐在一棵后来被人叫做宝树的菩提树下。那地方后来被命名为不动点，因为传统的说法是佛陀感觉到突破即将来临，就在那个划时代的晚上坐了下来，立誓得不到启悟就不起身。

那一晚记录的第一件事就是类似耶稣传道前夕所遭受的引诱景象。魔鬼知道他对手的成功已经逼近了，就去扰乱他的专注。他先化身为欲望之神，排现出三个妖艳的女人和她们诱人的侍女。当这位未来佛陀不为所动的时候，魔鬼又把自己摇身变为死亡之神。他强大的军队向这位求道者降以飓风、暴雨、雨点般的滚烫沙石，但是乔达摩已经把有限的自我变成空寂，那些武器没有了目标可攻击，在进入他专注的领域中时却转变成了花瓣。死亡之神在最后的绝望中，质问他有什么权利这样做，乔达摩用右手指触碰地面，地面作出了反应，吼叫着，一百次、一千次、十万次地吼叫："我做你的见证。"死亡之神的军队落荒而逃，天神们欢欣地降临，用花环和香水来服侍胜利者。

紧接着，当宝树在那五月的满月之夜不断降下红色的花朵时，乔达摩的冥想一刻比一刻深入，直到最后晨星在东方透明的天空中闪亮，他的心灵也穿透了宇宙的气泡，把它粉碎虚无，不过，奇妙又奇妙的是，这时却发现它神奇地复原为充满光辉的真实存在。伟大的觉醒到来了。乔达摩的存在转变了，他转变成佛。这件事有其宇宙性的含意。所有的受造物以其欢欣充塞了清晨的大气，大地震动，给予六道（译注：佛教说众生根据生前善恶行为有五种轮回转生的趋向，即地狱，恶鬼，畜牲，人，天，这又叫五趣。如果加上阿修罗，就是六种，合称六道）以惊奇。莲花在每一株树上盛开，一万个星系都敬畏地战抖了，整个宇宙变成"一丛花束在大气中旋转"。[45]这一庞大经验的妙乐，使得佛陀在那一处地方一坐就坐了七日。到了第八日，他尝试起身却又有一股妙乐向他袭来。他迷失在欢乐之中整整有四十九日之久，之后他那"光辉的一瞥"才向世界彰显开来。

死亡之神以最后一次的诱惑在等着他。死亡之神这一次是诉之于乔达摩最有力的一面——他的理性。死亡之神不再去争辩重新进入平庸执迷世界的重担。他提出了一个更深刻的质疑：你能够期望谁来了解如佛陀所掌握的那么深奥的真理呢？无法用语言来说的启示怎么能译成文字，或者无法界定的洞见如何能够用语言来捕捉呢？总而言之，如何去说明那只能被发现的东西，如何去教导那只能被见证到的东西？为什么要在一批根本不懂的听众面前去扮演白痴呢？为什么不干脆就此丢下这整个烫手的世界不管——也了却这肉身而立刻进入涅槃之境呢？这个论点如此具有说服力，以至它几乎赢了那一仗。但是，最后佛陀回答说："总有一些人是会了解的。"死亡之神从此就从他的生命中消失了。

接下来的几乎半个世纪里，佛陀走遍了印度灰尘覆盖的小路，直到头发白了，步履也慢下来了，身体变成了一面破鼓似的，他传播着他那粉碎自我以拯救生命的福音。他创立了一个僧侣教团，向死气沉沉的婆罗门社会挑战，相对的也承受他的立场所带来的怨恨、疑问和迷惑。他的日课是惊人的。除了训练和尚以及处理教团的事务之外，他还维持着从不间断的公开讲坛和个别咨询的工作，劝导迷惑的人，鼓励信徒们，安慰哀伤的人，"人们不远千里从全国各地来到他面前提出问题，他都一律欢迎"。使他得以回应这些压力，在压力下站得住的，乃是作为创造性基础的"退出与复返"模式。佛陀退隐了六年，而后回到世上 45 年。但是每一年都有所划分，9 个月留在世间，随着就是雨季来临时跟他的和尚们作三个月的退隐。他每日的周期也是按照这一模式安排的。他的公众时间很长，但是一天要退隐三次，使注意力（通过沉思）回归于神圣的源头。

经过 45 年艰苦的教务之后，大约在公元前 483 年他 80 岁的时候，佛陀在铁匠肯达家中吃了猪肉干泻肚而死。甚至在临死时他的内心还在为人着想。在垂危的痛苦中，他想到肯达可能会觉得对他的死要负责任。因此，他最后的要求是，请人告诉肯达，在他漫长一生中吃过的饭食，只有两次特别给予他最大的幸福。一次是在宝树下吃的米粥的力量令他得以成道，还有这一次为他开启了涅槃的最后一道门。这就是《西藏生死书》中所保留的死亡榻上的景象。合起来它们表达了一个人步入一种"观念和意识停止存在"而没有一点点抗拒的情况。他的告别词中有两句话流传至今历久不衰。"一切组合的事物都会腐化。勤劳地实践你自己的救赎。"

沉默的圣人

要了解佛教，最重要的是要设法明白佛陀的生命对他周边那些人的冲击。

读到佛陀生命的事迹，不可能不令人油然而生一种接触到一位旷世伟人的印象。几乎所有认识他的人，都不约而同地产生一种明显的尊敬，而读者也很快会像他的徒弟们一样，发现自己面对的是某个几近于智慧的化身。

或许他最突出的一点，就是兼具冷静的头脑和炽热的心，由此使他一方面不至于感伤多情，另一方面又不会对人无动于衷。他毫无疑问的是旷世最伟大的理性主义者之一，在这一点上再也没有人比他更像苏格拉底了。面对每一个问题，他都能作冷静而不偏不倚的分析。首先，问题被分割成其组成的部分，之后再按照逻辑的、结构的次序重新加以组合，使其意义和重要性清楚暴露出来。他是擅长对话和辩证法的大师，冷静而充满自信。在与人辩论时陷入混乱和窘迫——这种情况是不可能的。

不过，奇妙的是，他性格中这种客观的、批判的部分，却被一种方济各式的（Franciscan，译注：指由圣方各济所创立的天主教派）温柔所全面平衡了，使得他所传递的信息又名曰“大慈大悲的宗教”。他是否真的冒着生命危险去解救一只被绊在山侧绝壁上的山羊，可能就历史而言并不确定，不过这种行为的确符合他的性格，因为他的一生对饥渴的群众乃是一个持续不断的礼物。的确，他的奉献自我，令他的传记作者们印象深刻，使得他们只能解释说：是因为他在前生的动物轮回阶段中获得了定向的动力。《本生经》说：当他是一只公鹿时，曾为鹿群牺牲自己；当他是一只兔子时，又曾把自己投入火中，让一位饥饿的婆罗门食用。即使我们必须把这些日后的描述当作传说，也毫无疑问地可以说，他那作为佛陀的生命是涌出了大量慈爱的源泉。他要为每一个他遇见的人拔出那哀伤的箭，给予每一个人他的同情、觉悟以及那奇异的灵魂的力量，就算他不发一言，也能抓住探访者的心而改造了他们。

在社会层面上，佛陀皇家的出身和教养也占了很大的便宜。他的“举止优雅”，从容出入于王公统治者之间，因为他曾经是他们中间的一位。然而他的姿态和世故又丝毫不会使得他跟单纯的村民有距离。外表的阶级和种姓的区别对他来说没有什么意义，他甚至于好像根本不曾留意到这些。不论人们如何堕落或被社会摒弃，他们从佛陀那里得到的尊敬乃是源自他们都是同胞的事实。因之许多贱民和被唾弃的人，第一次遭遇到这种被了解和被接受的经验，发现了有了自尊而且在社区中得到了身份。“至尊的乔达摩欢迎每一个人，他是情意相通的，和解的，不摆架子的，开放给所有人的。”[46]

这位连王公都对他拜倒的人，的确有一种惊人的单纯性格。就连在他名气如日中天的时候，人们也会看见他手持乞钵走在大街小巷之间，所表现的耐性只有在了解到时间是虚幻的才有可能。正如同藤与橄榄树这两种生长自最贫瘠土壤中的植物所象征的一样，他肉体上的需要是最少的。有一次在冬季下霜时期的阿拉危地方，他在牛群行走的路上堆了些许树叶打坐沉思。“牛蹄践踏的地面是崎岖不平的；树叶堆是稀松的；和尚的黄袍是单薄的；冬天的风寒冷刺骨”，他承认道，“然而我还是怀着庄严的一贯性快乐地生活着。”

说佛陀是一位谦虚的人，或许并不正确。约翰·海（John Hay）做过林肯总统的秘书，他说把林肯当作是谦虚的人简直是荒谬，又说：“伟大的人没有是谦虚的。”当然，佛陀觉得他已经上升到远超过当时任何人所能企及的理解层面。在这方面是他坦然接受了他的优越性，并且生活在由此所得的自信中。但是这跟虚荣和毫无风趣的狂妄不大相同。在一年一度僧伽退隐期的最后一次聚会中，那无上至尊的佛陀环顾四周对默然无声的与会人众说：“好了，各位门徒，我召唤你们来说出你们是否发现我有什么不对，无论是在语言或是行为上。”当一位爱徒呼喊道：“我信心无比，我主，我认为以前没有，将来不会有，现在也没有任何人比至圣您来得更伟大更智慧了。”佛陀训诫道：

“当然啦，舍利弗，你已经认识了过去所有的佛陀了？”

“没有，我主。”

“那么，你认识将来的哪些了？”

“没有，我主。”

“那么你至少认识我而且透彻地深入到我的心灵？”

“连这都没有，我主。”

“那么，舍利弗，为什么你的话说得那么堂皇大胆呢?”

尽管他对自己保持着客观性，他在世时已有不断的压力要把他转变成神。他一概断然驳斥，坚称他在每一方面都是人。毫不掩饰他的弱点——要得到启悟是如何地困难，他所赢得的是怎样的险胜，他仍然多么容易失足。他承认如果人生另有一种像性欲这样强大的驱力，他会无法到达如今的境界。他承认他一人独处在森林的最初几个月里，曾经面临恐惧死亡的边缘。“当我逗留在那里的时候，一头鹿走过去，一只鸟儿令一节枯枝跌落下来，一阵风令所有的树叶沙沙作响，我就想到：‘现在来了，那惧怕和恐怖。’” 正如保罗·达尔克（Paul Dahlke）在他的《佛学论文集》中说：“一个这样说话的人，是不需要用天堂般快乐的希望来引诱人的。一个像这样讲自己的人，他的吸引力正是真理吸引所有人进入其领域时所用的吸引力。”

佛陀的领导能力不仅仅由他教团人数的剧增，也同时由于其训练的完美而得到证明。一位国王探访了他们的聚会，这次聚会一直延续到一个满月的夜晚，最后禁不住说：“你是不是在向我耍花样？怎么可能这么大的聚会，在 1250 位会友之间连一点声音也没有，不打喷嚏，也不咳嗽?” 望着整个会众，如一面清澈的湖水般无声地坐在那里，国王说：“但愿我的儿子也能够得到如此的宁静。”

正如别的精神天才——我们想到耶稣看到匝凯（Zacchaeus）在一棵树上这个故事——佛陀具有看透人性的不可思议的洞见。他对于走近他的人，一眼就能作出判断，似乎从不会被欺诈，也不会为相貌所蒙骗，总是立即走向可靠的和真诚的人。这一类最美丽的例子，就是他遇见扫花人苏尼塔。苏尼塔是一个社会地位低下的人，他唯一能找的工作就是清除人家丢掉的花束，在里面偶然找到几支可以换点食物来充饥。有一天佛陀来到苏尼塔清理弃花的场地，苏尼塔的心充满了崇敬和快乐。找不到地方躲起来——因为他是贱民——他笔直地站着好像被粘在墙上一般，双手合十致敬着。佛陀“注意到在苏尼塔的心中，拥有像藏在瓶中的灯光般闪亮着的阿罗汉圣者的条件”，于是便走近他说：“苏尼塔，这样悲惨地活着对你有什么意思？你能忍受离开世界吗?” 苏尼塔“体验到有如一个人尝到最美妙的琼浆一般的快乐，就说：‘如果像我这样一个人能够成为你的一名和尚，就算至尊要给我任何苦我都受得了！’”他日后成为佛陀教团中著名的一员。[47]

佛陀的一生充满了完成宇宙使命的信念。就在他得到启悟之后，即刻用他心灵之眼看到“有些灵魂的眼睛很少被灰尘蒙蔽，也有些灵魂的眼睛被灰尘蒙蔽得很厉害”，[48]人的整个世界，被碾碎、迷失了，急需要帮助和辅导。他不能不同意信徒们说他“降世是为了多数人的好处，多数人的幸福，为了诸神与人的利益、好处和幸福，出于对世界的同情。”[49]他这种不考虑个人付出的代价而接受这一使命的态度，赢得了印度的心。“乔达摩和尚进入了宗教世界，放弃了他亲人的伟大家族，放弃了许多金钱以及地下和地上的财宝。的确，当他还是个头上没有白发的年轻人的时候，在他作为俊美的少年男子的时候，他就脱离了家庭生活而进入到无家的状态。”[50]

对佛陀的赞词充斥于经文中，这无疑有一个理由，就是没有任何描述能够完全满足他的弟子们。文字已经用到了极限，他们师父的奥秘本质仍旧深不可测，因为那是思想无法领悟，语言也无法表述的。他们能够了解的部分就对之崇敬热爱，但是却有太多东西是他们无法希望穷尽的。直到最终他都仍然是半明、半暗、不让人完全理解。因此他们称他为释迦族的沉默圣人（Sakyamuni），象征某种超出语言和思想的东西。他们称呼他“如来”，“真理—赢得者”，“彻底启悟的人”，因为“唯独他面对面地透彻了解和看见了这个宇宙。”“如来是深刻的，不可测度，难以了解，甚至于像海洋一般。”[51]

反抗的圣人

从佛陀这个人转到佛教这个宗教，后者是必须通过由之而成长的印度教背景来看。但与印度教不同的是佛教在短期间就完全成形地出现了，前者则是出自缓慢，大部分是觉察不到的精神累积。佛教大体而言是一种反对印度教的堕落而兴起的宗教——一种印度的新教，不仅仅是因为新教这个字在强调见证了某种东西的原来意义上，也同样在其日后的意涵上，强调对某种东西的抗议。佛教从印度教吸取了它生命的血液，但是在反对普遍的腐败上，佛教有如鞭子一般，先收回而后挥出，加以痛击。

那么，要了解佛陀的教导，我们需要对部分促使佛教兴起的当时印度教，有一个最低限度的写照。要引入此一论题，我们姑且依次来谈谈有关宗教的几项观察。

宗教经常出现的六个特征，提示了它们的因子存在于人的构造中。其中之一是权威。神圣权威我们姑且不谈，而单就人方面来看，首先遇到的就是专业区分的问题。宗教的复杂性绝不逊于政治或医学。因此某些人在精神事务上的才能和持续的努力，会令他们提升到一般人之上是合理的；人们会寻求他们的意见并且一般都会听从。加上宗教在制度与组织方面，需要一些行政机构以及居于权威位置的个人，这些人的决定是举足轻重的。

宗教的第二个通常特色是仪式，这实际上是宗教的摇篮，因为人类学者告诉我们，人们在想清楚宗教之前就用舞蹈来表现他们的宗教了。宗教兴起于庆祝和其反面——丧亡，两者都要求集体的表达。当我们受打击或者极端地欢乐时，不仅想要与他人同在，所用的方式还要使得交流的结果超过个别行为的总和——这样才能消减我们的孤独。这种行为并不仅仅限于人类。在泰国北部，当太阳最初照射树梢之际，长臂猿族集体用降半音的音阶哼唱着，手牵着手，在顶端的树枝猝降而过。

宗教可能开始于仪式，可是很快地，人们就要求有个解释，因之玄想就成为宗教的第三个特色。我们从何处来？又要往何处去？我们为什么在这里呢？——人们对这些问题要求答案。

第四个宗教的特征是传统。就人类来说，是传统而不是本能保留住了前代所学，并传留到现在，来作为行动的样板。

宗教的第五个特色是恩宠，亦即信仰——往往在事实层面上难以成立——绝对真实终究会在我们这一边。宇宙根本而言是友善的；我们在其中能感到安适。“宗教说，最好的东西是比较永恒的东西，也就是那在宇宙中掷最后一块石头、说最后一句话的东西。”[52]

最后，宗教在奥秘中出入。由于人本身是有限的，人心无法开始去探测对之有吸引力的“无限”的深度。

这六者——权威、仪式、玄想、传统、恩宠以及奥秘——每一种对宗教都非常重要，但是同时每一种也都可能妨碍宗教的工作。佛陀在世时的印度教就是如此，这六种都有份。权威，在开始时有理，继之成为世袭的而造成剥削，婆罗门掌管其宗教秘密，执行宗教事务时大事收费。仪式成为获得奇迹结果的机械化手段。玄想失去其经验基础，发展成为毫无生气的吹毛求疵。传统转变成了毫无生气的重担，其中一个例子是坚持梵文——已经不为大众所了解——仍然是宗教讲论的语言。神的恩宠被误释的方式消减了人的责任，如果责任还有任何意义的话，而业报也同样地被误释而与命定论混淆。最后，奥秘与贩卖奥秘和奥秘举动混搅——堕落地执迷于奇迹、秘术和奇想之中。

面对此种宗教景象——腐败、退化与不相干，充塞了迷信以及疲惫不堪的仪式重担——佛教应运而生，决心清理场地，好让真理可以找到新生命。结果是令人惊讶的。因为这里所兴起的宗教（在开始时）几乎完全没有上面所提到的成分，而我们原来以为没有那些成分宗教是无法生根的。这个事实十分突出，有必要通过文献证明加以讨论。

一、佛陀传扬的是一种没有权威的宗教。他由两个方向展开对权威的攻击。一方面他要打破婆罗门对宗教教义的独断权，他改革的很大部分是要让一般人都得以接触一直以来由少数人拥有的。以他自己的开放性对比于婆罗门行会似的秘密性，他指出“佛陀是没有所谓捏紧拳头这回事的”。他认为这个差别非常的重要，以至在他将死的时候又回到这点，他对周围的人保证说：“我没有保留任何东西。”[53]不过如果他对权威的第一项攻击是针对制度——婆罗门阶级——他的第二项攻击就直接针对个人了。在一个多数人都是被动地依赖着婆罗门告诉他们该怎么做的时代，佛陀挑战每一个人去从事自己的宗教追求。“不要接受别人的转述，不要接受传统，不要接受某一项说法，只因为它是在书上找到的，或因为它符合你的信仰，或因为是你师父说的。要做你自己的灯。不管是现在或是在我死了之后，那些只靠自己而除了自己之外不去找任何其他人帮助的人，他们才会抵达巅峰的高度。”[54]

二、佛陀教导的是一种没有仪式的宗教。他一再嘲笑婆罗门仪式的无聊，认为那是对不灵验的神祇作迷信的祈求。它们只是装饰品，跟难苦沉重的“消解自我”这一工作是毫不相干的。的确，它们比不相干更糟糕；他辩称，“相信仪式和典礼的有效性”是束缚人类精神的十大镣铐之一。在这里，以及明显地在所有的地方，佛陀的态度是一致的。在否定印度教的形式时，他也坚拒为自己的宗教建立新形式的一切诱惑，这个事实使一些作家（不公平地）把他的教义界定为理性的道德主义而不是宗教。

三、佛陀宣扬的是一种绕过玄想的宗教。许多证据指出，如果他致力于形而上学的话，他会成为世界上伟大的形而上学家之一。反之，他却绕过“理论化的灌木丛”。他在这一方面的沉默并非没有人留意到。“世界到底是否永恒，它到底是有限或无限，灵魂到底是与身体一样或者灵魂是一回事而身体又是另外一回事，佛陀是否死后仍然存在或者死后不再存在——这些事情，”他的门徒之一观察到，“主并不曾向我解释过。而他不向我解释并不令我喜欢，这样做并不适合我。”[55]这对许多人都不适合。然而尽管不停有人刺探，佛陀仍保持他“高贵的沉默”。理由很简单，对于这一类的问题，“贪求知道各种观点……反而不利于启发”。[56]他务实的课程是要求很多的，他不要让信徒们从实践的艰辛道路上分歧到无结果的玄想领域。

他那有名的“涂满毒汁的箭”的寓言准确地说明了这一点。

就好像一个人被涂满毒液的箭所伤，他的朋友与族人要请一个外科医生来医治，而他却说，我一定要先知道是被谁所伤。是战士阶级呢，抑或是婆罗门，或者是务农或最低贱的阶级？否则我是不会把箭拔出来的。或者他说，我是不会把这支毒箭拔出来的，除非我知道这个射箭者姓什名谁——他是高，是矮，或者是中等身材；他是黑，是深色，或黄皮肤；他是来自如此这般的一个村子，或是市镇、城市；或者要等我知道了令他受伤的弓是chapa抑或是kodanda，或者要等我知道那弦是燕子草，或是竹子纤维做成的，或是用筋，或是用大麻纤维，或是出自奶浆树，或者我一定要知道箭杆是出自野生植物或是栽种植物；或者箭毛是兀鹰的，或是苍鹭的还是老鹰的，或者是孔雀的；或者它是用牛筋包裹的，或是用水牛的，又或是用鹿的，或是用猴子的；或者说先要知道它是一支普通的箭，或是一支利箭，或一支铁箭，或一支牛齿箭。在知道这一切之前，那个人就会死了。

同样的，宗教生命并不依赖世界是永恒的，是有限的，灵魂和肉体是不同的，或者以为佛陀在死后会存在下去等等观点。不管是持这种或是持相反的看法，世界仍然有再生、老年、死亡、悲伤、哀痛、苦难、忧愁和绝望……我没有谈我解说了些什么吗？我解说了受苦，受苦的原因，受苦的破除，我解说的是走向破除受苦的路。因为这是有用的。[57]

四、佛陀宣扬的是一种没有传统的宗教。他站在过去的顶端，这巅峰使他的见识大大地伸展了出去，但是他却看到与他同时代的人，大多数仍埋藏在那些巅峰之下。因此，他鼓励信徒们从过去的重担中解放出来。“不要顺着前人交下来的路走，也不要顺从传统教义的权威。当你自己知道‘这些教义是不好的，如果跟着这些教义做会引致损伤和苦难’——那么就扬弃它们。”[58]他与拟古主义所作的最重要的个人决裂是，他决定不再用梵文而用人民的日常用语来沟通，这与马丁·路德决定把《圣经》从拉丁文翻成德文可以相比。

五、佛陀宣扬的是一种高度自力的宗教。我们已经看到当时的印度所沉淀的沮丧和失败的空气。许多人都已接受了出生与再生那没完没了的周期，就好像听任自己被判永世轮回的噩梦似的刑罚；那些抓紧最后超生希望的人，已经让自己屈从于婆罗门的观点，认为需要经过几千世，直到投生婆罗门阶级，才有可能获得解脱。

对于佛陀来说，再也没有比这种普遍的命定主义更有害的了。他只否认一种主张，那就是“愚人”所说的没有行动，没有功绩，没有力量。“这里有一条结束受苦的路。走吧！”而且，每个男女必须通过自我觉醒和主动态度来走这条道路。“凡是只依赖自己的人，除了自己以外不去找任何人帮助，只有他们才会到达最高的巅峰。”[59]没有神可以依靠，连靠佛陀本人都不行。当我走了之后，他如此告诉信徒们，不必麻烦地向我祷告；因为我走了就是真的走了。“佛陀只不过指出路来，努力实践你们自己的救赎。”[60]佛陀认为只有婆罗门能够得道的说法是荒谬的。无论属于哪一种姓，他告诉信徒们，你都可以在此生做到这一点。“让聪明的人来到我这里，诚实、公正而坦率；我会指导他们，若他们按照我的教导来做，他们终究会自己明白并体现最高的宗教和目标。”

六、佛陀讲的是一种没有超自然的宗教。他谴责一切形式的占卜、预言、前知为卑陋的伎俩，虽然他从自己的经验下结论说，人心是能够具有目前认为是属于超自然的那种力量，但他不允许他的僧众去玩弄那些力量。“根据这一点你可以知道那想营造奇迹的人不是我的门徒。”因为他觉得凡是诉诸超自然并依赖它的，就等于是在抄捷径，找容易的答案与简单的解决，结果只是把注意力从艰难而实际的自我精进功夫转移开来，“正因为我看到在实施神秘奇迹里面的危险性，我才强烈地反对它”。

究竟佛陀的宗教——没有权威、仪式、神学、传统、恩宠以及超自然——是不是一个没有神的宗教，这一点我们将保留到后面来考虑。在佛陀圆寂后，他原先为了保护他的宗教而努力排除在外的种种设施，统统出现了。因此之故，原始佛教向我们展示的那种宗教是独特的，也因而在历史上是无价的，因为只要是看穿宗教诸多形式的每一项洞见，都会增加我们对宗教真正本质的了解。而原始佛教可以用下列几点来描述：

一、它是经验的。再也没有一种宗教把它的主张如此明确地诉诸直接的体证。对每一个问题都是以个人的经验来作真理的最后检验。“不要诉诸推理、推论或者辩论。”[61]一个真正的门徒必须是“他自己知道”。

二、它是科学的。它把活过的经验特质作为它最后的检验，并引导注意力去找出影响那个经验的因果关系。“有彼则有此，无彼则无此。”[62]所有的结果都是有它的原因的。

三、它是实用的——如果你愿意，也可以称之为一种先验的实用主义，使它跟专注于日常生活中的实际问题区别开来，但是在致力解决问题这一点上同样是实用的。拒绝被玄想性的问题引上岔路，佛陀把他的注意力集中在要求解决的困境上。除非他的教义是有用的工具，否则就一点价值都没有。他将它比作木筏：木筏帮助人过河，不过一旦到了彼岸，就不再有价值了。

四、它是治疗性的。巴斯德（pasteur）说的话："我不问你的意见或者你的宗教，而是要问什么是你的痛苦？"也一样可以是佛陀的话。"我只教一件事，"佛陀说，"受苦以及结束受苦。我只宣说病以及病的终止。"[63]

五、它是心理的。此处用的这个字是对比于形而上学的。不从宇宙入手，而转从宇宙中人的处境开始，佛陀宣教的出发点向来是人的命运，这种命运的种种问题，以及回应这些问题的有效作法。

六、它是平等的。他看法的宽广在当时是独一无二，在任何时代也都是稀罕少有的，他坚持妇女同男子一样能够悟道。他反对种姓制度认为天资来自遗传这种假定。他出生为刹帝利（武士、统治者）却发现自己在性情上为婆罗门；他打破种姓制度，不论社会地位，他把教团的门向所有的人敞开。

七、它是直接针对个人的。佛陀并非对人性的社会面视而不见；他不仅建立了僧伽——他还坚持僧伽在增强个人决心上的重要性。然而最终他依然诉诸个人，每一个人都要通过自己的个人问题和困境来朝悟道前进。

"因此，啊，阿难，做你自己心中的明灯吧。不要找外在的避难所。紧紧把真理抓牢当作避难所。努力实践你自己的救赎。"[64]

四圣谛

佛陀悟道之后，心中喜乐无比，乃停留在"不动点"四十九天之久，最后才作成新的决定，起身开始了他那超过一百里之旅，朝印度圣城邦纳雷斯步行而去。在该城的六里之外，在沙纳斯的鹿苑内，他停下来开讲他的第一次布道。聚集的人很少——只有五位苦行僧，他们曾与他一起苦修，后来又因为他反对苦修法而愤怒地与他决裂——宣布了作为他追求六年的结晶的主要发现。

如果要求一般人以命题的形式列出四个关于人生最重要的信念，他们多数都可能会不知所措。四圣谛就构成了佛陀对这一问题的答案。合在一起就成了他系统的公理，他的其他教义都是逻辑地由之推演出来。

第一圣谛是 Dukkha，通常翻译成“苦”。虽然说并不能穷尽其全部意蕴，受苦乃是其意义重要的一部分，而应该在进行其他指涉之前先加以审视。

与早期西方翻译者的观点正相反，佛陀的哲学并非是悲观主义的。关于人可以任随人们把它描写得多么邪恶可怕，悲观的问题要到告诉我们它是否可以改善才会出现。因为佛陀肯定认为可以，他的观点就落入齐美尔（Heinrich Zimmer）的观察，就是“印度思想中每一派都支持的基本观点是，由根本上看来一切都很好。一种最高的乐观主义到处流行”。不过佛陀清楚地看到典型的印度生活并不能满足人的生命，并且充满了不安全感。

他丝毫不怀疑可能有开心的时候，而开心的时候是很享受的，但是两个问题出现了。第一，生命中有多少部分是这样可享受的。第二，这种享受是在我们存在的什么层次上进行的。佛陀认为那个层次是肤浅的，可能对动物来说是足够的，但是却令人的灵魂空虚而困乏，有了这层理解，就连快感也会成为镀了金的痛苦。“世上最甜蜜的欢乐都只不过是化了妆的痛苦。”威廉·杜鲁芒（William Drummond）写道，而雪莱也谈到“那人们误称之为欢愉的不安。”在霓虹灯光闪耀的下面是黑暗；在核心处——不是有关真实，而是那不能重生的人类生命核心——乃是梭罗（Thoreau）在大多数人生命中看到的“默然的绝望”。那就是何以我们追求令我们分心的娱乐，因为它们能够令我们不去留意那外表下面的东西。有的人可能可以长时期不去理会它们，但是黑暗却无法消去。

看哪！正如一阵风般，凡人的生命亦复如是：一声呻吟，一声叹息，一声抽泣，一阵风暴，一场争斗。[65]

这种对生命一般情况的评估，是由写实主义而不是病态心理所促成的，各派思想家对此都有共识。存在主义者描述生命是“无用的激情”、“荒谬”、“令人受不了”。罗素，一位科学的人文主义者，觉得难以理解人们何以对宇宙正在日益耗损的新闻感到不快，因为“我看不出一项不愉快的历程，如何可能在无数次重复之后，会使情况变得比较好一点”。诗永远是敏感的气压计，也说到“生命可悲的昏乱”以及“时间对满怀希望的心的缓慢收缩”。佛陀说的并没有比瓦伦（Robert Penn Warren）更进一步：

啊，它是真的。它乃是唯一真的东西。

痛苦，因此让我们给真理命名，如人那样。

我们生来享受的那份享乐可能变成痛苦。

我们生来希望的那份希望可能变成痛苦。

我们生来去爱的那份爱可能变成痛苦。

我们生来去痛苦的那份痛苦可能变成更“痛苦”，而且从那永不会耗尽的极度的变动里。

我们基本的定义就是我们可能给予别人痛苦。[66]

连认为印度是悲观主义的史怀哲（Albert Schweitzer），也极为准确地回应了佛陀的评估，他写道：“只有在很少数的时刻，我曾觉得活着是真正高兴的事。在我看到周边的痛苦，不只是人的，也包括整个受造物的，我不能不感到一种充满遗憾的同情。”

Dukkha，乃是指痛苦在某种程度上为所有有限的存在着上颜色。当我们发现这个字在巴利文是用来指轮子的轴脱离了中心，或是骨头脱了臼，这个字的结构性指涉就显露出来了。（现代的暗喻可能是，我们想要从错的那一头来推动一架购物车）第一圣谛的确切意义是这样的：生命

（处于自己投入的情况中）脱离了它原来的位置。有什么事情出了错，它脱了臼。由于它的框轴位置不正，摩擦（人与人之间的纷争）特别多，运动（创造性）受到阻碍，于是它就痛了。

佛陀有一个分析的头脑，他不满足于让第一圣谛只停留在这种一般化的形式中。他继续指出生命明显呈现脱序的六个时刻。无论贫富、智慧，所有的人都经验到：

一、生之创伤。当代的心理分析在这一点上做了很多。虽然弗洛伊德否认生的创伤是日后一切焦虑的来源，但他后来认为它乃是焦虑的原型。出生的经验“所牵涉的正是那种一连串痛苦的感觉，来自排出和刺激，以及身体的感觉，因之而变成了生命受到威胁的各种情况的原型，以后还不断在我们生命之中，再制造出来而成为‘焦虑’情况之恐惧[67]”。

二、病患的病理学。

三、衰老的病状。在生命早期，单单身体上的精力加上生命的新奇感，使得生命几乎自动变成好的。在生命后期的岁月中恐惧来临了：怕经济上的依赖；怕不被爱或被遗弃；怕久病不愈和痛苦；怕身体上变得令人受不了而且要依靠别人；怕看到自己的生命在某些重要方面是失败的。

四、死亡的病态恐惧。根据多年临床的经验，荣格（Carl Jung）报告说，他对过了 40 岁的病人作分析后，发现死亡是每一位病人心中最深处的恐惧。存在主义者加入他的行列，唤起人们注意，恐惧死亡对健康生活损伤的程度。

五、跟不喜欢的东西捆绑在一起。有时候有可能挣脱它，但未必都能成功。一种不治的疾病，一个顽固的性格缺陷——为了好也罢，坏也罢，总有人一辈子被捆绑着去殉道受苦。

六、跟吾人之所爱隔绝。

没有人能否认生命的鞋子是在这六处地方夹脚的。第一圣谛把它们连在一起，下结论说有五种集是痛苦的。这五种成分是色（身体）、受（感官）、想（思想）、行（感觉）以及识（意识）——总之，是我们一般认为生命是什么的结合——其说法等于确定整个人的生命（当然，是日常那样地生活着）就是苦。生命就是这样和真实隔开了；而这种隔离除非得以克服，否则真正的快乐是不可能的。

要想修补裂缝我们需要知道它的原因，第二圣谛就做这一件工作。生命脱序的原因就称为 tanha。这个翻译又不很精确——所有的翻译都会有某种程度的不忠实——还是紧靠着原来的字比较聪明些。tanha 通常翻译成“欲”。这是有一点道理的——就像我们在《心碎的屋子》一剧中见到萧伯纳令女主角爱丽喊道：“现在我觉得好像什么都能做，正因为我什么都不要。”这一声明促使夏图浮上尉在剧中表现了唯一的一次热忱：“那才是唯一真正的力量。那才是天才。那比甜酒要好呢。”但是如果我们想把欲望等同于 tanha 的话，我们就会遇上困难。首先，等同的结果使得这第二圣谛毫无帮助，因为要压住欲望，所有的欲望，在我们目前的情况下就只有死，而死亡是不能解决生命问题的。除了没有帮助之外，要将两者等同也是全然错误，因为有一些欲望是佛陀明白提倡的——比方，解救的欲望，或者为了他人的快乐等。

tanha 是一种特别的欲望，是为了个人满足的欲望。当我们是无我的时候，我们是自由的，不过要维持住这种状态，却正是困难之所在。tanha 乃是戳破这种状态的力量，使我们对整体自由追求趑趄不前，只求满足于小我，像由秘密伤口中渗流出来的东西一样。tanha 包括所有“那些使欲望主体趋于继续或增加隔离性的倾向；事实上，一切自私的形式，其本质是为一己的欲望而在必要时牺牲其他一切形式的生命。然而生命是一个整体，任何企图把一个面向从另一面向隔离开来的作为，就必然会对不自觉地反抗着那法则的单元造成痛苦。我们对我们同胞的责任，就是把他们当作我们自己的延伸和其他面向来理解——他们乃是同一‘真实’的伴随面”。[68]

这跟一般人了解他们邻居的方式是有相当距离的。平常的人类前景，是走在易卜生所描写疯人院的半路上，在那疯人院中“各人把自己关在自我的桶内，那个桶用自我的塞子塞住，就封存在自我的井内”。给你一张群照，你最先看到的面孔是谁的？这就是造成悲伤的毒瘤的一个小而有诊断性的征兆。哪里有关心世界上没有人挨饿，就像关心要喂饱自己孩子的男人呢？哪里有关心提高全世界人生活水准，就像关心提高自己薪金的女人呢？这就是烦恼之所在，佛陀说，这就是何以我们受苦。我们不去把我们的信仰、爱和命运与整体联系在一起，却一直把这些捆在自我这微不足道的小毛驴上，而最终一定会绊倒，会筋疲力尽。抱紧我们个人的身份，我们把自己封锁在“我们那包了一层皮的自我”之内，而想设法靠它们的增厚和膨胀来得满足。愚人才会以为这样的囚禁能够带来解脱，难道我们看不到“这个自我才令我们受苦？”远非开向丰盛生命的门，自我乃是绞扼的疝。它愈肿大，就愈把健康所赖的通畅自由的循环系统阻塞住了，而痛苦也就愈见增加。

第三圣谛逻辑地从第二项真理推演出来。假如生命的脱序是由自私的渴求造成，它的治疗也就在于克服这样的渴求。假如我们能够从自利的狭窄限制中释放，进入宇宙生命的广大天地，我们就可以解除我们的折磨。第四圣谛就描述了如何可以完成治疗。要克服 tanha，走出我们被囚禁的路，则是通过八正道。

八正道

佛陀在第四圣谛中对生命的问题所采取的，主要是医生的角度。他在开始时细心地检查令人关切的征象。如果一切平静无事，顺适得如平常我们不会去注意消化一样，也不再留心自己了，那么就没有什么好担心的，我们也无须对我们生活的方式作进一步的处理了。但是事实却并非如此。以我们觉得应该有的标准来看，人生之中总是创造性太少、冲突太多、痛苦也太多。佛陀在第一圣谛中总结了这些征候，并宣称生命是“苦”，或脱序。第二步就是诊断。把仪式和信仰抛开，他要追问，实际上，是什么造成这些不正常的症状呢？发炎的部位在哪里？什么是痛苦出现时总会出现，而痛苦消除时也一并消除的呢？答案是在第二圣谛中：生命脱序的原因是在 tanha，或追求个人的满足。那么诊断的情况如何呢？第三圣谛是有希望的：通过克服自我对隔离存在之追求，就可以治疗疾病。接下来就是处方：这种克服要如何来完成呢？第四圣谛提供了答案。克服自我追求的路乃通过八正道。

因此，八正道就是一种治疗的过程。不过它并不是一种外在的治疗，由病人被动地接受从外面来的治疗。它不是使用药丸、仪式或恩宠的医疗法，而是一种通过训练的治疗。人们惯常为运动和职业而接受训练，不过除了少数像富兰克林（Benjamin Franklin）这种显著的例外，大多数人都倾向于认为一个人是无法为生命本身进行训练的。佛陀却不同意。他分辨出两种生活的方式。其一，一种偶然随意的、不反省的方式，主体被冲动和环境所驱策，有如一场暴风雨下阴沟中的一条断枝——他称之为“到处闲荡”。其二，有意图的生活方式，他称之为“道”。他提出一系列的改变、设计，要把个人从无知的、不知情的冲动以及 tanha 中解脱出来。八正道绘制出一张完整的进程：陡峭的坡度和危险的弧度都标明了，休息的地方也做了指示。经过长时间和有耐性的训练，八正道要把人从他所在之处提起，然后把他变成一个不同的人放下来，治好了令他残废的缺陷。“追求的人可以赢得快乐，”佛陀说，“如果他勤于练习的话。”

佛陀所说的练习到底是指什么呢？他把它区分为八个步骤。不过，这些步骤之前的准备步骤并没有包括在内，但是在他处却经常被提到，因此我们可以假定佛陀是先做了这一预设的。这准备步骤就是正确的联系。没有人比佛陀更清楚地认识到我们是社会动物，每一转折都受到我们交往的“同伴榜样”的影响，他们的态度和价值深深地影响着我们。当被问到人们如何到达启悟时，佛陀开口道：“一位信仰的唤醒者出现在世界上。吾人就与这样的人相交往。”其他的指令会随之而来，不过正确的联系是非常基本的，因此需要另外一个段落来加以说明。

要驯服及训练一只野象时，一开始最好的方法就是把它跟已经训练好的一只象用轭连在一起。经过接触后，野生的那一只看到了它将要过的生活的情况，就作为一头象来说，并不是完全不相容的——也就是说，对它的期待并没有断然违反它的本性，而预告的那种情况，虽然有极大的不同，却也是可以接受的。它那被连在一起的同伴不断的、即时的和有感染性的榜样，能教它的是别的方法所不能教的。精神生命的训练也没有什么不同。未经训练的人所面对之转变，比之于野象接受训练来说，绝不小于它，而要求也不会更少。要是没有看得到的证据指明成功是有可能的，也没有不断灌输的勇气，气馁是必然会侵入的。假如（正如科学研究现在已经指出的）焦虑可以由同伴那儿传染，难道坚毅不会同样地被带进来吗？英格索儿（Robert Ingersoll）有一次说，如果他是上帝的话，他会让健康而不是疾病成为传染性的；对于这一点，当代一位印度人回应道："我们什么时候才会认识到健康是像疾病般的有传染性，德性有如罪恶一样地有传染性，快乐有如愁闷一样地有传染性呢？"按照商羯罗的说法，我们每天应该表示感谢的三件事之一，就是有圣者作我们的同伴；正如蜜蜂除非是成群的，否则无法做出蜂蜜，人类除非有得道者产生的种种自信及关切之支持，也无法朝大路前进。佛陀同意这一点。我们应该与得道者联系，与他们交谈，服侍他们，遵照他们的行径，在他们慈爱与同情的精神中耳濡目染。

一、正见。人的生活方式所牵涉的总是不仅止于信念，不过却无法永远完全回避它们，因为正如前面提到的，人类除了是社会动物之外，也是理性的动物。当然不完全是——佛陀会很快地承认这一点。但是生命需要某种蓝图、某种心智可以相信的地图来有目标地指导我们的精力。让我们回到象的例子来说明，无论象发现自己是在多大的危险中，除非先要确定它要走的路能够承受自己的重量，它是不会做出逃跑行动的。没有这样的信念，象就会继续在那灼热的大车中痛苦地呼叫着，也不会去冒摔倒的危险。叫得最大声的理性诬蔑者也必须承认，理性在人的生命中至少扮演了这样的一个角色。它虽不一定有诱人的力量，却明显有否决的力量。除非理性被满足了，一个人是没有办法全心全意地朝任何方向前进的。

因此，如果一个人不是打算随便乱走的话，某种知性的定向是需要的。四圣谛就提供了这种定向。人生充满了苦难，都是由追求私人的满足所引起，那股追求是可以加以调节的，调节的方法就是走上八正道。

二、正思。第一步是号召我们下定决心了解生命问题基本上是什么，第二步是指导我们弄清楚我们真正要什么。是不是真的要启悟，或者任我们的感情左右摇摆，就像风筝在每次气流的波动中都会往下栽一样；如果我们想要稍有寸进，坚忍不拔是必须的。能够大有成就的人几乎都是热情地致力于某一桩事情。他们每天做一千件事情，但是在背后却只有某一件是最高的。当人们以这样的专心来追求解脱，他们就可能预期其步伐会从滑溜的沙上的挣扎爬行变成在地面上脚踏实地稳步向前了。

三、正言。在以下的三个步骤中我们将掌握控制我们生活的关键，首先注意的是语言。第一项工作就是要觉察到我们的言语以及它所表现出来的我们的性格。一上来我们不必下决心只讲真理——因为它太高深了，往往开始是不会有效的——开始时我们要向后退一步，留意一天之中我们有多少次离开了真理，再顺着追问何以我们会如此。也以同样的态度来对待不宽恕的言语。开始时不必决意不说一句恶言，但是却要通过留心自己的言语，去觉察引起自己口出恶言的动机。

这第一步得到合理的掌握之后，我们就可以尝试一点变化了。先要做准备工作，因为我们一旦能觉察我们怎么说话，改变的需要就变得清楚不过了。改变要朝什么方向进行呢？首先，要朝真实性去改变。佛陀相比而言是由本体的而非道德的方式去趋向真理。他认为欺骗远比邪恶更愚蠢。愚蠢是因为它减少了吾人的存在。我们为什么要欺骗？在理论解释的背后，其动机几乎总是怕向别人或者向我们自己暴露出我们的真面目。每次我们向这“保护关税”屈服，我们自我之墙就加厚了来囚禁我们。期望我们一下子就能解除我们的保护层是不切实际的，但却可能渐进地觉察它们，而且认清它们把我们围进去的方式。

我们言语要走的第二个方向是慈爱。伪证、无聊的闲谈、饶舌、诽谤与谩骂都要加以避免，不仅仅在其明显的形式上，也要在其隐藏的形式上。隐藏的形式——比如微妙的贬损，“偶然的”不圆滑，伤人的妙语——往往更为恶毒，因为它们的意图是掩藏起来的。

四、正业。此处，训诫（正如佛陀在他晚期的讲道中详细说明的）也牵涉到召唤我们在改进之前，先要更客观地了解自己的行为。修炼者在反省行为时，要注意引起行为的动机。其中涉及多少宽宏大量，以及多少的自我追求？至于改变应该遵行的方向，忠告是要朝无私和慈爱去努力。这些一般性的指导都详细在五戒中说明，五戒可以是“十诫”中的第二部分或伦理部分的佛教版：

不可杀人，严格的佛教徒把这一告诫延伸到动物而成为素食主义者。

不可偷窃。

不可说谎。

不可淫荡。对于和尚以及未结婚的人来说，这意思就是禁欲。对于结了婚的人来说，就是按照个人对正道的兴趣以及程度来自制。

不可饮酒。据说一位早期的俄国沙皇，要在基督教、伊斯兰教或佛教之间决定为他的人民选择其一的时候，拒绝了后两者，因为它们包括了这第五种告诫。

（译注，“十诫”，先谈到有关对于神的信仰的诫条，然后才是有关人的行为的诫条。）

五、正命。职业这个字是设计得很好的一个字，因为我们的工作，真的占据了我们大部分清醒的注意力。佛陀认为如果我们大半的作为都是与精神进展反向的话，精神的进展就没有可能：“染色师傅的手是被它用的染料所驯服的。”基督教同意这一点。马丁·路德一方面遗憾因为有此需要而明确地把刽子手包括在社会的角色中，却绝不允许高利贷者和投机者加入。

对于那些有意把他们整个生命致力于以解脱为目标的人，正当的生活是要求加入和尚的团体中，接受教规训练。对于一般俗众，则号召他们去从事增进生命而不是毁灭生命的职业。佛陀还是不满意这样一般性的说法。他举出那些职业的名称来——把当时他认为与精神严肃性不相容的职业列举出来。有一些是很明显的：如毒品贩子、人口贩子、妓女。另外还有一些职业，如果全世界接受的话会是革命性的：如屠夫、酿酒商、军火制造者、收税的人（这些职业在当时获取暴利是司空见惯的）。

其中有一种职业至今仍然令人不解。佛陀何以要谴责商队贸易这种职业呢？

佛陀有关工作的公开教导，目的在于帮助正当的人，要在对精神进展有助的或有妨碍的职业之间作出选择。有些教徒提出说，如果佛陀在今天教导人的话，他更关心的将不会是特殊的个别职业，而会是一种危险，就是人们忘记了谋生只不过是生命的手段，而不是生命的目的。

六、正精进。佛陀特别强调意志。达到目标需要无比的努力；品德需要去培养，激情需要去克制，破坏性的心灵状态需要去排除，如此，同情和超脱才得以有机会发展。"'他抢我，他打我，他虐待我'——在心中如此想的人，仇恨永远也不会停止。"不过，要想排除这种有摧残力的情绪的唯一方法，要想摆脱任何这类枷锁的唯一方式，其实就是威廉·詹姆士（William James）所谓的"意志要缓慢而沉闷地升起"。"那些顺从道的人，"佛陀说，"会跟从那负重走过深陷泥沼的牛的榜样。它是累了，但是它目光坚定，朝前注视着，不走出泥沼绝不放松，只有在走出来的时候它才肯休息一下。啊，和尚们切记，激情和罪恶有甚于肮脏的泥沼，你只有热切而坚定地思慕着道才能脱离痛苦。"[69]单纯的意愿——一种低层次的意欲，只是一种意愿而不伴随努力或行动去得到它——是没有用的。

在讨论正精进方面，佛陀后来对时机的掌握又加上了一些事后反省的想法。没有经验的登山者，要去征服他们第一座主要的山峰，往往对于职业导游出发时看似荒谬的闲荡觉得不耐烦，但是一天还没有过去，职业导游持久性的速度就得到了证明。佛陀对于稳定的努力比快速的猛进更有信心。弦拉得太紧是会断的；飞机升得太猛是会坠毁的。在中国，《道德经》的作者用不同的形象来说明这一点："步子跨得太大的人是走不远的。"（原文："跨者不行。"见第二十四章）

由于西方发觉八正道的最后两个步骤对于了解人的心灵和其作用有特别的重要性——在美国，因应精神健康业者的需要，成立了好几个冥想中心，专供其使用。这些我们将会用较长的篇幅来讨论。

七、正念。没有一位老师比佛陀更强调心灵对生命的影响了。最为人爱的佛教经典《法句经》开宗明义就说，“我们就是我们思想的产物”。至于未来，它向我们保证：“一切都能通过我们的专注来主导。”[70]

在西方哲学家之中，斯宾诺莎（Spinoza）对心灵潜能的观点算是最接近佛陀了。他的格言——“了解某件事物就是由之解脱出来”——算是最接近总结他的整个伦理学了。佛陀会同意这个看法。假如我们能真的了解生命，假如我们能真的了解自己，我们对这两者都不会觉得有什么问题。人文主义心理学在同样的假定上进行。“对经验的觉察在充分运作的时候，”卡尔·罗杰士（Carl Rogers）写道，“人的行为应该受到信任，因为在这些时刻中，人的机体将觉察其微妙以及对他人的温柔。”佛陀眼中的冒犯者，是无知而不是罪恶。更确切地说，就罪恶是我们的过失而言，其实它是由更基本的无知而起——明白地说，就是对我们真正本性的无知。

要逐渐克服这种无知，佛陀不断指示的自我省察的程度，几乎会使我们对未来前景感到沮丧。不过，他认为必须这样做，是因为他相信自由——从不自觉的、机械人似的存在解放出来——是通过自我觉识而达成的。要达到这个目的，他坚持我们要设法深刻地了解自己，细微地观察每一事物，“如它真实的那样”。如果我们保持对我们的思想和感觉持续地关注，就会看到它们在我们的觉识中游进游出，根本就不是我们恒久的部分。我们应该观物而不做反应，特别是对待我们的心情和情绪，既不谴责某些也不抓住另一些不放。还有一些较复杂的训练可加推荐，譬如：有志进修的人保持用心灵来控制感官和冲动，而不是被它们驱策。要对可怕和可厌的景象沉思默想，直到我们不再对它们感到厌恶为止。整个世界应该弥漫着亲爱慈悲的思想。

从构成一般人意识的半警觉性出发，这第七个步骤召唤求道者持续不断察觉每一项做出的行为，以及吾人意识中冒出的每一点内容。熟练的修炼者会觉察到进入睡眠的时刻，在那一刻中究竟是在吸气还是呼气。显然，这是需要练习的。除了不断练习到某种程度之外，还要特别拿出时间来做完全不能分心的内省工夫。为了这个目的所要做的周期性的完全隐退，也必须要安排在个人的时间表中。

这里是一位西方观察者对于泰国和尚练习第七步骤的描述：

他们之中有一位每天花上好几个钟点在佛寺场地上缓慢地走着，绝对集中注意在每一脚步的每一动作最细微的部分上。将这种做法带进日常生活每个单一的身体动作中，直到在理论上，清醒的心灵能够跟随进入产生感觉、知觉或思想的每一步。有一位50岁的和尚在与佛寺相连的小坟场中沉思，因为在那里他不会受到打搅。他坐着，双腿交叉一动不动，眼睛张开着，一坐就是好多小时——无论在半夜的大雨中或正午的灼热下。通常一次是两到三小时。[71]

通过这样的修炼，一个人可以获得好些洞见：（1）任何一种情绪、思想或形象都伴随着一种身体感觉，反过来亦然。（2）吾人要分辨出在吾人心灵中出现的纠缠模式，以及这些模式如何构成吾人的苦。对有些人它乃是旧伤的照顾，另一些人发现自己满怀着渴望和自怜，更有一些人则觉得在大海中。经过不断地修炼，这些模式对吾人紧迫的纠缠就会松弛了。（3）每一种精神和身体的状态都是在流动之中；没有一种是坚实和持久的。甚至于身体上的痛苦，都是一连串能够突然间改变的不连贯感觉。（4）沉思者意识到，我们对于自己的心灵和身体的感觉是很少能控制的，对自己的反应一般来说也很少能够觉察到。（5）最重要的是，他开始意识到，在精神、身体的事件“背后”并没有任何人在指挥它们。当精微的专注能力更洗练了之后，就可以清楚看出意识本身并非连续不断的。正如从电灯泡发出的灯光，开关非常快的时候意识好像是持续的，而事实上却并不是的。有了这些洞见之后，相信有一个分离自存的自我的想法就开始崩溃了。

八、正定。这里主要所牵涉的技术，我们已经在印度教的“修的瑜伽”接触过了，而且实质上也指向同样的目标。

佛陀在他晚年告诉门徒说，他第一次感受到解说意味的出现是在他离家之前，那时他还是个孩子，一天坐在一棵苹果树荫下深思着，他发现自己沉浸在日后认定是专心不乱的第一个层次。这乃是他第一次稍微尝到解脱的滋味，他就告诉他自己："这就是到启悟的路。"正是为了回到以及深化这个经验的怀旧之情，也由于他对世间生活一般报酬的幻灭感，使得他决定把生命完全奉献给精神上的探险。结果，正如我们看到的，不单单只是一个新生命哲学的产生。它也是一种再生：变成一种不同的生物，用一种新的方式来体验世界。除非我们明白这一点，否则就不能探测到佛教在人类历史上的力量。在那株菩提树下佛陀身上所发生的事，也同样发生在每一位坚持修炼八正道到最后一步的佛教徒身上。正如一架照相机，以前心灵的焦距对得不好，不过现在却调整好了。根绝执著（痴）、渴望（贪）和敌意（嗔）三毒，我们看到事情并非我们以前以为的样子。的确，设想的任何什么都消失了，而由直接的知觉所代替。心灵安住在其真实的状态之中。

佛教的基本概念

佛陀对生命的全盘观点是难以确知的，这一点与历史上任何一个人物一样。部分的问题出在，正如多数的古代宗师一样，他什么也没有写。在他所说的话和第一批书写记录之间几乎有一个半世纪的间隔，虽然在那种时代，记忆似乎是不可思议地忠实，但无论如何，那么长久的间隔是一定会产生一些问题的。第二个问题乃是出自经文本身材料的丰富上。佛陀说法四十五年，数量惊人的全集以这种或那种形式传了下来。整体的结果无疑是一种福气，单就材料的量来说就叫人吃惊：尽管他的说法多年来都很有一致性，不过要为那么多的心灵和用那么多不同的方式来说明一些意思，不产生阐释性的问题简直是不可能的。这些阐释造成了第三个障碍。到了经文开始出现的时候，各个派别就开始出现了，有的想要尽量减少佛陀与婆罗门印度教之间的破裂，另外的人则要使之更尖锐化。这使得学者怀疑他们所读到的到底有多少是佛陀真正的思想，以及有多少是派系窜改的结果。

毫无疑问地，要恢复佛陀圆融的哲学，最严重的障碍是在他对紧要点上的沉默。我们已经看到他最热切关心的乃是实际的、医疗方面的，而不是玄想的、理论方面的。他宁可不去争辩宇宙论的问题，而要向人们介绍一种不同的生活。如果说他对理论没有兴趣的话，那是错了。他的对话录显示他曾精细地分析某些抽象问题，他的确是拥有一个优秀的形而上学头脑。只是在原则上他抗拒哲学，就如同一个有使命感的人，可能会避开业余嗜好而认为那是浪费时间一样。

他的决定是那么合乎情理，以致我们现在加上的这一段——企图直率地指认，亦即在某种程度上定义——佛陀观点的某些关键性看法，就显得像是一种背叛了。但是，最终，这项工作是不可避免的，原因很简单，形而上学是无可避免的。每个人对于终极的问题都怀抱着某种想法，而这些想法影响到一些附属论题的阐释。佛陀也不例外。他拒绝引发哲学讨论，只偶尔让自己脱离了“高贵的沉默”去进行讨论，不过他当然是有他的观点的。没有一个想了解他的人能够不正视他这些观点的真面目，虽然这是一个危险的任务。

我们可以从“涅槃”谈起，他用这个字来称呼他所看到的生命目的。从字源学上看来，它的意思是“吹熄”或“熄灭”，不是及物性的，而是像火停止燃烧了。没有了燃料，火就灭了，这就是涅槃。很多人从这样的比喻来推测，说佛陀所指的灭绝是完全的、整个的消灭。假如真是如此的话，谴责佛教是否定生命和悲观主义的说法就有根据了。而实情是，上半个世纪的学者们已经把这个看法推翻了。涅槃乃是人类精神的最高命运，它的字义是绝灭，但是我们必须确定要绝灭的是什么。是有限自我的界限。这并不是说剩下来的就是无。

从消极面来看，“涅槃乃是私人欲望的一束柴被完全烧尽了的状态，而一切对无限生命造成拘限的东西都死去了”。从积极面来看，它就是那无限生命自身。佛陀拒绝了每一个对那无限的作正面描述的要求，坚持说它是“不可理解，不可描述，不可想象，不可言说的”：因为在消除了我们所知的唯一意识的每一面向之后，我们还能对剩下来的说些什么呢？[72]佛陀的一个传人，那先把这一点保存在下述对话中。被问到涅槃是怎么样的，那先用一个问题来反问：

“有没有像风这样的东西?”

“有,尊敬的先生。”

“先生,请用颜色、形状、厚或薄、长或短来表现风给我看。”

“但是,尊敬的那先,要把风这样表现给你看,是不可能的呀;因为风不能用手抓或碰到,可是风是存在着的。”

“那么,先生,如果不可能把风表现给我看,那就没有风这个东西。”“我,尊敬的那先,知道是有风的;我是确信其有的,可是我没有办法拿风给你看。”

“先生,涅槃更是存在的了,但却是不可能表明的。”[73]

我们最后的一个无知,是想象我们最后的命运是可以设想的。我们所能知道的是,那是一种状态超越了心灵、思想、感觉与意志(更不必提身体了)所设下的种种限制。佛陀只作出一个肯定的描写:“妙乐,是的,妙乐,我的朋友,就是涅槃。”

涅槃是神吗?当答案是否定的时候,这个问题就引到反面的结论上了。有的人下结论说由于佛陀不讲神,它就不可能是一种宗教;另有人说,因为佛教明显的是宗教,宗教就无需神。这项争辩需要我们对“神”这个字的意思快速省视一下。

它的意思决非单一的,更不是简单的。要了解它在佛教内的位置,两种意义必须分别开来。

神的一个意思是,一个人格性的存在,用有意的设计来创造宇宙。在这个意思的界定之下,涅槃就不是神。佛陀不把它当作是人格性的,因为人格需要定义,而涅槃是不能定义的。虽然他并没有明白表示是否定创造的意思,但他却清楚地表明涅槃并没有担负创造宇宙的责任。如果没有一个人格性的创造神,就是无神论的话,佛教就是无神论的。

不过,神还有第二种意思,被称之为(与第一种区分开来)神性。人格的观念不是这个概念的一部分,它出现在全世界的神秘传统中。当佛陀宣称:“啊,诸位和尚,有一个未出世的,既不变化,也不被创造,也不被生成……如果没有它,就不会从生成的、被创造的、被合成的情况中解脱出来。”[74]他似乎是在这种传统下说话。爱德华·康兹看到在涅槃与神性之间的相似性，从佛教经典中辑录了一连串可以应用到两者的属性。我们可以读到：

> 涅槃是恒存的、稳定的、不灭的、不动的、无年岁的、不死的、不生的、不变的。它是力量、妙乐和幸福、安全的避难所、庇护所，以及攻不破的安全之地；它乃是真正的真理和至高的真实；它是善，是我们生命最高的以及独一无二的圆满，是永恒的、隐蔽的以及不可理解的和平。[75]

我们可以和康兹一起下结论说，涅槃不是定义为人格性的创造神，但是它却十分接近神作为神性的概念，而有理由确认这个名称有那一方面的意思。[76]

最令人惊异的是，佛陀说到人的自我是没有灵魂的。这个无我、无灵魂的教旨又使得佛教在宗教上似乎很特别。不过这个字又需要加以研究。佛陀所要否定的灵魂到底是什么？在当时它是意指：（1）与印度教的二元论立场一致的某种精神实体。（2）永远保留其分离的身份。

佛陀否定了这两种特性。他对精神实体的否定——那作为侏儒的灵魂，幽灵般地包裹在身体内的鬼魂，推动身体活动而不跟随身体一起死亡的——似乎成为主要论点，使得他的转世概念不同于当时盛行的印度教对它的解释。真正是印度土生土长的孩子，佛陀从来都不怀疑转生在某种意义上是事实，但是他却公开批评当时婆罗门解释这个概念的方式。他批评的要点，可以从他对这一题材的看法所提出的极明白的描述中得知。他用了火焰从一支蜡烛传到另一支蜡烛的比喻。由于很难想象最后一支蜡烛上的火焰是原来的火焰，因此其间的联系看来是因果式的，其影响乃是经由连锁反应传递，并没有一种持久的实体。

火焰的比喻加上佛陀所接受的业报思想，我们就有了他所说的有关转世的要旨了。如果对他的立场作一个总结，大概会是这样的：（1）有一种因果链把每一个生命，与那些把它带领到现在生命的生命，以及那些将要出生的生命联系在一起。每一个现在的生命之所以如此，是由以前那些生命的生活方式所造成的。(2) 在这整个因果串中，意志始终是自由的。事物依法则而运作，造成现有状态是前世行为的产物，不过在现世之内意志虽被影响却并不被控制。人们仍然有自由去塑造他们的命运。(3) 以上两点肯定了生命中的因果联系性，但是这并不是说有某种实体被留传下来了。观念、印象、感情、意识流、现在的时刻——我们发现的就只是这些，并没有精神的实体。休姆和詹姆士是对的：如果有一个持续着的自我，亦即永远是主体而不是客体的，那么它从不展露自己。

一项类比将有助于说明佛陀对业报与转世说的看法。(1) 影响我心灵内容的欲望和厌恶——我所关注的和我不予理会的——并不是偶然出现的；它们是有确定的联系的。除了从我的文化那里形成了我的态度之外，我也形成了我心理上的习惯。这包括对各样东西的渴望，以骄傲或妒忌之情把自己拿来与别人比较的倾向，喜欢满足感而厌恶其反面的倾向。(2) 虽然习惯性的反应趋于变成固定化，我却并不被个人的历史所拘束；我可以有新观念并改变心意。(3) 这两点所肯定的连续性与自由，都不需要把思想或感觉看成实体——那从一个心灵传递到另一个，或是从此刻传递到彼刻的事物或心灵实体。我从父母那里得到对正义的关心，其意思并不就是说，有一种实体，不论它多么轻灵或像鬼魂似的，从父母的头脑跳进了我的头脑之内。

这种对精神实体的否定，只不过是佛陀广泛否定每一种实体的一个面向罢了。实体带有一般的和特殊的含义。一般而言，它指的是当前事物表面变化之下比较永恒的某种东西；特殊而言，这比较基本的某种东西乃被认为是物质。佛陀身上的心理学家是不赞成后一种想法的，因为对佛陀来说心灵是比物质更基本的。而佛陀身上的经验论者，则挑战一种普遍化实体观念的含义。看了许多佛教文献之后，不可能不得到其对一切事物有限性之无常的体认，以及其对每一自然对象不断的毁灭之肯认。也就是这一点，给予了佛教对自然世界描述的深刻性。"一个又一个浪花永恒地在追逐着。"或者，生命是一个旅程。
死亡是复归于泥土。
宇宙像旅店。
过去的岁月如尘埃。

佛陀把“无常”列为存在的三项特征之首——可以适用于在自然秩序中一切事物的特质——另外的两项是“苦”以及没有永恒的身份或灵魂之“无我”。自然界中没有任何东西是与前一刻的它相同的；在这一点上佛陀很接近现代科学，现代科学发现宏观世界中相对稳定的物体，乃是源自几近于无的存在的粒子。为了强调生命的短暂性，佛陀称人的自我成分为集——一束束如松散的纱线挂在一起——而身体是个“堆”，“它的成分不会比成堆的谷子更结实地聚集在一起。”不过为什么佛陀要那么辛苦地强调那似乎已很明显的事实呢？因为，他相信，只有接受这持续的改变，并将这个无常观念打进到我们的骨子里，我们方得以从这种渴求永恒的痛苦中解脱出来。佛陀的追随者熟知他的教诲：

一切有为法
如梦幻泡影
如露亦如电
应作如是观[77]

既然对一切有限事物有了极端无常的理解，我们可能会以为佛陀对“人能超越身体的死亡而续存吗？”这样一个问题的回答明白是否定的，然而他的回答在实际上却是模棱两可的。普通的人死时留下一连串的欲望，只有在另一次转世中才得以实现；在此一意义下至少这些人会继续活下去。[78]但是阿罗汉，那把所有这一类的欲望都绝灭了的圣人又如何呢？这样的人仍然继续存在下去吗？当一个流浪的苦行者提出这样一个问题时，佛陀说：

“再生这个字不适用于他身上。”

“那么他是不再生？”

“不再生这个字也不适用于他身上。”

“对于我的每一个问题，乔达摩，你的回答都是否定的。令我不知所措，不知如何才好了。”

“你应该是不知所措不知怎么办才对，婆蹉。因为这个道理是深刻、奥妙、难以理解、珍贵、杰出、非辩证论理所能把握，其微妙只有智者才能明白。所以让我来问你吧。如果面前有火在烧，你会知道吗？”

“知道，乔达摩。”

“如果火熄了，你会知道它吗？”

“知道。”

“如果现在问你，火是向哪个方向走的，是朝东、西、北或南，你能给一个答案吗？”

“这个问题问得不妥，乔达摩。”

而佛陀就此结束了讨论，并指出“正是在同样的方式下”苦行者的问题也问得不妥。“感觉、知觉、力量、意识——这一切可能用来指阿罗汉的东西对阿罗汉来说都过去了。深刻、不可计量、深不可测，阿罗汉有如巨大的海洋；再生不适用于他，不再生也不适用于他，任何这类名词合起来都不适用于他。”[79]

我们如果了解当时的印度人认为火焰熄灭并不是真的灭了，而是回到火焰以可见的状态出现之前的纯粹而不可见的状况，将会有助于了解这一段对话。不过这段对话的真正力量是在别处。在问到火，承认它已经灭了却要知道它到哪里去了，佛陀是想提醒人们注意一项事实，就是：有些问题被我们的语言多么笨拙地提出来，以致问题本身的形成就预先排除了解答。得悟的灵魂在死后是否存在的问题，就是这一类的例子。如果佛陀的回答是：“不错，它继续活下去。”听众们就会假定，我们现在的经验模式会持续下去，这不是佛陀的意图。另一方面如果他说：“悟了道的灵魂停止存在了。”听众就会假定他将之归于整个的绝灭，这也不是他的意图。在这种拒绝极端的基础上，我们不能确定地说很多，不过我们可以尝试来说点什么。人类精神的终极命运乃是一种状态，在其中，一切与有限自我的生平经验认同的因素都将消失，而经验本身不单保留了下来，而且还提升到无可辨认的状态。又如不连贯的梦境在清醒之后就完全消失了，正如星星在朝阳之下消失一样，个人的觉识会在整体觉识的白热光亮中隐去。有人说："露珠溜进了发光的海洋。"另有人宁可以为露珠是敞开自己接受海洋。

如果我们试图对涅槃状态作一个比较详细的描述，我们将在没有佛陀的帮助下进行，不单是因为佛陀几乎绝对明白，那种状态是远超出语言的力量，也因为他拒绝用美好的预言来哄骗听众。就算是这样，这也是可能对佛陀的道路所指向的合理目标，有一些概念的。我们已经看到佛陀认为世界是有法则的秩序，事件在其中是被普遍的因果法则所支配。但是，阿罗汉的生命不断从自然界的因果秩序中独立出来，它并没有破坏那个秩序。不过当世界对阿罗汉的掌握减灭了的时候，阿罗汉的精神就愈自主了。在这一意义下阿罗汉不单是从世界的激情和忧虑，而且也是从世界的一切事件中不断地解放出来。内在每增加一点，和平与自由就取代骚乱的束缚，使生命逐渐摆脱境遇的控制。只要精神继续捆绑在身体上，它就无法从特殊、暂时和变化之中解脱。但是由阿罗汉的最终之死切断了这一联系，从有限解脱出来的自由就会完成。我们不能想象这将是什么一种状态，不过朝它射过去的弹道是可以辨别出来的。

精神的自由带来生命的扩大。佛陀的门徒感觉到他体现了无可衡量的真实——像在那种意义下就是更为真实——比任何他们认识的人都多；他们从自己的经验来见证，沿着他的正道前进，而扩大了他们的生命。他们的世界似乎也扩大了，每走一步都感觉到自己比以前更为活跃。只要为身体所局限，就会有那超出他们界限所不能去的地方；但若所有的结都松开了，难道他们不能完全自由吗？再一次地，我们无法具体地想象这种状态，不过其进程的合理性似乎是清楚的。如果增加了的自由带来增加了的存在，完全的自由应该就是存在本身。

一千个问题还是在那里，但是佛陀沉默了。

别的人仍然逗留在我们的问题中，你却是自由的。

我们一问再问，你笑着并且静止不动。[80]

大乘和小乘

到目前为止，我们是从最早的记录来看佛教。现在我们要转到佛教历史以及其所记载的不同流派，这些流派可以进入传统，去寻求满足广大民众以及许多人格类型的需要。

当我们以这样的旨趣来处理佛教历史的时候，立即冲击我们的是它的分裂。宗教没有例外，都会分裂。在西方，十二个希伯来族群分裂成以色列和犹太。基督教王国分裂成东、西教会，西教会又分裂成罗马天主教和新教，后者再分裂为各种教派。佛教也发生同样的事情。佛陀死后，一个世纪还没有过去，派系分裂的种子已经种下了。一种处理佛教何以分裂问题的方法是通过分析事件、个性，以及佛教在其开始的几个世纪中就牵连到的环境。不过，我们可以不理这些资料而只是说，佛教对于永远使人分化的那些问题是有了分化的。

那类问题有多少呢？有多少个问题会几乎把每一次不论是在印度、纽约或马德里聚集的人分化了呢？出现在脑中的有三个。

第一，人是独立的抑或是互相依赖的问题。有的人最注意他们的个体存在：对于他们来说，自由和主动性比他们的人际关系更重要。明显的系论是，他们认为人们是在人生过程中走出自己的道路；每一桩成就多半是靠自己的作为。“我出生自贫民区，我父亲是个酒鬼，我的亲属全都不成材——不要跟我讲遗传或环境因素。我之有今天，是靠我自己！”这是一种态度。另外持相反的看法的人，则是那些认为生命的相互关联性胜过一切。对于他们来说，人与人的隔离似乎是空洞无力的；他们认为自己受社会领域的支持和指导就如同在物理领域中一样强烈。人的身体当然是隔离的，但是在更深的层面，我们则像在同一大块浮冰内的冰山。“不要问钟声为谁而鸣，它是为了你。”

第二个问题是有关人所处的关系，这次不是跟他们同胞的关系，而是跟宇宙的关系。宇宙是友善的吗？——整体地讲是对创造物有帮助的吗？或者就算没有敌意的话，它乃是无动于衷的吗？各种意见都有。我们在书店的架子上看到书名如“人孤独无依”这类的书，而紧挨着的却是“人并非孤独无依”还有“人不孤立”这类的书。有的人将历史看成是彻底的人类事业，是人用自己的脚步把自己提升起来，否则进步不会发生。对于另外一些人，历史则是被“一种驱使向善的更高力量”所推动。

第三个造成分化的问题是：人类自身最好的部分是什么？是头？还是心？最热门的社交话题往往环绕着这样的问题：“假如你一定要选择，你宁可被爱呢？还是被尊敬？”重点根本一样，只是拐了一个弯来说而已。古典主义者会视思想高于感觉；浪漫主义者则取相反的立场。前者追求智慧；后者，如果一定要他们选择的话，则宁可选择慈悲。这种不同也可能与威廉·詹姆士的硬心肠与软心肠之间的对比相关。

只要是人，此处所列的三个问题就有可能分化他们，而且到今天还继续分化着他们。它们分化了早期的佛教徒们。一个团体把佛陀的告别演说当作座右铭：“做你们自己的明灯，努力去实践你们的救赎。”不论这个团体中的成员做出什么进展，都将是智慧的果实——通过冥思去洞察受苦的原因。另一团体主张慈悲乃是悟道更为重要的成分，他们辩称自己去寻求悟道以及为自己去寻求悟道，在词语上是互相矛盾的。对他们来说，人类比较是社会性的而不是个人性的，而爱乃是世界上最伟大的东西。

其他的区别就环绕在这些基本的区别上。第一个团体坚持佛教是个全职的工作；那些以涅槃为他们核心目标的人，就必须放弃俗世而成为和尚。第二个团体，或许是因为它并不把希望全部放在自力上，就没有那么严格的要求。该团体主张其观点对于俗世的人以及专业人士同样的有效；并以其自己的方式可以同样应用到俗世上和寺院内。这种不同就反应在两种看法名称上之不同，两者都称自己为筏或渡船，因为两者都声称要载人渡过生命的海洋来到悟道的彼岸。不过，第二个团体指出它的宇宙性之助力（慈悲）的教旨以及它对世人更广大的关怀，而声称是“为人的佛教”，因之是两种渡法中较大的一个。因此它就先发制人，取名为大乘、大筏，意思是“伟大的”。由于这个名字受到欢迎，另外那个团体就只好弃权，被称为小乘或小筏。

小乘佛教徒们对这个讨厌的名称并不高兴，宁可称他们的佛教为长者之路。这样他们就争到了主动，而声称是代表了原始佛教，也就是乔达摩本人所传的佛教。如果我们把自己只限制在最早的佛经，巴利经典中记载的佛陀直接的说教，这种宣扬是没有话说的，因为整体而言，那些经文的确是支持原始佛教徒的立场的。但是这个事实并不能阻止大乘佛教徒提出相反的主张，说他们才是继承佛陀的真传人。他们争辩，佛陀以他的生命和榜样来说教，这比用巴利经典上的话来说教更有说服力，也更为深刻。有关他一生最具决定性的事实是，在悟道之后，他并没有留在涅槃之内，而是把生命贡献给世人。由于他未曾不厌其烦地说明这个事实，大乘佛教徒争辩说原始佛教徒过分狭窄地专注在他原初说的话，就忽略了他“伟大的弃绝”的重要性，而把佛陀的使命解读得太狭窄了。[81]

我们可以让两派教义自己去解决继承的争论；我们所关心的不是去评判，而是去了解他们立场的含义。到目前为止，所显现出来的区别可以从下面的一些对比来做总括，不过，我们要谨记，它们并非是绝对的，而只是以强调的方式来指出其差异。

一、对原始佛教来说，进步完全在于个人，是靠个人的理解以及坚决的应用意志。对大乘佛教徒来说，个人的命运是与一切生命的命运相连的，而它们最终是不分的。约翰·蕙提尔（John Whittier）的诗《会见》中的两句诗可以总结出后者的主张：

只寻求自己得救是寻不到的，
单独被拯救的，其灵魂是失落的。

二、原始佛教主张人类在宇宙之中得靠自己。没有诸神存在来帮助我们渡过难关，因此靠自己乃是我们唯一的救援。

罪恶是我们自己去做的，
痛苦只有我们自己来承受，
停止错误只有靠我们自己，
要变成纯洁只有靠我们自己，
除了自己没有人可以救我们，
没有人能也没有人会；
我们自己必须走上正道；
佛陀只不过指示了道路。

对于大乘佛教，相对地来说，慈悲乃是一个事实。我们能够心平气和，因为一股无限的力量吸引着——或者如果你宁可说，它驱使着——每一事物到它指定的目的。用一句有名的大乘佛教经文的话来说："每一粒沙子中都有一位佛陀。"

三、原始佛教悟道的第一特性是智慧，意思是对真实本性的深刻洞见，了解焦虑和苦难的原因，以及没有另外一个分离的自我核心。由这些体认自然流出了"四大德"：慈悲为怀、同情、安之若素、为他人的快乐和幸福而喜乐。从大乘佛教的观点慈悲不能够当作是当然的果实。从一开始慈悲就必须优先于智慧。如果一个人不是以立意培养对他人的同情关心为艰巨的修炼动机，沉思冥想所产生的个人力量可以是破坏性的。"我要做那些没有保护者的守卫，"大乘佛教的祈祷是这样说的，"做旅者的向导、做寻求彼岸的人的一艘船、一口井、一股泉水、一座桥。"这个主题被诗人商谛德华（Shantideva），一位被称为佛教中的肯培斯（Thomas a Kempis）的圣者诗人，美丽详细地阐明了出来：

让我做病人的慰藉者、医治者和服务者直到病痛永不再犯；
让我用食物和饮料之雨来解除饥饿和干渴的苦；

让我做时代终结时饥荒中的饮料和肉食；

让我变成一间穷人的永无匮乏的仓库，为他们的需要配备多样的物品来服务他们。

我自己个人的存在以及快乐，所有我过去、现在以及未来的正直，我都无动于衷地放弃了，

但愿众生都能最后赢得胜利。[82]

四、僧伽（佛教的寺院组织）乃是原始佛教的中心。寺院（包括尼姑庵，不过程度稍逊）乃是佛教盛行地区精神的发电机，提醒每一个人在看得到的现实背后有一个更高的真理。和尚和尼姑其实并没有完全和社会隔绝，因为他们还仰赖人们供应吃食，但是他们仍然受到极大的尊敬。同时对那些为了专心修炼，而在一段时期中接受寺院清规的人，虽然他们不是和尚或尼姑，在该段时间中也受到尊敬。在缅甸“着袈裟”参加三个月的寺院灵修，真正标志了进入男子成人之路。相反地，大乘佛教主要是为俗世人的宗教。连和尚也通常是结婚的，他们主要的关心是要为俗世人服务。（译注：这在日本的情形是如此。）

五、随着这些区别，两派所设想的理想类型也就随之不同。对原始佛教徒来说，理想的人是阿罗汉，一个完美的信徒，就像一头孤独的犀牛般游荡着，独自奋力追求涅槃，用惊人的专注毫不怀疑地朝目标走去。与此相反，大乘佛教的理想乃是菩萨，其本质是完满的智慧——一个达到了涅槃边缘的存在，自动放弃了那项奖品而回到俗世中，使涅槃让每个人都可以得到。菩萨有意地判决他自己或她自己接受长期劳役——所有菩萨中最受爱戴的乃是慈悲之神（中国叫观音），让他人根据他或她所累积的德业汲取资源，能够先进入涅槃之境。

两种类型之间的不同，可以在四个人的故事中说明，四个人在横过大沙漠的旅途中，来到一个四面围着高墙的村寨。四个人之中的一个决定要弄清楚里面是什么。他爬上围墙，到了墙头就发出一声欢呼而跳了过去。第二位和第三分也做了相同的举动。第四个来到墙头，他看到下面迷人的花园中有闪亮的溪水，愉人的丛林以及甘美的水果。虽然他很

想跳过去，却拒绝了这项诱惑。想起了别的旅者正在炽热的沙漠中跋涉着，他重新爬下墙来致力于带领他们到绿洲来。前面的三个人是阿罗汉；最后一位就是菩萨，一位决心不遗弃世间“直到连草都悟了道的人物”。

六、这种在理想上的不同，自然回过头来影响两派对佛陀本人的评价了。对于一派来说他主要是一位圣人，对于另一派他则是一位救世主。原始佛教徒尊他为至尊的圣者，通过自力悟到了真理，而成为一位为他们开辟了一条道路让他们追随的独一无二的导师。他是人中之人，他的人性就是根本上让原始佛教徒信仰他们也有悟道潜能的基础。但是佛陀本人的直接影响随着他的入寂（死后进入涅槃）而终止了。他对这个生成变化的世界已不再有知觉，而在完全的平静之中。大乘佛教徒感受的崇敬，则不能满足于这种人性——当然是非常地特别，但仍然是人。对于他们而言，佛陀乃是一位救世主，“通过他那戴满了宝石的双手的光芒”不断吸引一切生物到他那里。一切存在层面、星河以及星河外的星河、世界上及世界以外的世界，那些捆绑着的、锁铐着的以及受苦难的，都通过主光辉的“赠与的光芒”而被吸引着朝向解脱走去。

这些差异乃是最核心的，不过还可以提出另外几点来完成整个图像。原始佛教徒随从他们的创始者，认为玄想乃是一项毫无用处的分心，而大乘佛教则产生出有详尽说明的宇宙论，带有多层的诸天和地狱。原始佛教徒所鼓励的唯一一种祈祷，就是冥想和恳求深化信念和慈爱之心，而大乘佛教徒则加上恳求、请愿以及呼唤佛陀的名来求精神的力量。最后，原始佛教徒对于早期巴利经文几乎是保持着原教旨主义般的保守态度，而大乘佛教则几乎是在每一方面都持有自由的态度。它对比较后期的经文也同样地接受其权威性，对解释修炼规则上也没有那么严格，对妇女和一般俗世人在精神上的可能性有比较高的看法。

因此，最终，轮子转了完整的一个圈。一开始是反抗礼仪、玄想、恩宠以及超自然性的宗教，结果这些却全都强有力地回来了，而且其创始者（就人格神是否存在而论，他是个无神论者）本人就转变成这样的一位神了。我们可以如下地排列出分化佛教两大派别的差别，不过不要忘记这些差别并不是绝对的。

原始佛教	大乘佛教
人可通过自力，无须超自然之助而得以解脱。	人的渴望是由神性力量以及它们赐予的恩惠的支持。
主要的品德：智慧。	主要的品德：慈悲。[83]
成就需要持久的承诺，主要是为和尚和尼姑而设。	宗教修炼对世间的生命有相干性，也因此适用于俗人。
理想：死后留在涅槃中的阿罗汉。	理想：菩萨。
佛陀是一位圣人，至高无上的导师，以及启迪者。	佛陀是一位救世主。
尽量减少形而上学。	详尽阐明形而上学。
尽量减少仪式。	强调仪式。
修炼集中在冥想。	包括诉求的祈祷。

哪一派赢了呢？内在地说，根本无法衡量（或者说得更好一点，根本没有赢不赢这回事），但是外在地说（用数目字来表示），答案是大乘佛教赢了。部分的理由可能是一位出名的伟大国王改信了大乘佛教之事实。在古代王室历史中阿育王（约公元前272—232）有如喜马拉雅山峰般，在阳光照耀的天空下清晰而辉煌地突出着。如果今天我们并非全都是大乘佛教徒——那并不是阿育王的错。他不以自己上大筏为满足，还推介给他的子民，并努力把它推广到三大洲之上，到今天印度的国旗上还舞动着佛教法轮。他找到的佛教是一个印度的宗教，但他留下的却是一个世界性的宗教。

不过，如果以为一位历史上的人物就能使佛教变成世界性的就有点过分了。亚洲以不同的方式去聆听以及领会佛教，提供了辨别原始佛教与大乘佛教的一块最后的试金石。到目前为止我们注意的差别都是教旨上的，但是它们之间还有一项重要的社会及政治上的差别。[84]

到现在我们还没有提到原始佛教寻求体现佛陀教诲的一项特点就是：他对整个你可以称之为文明社会的见解，有如三脚架般建造在君主制、僧伽以及俗众之上，每一单项对其他两者都有责任，而从他们那里得到服务的回报。南亚国家，包括至今仍然信仰原始佛教的斯里兰卡、缅甸、泰国和柬埔寨，都很严格地采纳了佛陀在这方面的政治信息，他的模式的残余直到今天仍然可以在这些地方辨识得出来。中国对佛教的兴趣（她又把它传到韩国、日本以及中国西藏地区，形成了大乘佛教）回避了它包括教育和政治在内的社会诸层面。在东亚地区佛教以某种接枝方式出现。佛教的传教士说服中国人，说他们拥有中国圣人未曾宣说的心理的和形而上的深意，不过孔子曾经对社会秩序思考过很多，中国人是不会在这个题目上让异族人士来教训的。因此中国摒除佛陀的政治提倡，而取其具有宇宙意味的心理——精神的成分。世界仍然等待着一部解说原始佛教与大乘佛教（地理和历史的原因）分化故事的佛教史，在这样的分化中，前者仍然忠实于其创始人有关佛教文明的见解，而大乘就修剪成了只剩下其宗教核心的佛教：一种可以移植到社会基础稳定的文明中去的模型。

许多世纪过去之后，原始和大乘佛教之间教旨的差别似乎是软化了。二次世界大战以后，两个年轻的德国人对欧洲失望了，就去斯里兰卡把他们的生命奉给佛陀的和平之路。两个人都成了原始佛教的和尚。其中一位改名 Nyanaponika Thera，继续留在原路上；但另一位，在一次北印度的旅途中，遇到几位西藏人而改信了他们的传统，成为西方所知道的喇嘛。在 Nyanaponika 生命接近最后阶段的时期，一位造访者问他有关两位朋友接纳不同佛教这回事。年老的原始佛教徒以极大的肃穆和甜美回答说："我的朋友引了菩萨誓愿作他改信大乘的原因，但是我看不出他论证的力量。因为如果一个人完全超越了个人中心，如阿罗汉所追求的，那么除了慈悲之外还有什么呢？"

花的秘密[85]

佛教分化之后，原始佛教继续保持相当统一的传统，而大乘则分化成好些宗派或学派。其中最流行的是净土宗，类似基督教使徒保罗仰赖信仰的那条线索——在这一派中信仰佛的“他力”——把信仰者带领到西方极乐世界的净土。在其流行的解读中，这个极乐世界有许多与基督教的天堂相似，不过两者都承认有精微的释意，认为天堂是一种经验状态而不是一个地理的地方。另一个重要的大乘教派（中文是天台宗）把儒家对学问和社会和谐的爱好引进到佛教之内。在其最高论著《法华经》中，它寻求给每一个佛教宗派找到一个位置。我们将不深入探讨这些以及大乘佛教中较小的宗派；我们将首先保留篇幅给受到道教影响很深的佛教，名之为禅宗，其次，是兴起在西藏的佛教。这样的选择，部分决定在于，这乃是在西方最受注意的佛教分派，不过还有额外的好处是，它们将把我们带到佛教兴盛的两个十分不同的地区。

我们开始追踪在日本装扮之下的禅宗教派。正如其他大乘宗派一样，这一派也主张把它的观点一直追溯到乔达摩本人。它主张那些记录在巴利经典内的佛陀说教，乃是群众抓到的那一部分；佛陀另一些更有感知力的信徒，在他的信息中听到一种更高、更精微的教诲。这一经典的例子，就记录在佛陀的花之教中。佛陀站立在一座山上，信徒围在他四周，佛陀此时不发一言。他只是手持一朵金莲花。除了摩诃迦叶之外没有人能明白这一意味深长的手势，摩诃迦叶的微笑，说明了他已抓到了要点，佛陀因此指定他做继承人。引发那个微笑的洞见，通过 28 代祖师在印度传播着，而在公元 520 年由菩提达摩传到中国。在 12 世纪又从那里传到日本，它就包括了禅宗的秘密。

进入禅的世界是有点像通过爱丽丝的镜子一样。我们发现自己处身在一个一切都似乎是疯狂的颠倒的幻象世界中——大部分都是美妙地疯狂，不过还是疯狂就是了。它是一个令人迷惑的对话，难解的谜语，惊人的悖论，公然的矛盾，以及突发的不相连属的推论，全部都以极尽所能的最文雅、愉快和无邪的文体表现出来。这里就有个别例子：

师父俱胝，每次人家问他禅的意思，他就竖起食指，就只是这样。另一位师父则踢一个球。更有一位则给问的人一巴掌。

一位新信徒提到佛陀时，说了一个尊敬的字眼就被喝令把嘴洗干净，日后再也不许说那个脏字眼了。

有一位叫“神秀”的和尚写出如下的诗节：

身是菩提树，
心如明镜台。
时时勤拂拭，
莫使染尘埃。

他马上被另一首相反的四行诗（出自六祖惠能）纠正过来，而后者被认为才是禅的真正立场：

菩提本无树；
明镜亦非台。
本来无一物，
何处染尘埃？

一名和尚走向一位师父说：“我刚来到这座寺庙。求你慈悲给我一些指点？”师父问道：“你吃了早饭没有？”“吃了。”“那就去把你的碗洗了吧。”问道者就通过这样的交谈而得到了他所求的了解。

一群禅师聚在一起谈得很愉快，宣称根本就没有佛教这种东西，也没有任何一点点类似涅槃的东西。他们给彼此设下陷阱，想骗对方去作一个可能含义相反的断言。由于他们都训练有素，总是技巧地避免落入陷阱和圈套，这时整个一帮人都爆发出灿烂的、震耳的笑声。

这是怎么一回事呢？就算这并非全然是哄骗说谎，却一眼看上去像是奥林匹克的马戏一般，到底有没有可能弄清楚其中是否有什么意思呢？

在这类含糊其辞的精神中，他们有可能是认真的吗，或者他们只不过是在嘲弄我们?

回答是，他们是完全认真的，不过他们的确是不太严肃。虽然我们不能够希望完全表达出他们的观点，因为禅的本质是不能够用字眼来捉摸它，我们在这里只能给一点暗示而已。

我们一上来就要承认连这样做都是困难的，因为我们必然要用文字来谈一个非常明显的文字有其限制的立场。文字在生活中占有一个模棱两可的位置。对于人类来说文字是不可或缺的，没有了它们我们就只是号叫的粗汉罢了。不过文字也可能骗人，或至少会误导人，编造出一个虚假的真实，而把它当成真的。做父母的用了亲热的名称来昵呼小孩就误以为是爱他们的孩子。一个国家可以假定其宣誓效忠词中用“上帝监管之下”的片语，就表明了它的国民信仰上帝，而其实只是表示了他们相信了“信”上帝这回事。尽管文字有其公认的用处，它还是有三项限制。最糟的是它们建造了一个虚假的世界，伪装了我们真实的感觉，而把人简约定型。其二，就算它们的描述是合理的正确，但描述并非即是被描述的事物本身——菜单并不就是菜肴。最后一点，正如神秘主义者所强调的，我们最高的经验几乎是不能用言语来描述的。

每一种宗教就算是只发展出最少量的语意上的复杂性，都会在某种程度上认识到文字和理性对于真实是不足的，虽然它们并未在实际上扭曲了真实。不论理性主义者多么不愿承认这个事实，悖论和超理性乃是宗教生命的血液，这对艺术也一样。各种不同信仰中，神秘主义者都传述曾接触过一个令人又喜又惊的黑暗世界，因而改变了他们。禅断然地站在这一阵营中，它的唯一独特性是在它以破除语言的障碍为其关注的中心。

只有把这个事实记在我们的脑海中，我们才有机会了解这种观点——由许多方面看来，这是成熟的宗教最奇特的表达。按照禅的传统，乃是佛陀本人首先在拒绝（我们在花之教中已经暗示了）以任何语言表达来等同他经验上的发现时，就发挥了此一观点。菩提达摩继承了这个传统，他把带到中国去的东西界定为“教外别传”。这似乎与惯常所了解的宗教极不调和而听起来像是异端。我们通常把印度教与其吠陀，儒家与其经典，犹太教与其旧约，基督教与其圣经，伊斯兰与其古兰经联想在一起。它们全都会欣然把自己界定为“通过”经典的特别信息传送者。禅宗也有其经文；它们在寺院内早晚都被吟诵着。除了与其他佛教分派共享的经典之外，它有其自己的经文：如《碧岩录》与《无门关》。但是只需看看这些特别的经文，就会显露出它们与别的经文多么的不同。它们几乎全部都是用来极力主张禅不能与任何语言公式等同。一个又一个的故事描写了信徒们盘问师父有关禅的问题，却总是受到呵斥来作为回答。因为禅师认为通过这些问题，求道的人想用语言和概念来填塞他们生命中的贫乏而不求体现。事实上，学生们如果只受到语言上的呵斥已经是幸运的了。往往回报的是棒打如雨（当头棒喝），因为禅师完全不理会门徒身体上的舒适，而用他想得到的最有力的方式，令提问题的人脱离他心理的常规。

正如我们所预期，这种对待经文的独特态度，在禅对待信条的态度上重复着。大多数宗教都是环绕着某种信条而成立，禅与之不同的是，它拒绝把自己封闭在一种语言的框架中；禅“并非建立在书写的文字之上，而‘是’在已建立的学说之外”（译注：不立文字，教外别传），由此回到菩提达摩对原先的说法。路标并非就是目的地，地图并非就是地域。生命是太丰富太复杂了，以致无法把它放进小格子里，更不用说与之等同了。其肯定的并不多于指向月亮之手指。禅将指示，为了避免注意力转到手指上来，就只有立刻把手指缩回。其他的信仰会把亵渎和对神说的话不敬当作是罪，但是禅师可能会令门徒把经典撕烂，并且避免使用佛陀或涅槃这样的字，好像它们是猥亵的话一样。他们并非有意不敬。[86]他们所做的是尽力以他们所能想到的每一种方法，把门徒从只是言语上的解决中爆破出来。“不是每一个跟我说‘主、主’的人都会进天堂。”（马太福音 7：21）禅对于悟道的学说是没有兴趣的，它要的是真东西。因此它用棒、用喝、用责骂，却一点也没有恶意。它所要做的是要强迫学生去打破文字障。心灵必须从它们语言的约束中跳出来，进入到一种新的领悟模式。

每一个论点都可能过分夸大了，因此我们不应该由前面说过的来推断，说禅是完全摒绝理性和文字的。[87]

的确，禅宗之看心灵反映展示终极真实之企图，就像克尔凯郭尔看黑格尔形而上学的反应一样；无论怎么擦拭，也没法令一块砖头去反映太阳。但这并不是说理性是一无价值的。显然地，它帮助我们在日常世界中开步走，这个事实使得禅宗的信徒们，在教育上大体都是坚定的提倡者。而且不仅如此。理性以特殊的方式运作时，真的能够帮助觉识走向其目标。如果使用理性的方式，有时候似乎像是用刺来拔刺的话，我们应该补充说理性也可以扮演一个解释的角色，作为一座桥梁把新发现的世界与常识性的世界连接起来。任何一个禅的问题，一旦找到了答案，在其指涉架构之内都是很有道理的；在适当情况下，没有一种经验是禅师们不愿意试着去描述或解释的。有关禅与理性关系的论点是双重的。第一，禅的逻辑和描述只有出自与日常经验非常不同的一种经验观点才有意义。第二，禅师决心要让门徒获得经验本身，而不许只用言谈取代。

禅对后面这一点的决心，再没有比它为了其永继不绝而使用的方法更为明显了。在棘手的继承事务上，其他的宗教转向制度性的授权、教皇的继承或信条的判准，禅把它的未来交托给直接以心传心的一种特殊意识状态，像火焰从一支蜡烛传到另一支蜡烛，或是水从一个杯子倒进另一个杯子。这种“佛心到佛心的传递”，构成了菩提达摩所说之禅本质的“特别传递”。许多世纪以来，这种内在传递的象征，是将佛的衣钵由一位祖师交付给另一位祖师，不过到了第 8 世纪，中国的六祖认为连这种简单的姿态也是朝向混淆了形式和本质的一步，而下令停止。这是一个以禅师继承为核心的传统，原则上每一位禅师都从自己师父那里继承了与乔达摩令摩诃迦叶启悟类同的一种心灵状态。实践自不足以体现此一原则，不过下面的数字却显示出已经采取了步骤以确保这原则于不坠。据指导过本书作者的师父估计，他曾经亲自指导过大约九百名见习生。他们之中，有 13 名完成了禅的训练，四名被承认了禅师而有权可以授徒。

那么把求道的人带领朝向一直以来都如此保存的佛心的修炼，是些什么呢？我们可以通过三个主要的名词来探讨：坐禅、公案、参禅。

首先是坐禅，禅修炼的大部分都在一间宽大的静修堂中进行。探访者看到这些和尚，长时间没完没了静默地坐在伸展于整体大堂两边的两个长形高台上，他们面朝中央（或是面对着墙，要看该寺院是属于禅宗两大系统的哪一派）。[88] 他们采取从印度传来的莲花坐姿。眼睛半闭着，眼神则不聚焦地落在他们坐着的茶色草垫上。

就这样坐着，一个钟点又一个钟点，一天又一天，一年又一年。[89] 寻求唤醒佛心，好令日后他们可以将之与日常生活关联起来。这个过程中最使人迷惑的特色，是他们利用一项最奇特的设计来做精神上的修炼，这可以说是在任何地方都没见过的——“公案”。

一般而言公案的意思是问题，不过禅设计的问题很奇妙。乍看之下顶多是谜语和讲得拉拉扯扯有意外结果的故事之间的一种东西。比如：

五祖说：“让我们拿一则寓言来做个说明。一只牛从一个窗口钻过。它的头、角以及四条腿都过去了。何以尾巴没有过去呢?”

或另外一则：你的祖先出生之前你的面孔是什么样子?

另一则：我们大家都熟知两掌相拍的声音。一只手拍的声音会是怎样的呢？（如果你反驳说一只手无法拍的话，你就被罚站到全班后面去。）

再来一个：唐朝一名高官，问一位著名的禅师：“好久以前一个人在一个瓶子里放了一只鹅。鹅一直长呀长呀最后出不来了。他不想把瓶子打破，又不想伤到鹅。你要怎样把鹅弄出来呢?”

禅师静默了好一阵子，然后就大叫道：“哦，长官!”“在。”“它出来了!”

我们的直接反应是把这些谜语看作荒谬而不予理会，但是禅的修炼者是不可以这样做的。他或她是被勒令把全副的心思用在上面，有时候用逻辑与之纠缠，有时候则将之投入心灵的内在最深处，去等待一个可以接受的答案冒出来，对付一个公案可能需要如写一篇博士论文那么久。

在这一段时间内，心灵以一种十分特别的方式专心地工作着。我们西方人一向整个依赖理性，故必须提醒自己，在禅这里我们所对付的一种观点是，它认为理性是有限的而必须由另一种知的模式来补足。

对于禅来说，如果理性并非一个把心灵拴在地上的球和链子，它至少是一个太矮的梯子无法令人到达真理的全幅高度。因此，它必须要被超越，也正是为了帮助这超越活动而设计了公案。如果它们对理性来说是令人反感的，我们必须记住禅不试图抚慰俗世的人心。它要做的刚好相反：扰乱人心——令其失去平衡而最终刺激它对囚禁它的经典反抗。不过这样讲还是太温和了。强迫理性与正常观点看来是明显的荒谬去纠缠、强迫它把平常不相容的东西连接起来，禅想要做的就是要把心灵驱逼到一种慌乱的境地，令之像一只受困的老鼠在绝望中对着它那逻辑的囚笼乱撞。通过悖论和不连属的话语，禅激怒、煽动、刺激、恼恨，最后把心灵搞得疲惫不堪，直到它明白了思考永远也不会多于思考之所向，或感觉不会多于感觉之所对。于是，一旦把理性的心灵带到了禅要把它带到的绝境——它就要靠突然一闪的灵光来跨越在第二手生命与第一手生命之间的鸿沟。

> 光亮突然照耀到秘密的地方……
> 那里逻辑死亡
> 秘密通过眼睛而成长。[90]

在我们把这种奇怪的方法当作全然陌生而加以弃绝之前，最好回想一下克尔凯郭尔对道成肉身悖论的冥想——无限变成有限的逻辑的荒谬，即上帝成为人——乃是所有基督教仪式中最有价值的一种。公案之所以看来不通，是因为理性只在有架构的周界线内运作。在这些周界线之外则并非不一致；它有自己的逻辑，我们可以说是一种黎曼式的（Riemannian）逻辑。（译注：黎曼［Georg Reimannian 1826－1866］发明一种非欧几里得式的几何，不取“平行线永不相交”的公理，爱因斯坦相对论即以之为基础。）一旦心理的障碍破除了，它就变得可以理解。正如一个闹钟，它上了发条要把心灵从理性的梦中唤醒。一种更高的清明就在眼前了。

与公案奋斗着，一个禅师并非是孤独的。书没有什么用，要下工夫的公案也不能与其他的和尚讨论，因为这样做只能产生第二手的答案。不过，平均来说，一天两次和尚私下会为了“有关冥想的咨询”去见师父——临济是参禅，而曹洞则是独参。这种咨询时间都很短，学员说明相关的公案后就给出他或她最新的答案。那时师父的角色有三方面。当愉快地得到对的答案时，他就加以证实，不过这是他最不重要的角色，因为正确的答案通常是随着自证的力量而来的。更大的职责乃是拒绝不合适的答案，因为再也没有如师父的断然拒绝，更能帮助学生们把那结论不对的答案永远搁在一边了。参禅的这一面向，在9世纪的百丈清规，很贴切地描述它提供了“导师有机会对学生作密切而个人的省察，把他从不成熟中唤醒，打消他错误的概念，并去除掉他的偏见，正如铸工把熔炉内的铅和汞从金子中分离，也如玉石切割者，在打磨玉石的时候，把每一可能的瑕疵都除去一样。”[91]师父的另外的职责，正如任何一个严格的考试官一样，在所需要的长年累月的修炼中，保持学生精力充沛、坚定不移。

这种坐禅、公案训练和参禅把人带领到什么地方呢？第一项重要的突破乃是一种叫做见性或悟的直觉经验。虽然准备工夫可能需要好多年，但经验本身却在瞬间来到，无声的火箭在主体内部深处爆破，把一切事物投进一种新的视域之下。因为恐怕被文字诱惑，禅宗的信徒很少浪费气力来描写悟，不过有时还是会写出来。

> 我进去了。我失去了我肉身的局限。我当然是有我的皮肤的，不过我感到我是站在宇宙的中央。我看见人们朝我走来，但是全都是同一人。全都是我自己。我以前从来未曾知道这个世界。我曾经相信我是被创造的，但是现在我必须改变我的意见了：我从来没有被创造；我即是宇宙。根本就没有个体存在过。[92]

从这一篇报告以及类似的描述中，我们就能推知，悟乃是神秘经验的禅宗版本，任何地方当它出现的时候，就带来了欢乐，一体，以及一种日常语言无法表达的真实的感觉。但当有倾向把这种经验与宗教追求的顶点相关涉时，禅却又把它置放在接近出发点上。在一种非常真实的意义下，禅的训练开始于悟。因为，就一方面来说，当学员学到以较大的自由在此领域中出入的时候，一定会有更进一步的悟。[93]但是重要的一点是，禅的一半灵感来自中国人的实际的、常识性的、此世的取向，来平衡从印度派生出来的神秘的他世取向，拒绝让人的精神引退——我们应该说是退却吗？——完全到神秘的状态中去。一旦达到悟，我们就必须：

脱离我们一直陷在其中挣扎的泥沼，回到空旷土地上无拘的自由中。有的人可能会说："如果我已经（成就了悟）那就够了。为什么我还要前进呢?"老师父猛打这样的人，说他们是"活在自认为是悟了道的稀泥里的蚯蚓"。[94]

禅宗的天才在他既不离弃其所发现的那处于不太理想状态中的世界，也不取高姿态或无动于衷的态度自世界隐退。禅的目标是要求以永恒注入现世——要扩大感知的门，让美妙的悟的经验得以注满这日常的世界。学生问道："如何是达摩西来意?"师父回答道："庭前柏树子。"存在的觉识必须要直接地去体现，而悟则是其第一项的识别。不过只有通过承认对一切现象的互相穿透和转化，它的奇妙散布到如后院里的树那般普通的物体之上，而你能够带着一种认为万事万物都同样是无限的显现的了解，来进行你日常的职责，否则禅的事业就还没有完成。

可能只有佛陀本人是个例外，没有人在这项任务上是一部完成了的。不过由禅宗经文中的暗示加以推断，我们能够稍微了解所谓的"再也没有什么事可做了的人"那种情况会是个什么样子。

首先，它是一种生命在其中似乎是明显地美好的情况。被问到禅的训练带领人去到哪里，一位在京都修炼了七年的西方学生回答道："我觉察不到什么不平常的经验。不过当你早上醒来时，世界似乎美丽到叫你几乎受不了。”

其次，伴随着这种生命美好的感觉，就出现了一种对自己与他人关系的客观看法；心中肯定了他人的福祉正如自己的一般重要。看着一张一元的钞票，人们的目光可能会是占有性的；看着一场落日的景象，情形就不一样了。禅所成就的正如同看着一场落日之景一样。它要求完全的觉识，像“谁的觉识？”或“觉识什么？”这一类的论题根本就不会发生。二元论消解了。因为如此，整个人都有一种对过去感恩，以及对现在和未来的事物负有责任的感觉。

第三，禅的生命（正如我一直想要强调的）并不要把人从世界吸引开去；它乃是要把人送回世间——世界披在新的光芒之下。它不是要召唤我们对世界无动于衷，好像生命的目的有如活塞从注射器射出般地，要把灵魂从身体中射出。它的召唤是，甚至要在肉身的限制下去发现全幅觉识的满足。“什么是一切奇迹中最奇妙的？”“就是我独自静静地坐着。”如果只是视万物如它们本来那样，如它们真正在其自己，生命就是充足的。不错，禅看重统一，不过它是一种当下的空（因为它抹去了分隔的界线）和完满（因为它以连接线取代了分隔线）的统一。以禅宗的算法来说明：“一切即一，一即无，无即一切。”禅宗表现了一种神圣的平凡气味：“你吃了饭没有？那你就去洗你的饭碗吧。”假如你不能在洗碗这么简单的行为上找到生命意义的话，你在哪里都是找不到的。

> 我每日的活动都没什么不同，
> 只不过我自然地与之和谐不二。
> 不取一物，不拒一物，
> 在任何情况下无碍、无争……
> 挑水、担柴，
> 这是超自然的力量，这是奇妙的活动。[95]

用这种在有限之中对无限的感知，最后就产生一种普遍适意的态度。“昨天天气晴，今天下雨天”；经验者超越了取舍的相对性。因为两种力量都需要保持，使相对的世界运作下去，每种力量都以其适当的时刻受到欢迎。

有一首僧灿写的《信心铭》，是这种“全然接受”的理想之最纯净的表达。

完美的道是不知困难的
只不过它拒绝作出偏爱，
只有在解脱了恨与爱之后
它才一无伪装地全部显露它自己，
十分之一寸的不同
天地就分隔开了。
如果你想用肉眼来看你眼前的
不要有是或非的固执思想，
把你喜欢的拿来反对你不喜欢的——
那就是心的病。
道是有如进入无垠太空般的完美，
一无所缺，一无多余。
一旦要作出抉择
真如就不见了。
一即一切
而一切
即一。
在这里立定脚跟，其他的一切都会随之而来，
我说了，不过没什么用，因为语言能讲出什么来呢？
关于那没有昨天、明天或今天的事物？[96]

甚至连真理和虚假看起来也不同了。“不要追求真理，只需停止持有意见。”

第五，当我与他，有限与无限，接受与拒绝之间的二元对立被超越

之后，连生与死之间的对立也消失了。

当这种实现完全达成之后，吾人再也不会感觉到个人的死亡会对生命带来终结。吾人已经活过了无尽的过去，也将活到无尽的未来。在此时此刻参入永恒的生命中——至福、透明、纯净。[97]

我们不问禅的未来，却可留意到它对日本文化生活的影响是多么的巨大。虽然它最大的影响是弥漫在生活态度上，日本文化的四个成分却持久地打上了它的烙印。在水墨风景画中，禅宗和尚紧依着土地过着他们简朴的生活，在技巧和感觉的深度上已可与他们的中国老师们相抗衡了。在庭园艺术上，禅宗寺庙将之提升到了无比的完美境地。插花技术开始时是献花给佛陀，但是后来发展成了一种艺术，直到最后变成了每一位有教养的日本女孩训练的一部分。最后，就是著名的茶道，朴实美丽的摆设，几件旧瓷器，缓慢而优雅的仪式，以及一种配合着全然的平静的精神，集中体现了禅宗最好的特性和谐、尊敬、清晰和安详。

金刚霹雳

我们已经谈过佛教的两个筏或道路，不过我们现在还要加上第三个。如果说小乘字意是小道，而大乘是大道，金刚乘就是钻石道。

金刚原初是因陀罗的霹雳，他就是在早期巴利文佛教经典中常常提到的印度雷神；但是当大乘把佛陀转化成了一位宇宙的角色，因陀罗的霹雳就转化成为佛陀的金刚（钻石）权杖。在这里我们看到佛教如何适应当地的观念，去重新评估它们，以改变其精神重心的生动实例，因为金刚转化了霹雳，一个自然力的象征，变成了无上精神的标志，而又保留了霹雳所拥有的权力含义。金刚是最硬的钻石——比最接近的对手还要硬上百倍——而同时却是最透明的钻石。这使得金刚乘成为力量与透明的道——有力量实现佛陀对光明的慈悲所见的视象。[98]

我们方才指出了金刚乘的根源可以追溯到印度，它继续在日本以真言佛教流传下去；不过乃是西藏人把这第三种佛教之道完美化。因为西藏佛教不单是一个把佛教输入前的西藏“本教”神祇们吸纳进来的佛教。把它说成是印度佛教在其第8和第9世纪的高峰时期，北移避开在印度的衰退以来自保，也不足以表明它的特征。要捕捉它的特色我们必须把它看成第三条主要的佛教之道，而立即补充说金刚乘的本质是密教。西藏佛教，也就是我们要在此处省察的佛教，其深处乃是密宗的佛教。

佛教徒不能垄断密教，它先在中世纪的印度教中出现，此字有两个梵文字根。一个是“延伸”，在这个意义下密宗意为文本，许多性质是难解和秘密的，这些被加进印度教全集中而伸张了它的幅度。但这只是此字的形式意义。这些延伸的经文内容，我们需要看密教的第二种语源学的意义，它是从编织技巧演绎出来而含有互相穿透的意思。在编织中，线的经纬不断缠绕在一起。密宗乃是集中在事物的相互关联性的经文，不过乃是佛教，特别是西藏佛教给予它们可傲的地位。

西藏人说他们的宗教在目标上和其他宗教并无不同。他们的特色是在它可以使人在一生的时间中就可以达致涅槃。[99]这是一项重大的主张。西藏人如何为它辩护呢？

他们说加快的速度是通过使用人类全部的潜能，特别包括身体的力量在内，而把它们全部征用来为精神追求服务。

而最令西方人有兴趣的能量就是性，因此毫不足奇的，密宗在国外的声誉就是建筑在把这一项冲动用在圣礼仪式上。威尔士（H. G. Wells）有一次说，真正令他有兴趣的两样东西就是上帝和性。如果我们能够得到两者——不必像在出家和独身那样被逼二选其一——现代人的耳朵曾像听到音乐一样，到了这般地步，以致一般西方人心目中就把密宗和性几乎等同了起来。这是不幸的。这不仅令密宗更广大的世界含糊不明，并且扭曲了性教义而将之脱离开那个密宗世界。

在那世界之内，密宗对性的学说既不令人兴奋也不古怪：它们是普遍的。性是如此之重要——它毕竟是使生命绵延不断，因此必须十分直接地将之与上帝连接起来。柏拉图的《斐德罗》（Phaedrus）篇中所歌颂的乃是赫西奥德（Hesiod）的神圣的爱欲（Eros），在某方面说是被所有民族歌颂的。不过，就连这样说也是太温和了。性是神圣最实际的显现。不过要有这个附带条件：是当两者因爱而结合。当两个人激情地，甚至疯狂地——柏拉图所谓的神圣的疯狂——相爱；当一方最要接受的就是对方最要给予的——在他们相互高潮的时刻，是很难说那种经验是肉体上的抑或是精神上的，或者他们感到自己究竟是两个人或是一个人。那一刻欣喜若狂的（ecstatic），因为在那一刻中他们站到自身外面去了——ex，外的意思；stasis，站立的意思——体现绝对的融合之一体。

到目前为止还没有讲到任何密宗独特的地方；从希伯来的雅歌（Song of Songs）到与基督的神秘婚姻中的明显的性象征，方才所提到的原理，在所有的传统中都会出现。使密宗特别的是，它全心全意地采纳性作为精神伙伴的方式，公然而蓄意地与之合作。除了性爱的神经质和兴奋之外，密宗通过它们的艺术（表现出男女在性交的拥抱中），在他们的幻想里（想象的能力应该极力加以培养），以及在明白的性行为中，把性爱结合的肉体和精神分成两者，都保持在严格联系之中，因为四个西藏教士阶层之中只有一个是独身的。除了这些一般的描述之外，就很难进一步说明了，因此，我们以一项补充性的观察来作为结束。密宗的从事性爱，并不是像犯法般狂欢地去追逐，而是要在导师的审慎指导之下，以一种非二元观点控制的情况中，当作从事一长串的通过好几世精神训练后的最高喜庆。其所努力追求的精神情感，是在实现超越的同一中的狂喜的、无我的、极乐的福祉。但是它并不是自我局限的，因为这种从事的最终目的，乃是从那不二的经验中降落下来，使自己超越疏离感，以更好的准备去经验这庞杂的世界。

处理了密宗性方面的问题之后，我们可以继续探讨它修炼的一般特色了。我们已经看到了它们的特点，在于它们是以身体为基础的，密宗所处理的身体上的精力最常见的是牵涉到言语、视象和姿势。

要了解积极使用这些官能的宗教修炼的特色，回溯一下印度教的“修的瑜伽”和佛教的禅，将是有帮助的。这两种冥想课程都是要令身体静止不动，而使心灵超越肉体。一张快照就能够捕捉到身体做这些修炼的实际情形，而西藏人所做的则需要一架电影拍摄机才行，而且还要有录音的设备。因为，西藏人的身体在做仪式活动时总是动个不停。喇嘛把身体伸展着，吟诵着发自深喉的吟唱。听觉上和视觉上，总是有事情在进行着。

他们使用身体从事精神的追求所援引的道理是直截了当的。他们承认声音、视象以及动作能够分心，但是却不必然如此。密宗伟大先驱的天才发现了方便法门引导肉体的精力成为电流，而带领精神向前进不令它出轨。这些与我们提到的声音、景象和动作相关的电流中最著名的，其名字的第一个字母都是［m］。Mantras（咒语）把噪音转化成可以利用的声音，把瞎扯变成神圣的修炼公式。Mudras 设计手势把它们变成哑剧和神圣舞蹈。Mandalas 用圣像的神圣的美来吸引朝圣者的视线。

如果我们要通过经验的方式，进入为西藏人设计的密宗修炼的崇拜仪式，其所显现的景观大概会是这样的：平行地排排坐着；头上戴的从皇冠到狂野的萨满教巫师的帽子都有，披着褐紫色的袍子，轮番地裹在奢华的银色、深红色和金色的法衣中，代表内在意识状态发光的比喻，和尚们开始吟唱了。起初是深喉的、韵律的单音，但是一旦情绪深化之后那些单音就伸张成为听上去像大声唱的和声，虽然和尚们并没有分高低音部来唱——他们根本不懂和声（那是西方的发明）。用这种世界上任何别的地方都没有的声音技巧，他们把他们的发声空腔，重新塑造成扩大声响，到可以在其中听出自己分立的音调的地步。[100]而同时，他们的手做着优雅的手势，运用动感来扩大所进入的意识状态。

这种修炼最后一项决定性的特征，是不会让观察者看到的，因为它是完全内在的。在这整体过程中，和尚们想象他们看见自己所呼唤的神祇——这种想象所见的状态极为专注（需要经年练习才能把握这项技巧），以致他们最初闭着眼，最后睁着眼，竟然能够看到神祇好像具体出现在面前。使神祇变得真实，已经极不容易，但是在冥想的巅峰中，和尚们会更精进地寻求和他们所召唤来的神祇汇合，这个意思是说，吸纳了他们的德性和力量。整个过程是非常艺术化的集合；当然不是为了艺术之美。而是构成一种工艺，将人类的精神调整到与召唤来的保护神祇们同样的波长。

为了完备这项对西藏佛教特征的素描，我们还要在这一修炼的纲要中加入一个独特的体制——有关于达赖喇嘛的体制。这个体制应该是举世闻名的。

达赖喇嘛正确地说是不像教皇的，因为他并没有定义教条的权力。神——王的称呼则更是误导，因为虽然俗世上的和精神上的权威的确汇聚在他身上，这两种力量并不能界定他最主要的功能。这项功能就是要把天上的原理体现在尘世上，同情或慈悲乃是那个原理的明确特点。达赖喇嘛乃是菩萨，在中国内地就是大慈大悲观世音菩萨。过去几个世纪以来他为了西藏传统的再生与发展而道成肉身。通过他这个人——到目前为止一个单独的人已经过了 14 轮的化身——流着一直未曾间断的精神影响之流，它的特色就是富于同情心。因此一般而言与世界的关系，以及特殊而言与西藏的关系，达赖喇嘛的位置既不是行政的也不是宣教的，则是“现身的活动”，是独立于他作为个人而言，可能选择去做或不去做的任何事情而运作着。达赖喇嘛是佛教的同情原理，以宇宙的幅度不断向之发射电波的接收站，最直接地首先散发给西藏人民，不过也延伸到一切有情的存在。

渡河的形象

我们已经将佛教的三种渡的模式审查过了：小筏子；大筏子，附带特别谈到禅；以及在渡船的背景中听起来有点古怪的钻石筏子。这些媒介物是如此之不同，在要结束本章的时候我们必须要问，除了历史的渊源之外，它们是否有任何基础被当作一个单一宗教的不同面向。

在两个层面上，它们是应该作如是观的。他们都遵从同一位创教主，声称其学说由之而来。而且三者都可以包含在单一的暗喻之下。这就是渡河的形象，乘坐渡船过河的简单日常经验。

要想体会这个形象的力量，我们必须记住渡船在传统亚洲生活中扮演的角色。在布满河流和运河的地区，几乎是每一次较长距离的旅程都需要乘渡船。这一例行的事实包含在每一佛教宗派中而产生了启发作用，比如它们全都用“乘”这个字就证明了这一点。佛教乃是渡过生命之河的旅程，是从无知、贪婪和死亡的常识性河岸到智慧和启悟的彼岸之一次转运。与这一确定了的事实相比，佛教内部的差异并不会大于人们乘坐的工具，或旅程抵达阶段的不同。

这些阶段是哪些呢?

当我们在第一个河岸时，它事实上指的乃是我们的世界。我们脚下的土地是结实而可信赖的。其社会生活的报酬和失望是活生生的。彼岸几乎看不见，而对我们的行为没有什么影响。

不过如果有某种事情使得我们看到彼岸的情形，我们可能会决定尝试过河。如果我们本性是比较独立的，我们可能会决定自己去。这样的话我们就是原始佛教徒；我们按照佛陀的设计造一个坚固的筏，可是我们是自己造自己的。不过，我们大多数人不是没有时间就是没有本领来从事如此大规模的计划。那我们就是大乘佛教徒；走上预期停泊在河岸已经做好了的渡船。当这一群探险者由码头登上船时，他们心中充满了兴奋之情。注意力集中在远处的河岸，仍然是模糊不清，旅客们仍然还是像此岸的公民。

渡船离开了河岸横过河流前行着。我们离开的河岸渐渐丧失了它的实质了。店铺、街道以及蚂蚁般的人形混在一起。而另一方面，我们前去的河岸也还看不清楚；看起来仍然几乎是遥不可及。在渡河的时候，有一段时间里唯一可以触摸的现实就是水，充满了奸诈的暗流，而船呢，虽然牢固却危险不安地与水浪搏斗。这就是佛教徒作三誓愿的时刻：我在佛那里避难，一位探险者完成了这个旅程，为我们证明了可以成功的事实。我在法那里避难，这运送的工具，这艘我们把生命交托给它，相信它是受得住海水侵蚀的船。我在僧伽或教团那里避难，我们对导航这艘船的水手们有信心。世界的河岸线已经抛在后面了。在我们登上远方的河岸之前，只有这些东西是我们能够信赖的。

彼岸近了，渐渐成真了。筏子扑击沙滩，然后我们就踏上了结实的土地。那一直是像一场梦般迷闭而单薄的地方，现在是事实了。而我们抛离在后面的河岸，以前是那么摸得到而真实的，现在却只不过是一道细长的地平线，一个视觉上的补丁，一个没有实质的记忆。

迫不及待地要探查我们的新环境，不过却没能忘记对那奇妙的船只和安全地把我们带到保证是福地的水手们的感激。不过，如果坚持把船带着跟我们一起投入树林，那就不是感恩了。“他还算是个聪明人吗?”佛陀问到，“如果出于感激而把载他安全过河的筏子抓紧不放，把它所有的重量都扛在肩上到处走？聪明的人不是应该把那不再对他有用的木筏留在河水中，而往前直行不再转头看它一眼吗？它难道不该是一个完成了原先设计的目的，现在要将它丢掉和忘记的工具吗？同样的，教义这个媒介，一旦将我们带到觉悟的河岸后就要将之抛弃忘却。”[101]

现在我们来到了《般若波罗蜜多心经》或《智慧完成经》（译注：“波罗蜜多”意即“到彼岸”，“般若”意即“智慧”，佛教有所谓六度波罗蜜之说，智慧最高，故也有“完成”义，广泛地被认为是佛教的完成经文)。五戒与八正道：苦、业、涅槃以及其他同类的技术性名词；所托付的教团以及佛陀本人的人格——这一切对于个人在渡河的行动中都是绝对重要的。对于那些已经抵达的人，这些就失去了意义，的确，对于不单是已经到达了彼岸，而且还继续朝其内部前进的人来说，不单是那筏，就连河本身也从视线中消失了。当这样一个人转过身来回望那留在身后的陆地时，会出现什么？已经跨过了一道地平线，地平线之外那分隔此岸与彼的河流已经消失了，那片陆地会怎样呈现？看啦，再也没有彼岸了。也没有分隔的河流。没有了筏，没有了舟子。这些事物并不是新世界的一部分。

在渡河之前，人与神这两岸，看起来必然是彼此不同的，如同生与死，白昼和黑夜一样地不同。但是一旦渡过了河，再也没有二分留下来了。神的领域并不是一个特殊的地方。它乃是旅者站立之处；如果那立脚处刚好是在这个世界之内，世界本身就变质了。在这种意义下，我们来看在《般若波罗蜜多心经》文中的声明：“我们这一世界的生命乃是涅槃本身的活动；在它们之间没有丝毫的区别。”[102]内省把人带进一种情况，正面地来描述是涅槃，而反面地来说则是空，因为它超越一切形式（色），这“河流战胜者”现在世界本身之中发现了与他内在发现的同样的空。“色即是空，空即是色。空不异色，色不异空。”那受与拒之间喧哗的分离被安抚了，每一时刻都以真实的面目被肯定。这乃是因陀罗的宇宙之网，在每一接合处都镶着珠宝。每一珠宝都反照着其他的珠宝，跟所有其他珠宝中的反影同在。在这样的一种景象中善与恶的范畴消失不见了。“那是罪恶的，也是智慧的”，我们读到这样的句子；又读到“变化生灭的领域就是涅槃”。

这土地，我们站立之处
是许诺的莲花福地，
而就是这个肉身
即佛陀之身。[103]

这个新找到的河岸，说明了菩萨在“草儿都被启悟以前”绝不进入涅槃的誓言，由于草儿一直不断长出来，难道这意思是说菩萨就永远也不会悟道吗？其实并非如此。它的意思乃是他（或她）已经上升，超越了时间和永恒的区别。由理性的心灵所划分的区别，在消灭对立的雷电般的洞察力中熔解了。时间和永恒现在是同一整体经验的两面，一个铜钱的两面。“永恒的珠宝是在生死的莲花中。”

从正常的、世俗的意识立场来看，在这种最高的洞察力和世俗的谨慎之间，一定总有不一致存在。不过，这并不令我们惊讶，因为如果世界对那些已经渡过无知之河的人而言还是完全一样的话，那才是明显的矛盾呢。只有他们才能够解消世界的差异——或者也许我们应该说，他们一跨而过，把差异带走了，因为现在差异仍在，却没有什么不同。对有老鹰视觉的人来说，河仍然可以看到，只不过是把它看成连接两岸而非分隔两岸的河罢了。

佛教与印度教在印度的合流

在佛教外表的许多吊诡之中——这个一开始拒绝仪式、幻想、恩宠、神秘、与人格神的宗教最后把一切全部重新带进来了——最后还有一个吊诡。除印度之外，今天佛教在亚洲到处都流行着；只有在最近，经过一千年的绝迹之后，印度开始又有少数佛教徒再度出现了。佛教在全世界各地都看得到胜利，却唯独（似乎是）丧失了它的出生地。

这种外表现象是骗人的。比较深刻的事实是：在印度，佛教不一定是败于印度教，而是在其中迁就适应了。一直到大约公元1000年，佛教在印度仍然是一个显著的宗教。要说后来是伊斯兰教侵入者把它消除了是不通的——因为印度教继续存在着。事实是，佛教在印度1500年的过程中，它与印度教的不同减弱了。印度教承认了佛教许多改革的合法性，通过模仿佛教的僧伽而出现了印度的流浪苦行僧的教团。而在佛教那一边呢，它的教义因为开始了大乘佛教而愈来愈像印度教义，到最后佛教就回归到它所出的源头中去了。

只有在人们断定佛教原理在随后的印度教中没有留下任何痕迹时，才能说在两者合并中佛教是失败了。其实，几乎所有佛教正面的教旨，都可在印度教中找到它们的位置或者平行的项目。它的贡献，印度教即使不是在实行上也是在原则上接受了，包括重新强调对一切生物的慈爱，不杀生，在宗教事务上消除（以及在社会事务上减少）种姓的障碍，还有它一般对于伦理的强调。菩萨的理想似乎在Santi Devea写的伟大印度祈祷经典往事书中留下了痕迹：

> 我并不奢望由我主那里得到八重力量所展示的伟大，也不求他不要把我再出生来；我对他唯一的祈求是让我感觉到他人的痛苦，如同我居住在他们体内一般，让我有力量解脱他们的痛苦而使他们快乐起来。

整体而言，佛陀被当作是“印度教一个反叛的孩子”而被收回来了；他甚至于被提升到神性化身的地位。原始佛教的目标，在实质上被承认是主张不二之印度教目标，甚至于般若波罗蜜多对永恒不外就是当下此刻的主张，也可以找到印度教的版本：

正是这个世界，乃是一座欢乐的大宅；在这里我可以吃，在这里我可以喝，而且可以作乐。

特别是在印度的密宗教派，可以带领门徒修行到可以看出肉类、酒和性是神的不同形式。而在先前这些东西显然是通往神圣的最可怕的障碍。“母亲现身在每一间屋子中。我需要像一个人打破瓦钵在地板上那样大声爆出这个新闻吗？”[104]

第四章
儒　家

第一教师

假如有一个名字老跟中国文化联系在一起的话，那就是孔子了。中国人尊称他为第一教师（译注：至圣先师）——并不是说在他之前没有教师，而是指他位列第一。没有人说他一手独力造就了中国文化，他本人就贬低自己的原创性，而声称自己只不过是“信而好古”[105]而已。不过，这样的指称当然是把自己说得太低了，但也表现了他所提倡的谦虚和含蓄。因为，孔子显然不是中国文化的创作者，却是它最重要的编纂者：甄别过去，强调这些，贬低或删除那些，整个地加以重组和注释，将其文化凝聚在一个焦点上，使它2500年来都保留着鲜明的特色。

读者如果认为这样的成就必然出自一个戏剧化的生命，那就会失望了。孔子出生于公元前551年的鲁国，就是现在的山东省。我们对于其先人一无所知，不过，他的早年生活显然是不怎么样的。“少年时，我没有任何地位，而且处境低微。”（译注/原文：吾少也贱。）孔子三岁前就死了父亲，完全由他慈爱却贫穷的母亲抚养成人。因此，他必须自食其力，最初是从事体力劳动工作。这种早年的艰苦和贫困使他与平民大众建立联系，并且反映在他整个哲学的民主趋向上。

虽然儿时的回忆包括了有关打猎、捕鱼以及射箭的怀念，因而可以说他绝不是一个书虫，但是他很早就开始读书，而且成绩优异。“到了15岁，我就一心向学。”（译注/原文：吾十有五而志于学。）在20岁初期，孔子做过几次政府的小官并结了乏善可陈的婚姻，最后就当起教师来了。这显然就成了他的志业。而他个人的品格和在现实智慧上的名誉也远播开来，吸引了一批热诚的弟子。

尽管这些弟子相信“自有人类以来从来没有一位像我们老师这样的人”，但是孔子的事业，以他自己的抱负来衡量，是失败的。他的目标是公职，因为他相信——我们将会看到那是多么错误——除非能够让人看见他的学说确实可行，否则它们就不能根深蒂固。如果给他机会，他有极大的信心去匡正社会。有人问他，卫国人口增多要怎么办？他回答说：“让他们富起来。”那以后呢？“教育他们！”这是他有名的回答，跟着叹一口气说：“如果有一位王公任用我，一年我就可以做出点成绩来，三年事情就可以完成了！”（译注/原文：“苟有用我者，期月而已可也！三年有成。”）有些传记作者无法想象这样一位有才华的人，竟永远不能实现他一生的抱负。就以他在50岁初期做了五年优异的行政工作为例，那五年他很快地就从中都宰升到司空，一直做到司寇。那段期间，鲁国变成了模范邦国，放荡和欺骗都必须收敛，而浪漫化的故事继续着，忠与信成了当时的社会秩序。但事实是当时的统治者都惧怕孔子的率直和诚实，而不敢任命他任何拥有实权的位置。当孔子的名声高到一个地步，使鲁国那经由篡夺得到权力的统治者，觉得不得不敷衍一下而请教他如何治理国家时，孔子严厉地回答说，在想管理别人之前，最好先学习管理自己。那位统治者并没有把孔子斩成碎块——如果不是因为孔子的名声，他很可能会这么做——但他也没有任命孔子做宰相，只给了他一个头衔很高的荣誉位子，却没有权责，希望就此令他不要出声。不用说，孔子一发现他的花招，就厌恶地挂冠而去。

好像是受到某种感召——“我50岁就了解到了神圣的使命。”（译注/原文：“五十而知天命。”）——孔子用他以后的13年，伴随着多次回顾和抗拒的步子，从事了漫长的旅程，周游列国，主动向统治者提供如何治国的意见，希望寻求一个可以把他的观念付诸实现的机会。机会永远没有来！一位旁观者在孔子出发时就预言：“上天要用夫子做警钟来唤醒人们。”（译注/原文：“天将以夫子为木铎。”）而这却在时间一年年地过去之后，就变成了嘲笑。有一次，孔子在陈国被邀请去担任公职，但是当他发现，发出任命的官员乃是违背了主脑的意愿时，他就拒绝变成阴谋的一分子。在那艰难岁月中，他以尊严和可取的气质（幽默）来立身，为他赢得了极大的声望。有一次，一位旁观者嘲笑：“夫子真是伟大！他无所不知，却没有在任何一桩事上成名。”（译注/原文：“大哉孔子，博学而无所成名。”）孔子向他的弟子们自我解嘲地回应说：“现在我该做什么呢？驾车、射箭吗？”（译注/原文：“吾何执？执御乎？”）因为一个邦国又一个邦国，都不理会他所忠告的和平以及对人民的关爱。遁世隐者都嘲笑他要改造社会的努力，而劝他加入他们的行列，追求自我主宰以抵消那已经无可救药的社会的败坏。连农人都批评他是“一个知其不可为而为之的人”。只有一小撮忠实的弟子不顾挫折、失望和几近挨饿，一直支持着他。曾有一次记录留下了他们师徒聚在一起的情景：孔子环顾他们，心中充满了快乐的骄傲——闵子是那么平静而有涵养的大度，子路那么充满精力，冉求和子贡是那么坦率而无惧。

一段时期之后，祖国鲁国换了统治者时，孔子被请回国去。他自知已经太老而不能担任公职，所以他把最后的五年，安静地贡献给教学和编纂中国过去的经典。他死于公元前479年，享年73岁。

作为一位政治家他是个失败者，但无疑他是世界上最伟大的教育家之一。训练有素地教历史、诗歌、治国、礼节、数学、音乐、占卜以及体育。他，以苏格拉底的方式——一个一人的大学。教学的方法也像苏格拉底，总是非正式的，好像从来都不演讲，只谈论学生们所提出的问题、列举文献，以及提出问题。他对于后者特别有技巧：“夫子问题的方法，跟别人是多么不同呀！”他跟学生们之间交流的公开性，也同样令人印象深刻。从不自认为是圣人，圣对他来说不是知识的汇集，而是行为的品质，他向学生表明，他是他们旅行的同伴，致力于充分体现人性，而他对这件工作完成了多少却很谦虚：

君子之道四，丘未能一焉。所求乎子以事父，未能也；所求乎臣以事君，未能也；所求乎弟以事兄，未能也；所求乎朋友先施之，未能也。[106]

同时，在他所从事的重要工作上，他却丝毫不妥协。这使得他对学生们期许殷切，因为他看到自己招纳学生的教育事业，其实是在匡正整个社会的秩序。这项信念使得他成为一个热心者，但是幽默和一种平衡的见识，使得他没有成为一个极端派。当怀疑论者宰我嘲弄地说："如果有人说'有人落井了！'我想，利他主义者就会下去救人了。"孔子回答说："即使是利他主义者，也要先弄清楚井里是否真有人呀！"（译注/原文：宰我问曰："仁者虽告之曰井有仁焉，其从之也。"子曰："何为其然也。君子可逝也，不可陷也；可欺也，不可罔也。"）当有人被许为一个"三思而后行的人"，孔子冷淡地回答说："两次就够了吧。"（译注/原文："再，斯可矣。"）像他那样自信的人，却永远乐意承认自己可能会错，当他错了时，他就马上会承认。

他一点都没有他世的情怀。他喜欢与人相处，到外面去吃饭，跟大伙儿一起唱歌、饮酒，不过绝不过量。弟子们称："闲暇的时候，夫子的举止是随便而愉快的。他亲切而坚决，庄重而愉悦。"（译注/原文："子之居：申申如也，夭夭如也。"）他的民主作风我们已经说过。他不单是常常为黎民请命，以对抗当时压迫人的贵族；在个人关系上，他不怕非议与各阶层的人相交，从来不会轻视他的穷苦学生，哪怕他们交不起学费。他是仁慈的，不过在他认为必要的时候也会挖苦。对一个批评他同伴的人，孔子评论道："子贡显然自己已经十分完美了，才有时间去做这一类的事情。我是没有这么多闲工夫的。"（译注/原文："赐也，贤乎哉？夫我则不暇！"）

这倒是真的，因为自始至终孔子对自己都比对别人严格。"若圣与仁，则吾岂敢？"他说，"抑为之不厌，诲人不倦，则可谓云尔已矣！"[107]他一直忠于这项追求。如果他愿意与当权者妥协，权力和财富就可以得到，但他宁可选择穷而有骨气。他对自己的选择从来没有后悔过。"饭疏食饮水，曲肱而枕之，乐亦在其中矣！不义而富且贵，于我如浮云。"

他一死，对他的颂扬就开始了。在他的弟子之间这种举动是立即的。子贡说："他是太阳、是月亮，是无从逾越的。要跟夫子比肩是不可能，就如同要爬梯子上天一样地不可能。"（译注/原文："仲尼日月也，无得而逾焉。"）别的人都同意。在几个世代之内，他就在全中国被认为是"万世师表"。最令他高兴的更应该是他的观念得到了重视。直到20世纪为止，两千年来，每位中国学童每天早晨都朝教室内桌上供有刻着孔子名字的牌位作揖。

几乎可以说每一位中国学子都会对他的《论语》下过好多功夫，其结果是它们变成了中国人心灵的一部分，而且以口语的格言慢慢渗透到不识字的人心中。中国的政府也受到他的影响，并且比受到任何其他人的影响都要深。从基督纪元开始，大量的政府部门，包括一些最高的机关，要求官员具有儒家经典的知识。还曾经有多次的努力，有些是半官方的，要把他抬高到神的地位。

是什么产生了这样的影响？不太可能是因为他的人格。他的人格是模范的，却太不戏剧化，不能解释他在历史上的冲击。如果我们转过来看他的学说，我们的困惑就更深了。作为教诲的故事和道德的箴言而言，它们是完全值得赞美的。但是这样一种明显的说教，是那么单调，以至于往往显得平淡无奇，怎么能够塑造一个文明？这件事一眼看去，简直是历史上一个不可解的谜。以下是他的说法的一些例子：

"人不知而不愠，不亦君子乎？"

（别人不知道他，他心中也没有不快，难道他还不是一个真正的哲学家吗？）

"己所不欲，勿施于人。"

（你不希望别人对你这样做，那你也不要对别人这样做。）

"不患人之不己知，患不知人也。"

（别人不知道我，我不会忧虑。我不知道别人，我就会忧虑了。）

"无欲速，无见小利，欲速则不达，见小利则大事不成。"

（不要希望很快的回报，也不要求小的好处。如果只求很快的结果，你就不能达到最终的目标。如果你只被小的好处迷失了方向，你就成就不了大事。）

“（君子）先行其言，而后从之。内省不疚，夫何忧何惧。”

（高贵的人最先就要做他们所说的，而后才去按照他们所做的去说。当你审查你的内心，发现没有什么错，那还有什么好担心？还有什么好怕的呢？）

“知之为知之，不知为不知，是知也。”

（当你知道一件事情，就承认你知道；当你不知道时，认清你不知道——那就是知。）

“过犹不及。”

（太过是跟不够一样的坏。）

“见贤思齐焉，见不贤而内自省也。”

（看到一个有道德的人，要想你要如何才可以赶上他。看到一个无道德的人，就要反省自己的品格。）

“富与贵，是人之所欲也；不以其道得之，不处也。”

（财富与地位是人们所想要的，但是除非是以正当的方式得到，否则，就不值得去拥有。）

“泛爱众，而亲仁。”

（对人要慈爱，不过只有对有德之人才加以亲近。）[108]

这些观察我们实在没有什么可以不同意之处。但它们的力量在哪里？

孔子所面对的问题

为了了解孔子的力量和影响的线索，我们必须以他所面对的问题作背景，来看他的生平和他的学说。这乃是乱世社会的问题：

早期的中国并不比其他地区更为动乱。但是，公元前8到3世纪，却经历了周代王朝权力的瓦解。诸侯各自争权自立门户，造成了与士师

（Judges）时期在巴勒斯坦的情况完全类似的局面："在那时以色列没有国王，每一个人做他自己眼中认为对的事。"

在那个时期持续不断的战争是以骑士模式开始的。战车是武器，礼节是行为的准则，慷慨的行为受到尊敬。面对侵略，一个诸侯曾虚张声势地派队送出一批物资给侵略者的军队。或是为了更证明他的部下是如何地勇猛无惧，他会向他的侵略者派出兵士作为使者，在侵略者面前割断自己的喉咙。像在荷马时代一样，敌对军的武士，彼此互相认识，从各人的战车上向对方作出崇高的赞美、一同饮酒，甚至在交战之前还交换武器。

不过，到了孔子的时代，不断的战争从骑士作风退化，走向战国时代毫无节制的恐怖。孔子去世之后的那一世纪，恐怖到了最高峰。战车之间的斗胜被骑兵队的偷袭与突击所取代。原先是拘禁战俘以索赎金，但现在，战胜者大量地处决战俘。被捉的人口，包括妇女、小孩和老人，都被砍头。我们看到集体屠杀六万、八万，甚至于四十万人的记录。还有记载说被征服的人被投进烧滚的大锅中，他们的亲人则被逼去喝人肉汤。

在这样一个时代，使其他问题皆显得黯然的问题是：我们怎样才能避免毁灭自己？答案会有不同，但问题却永远是一样的。杀伤力愈见加强的武器发明和数量的激增，也是一个在20世纪缠绕着整个世界的问题。

由于儒家力量的关键在于针对社会凝聚问题所提出的答案中，因此，我们需要以历史的角度来看这个问题。孔子生活的时代，社会的凝聚已经恶化到危急的关头。社会的黏合剂已经无效了。而在这之前是什么把社会维系在一起的呢？

在生命演化到人之前，答案是很明白的。把兽群、畜群与蜂群维系在一起的是——本能。蚂蚁之间或蜜蜂之间的合作是传奇性的，可是在低于人类的生物世界中，一般来说，是能够预期合理的合作的。自然界中有大量的暴力成分，不过一般是发生在物种与物种之间，而不是在某一物种本身之内。在物种中有一种内在的群体性，所谓"群居本能"，使生命得以稳定下来。

人类出现之后，这种社会凝聚的自动源头就消失了。人是“没有本能的动物”，没有内在的机制可以依赖以保持生命的安全。现在，什么东西可以控制社会无政府状态呢？在人类的初期，答案是“自发的传统”，或者是人类学家有时所说的“习俗之饼”。通过世代的尝试与错误，某些方式的行为证明了对族群的福祉有贡献。并不是委员会开会决定族群需要什么，以及用什么样的行为模式得到其所需要的；模式纯粹是经过多少世纪而成型的，在那漫长的时期中，世世代代，一路摸索，慢慢地建立起满意的风俗习惯，而避免了那些具毁灭性的。一旦模式建立了——没有演化出有效模式的社会很可能就此消失，因为它们没有留下来供人类学家研究——就一代一代未经思索地传了下去。正如罗马人说的，它们是“用母亲的奶水”传给年轻的一代。

现代生活离开传统约束的族群社会太远了，我们很难了解，习俗是如何得以完全控制族群社会。习俗继续进入我们的生活中来控制我们行为的区域已经不是很多了，不过服装和打扮仍然是其中之一，连这方面的守则也已经在减弱中，不过，有些情况仍然存在，如果公司主管忘了打领带，这一天他会很难度过。其实，不雅的暴露不是问题，他只需跨越习俗便可——他的职业假设了（但多数没有明白说明）服装的规则。这使他立即成为目标，被人视为局外人，怪癖的举动就算不是破坏性的，也会被怀疑是异常的，同事们也会从眼角来看他——啨，不同。而这样被人看并不舒服，这正是习俗力量。有人曾大胆地说，一个女人在某种场合穿着适当而正确就会感到踏实，她那种平和之感，连宗教都不能给予，也拿不走。

如今，我们不再感觉到传统的力量在服饰这类事之外运作了，如果我们把这种传统的力量推广到生活的各个区域，我们就得到了族群社会以传统为定向的图像了。这种生活有两件事情在此处特别值得注意。**首先，是它有防止反社会行为的非凡能力**。在爱斯基摩人以及澳洲原住民的族群中，连“不服从”这个字都没有。**第二件令人印象深刻的是其自**

发的、不假思索的方式，并用它来进行社会化。没有制定附有处罚条款的法律，没有刻意设计的计划给孩子道德教育。群体期望之强烈和不妥协，使得年轻人将之内化了，而毫不怀疑或深思。丹麦的格林兰人没有有意识的教育课程，但是人类学家报道，他们的孩子们非常顺从、温良，而且乐于助人。现在还有印第安人记得在他们的地区，社会控制是完全内在的。“那时候是没有法律的，每个人都做应当做的。”[109]

在早期的中国，习俗和传统可能同样提供了足够的凝聚力来保持社区的完整性。其力量的生动证明流传了下来。比方，记载中有一位贵族女性在宫中起火时被活活烧死，不是她不能够逃生，是因为她拒绝破坏当时在没有女侍从伴随下不得离开屋子的习俗。史家——一位孔子同时代的人——用一种掩饰的手法记载该事件，表示习俗在他心目中已丧失了一部分力量，不过仍然十分稳固。他提议说如果该女士尚未结婚，她的行为是毫无问题的。但是因为她不仅已经结了婚，而且还是一位年长的妇女，让她在没有人伴随下离开起火的府宅，或许并非“在那种情形下完全不合适”。[110]

史家对于过去是比多数人还要敏感的；在孔子那个时代，并非每一个人都像方才引述的报道者那样还去理会传统。中国已经在社会演化上到达了一个新的关键时刻，出现了大量的有充分个体意识的人。这些人是自我意识，而不是群体意识，不再把他们自己想成是第一人称复数，而是以第一人称单数来想的。理想取代了社会习俗，自我的利益超过了群体的期望。别人怎么行事，或者祖先在不知多久远之前如何行事，已经不再是个人照做的足够理由了。现在提议行动时，要面对人们的问题是：“这对我有什么好处？”

把社会黏合在一起的旧泥灰现在脱落了。在他们摆脱这“习俗之饼”之际，个人已经把这块饼弄破，无可补救了。**破裂并非一夜之间发生的，在历史上，没有任何事情是在时间的刀口上开始或终止的，更不要说是文化的改变了**。第一批个人主义者可能是疯狂的变种，是孤独的怪人，提出奇怪的问题并拒绝集体认同，他们并非出于异想天开，只不过不能感觉自己完全与群体合一。**可是个人主义和自我意识是有传染性**

的，一旦它们出现了，就像传染病和野火般地传开罢了。未经反省的团结乃是一件属于过去的事了。

儒家对手的答案

当传统不再足以把社会维系在一起时，人类生命就遭遇到前所未见的严重危机。这种危机，现代世界要去了解它是没有困难的，因为在最近几年中，它又以一种尖锐的形式回来纠缠人类了。美国提供了最清楚的例子。她吸收了不同国家和种族背景的人民，这种特征为她赢得了熔炉的称誉，不过却减弱了移民群体所带来的传统，美国没有为他们提供一个强迫性的代替品。这或许使得这个国家是有史以来最没有传统的社会。作为传统的另一选择来说，美国提出了理性。教育她的公民，并且提供讯息给他们，他们就可被信赖地去进行合理的行动——这就是美国立国的杰弗逊（Thomas Jefferson）启蒙的信念。但这信念并未实现。一直到最近，一向在教育上是世界领袖的美国，在犯罪、青少年问题和离婚上，也成为世界之冠了。

当启蒙时代对人类凝聚问题所提供的答案仍待证明时，省察古代中国所提出的各种选择，并不只包含一种爱好古代文物者的兴趣。这种选择之一乃是由现实主义者提出来的。[111] 当人们不守规矩时，你怎么办？打他们。这乃是一个针对标准问题的标准答案。人们最能了解的就是武力。一旦个人自传统的蛹脱颖而出，开始用理性来指导他们的生命，激情和私欲是如此之强，只有严厉的制裁才得以使他们守住分寸。你可以高兴地大谈理性和道德，分析到最后，还是武力取得胜利。在一个由自我追求的个人所组成的社会中，唯一避免普遍暴力的方法，就是要维持一个有效的国民兵团，一旦人们越轨就随时予以打击。还必须要有法律，来清楚说明什么是“许可”及“不许可”的事，犯规的处罚必须重到没有人敢触犯它们。总之，现实主义者对社会秩序问题的回答是：具有利齿的法律。这主要就是霍布斯（Hobbes）在西方所提出的答案。如果听任个人的意欲，没有断然的手段来抑制他们的自我追求，生命将是“卑劣、残暴而且更将是短暂的”。

现实主义者的社会秩序哲学的应用，是经由“赏罚”精心拟定的机制来进行的。那些按照国家指令做事的人就得到报酬；不如此做的人就被罚。按照这种做法，法律的清单显然必须漫长而详尽——善意的通则可以因为自利的解释扭曲而变形，因而是行不通的。“如果法律太过简略，”韩非子，一位主张现实主义的首要发言人说，“一般老百姓会争辩其意旨。一位贤君制定法律的时候，要照顾到每一可能的事故，并为之提供细节。”[112]不单是法律必须要清楚拟定；违法的处分也同样需要清楚列明，而且应该重罚。“理想主义者，”韩非子继续说，“总是告诉我们处罚应该轻。这样做是会造成混乱和毁灭的。报酬的目的是要鼓励，而处罚呢？则是要防止。如果报酬高，那么统治者所要的就会很快地达到；如果处罚很重，他所不要的就会很快地被防止了。”

从这套政治哲学所延伸出来对人性的评价显然是低的。在两个方面来看是低的，首先，它假定低劣的冲动压倒了高贵的。人天生是淫欲的、贪心的与妒忌的。善，如果要出现的话，必须将之植入他们的生命中，就如同木材需要压床才能拉直一样。“普通的人是懒惰的，对他们来说，好逸恶劳是很自然的。”[113]如果他们以为伪善能令他们抢先出头的话，他们就会这样做，一个国家就会散发出伪善和虚假的利他主义气味。不过，当推变成了挤的时候，自利就会出笼了。

其次，现实主义者的人性观所以低的道理，在于它判断人是短视的。统治者必须预见长远的利益，但是老百姓是不能够的。结果呢，他们就不会自动为了未来的利益而接受眼前的牺牲。假设一个婴儿得了头皮的毛病，“如果婴儿不剃头，这个毛病就会复发；如果不把疖子割开，它就会继续长大。但是当孩子的母亲为他施手术时，虽然有人紧紧地抱住他、安慰他，他仍然会一直哭叫，一点也不明白目前受到小小的痛苦，结果会有大大的收获。”[114]同样的，民众“要安全，却痛恨产生安全的手段”。**如果允许他们追随当下欢乐的刺激，他们很快就会演变成他们最害怕的痛苦的受害者；反过来，如果令他们接受一些眼前不喜欢的，结果**

就会为他们带来所要的快乐。

这种对一般人性的低估，并没有使现实主义者否认高贵情操的存在。他们只不过怀疑它们的数量供应是否足够令国家维持秩序罢了。偶尔会有人才出现，能够徒手画出完美的圆圈，但是造轮子能够靠这些人吗？千人之中可能有一人是完全诚实的，但是当牵涉到数百万人的时候，少数几个人又有什么用呢？对于数百万人来说，查账是不可缺少的。一千个统治者里面有一个可能无须赏罚就可以激发人们合作共处；但是当中国人民处身在战国时代，你告诉他们去等待另外一个像古代传说中模范的治理天下的英雄，就如同告诉一位在中国中部即将淹死的人，去等待一位由边陲省份来的游泳好手会出现来救他一样。

生活是艰苦的。我们盼望它不是这样的，但盼望并不能改变事实。

没有湖水平静得可以毫无波纹，
没有圆圈可以那么圆而没有一点模糊不清。
如果我能够的话，我会为你改变一切；
因为我不能，你就必须照它们那样来接受它们。

严苛的存在事实，要求着坚定的现实主义，因为妥协会由于企图同时朝两方面走而取消了行动。“冰和炭火是不能放在同一个钵子里的。”

事实上，在孔子时代的中国，也出现了一种社会哲学，它之异于现实主义，正如火之异于冰一样。它就是以其主要发言人墨子（即墨翟）而命名的墨家，它提倡爱（兼爱）[115]——一个人应该“爱普天之下所有的人，就如同爱自己的人一样；关心别人的国家，要完全像关心自己的国家一样”。

国家之间互相攻伐，家与家之间互相侵占，人与人之间互相伤害，
这就是世界上主要的灾难。

不过，这些灾难来自何处呢？

它们的产生乃是因为缺乏相互的关爱。目前，封建君主只爱惜自己的国家，而不爱别人的。因此，他们会毫不犹豫地去攻打别的国家。一家之主只会爱他们自己而不爱别人。因此，他们会毫不犹豫去伤害别人。世上一切的灾难、争斗、抱怨，以及仇恨都源自缺乏相互的爱……

我们如何来改变这种情况？

它可以通过普遍的爱和相互帮助的方法来改变。

但是，什么是普遍的爱和相互帮助的方法呢？

要关心别人的国家如同关心自己的，关心别人的家如同自己的，关心其他的人如同自己。世界上所有的人都爱彼此，强者就不会压迫弱者，多数人就不会压迫少数人，有钱人就不会嘲笑穷人，尊贵的人就不会轻视卑微的人，狡猾的人就不会欺骗单纯的人。这完全是因为相互间的爱使得灾难、争斗、抱怨以及仇恨被防止而不会发生了。[116]

墨子完全不同意别人对他的攻击，说他强调爱是感情用事、不切实际。“如果它没有用的话，连我都不会赞成它。但是一件东西如果是好的，怎么可能是没有用的呢？”可能因为墨子的极端立场，使他相信他是受到上帝支持的，那高高在上的天君，一位人格神——“热爱着人民，安排了日、月和星辰，洒下了雪、霜、雨和露，设下了丘陵和河流、沟壑和山谷，指派了公侯和君主来赏赐有品德的人，处罚邪恶的人。上天普遍地爱整个世界，万物都是为了人类的利益而设。”[117]

因为爱明显是善的，而安排世界的神也是善的，因此，说我们拥有一个爱在其中却收不到效果的世界是不可思议的。因为“任何爱别人的人都会被人爱；任何施恩于他人的人，别人都会施恩于他；任何伤害别人的人，都会被别人所伤害”。[118]

孔子的答案

这两种对社会凝聚问题所提出的互相对立的答案，都不能令孔子有什么好印象。[119]他反对现实主义者用武力的答案，因为它是笨拙而外在的。**由法律来规范的武力可以限制人民的行为，但却因为太粗糙而不能激励他们日常的、面对面的交流。比如，在家庭的问题上，它可以规定结婚和离婚的条件，却不能引发起爱和伴侣的关系**。这个见解一般来说是站得住脚的。政府还需要它们本身不能提供的意义和动机。

至于墨家依赖爱这一点上，孔子同意现实主义者斥之为乌托邦。葛瑞翰（A. C. Graham）证实孔子在这一点上的决定性胜利，他指出在回顾中看来，“不单是对孔子的思路来说，对整个中国文明而言，墨家有点像是外来货，它坚持要你爱别人的家庭有如爱自己的家庭一样，这是没有任何其他人可以容忍的立场”。[120]爱在生命中是有其重要的位置，我们会听到孔子坚称，但是它一定要由社会结构和一种集体的风气来支持。只讲爱，就是只讲目的而不讲手段。这样的描述可以帮助我们了解孔子为何认为现实主义者和墨家都同样是错了，只不过错的方式相反罢了。现实主义者认为政府能通过他们领域内的法律和武力来建立和平与和谐，墨家则走向相反的极端，他们假定个人的承诺就可以解决问题，这是忽略了不同的情况和关系所激发的不同情绪，而使不同的反应合法化。当被问道：“一个人应该爱他的敌人吗，那些伤害了我们的人？”（译注/原文：“以德报怨，何如？”）孔子回答道：“绝不行。以正义来回应仇恨，以爱来回报仁慈。否则的话，你就会浪费你的仁慈。”（译注/原文：“何以报德？以直报怨，以德报德。”）孔子的首要追随者孟子，用了这同样的逻辑拒绝了墨子“同样地去爱所有的人”的呼吁。忽略了个人家庭中的成员所产生的特别情感，墨子表现出他本人是不现实的。

西方当前对社会问题所采取的方式——通过培养理性——或许在孔子当时并没有出现。假如出现了的话，他会认为它想得不够透彻而不予考虑的。那些持智力进化观点的人，看见人类的智力随着时代而不断增加，可能会论辩说，这是因为他所对付的社会还是在其未成熟的时期——像一个青少年，要打他，他太大了；要跟他理论，他又太小了。如果这个论题进入孔子的意识，他最可能的立场是主张：心灵是在由个人的群体关系所制约的态度和情绪的脉络之中运作着。除非在群体关系这一区域的经验使我们有意去合作，提高理性很可能只帮助人的自利。孔子不是启蒙时代的产物。他会是比较接近于承认博爱不是通过劝诫而产生的那些哲学家和心理学家。

即使事实如此，孔子依然对传统着迷，因为他看到了传统是意愿和态度的主要塑造者。他热爱传统，因为他视传统为一项有潜力的导管——一个能够汇集那在古代中国黄金时期或大同时期中被完美化的行为模式进入现在的行为模式中。因为那时的风俗习惯比较有让人服从的力量，人们惯于顺从它们，因为它们是精细地锤炼而成，与之合模就带来了和平与快乐。孔子可能理想化甚至浪漫化了从公元前2000年进入到公元前1000年适逢周代鼎盛的这一时期。无疑地，他羡慕它，而希望尽量忠实地重复它。传统对他来说就是一种从光辉的过去开出处方的手段，由此用以服务他自己动乱的时代。

当代的社会理论学家称赞他这样的思路。他们告诉我们说：

> 社会化，必须要从年老的传递到年轻的，习惯和观念必须在传统的承担者之间，像一个无缝的记忆之网般的维持着，一代又一代……当文明传统的延续一旦破裂了，社群就遭受到威胁。除非破裂能加以补救，否则社群就会分裂成派系间的战争。因为当延续中断了，文化的遗产就无法被传递。新一代通过尝试和错误，去重新再发现、再发明和再学习，来面对他们所需要知道的大多数东西……光靠一代的人不可能做到这一步。[121]

孔子说的是不同的语言，但是他所致力的正是这样的论题。

他对过去的关怀，甚至于崇敬，并没有令他成为一位古董收藏家。

他知道变化已经发生了，要完全回到古代是不可能了。公元前五百年，是中国人变成个体主义的时代，而与公元前一千年（以整数来计）分隔了开来。他们现在是自觉而反省的了。由于情况如此，自发的传统——没有清楚的意旨并且没有异议地统治了村落所衍生出来的传统——再也不可依赖了。另一个选择就是处心积虑的传统。当传统不再是自发和无疑问的，它就必须通过有意识的关注将之支撑和强化。

解决之道，听起来简单，但在实质上却是深刻的，是体现了社会天才们对社会情况如实的了解。在转变的时期，一个有效的主张必须符合两项条件：第一，它必须是过去的延续，因为只有跟人民已经知道和习惯的东西结合在一起，才会广泛地被接受——“不要认为我是来破坏的；我来不是要破坏而是要完成。”（马太福音5：17）。第二，所提出的新答案必须对旧答案不可行的当前发展，采取清楚明白的说明。孔子的提案卓越地达到了两者的要求，把传统维持在历史的舞台的中心而保留住了延续性。不要急，他似乎在说，让我们来看以前是怎么做的——我们听见他声称自己“只不过是一个好古的人”。（译注/原文：“信而好古”）以一位政治家的聪慧立足于法规之上，他求助于古典来为他的讲坛建立指导原则。而他一直都在不断地阐释、改造、重组着。虽然不为人民所知，我们却能够感到他自信地把传统从不自觉的转成自觉的基础上，完成了一项重大的新取向。

不为人民所了解，也多半不为孔子自己所知，我们应该加上这么一句，因为如果以为孔子完全明白他在做什么的话，那就错了。但是天才无须靠对他的创造物完全、自觉的了解。一位诗人可能对于何以要用某几个字的知识还不如一个诗评家。这种知识的缺乏并不会妨碍诗人用字的恰当性。或者，一切出众的创造都是更靠直觉，而不是靠明确的辨别力。显然地，孔子就是如此。他不会也不能用我们使用的措辞来证明他自己，或者甚至描述出他的答案。他只不过首先想出了答案，而把试图去了解做了什么以及何以他所做的证明为有效的这第二步工作，留给后人去做。

从自发的转移到有意的（deliberate）传统，需要批判的知性力量致力于保持传统力量的完整，而且，也要决定传统今后服务于何种目的。一个民族首先必须决定：哪一种价值对他们集体的幸福是重要的？这就是何以“在儒者之间研究正确的态度乃是最重要的事”。[122]然后，每一教育的设计——有形和无形的，从生发到死亡——都应该致力于把这些价值普遍地内化于人们心中。正如一位中国人描述这个过程：“道德观念通过每一种可能的方式，将之灌输到人们的心中——寺庙、戏院、家庭、玩具、谚语、学校、历史和政事——直到它们变成了日常生活的习惯……就连节日和游行（在这种意义下）在性质上都是宗教的。”[123]通过这样的手段，甚至一个由个人组成的社会也能够（如果它致力于这项使命）编织出一个无所不包的传统，这是一种暗示的力量，使其成员纵使在没有法律监管的情形下也能在社会上举止得体。

所用的技术乃是环绕着社会学家所谓的“声誉的模式”。每一群体都有这类的模式。在青少年帮派中可能是包括强硬和对常规蛮横的藐视，而在寺庙中，圣洁和谦卑是受到重视的。无论其内容如何，一种声誉的等级体现着该群体的领袖们所尊重的价值。追随者们从他们爱慕的领袖那里得到暗示，也去尊重他们的价值，而且有意地去扮演他们——部分是因为他们也对之有所爱慕，部分是为了要赢得同侪的赞许。

这乃是一种有力的常规，可能是独特的人类价值得以普及广大群众的唯一的常规。几近两千年来，一个中国孩子生活在孔子直接的光辉下所学的第一句话不是“瞧！瞧！瞧和看！”而是“人之初，性本善”。我们可能会对这种毫无遮拦的说教一笑置之，不过，每一个民族都需要它。美国有华盛顿砍苹果树的故事以及《麦格飞读本》（*McGuffey Reader*）上的修身格言。罗马人著名的是纪律和服从，靠着父亲把违反了命令去赢得战争的儿子处死的传说来培养。纳尔逊（Nelson）是否真的说了“英国期待每一个人都履行他的责任？”法兰西斯一世（Francis I）是否真的喊道“除了荣誉之外，一切都已失去了？”这并不太重要。故事表达了民族的理想，而按照其形象来塑造人。同样，孔子《论语》中一个接一个的故事和格言，乃是设计了来创造中国人所希望的中国人性格应该成就的原型。

子曰："君子和而不同，小人同而不和。"

（孔子说："真正的君子是友善，但不亲近，小人则是亲近而不友善。"）

子贡问曰："乡人皆好之，何如？"子曰："未可也。不如乡人之善者好之，其不善者恶之。"

（子贡问道："如果全城的人都喜欢他，你说这个人怎么样？"孔子说："这不够，最好是城中的好人喜欢他，坏的人恨他。"）

子曰："君子泰而不骄，小人骄而不泰。"

（孔子说："有教养的人自重，但不虚骄。没有教养的人虚骄，却不自重。"）

樊迟从游于舞雩之下，曰："敢问崇德、修慝、辨惑。"子曰："善哉问！先事后得，非崇德与？攻其恶，无攻人之恶，非修慝与？一朝之忿，忘其身以及其亲，非惑与？"

（有一次樊迟跟夫子在雩坛的树下漫步，樊迟问："我可否请问，一个人如何增进他的品格，改善个人的错误，以及分辨出什么是不合理的？"

"问得好，"夫子回答说，"如果一个人把责任放在成功前面，不是就会增进品格了吗？如果一个人责备自己的过失，而不去责怪别人，那不就弥补了他个人的缺点了吗？为了一时的愤怒而忘掉了自己和亲人的安全，那不是太不理性了吗？"）

让我们把前面几段文字之前提到的社会分析家的论点作一总结，孔子在为他的国人创造第二天性，这正是人们变得文明之后所要接受的。

这第二天性是依照"人民"生活的目的与理想所应有的形象而造成……对社群的全部忠贞只能由一个人的第二天性来提供，以控制他第一而原始的天性，并且不把后者当作最后的自己。然后，文明生活的纪律和必要性以及约束，对他就不再是异质的或从外面强加在他身上的。它们已经变成了他自己内在的律令了。

有意的传统的内容

有意的传统不同于自发的传统之处，在于需要对它全神贯注。首先，需要注意的是，当受到愈见增加的个人主义威胁着要腐蚀它的时候，要如何去维系其力量。这一点孔子认为是其在最广义下的教育之主要目的。不过，第二点，它需要注意到教育内容。它应该形成具有何种特征的社会生活呢？孔子答案的纲要可以归纳成下列五个主要项目：

一、**仁**。仁，字源上是“人”和“二”两个字的结合体，指应该存在于人与人之间的理想的关系。仁在孔子的人生观中是德行中的德行。它乃是最高的，甚至于是超越的完美，他说他从来没有看到它完全被体现过。由于牵涉到人的能力之最高展现，它是如此高超的一种德行，个人“在说到它的时候，不得不谦恭”。[124]对于君子，它比生命本身还要宝贵。“一个坚决的学者和仁人……甚至于会牺牲自己的生命来保持他们仁的完整。”（译注/原文：“志士仁人……有杀身以成仁。”）

仁同时指涉一种对他人的仁爱之情以及对自己的自尊，不论它在何处出现，对人的生命尊严都有一种不可分割的意义。辅助的态度自动地随之而来：宽宏大量、善的信念以及慈爱。在仁的指向下，有可以令人成为最高的人之一切完美的东西。在公众事务上它会激发起无倦的勤奋。在私人生活中，它表现出礼貌与无私，以及移情或“推己及人”的能力。如果用消极的说法来讲，这种移情可以引发所谓的白银法则——“己所不欲，勿施于人”[125]，不过没有理由就停留在这样消极的字面上，因为孔子同样正面地说明了这一点。“夫仁者，己欲立而立人。”这种心的宽大是没有国界的，因为对于那些仁人，他们知道“四海之内皆兄弟也”。

二、**君子**。第二个概念是君子。如果仁是人与人之间的理想关系的话，君子就是指在这种关系中的理想项。

君子的反面是小人，一个卑劣的人，一个心胸狭窄的人。充分胜任、泰然自若，君子对待生命整体来说，有如一位理想的女主人，在她的环境之中，她是那么的自在以至于她是完全放松的，因为如此，而能够全心照顾着别人的安适自在。或者换成男性的话，由于他在整体宇宙中自在到了一个地步，君子得以把理想主人的这些品质在一般生活中受用。因为他对自己的尊重而产生对人的尊重，他接触人的时候所想的，不是“我从他们那里可以得到什么?”而是“我可以怎么样来照应他们?”

女主人的充分胜任的品质，使得她有一种愉快的态度和高雅的模样。自在、自信以及称职，她是一个有着完美风度的人。举止不会无礼和暴戾；表情是坦然的，言词不会粗鄙和庸俗。或者，再换成男性来说，君子是不多言的，他不吹嘘，不推销自己，毫不炫耀他的优越性，“只有在体育方面除外”（译注/原文：“君子无所争，必也射乎!”）。永远保持着自己的标准，而不理会别人是否忘记了他。君子永远知道如何自处，在别人诉诸习俗的时候，依然保持高雅的主动性，训练有素地去面对任何突发的事件而“没有焦躁和恐惧”（无忧无惧），他不会为成功所动，也不会为了逆境而发脾气。

孔子认为，只有一个完全真实的人才能建立文明社会的伟大基础。只有在构成社会的人们转化成为君子，世界才会步向和平。

心正而后身修，身修而后家齐，家齐而后国治，国治而后天下平。(见《大学》)（如果心中有正义，性格就会有美；如果性格中有美，家中就有和谐；如果家中有和谐，国家就有秩序；如果国家有秩序，世界就有和平。）

三、**礼**。第三个概念，礼，有两个意思。

第一个意思是规矩，事情应该如何做的方式。孔子认为要人们能够聪明地自行决定某些方式该如何，是不现实的。他们需要模范，所以孔子要引导人们注意在社会历史所提供的最好的模范上面，使得所有的人都得以注视、记忆和学习。法国的文化不仅只有重视烹饪，也有对生活艺术的关注，一般来说，是最接近于中国的西方版本，其中有好些成语非常成功地把握了“礼”这个观点，而使得它们进入到西方的词汇中，例如：savoir faire，不论在什么情况下，如何使自己举止优雅和有礼的学问；comme il faut，事情应该如何做的方式；apropos，适当的；以及 esprit，对事情的正确感受。孔子要想培养的中国人性格正是在这些方面。通过格言（在西方用“孔夫子说……”的模仿而被取笑着）、轶事（《论语》中多的是），还有他自己的例子（孔子在他的村子里，看上去是单纯而真诚的；在朝廷上，他发言审慎而周到），他设法制订出一整套生活的方式，使任何一个受到正当教养的人，都会毫无怀疑地知道如何去处世。“举止造就一个人。”一位中世纪的主教说。孔子预见到那个洞识。

规矩涵盖很广，不过，如果我们看看他有关正名、中庸、五伦、家庭和老年的教诲，我们就能掌握到孔子所关心的要点了。孔子指出：

> 名不正则言不顺；言不顺则事不成……故君子名之必可言也，言之必可行也。君子于其言，无所苟而已矣。

这种话听起来是常识性的，不过孔子在这里所要对付的问题，在我们的时代已经酿成一项崭新的科目：语义学——研究语言文字、思想以及客观真实之间的关系。一切人的思想都是通过语言来进行，因此，如果语言不正，思想就不能正确地进行。当孔子说没有比父亲是父亲、统治者是统治者更重要的了，他是在说当我们用这些语言的时候，必须知道我们的意思是什么。不过同样重要的是，语言必须意指正确的事物。正名乃是呼吁一项规范的语义学——如果要使生活很有秩序的话，创造出一种语言，其中的主要名词要有它们应该具有的意义。

在孔子的观念中，“中庸”是如此重要，以至有专书以之命名，并且在儒家经典中占据中心地位。中庸的两个中文字是中和庸，字义是“中间”和“恒常”。因此，中庸就是在不能作用的两极端之间的“恒常在中间”的道路。以“没有任何过分”为其指导原则，它最接近的西方版本就是亚里士多德的黄金中道（Golden Mean）。中庸以一种敏感的气质来平衡过量和放纵，这样做把邪恶在一开始就抑制住了。“骄傲，”《礼记》忠告说，“不可以过分。意愿不应该完全地加以满足。享乐不应该过分。尊重中庸可以带来和谐与平衡。它鼓励和解，而扶植一种合适的保守。对于过分要留神，指向纯粹的价值，同样地远离热情与冷漠。”中国对于中庸的注重虽然并不普遍，却已经成功地保护了中国不至于狂热。

五伦构成社会生活的经纬，在儒家的系统中乃是父子、夫妇、兄弟、朋友与君臣。[126]这些主要的关系被正确地制定，对社会的健康至为重要。其中没有一项是可以转移的，在每一项关系中，两个当事人对彼此不同的回应要恰当。父母亲要慈爱，孩子们要孝顺；做兄长的要和气，做弟弟的要尊重；年长的要周到，年幼的要谦恭；统治者要仁爱，臣下要忠贞。在效果上，孔子说：当你这样做的时候是永远不会孤独的。每一项行为都影响到别人。这里所说的是一个系统结构、你可以在其中完成最高限度的自我，而又不会破坏你生命所依赖的社会网络。

附于家庭之内五伦中的三项，指出了孔子把家庭制度看得多么重要。在这一点上他并没有发明，而是承继着中国人所设定的，认为家庭是社会的基本单位。这项前提生动地深嵌在中国的传统中，那“发明”家庭的英雄，把中国人从动物提升到人的层面。在一个家庭内，依次的，孩子对父母的尊敬乃是其中心；也就是所谓的孝道。当父母亲的意义已经不再对孩子有意义的时候，最近有人写道，文明就处于危殆之中。孔子可以说是完全赞同的。“子女对他们父母的责任，乃是一切德行所自来的源泉。”

对长辈的照顾不只限于对自己的父母，它与孔子对一般年长者的尊敬相关。这两点是联结在一起的。在纯粹功利主义的基础上，年轻者（在某种年纪之后）照顾年老者的社会是好的，因为不要多久，年轻人自己也会年老，而需要收取他们早先的投资了。不过发生作用的不仅仅限于功利主义的论点，孔子清楚地认为，年轻人应该尊敬和服务年长的人，而不单只是回报一项契约性的债务。他认为年长之所以值得尊敬，是由于它的内在价值。因为两相权衡，他相信岁月不仅带来经验与调和，而且还有智慧的成熟和精神的完美；在最重要的事务上年老的人是在我们前面的。这种观点与西方尊重年轻人是如此的相反，对我们来说，几乎不可能想象出年纪愈大愈能受到别人的服务和尊敬那种感受是如何。孩提时期之后，一年一年不断地会有更多的人站起身来为你倒茶，而不是你去倒，别人也愈来愈对你说的话留心、尊重。这五项伟大关系中的三项，是集中在照顾与个人相关的年长者。

在正名、中庸、五伦、尊长和家庭的关心上，我们已经简单说明了礼在其第一义上的重要细节，那就是规矩或什么是正确的。这个字的另一个意思就是礼仪，把正确改变成——在什么是该做的这个意思上——仪式。或者应该说，它用第二种意思注入了第一意思；因为当正确的行为详列到儒家的清单上时，个人整个的生命变成在一个神圣的舞蹈中程式化了。社会生活的舞台是经过设计的。它的基本步法设计成功之后，就不再有什么临时创新的需要了。每一行动都有一个模式，上至皇帝每年三次向上天报告他体现天命的情况，下至在你家中如何招待最卑微的人以及如何奉茶。怀德海（Alfred North Whitehead）夫人报道一位剑桥的牧师，在为他的讲道作结论时说："最后，我的弟兄们，对于行为良好的人，生命是不会有什么问题的。"礼，乃是孔子替良好行为设计的蓝图。

四、**德**。孔子谋求为其国人制定的第四个中心概念就是德。

这个字的字面意义是权力，特别是统治人的权力。不过这只是一个初步的定义。这个权力是什么？我们已经知道孔子不接受现实主义者认为唯一有效的统治就是通过武力的主张。他的判断真是对了，历史通过按照现实主义者的路线立定其政策的秦朝证实了他的看法。秦国在开始的时候非常成功，第一次统一了整个中国，而以自己的国名——秦——来命名，后来就被称为中国，但是经历一个世代就亡了——活生生地见证了塔利兰（Talleyrand）的格言："**你可用刺刀做任何事，却不能坐在上面**。"在所有儒家故事当中，最有名的故事之一是孔子在泰山孤寂无人的山脚下听到一个女人的哭号声，孔子问她为什么哭的时候，她回答说："我的家翁被这里的一只老虎咬死了，我的丈夫也被咬死了，现在我的儿子也遭遇到同样的命运。"

“那你为什么还要住在这样一个可怕的地方呢?”孔子问她。

“因为这里没有一个压迫人的君王。”女人回答说。

“永远不要忘记，各位同学们，”孔子对他的门徒说，“一位压迫人的君王比一头老虎还要残暴。”（苛政猛于虎。）

孔子相信，没有一个政权能够自始至终地束缚住它的人民，甚至连大部分时期内控制任何一大派系的人都做不到。它必须靠人民接受其意志，对其作为有相当的信心。孔子指出政府的三项要素是：经济上充足（足食），军事上优越（足兵），以及人民有信心（民信之矣）。他更进一步说最重要的还是人民的信赖，因为“如果人民对他们的政策不信任，它就站不住了”。（民无信不立。）

这种来自公民自发的赞同，这种没有它国家就不能生存的信念，只有当人民感受到他们的领袖是有能力且诚心诚意地致力于大众福利，并具有令人尊敬的品德时才会发生。**因此，真正的德乃是道德典范的力量**。在最后的分析中，善不是通过武力或法律得以根植于社会中，而是通过我们爱慕之人的影响。万事的关键都在一国之君身上。如果他或她是诡诈或无价值的人，社会就没有希望。但是如果领袖是大家同意的真君，他的法令是出自固有的正义，这样的人就会吸引到一批“不可收买的伙伴”。他们对公众福利的全心投入，会唤醒地区领袖的良心，而由之向下激励一般的公民。不过，要想这种进程实行，统治者必须没有个人的野心，这就说明了孔子的话“只有那些够资格统治的人，才会宁可推辞不干”。

下面的陈述集中体现了孔子德的观念：

为政以德。譬如北辰，居其所，而众星拱之。

（治理政府用他的道德，可以比拟成北极星，它保持在它的位置上，而所有的星都环绕着它。）

季康子问政于孔子。孔子对曰：“政者正也，子帅以正，孰敢不正。”

（鲁国的男爵问孔子如何治国。孔子回答说：“要统治就要保持正直。假如大人你正直地领导人民，你的子民哪一个还会去犯法呢?”）

季康子问政于孔子曰：“如杀无道，以就有道，何如?”孔子对曰：“子为政，焉用杀。子欲善而民善矣。君子之德风，小人之德草，草上之风必偃。”

（同一个统治者在另外一个场合问孔子：“犯法的人该不该处死?”孔子回答说：“治理国政哪里需要死刑呢？如果你真心向善，你的人民就会跟着你向善。君子的德像风，人民的德像草。草的天性是当风吹来的时候就会随风仆倒的啊。”）

霍姆斯（Holmes）法官常说，他喜欢付税是因为他觉得他是在买文明。只要这种正面的态度存在，政治上的事情就会顺利。但是正面的态度要如何才能引发出来呢？在西方的理论家中，孔子在柏拉图那里找到发言人：

那么告诉我吧，克里底阿斯（Critias），一个人会怎样来选择他的统治者呢？难道他不会去选一个首先在自己身上建立了秩序的人吗？他知道任何出自愤怒、骄傲或虚荣的决定，对其公民的影响会增加到一千倍?

孔子也会赞同杰弗逊，他认为“政府的整个艺术即在于诚实的艺术。”

五、文。孔子系统中最后一个概念是文。相对于“战争的艺术”，这是指“和平的艺术”，指音乐、艺术、诗歌，以及文化在其审美的与精神的模式之总和。

孔子十分重视艺术。有一次，一首简单的诗歌叫他着迷了三个月，而至于无所谓饮食。他认为对艺术毫不关心的人只是半个人。不过，并不是艺术本身吸引着他，而是艺术转化人朝德行方向的力量令他印象深刻——它的力量使人容易为别人着想（令人心高贵起来），反之，则难以做到。

诗，可以兴，可以观，可以群，可以怨。迩之事父，远之事君……（心被诗歌引发起来，从音乐可以得到润饰。颂歌刺激着心灵，它们引起自我冥想，它们教导我们感受力的艺术，它们帮助我们克制愤恨。它们让人清楚明白侍奉父母和主上的责任。）[127]

孔子对文的意见更有其政治层面。是什么能令国际关系成功呢？此处现实主义者又以武力为答案。在我们的世纪里，斯大林就曾发出类似的回答，当被问及他在考虑进攻波兰的行动中，教皇占什么分量时，斯大林反问道："他有多少兵力呀？"孔子对这个问题所强调的在性格上截然相反。最终，胜利是归于发展了最典雅的艺术、最高贵的哲学、最伟大的诗的国家，并且提供证明，体现到"乃是一个地区的道德性格构成它的优越性"。（里仁为美）因为最终乃是这些东西引发各地男女自发的仰慕。高卢人是凶猛的斗士，他们因文化粗糙而被认为是野蛮人，但是他们一旦体验到罗马文明的意义，其优越性是那么明显，在恺撒征服他们之后，就再也没有发起对罗马统治的大规模反叛了。孔子对这是不会觉得奇怪的。

孔子的方案

让我们假定，孔子所要塑造的有意传统已得其所，对于一个处身在其中的中国人，生活会是怎样的呢？

作为一个永无止境的自我修养的方案，它会指向成为更完全的人的目标前进。在孔子计划中的善良男女是永远努力想要变得更好的。

方案并非在真空中施行——**这可不是隐居到山洞中去找寻内在神的瑜伽行者。刚好相反，一个从事自我修养的儒者，是把自己置身于不断在变动、永无休止的人际关系交错潮流中心，而不期望其他事情，对孔**

子来说，在孤离中的圣性是没有意义的。这并不只是说人际关系能令人满足，孔子的主张要比那更深刻。离开人际关系根本就没有我，自我是关系的中心，是通过与他人的相互作用组成，而由它的社会角色之总和来定义的。

这种自我的主张与西方个人主义非常不同，我们需要用整段文字来加以阐述。孔子视人的自我为一个交结点，它乃是一个生命聚会的交集处。在这种地方它像是一株海葵，仅只是潮水流过它冲洗的网，留下的沉淀构成了海葵本身所具有的稀少物质。这个比喻在很多方面相当精确，但也太过消极了；把海流改成冲击着飞行中的老鹰的气流，更能说明其意。那些气流冲击着老鹰，但是老鹰却用翅膀的倾斜度，利用气流来控制它飞行的高度。像一只在飞行中的老鹰，我们人生也是在动态中，不过人的情形乃是，人际关系是他在其中奋力前进的大气。孔子的方案是要掌握调节吾人翅膀的技术，使人上升到那无从捉摸，但却可以到达的完美的目标。或者，有如孔子所说的，指向变成更完全的人的目标。

在这样的类比中，孔子的五伦所展示的，是在大气条件下相对稳定的气流，从另一方面来说，可能会波动得很厉害。我们看到所有的五项关系都是不对称的，每一组人中，对某个人适当的行为与对另一人并不相同。这种不对称预设了角色的差别性，且详尽列明了细节。

此处的关键问题是，孔子所倡议的细节，是否影响到关系，而在每一组人的关系中，定位一个人的位置高于另一人。在某一个意义下，它们的确如此。对于孔子来说，小孩子应该尊敬父母，妻子应该尊敬丈夫，臣民应该尊敬统治者，年轻的和年幼的应该尊敬年纪大的，似乎都是很自然的，因为后者，通常是比较年长、比较有经验，而提供了自然的角色模范。但是这乃是翅膀倾斜必须正确调节之处，因为毫发之差就可以使孔子的方案站立不稳。在每一组人际关系中最危险的乃是那个在“上”者，他可能错误地假定在“上”的位置拥有的固有的特权而不必辛苦去赢得。毫无疑问，人性天生如此，中国人也受制于这种诱惑——到什么程度则难以估计，但是这种事实已经成为孔子方案有害的一面。

不过孔子本人企图阻止这种滥权，而坚持那种权威——正当的权威——并非是当然的，而是必须去赢得的。丈夫该当从妻子那里得到忠贞，要看丈夫是否能证明他值得——本能地激发——那样的忠贞。其他四种也依此类推，虽然在每一情况下，忠贞的细微差别有所不同。譬如在统治者与臣民的关系上，天命在于统治者——他有权要求臣民对他效忠——只要人民的福祉的确是他主要的关心，而他也具有增进这种事务的能力。在“大宪章”和“人权宣言”出现之前两千多年，在西方把神权和王权分开之前的两千年，中国人（通过孔子及其追随者）早就把革命的权利牢固地建构在他们的政治哲学中：“人民看见的正是上天所看见的；人民的愿望就是上天的愿望。”（译注/原文：“天视自我民视，天听自我民听。”）在孔子方案中，面对未能证明是正当的权威而与之合作，不单不鼓励，而且视为人的失败。

作为孔子方案的暗喻，我们引了老鹰调节翅膀来控制气流的形象——可以类推到五伦上——设法由此找到提升向上的方法。如果我们把这个暗喻应用到底，问这里所说的提升是什么意思，我们会发现答案在前一节里就开始了。它的意思是说要成为君子，一个充分实现的人，通过不断地去扩充个人的同情和移情。这种移情同情的中国字是“心”。以象形来看，心是按照人的心来写的；但在意义上，它是指智和心两方面，因为在儒家的学说中，两者是连在一起的——彼此分开的话，思想就会枯竭，感情就会失却方向，孔子的方案就会触礁了。至于增进这心——智的心，它以同心圆扩充着，由自己开始扩散出去，次第地包括家庭、面对面的社团、国家，最后是整个的人类。在把个人移情的关怀中心从自己转移到家庭，就超越了自私，从家庭到社群就超越了裙带关系，从社群转移到国家就克服了地方观念，而转移到整个人类就抵制了军国主义。

这种扩大的过程是配合着深化的过程的，因为在先前我们揭示说，孔子把自我看成是它的各种社会角色的总和，如果以为这是说他否认自我有一种内在的、主体的中心的话，那就说得太过头了。他不断呼吁自我审查和内省，显示出他不但承认自我有内在的一面，而且认为它是重要的。孔子的学说以自我为中心点而且也是为了自我，虽然（肯定是）当自我扩大时，它与其他部分的分离也减弱了。当移情增加的时候内在生命就愈见丰富，因为这乃是个人的“心”之广度和深度塑造着主体的面貌，而为它提供了思想的主要食量。

因此，在孔子的方案中，乃是内外合一。当仁和心扩充时，内在世界深化了，而愈令人感到满足和精纯，此时礼的可能性就逐渐得以实现。这项方案从来不是要独自一个人去做的。它是在人海中进行着，与其他同样（带着不同程度的认真）在尝试成为完全的人并肩而行。其练习的场地永远是那五项恒常的关系。在个人训练的进程中，你会发现掌握住五项之中的一个角色，就可帮助你了解其他的角色。做父母的能改进，就可以帮助明白一个（自己的父母亲的）好孩子应该如何。其他角色的精微差异也同样会彼此互相增益。

伦理或是宗教？

儒家是一种宗教，还是一种伦理呢？答案要看如何定义宗教。以它对个人行为以及道德秩序的密切关注上看，儒家和其他宗教比起来，是从一种不同的角度来探讨生命，但这并不必然表示它就没有宗教资格。如果从最广义来看，以宗教为环绕着一群人的终极关怀所编织成的一种生活方式，儒家显然够资格算是宗教。就算宗教是采取一个比较狭窄的意义，是指关怀人与其存在的超越基础的结盟，儒家仍然是一种宗教，纵使它是一种缄默的宗教。虽然到目前为止，我们只谈到孔子的社会关怀，这一方面确实是其思想核心所在，但是却并未尽述他的观点。

要正确明了儒家的超越层面，我们需要把它置放在孔子所生活的古代中国宗教背景中。直到公元前1000年，这个无可置疑的观点乃是三个相互关联因素的组合体：

首先，天和地被认为是一个连续的统一体。这两个名词不单是指地方，也同时指居住在那些地方上的人们，如同上议院也同时指在那个议院中的人。构成天的乃是由最高祖先（上帝）统治的祖先们（帝）。他们是先去世的祖先们，而且目前地上的随员们很快就会加进他们的行列——整个是一个没有间断的行列，在这行列中，死亡的意义不外是提升到更荣耀的地位。两个领域相互牵连而有经常的接触。“天”职掌着对地上福祉的控制——譬如天气是“天的情绪”——而同时要靠地上的现有居民通过祭祀来提供其需要。两个领域中，上天比较重要。其居民比较尊贵和威严，而且权威也比较大。结果，他们得到“地”的尊敬而支配着她的想象。

因为其相互的依赖性，“天”与“地”就算不是出于亲爱，也会为了需要的理由而沟通。“地”向“天”说话，最具体的方法就是通过祭祀。“地”上的居民认为与他们去世的先人分享他们的财货，是聪明而自然的，财货的精髓乘着祭祀火焰升起的烟雾而被带到天庭。这种祭奉的土丘乃是每一古代村落的焦点。当国家兴起，统治者、天子，通过主掌国家对其先人的祭祀，而确定了他拥有这个头衔的权利。

如果祭祀乃是“地”对“天”说话的主要方法，则占卜就是“天”回应的渠道。由于祖先知道人民的整个过去，他们就有算计未来的能力。占卜就是现在的一代，通过它可能求得那项预知未来知识的方法。因为祖先们喜爱后代，自然乐意把对未来事物的知识与后代分享。但是他们已经不再能发声，因此需要使用符号。职是之故，地上发生的一切事物可以归纳成为两类。人们有意做出来的事是一般性的。但是那些“自发的”事物——我们读着这个片语，应该有稍稍的不安——要对之特别小心留意。它们是不祥的，因为人们永远不会知道，什么时候是祖先努力要引起人民的注意，急切地要警告他们那即将来临的危险。有的预兆会发生在身体内或身体上：痒、打喷嚏、抽筋、跌倒、耳鸣、眼跳。另外还有外在的：打雷、闪电、星星的行程、昆虫、鸟类以及兽类的行为。人们也可能采取主动而积极地去找出“天”的预示。他们可以把蓍草茎抛在地上来观察其图案；也可以用热铁烙在龟壳上来研究上面出现的裂纹。不论是什么情况——一次行旅、一场战争、生产、婚嫁——都要寻求上天审慎而周全的消息。古代的一项记录讲述主人请客人留下来过夜。

客人回答说："白天的事我已经占卜过了，晚上要留下来，我还没有占卜过。我不敢。"

在早期中国宗教的这些伟大特征中——与祖先的连续感、祭祀、占卜——它们有一个共同的重点。重点是在"天"而不在"地"。要了解儒家作为宗教的整个层面，重要的在于明了孔子把人民的关怀，从"天"转移到"地"，而没有完全把"天"抛弃。

儒家这种双面性的第一项可以很容易找到文献证明。在当时一个争论得很激烈的题目——哪一样应该优先，地上的人抑或是需要祭祀的神灵世界的要求？——他的回答是，虽然神灵的要求不可忽略，但人民应该为先。中国人日后为人所知的现世性和实用的考虑浮现出来了，孔子在凝结他们这种现世取向上做了很多工作。

"我不能说我们所知的社会是那全体，"杜威写道，"不过我的确要特别说它乃是那可供我们观察的全体的最广泛和最丰富的表现。"孔子会同意的。他的哲学乃是一种常识和实用智慧的混合体。它没有深邃的形上思想，没有飞跃的玄想，没有激动的灵魂对宇宙虔敬的呼唤。正常情况下，他"不谈鬼神"。"你知道的就承认你知道，你不知道的就承认你不知道，"（译注/原文："知之为知之，不知为不知。"）他说，[128]"多听，对于有点怀疑的就搁在一旁，对于其余的要小心谨慎地说话；多看，对于意思不清楚的就放在一边，对于其余的要小心谨慎地行动。"（译注/原文："多闻阙疑，慎言其余，多见阙殆，慎行其余。"）结果，只要问到有关彼世的事情，孔子就把重点拉回到人身上来。被问到侍奉鬼魂的事，他回答说："你还不能够侍奉人，怎么能够侍奉鬼魂呢？"（译注/原文："一天能事人，焉能事鬼？"）问到关于死本身，他回答说，"你连生都还不了解，怎么能了解死呢？"（译注/原文："未知生，焉知死？"）[129]总而言之，一次只一个世界。

特别说明孔子把焦点从"天"转移到"地"的一个方式，可以在他把重点从祖先崇拜转变到孝道上看到。在古代中国，死人的确是被崇拜的。忠实于他天性中保守的成分，孔子没有做任何事来中止祭祀祖先。他不否认死者鬼魂的存在性，相反，他劝谕人要对待它们"有如他们是真的存在一样”。（译注/原文：“祭如在。”）同时他自己所看重的，乃是在血亲之间的联系。对他来说，一个家庭中成员彼此之间的责任，是远比对已去世者的责任重要得多。

孔子把重点从“天”转移到“地”的程度，不应该令我们以为他完全把地从天分离了。他并没有否定当时世界观的主要大纲是由天和地组成的，这两者是神圣创造的一对，一半是形而下，另一半是超乎形而下的，由最高的上帝所统治。对超自然持保留态度如孔子者，却并非没有这一面；在这宇宙之中，的确有一种站在对立的一面的力量。因之，正义的扩张乃是一项宇宙的要求，而“天意”乃是君子尊重的首要事务。孔子相信他有一种天命要去传播他的学说。当他“长征”（周游列国）时，他在匡受到攻击，他向门徒保证说：“上天指派我来教导这套学说，在我没有完成之前，匡人能把我怎么样？”（译注/原文：“天之未丧斯文也，匡人其如予何？”）[130]感受到被人民所忽视，他用这样的想法来安慰自己：“天——它知道我！”（译注/原文：“知我者，其天乎！”）一直以来，最为人所引述的宗教谚语乃是出自他的笔下。“冒犯神的人是没有对象可以去向它祷告的。”（译注/原文：“获罪于天，无所祷也。”）[131]

这种把焦点转向“地”的做法，多少淡化了先民有神论对社会的影响。但对超自然宇宙力的崇敬，使我们了解到一位当代儒家学者能够写出“最高的理想是天人合一”，又说在《中庸》中则将之描述为“人与天地形成一个三位一体的组合”（译注/原文：“与天地参。”）[132]成为完人的方案要包括逐次超越利己主义、裙带关系、地方观念、种族主义，以及军国主义，现在要加上现代这个20世纪的孤立自足的人文主义。

我们再来看看这位儒家学者的另一段说明：

要使我们配成为天的伙伴，我们必须经常接触那使得正义和原则光辉地在我们心中显发的无言灵明。如果我们不能超越种族的极限，我们最多只能盼望一种排他性的粗俗的人文主义，亦即宣称人为万物之权衡。对比起来，儒家的人文主义是富有包容性的。它的陈述是基于一种“人类—宇宙”的一体现象。人在包容一切的完满中“与天地万物合为一体”，使我们在感受上体证到宇宙的同存。[133]

对中国的冲击

在《下个一百万年》（*The Next Million Years*）一书中，达尔文（Charles Galton Darwin）评论说，任何人要想对人类历史造成相当大的冲击的话，有三个层面可以选择。他可以选择政治行动、制造出一种教义或者试图改造人种的遗传组合。第一种方法是最弱的，因为政治行动的效果很少比行动者更长命。第三种则是行不通的，因为就算我们有知识和技术，遗传学的政策连短时期都很难强制执行，而且在看得见的任何效果达成之前就几乎会被放弃。达尔文下结论说：“这就是何以一种教义给予人真正控制他未来命运最实际的希望。”[134]

历史对这一主张所提供的支持，再也没有比孔子的工作更清楚的了。两千多年以来他的学说深刻地影响了地球上四分之一的人口。其发展简直是一个成功的故事，因为孔子那外表看起来平凡的事业，其令人难以置信的结果是，建立了一个成为中国统治精英的学者阶层，而孔子本人则升起成为中国历史上最重要的人物。公元前130年，儒家经典被定为训练政府官吏的基本教材，这种模式继续着（在公元200—600年的政治分裂期间有所中断），直到1905年清王朝的崩溃为止。在汉代，儒家事实上变成了中国的国教；公元59年，在所有的城市学校中都被指令要祭孔子，在第7与第8世纪中，帝国的每个县都建立了孔庙，作为对他及其追随者的神龛。中国著名的文官考试制度，在世界其他地方做梦都还未曾想到的时候，就把公共机关民主化了，其中心就是儒家的典籍。宋朝（第10世纪后期到13世纪后期）把这个制度完善化，一直到20世纪初还仍然施行着。

达尔文顺着他对“教义”的力量的一般论点说：“中国的文明（孔子的教义在其定型上做了很大的贡献）比起世界任何其他文明，在更大的程度上被视为模范的典型。”我们还是不要说得如此过分。因为要从质上来将文明分等级是没有尺度可寻的，我们只可满足于量上的估计，数字的确可以告诉我们一个客观的故事。不同于欧洲或印度，中国结合在一起编造了一个政治组织，在其高峰时期拥有世界三分之一的人口，中华帝国在朝代的传承下，持续超过两千年之久，它所跨越的时间，使亚历山大、恺撒以及拿破仑的帝国看起来都如昙花一现。如果我们把帝国持续的年代乘以平均每年所拥有的人口数目，在数量上它就成了使人印象最深刻的人类所设计的社会机构了。

我们很难说孔子对这个机构做出了怎样的贡献，因为儒家的价值与中国人民的一般价值，在时间的过程中混合在一起，难以把两者分开。因此，我们在此处要指出的，是集中在孔子和他的门徒们所加强的而非他们所创造的那些中国性格特征。我们所要提到的那些特征差不多可以说适用于整个东亚，因为日本、韩国以及大部分的东南亚，都有意地输入了中国的伦理。

我们先从东亚显著的社会重点开始，那是孔子帮助将之固定在社会适当的位置的。几乎每一位汉学家都会谈到这一重点，在这里我们只需谈到两项结果就足够了。“所有的中国哲学明显地都是社会哲学。”巴拉兹（Etienne Balazs）如此观察，陈荣捷也同意上面的意见：“中国哲学主要是对伦理、社会和政治问题的兴趣。”要一下子看到这社会如何将其所着重的付之实行，我们就留意到虽然中国和美国大陆一样大，她却只有一个单独的时间标准。明显地，中国人觉得应该按照他们的时间意识，在他们自己之间同步，而不是以他们的时钟来顺应非人格性的自然。

这当然是个小问题，不过小的讯号却能反映出更深的态度，总而言之，更大的证明就在手边。**孔子的社会重点，在中国人身上产生了一种显著的社会实用性——一种当有需要时，去大规模地完成事务的本领。**历史学家推测我们所看到的中国社会重点，可能源于中国早期一方面需要大的灌溉工程，另一方面又需要巨大的堤防来围堵汹涌的河川之故。我们不应该忽略社会实用性（如我们在此处所称的）可以被错误地应用的事实；在中国曾经有过许多暴政，但是，无论好坏，社会的实用性似乎是一项事实。20 世纪的第三阶段，面对着人口问题，中国生殖率在十年间减少了一半。由 1949 到 1979 年的 30 年间，它似乎已永远把饥荒、水灾和传染病自世界四分之一的人口中摒除了。正如 1980 年 9 月份的《科学美国人》（*Scientific American*）杂志中指出的："这乃是历史上一桩伟大的事件。"[135]

直接与本书主题有关的，在世界文明当中很独特的，是中国调和其宗教的方式。印度以及西方宗教是排他性的，如果说不是竞争性的话——把某人同时想成是一个基督徒、穆斯林和犹太教徒，或者甚至同时是一位佛教徒和印度教徒，是没有意义的。中国对这种事情的态度却不同。**每一个中国人在伦理和公众生活上是儒家，在个人生活和健康上是道家，而在死亡的时候是佛家**，一路上还加入一些健康的萨满教的民间宗教。正如有人曾经这样说："**每一个中国人都戴上一顶儒家的帽子，穿上道家的袍子，以及佛家的草鞋**。"日本在这个混合体中则加上神道教。

中国家庭的重要性——孔子五伦中有三项是配合它的——是无须再重述了。有些汉学家立论说，如果把祖先崇拜和孝道包括进去，家庭变成是中国人民的真正宗教。在中国，姓是在前面的，然后才是名。中国的大家庭一直持续到 20 世纪，正如下面的一份报告证实："一个家庭可能包括八代人，包括兄弟、叔伯、祖叔伯、儿子、侄子辈和侄子的儿子们。有超过 30 位的父亲辈和他们的孩子，每一位都有他们的祖先和孩子，甚至追溯到祖父母和孙儿们，可能都住在一幢连接的家庭房屋中，全都属于一个家庭。"[136]家庭关系的中国词汇也是同样的复杂。一定要两个字（兄弟）来说明所提到的人到底是年长或是年幼，用一个字（brother）来说就太笨拙了。姐妹、姨婶、叔伯、祖辈等都有同样的情形，需要不同的字来指示出这些关系是父亲那一边还是母亲那一边。在中国大家庭中，有各种名衔给 115 种不同的关系。[137]强大的家庭联系使人窒息，但也带来好处。一直到现在，这些还为东亚人运作着。吾人想到当地的低犯罪率——日本的失窃率只有美国的百分之一——以及东亚移民到其他地区让人印象深刻的记录，那里的青少年犯罪率低，成就和向上升的能动性高。亲戚们甚至经常会联合起来帮助远亲接受进一步的教育。

在孔子五伦关系中，有三项对年长一方有所偏向，使东亚人对年长者的尊敬提高到几近崇敬的地步。在西方当有人承认已 50 岁时，反应多半会是："你看起来一点都不像是 40 出头的人。"在传统中国礼貌的反应多半是："你看起来很像是 60 岁了。"在 20 世纪 80 年代中期，一位到日本的西方年长访客被日本友人问起他多有智慧。这个问题所引起的混乱，使那个日本人发觉到他犯了错误。那日本人一面为了他错误的英语道歉，一面解释说他是想问他的朋友多大年纪。当我们把这件事与西方对年龄的态度比较——"过了四十就过了顶峰，过了顶峰你就加速地下坡了"——其对比是突出的。面对着身体衰败的必然性，中国创造出支持鼓励精神的社会组织。每过去一年你就能从家庭和同仁那里得到更多的关怀，以及我们已提到过的更殷勤的倾听发言的尊敬态度。

孔子的中庸之道到今天仍然继续表现在中国人偏爱协商、调停以及"中间人"特别是典型地牵涉到家庭和其相关成员的时候。中国的数字无法得到，但是在 1980 年中期的日本，其律师数目与美国相比是 1∶24。其协商论题与其特别的东方现象"面子"联系在一起，因为赢与输的法律裁决关系中，被判输的一方丢了脸。这是严重的，因为如果你还要继续与你的同仁亲密地生活在一起的话，长远来看，在心理上把关系搞糟了是没有好处的。

孔子还主张"文"：他的信念是学与艺不单是表面的装饰，而是改造社会和人心的力量。中国尊崇着他的这项信念：他把学者和官僚置放在社会阶梯的顶端，而把军人放在最底层。虽只是一种尝试，不过各处零星地、不时地会有成果。在中国曾经有过文艺鼎盛的黄金时期，在同时代中没有任何文明可与之比肩，而成就了高深的学问：令人立即想到的是书法、宋代山水画与养生的太极拳。纸早就发明了；在古腾堡（Gutenberg）之前四百年，活字版印刷术就发明了；一部 15 世纪的百科全书，2000 名学者研究的结晶，一共有 11095 册；还有伟大的诗篇；精妙的画轴；以及瓷器，“由于其材料和装饰之精细，其形状之雅致，可以被认为是所有国家，所有时代中所能产生的最好的瓷器”。[138]

与儒家生命艺术本身混合，这些文物产生了富有其自己特色的文化。一种巧妙、光辉和含蓄品味的混合体，使中国人拥有一种同化的力量，在其巅峰时期无出其右者。在一切伟大的文明中，中国有最开放的边界线，定居在土地上的农民，曾一波又一波地遭受到驰骋的野蛮人的入侵。打到门口来的有鞑靼人，其长程的攻击曾经对罗马帝国造成了致命伤。**但是中国对那些抵挡不住的，就将之吸收进来**。每波的入侵者总是通过自愿的事例而丧失其自身的认同，他们爱上了他们所见到的。一次又一次地，一个不识字的入侵者，原先入侵的唯一的目的是为了抢劫，最后却屈服了，几年之内他的最大愿望就是临摹一首手写的中国诗，可以让他的老师（其实是被他征服的奴隶）承认够得上是出自士人之手，而他所最希望的是被误以为是中国人。忽必烈是最显著的例子。**他征服了中国，自己却被中国文明所征服**，他的胜利实现了他恒久的野心，那就是成为真正的天子。

魔法并没有永远持续下去。中国文明在 15 世纪，世界上还没有可与之比肩的，之后，僵化就开始了，西方的军事优越性把中国的命运从其手中夺走，上两个世纪的中国不再是独一无二的了。在西方挑起战端、强迫输入鸦片以及随后把中国瓜分成为欧洲势力范围的背景下，去讨论儒家是没有什么意义的。

要了解儒家持久而建设性的影响，我们可以去看过去 40 年来东亚经济的奇迹。日本、韩国、中国台湾和新加坡都被儒家的伦理所塑造，在 20 世纪末构成了经济成长的动力中心——有效地见证了科学工程与社会工程结合会产生出什么样的结果。一项统计数字，和记者有关日常事件的报导，就提供了其所以成功的答案。1982 年日本工人平均只拿他们合法假期 12 天的 5.1 天，因为（通过他们自己的计算法）“长假会造成同仁的负担”。[139]那份报道，是这样的：

春天，早晨六点钟。京都中央车站前面有六个男子围成一个圈在唱歌。他们全都穿白衬衫、打黑领带、着黑裤子以及光亮的黑皮鞋。其中一人朗诵着一份要服务顾客、公司、京都市、日本以及世界的宣言。他们是出租汽车司机，正要开始他们日常的工作。[140]

这与生产并没有关系，不过另一项从京都来的报道就显示了东方人知名的礼貌："在京都混乱的交通中，两辆车的保险杆互相刮到了。两个司机都跳了出来。两个人都鞠着躬，拼命道歉说自己太不小心。"

这些都是孔子精神的回音，不过人们必然会想到在西化的世界中，这种宗教的未来是什么？

没有人知道答案。

第五章
道　家

没有一个文明是清一色的。在中国，儒家的古典音调，不单是被佛教的精神阴影遮住，同时也被道家的浪漫色彩所平衡了。

老　子

按照传统说法，道家是由一位名叫老子的人所创的，据说他出生于公元前604年。他是一个影子般的人物。我们对他没有任何确实的资料，学者们怀疑是否真有这样一号人物。我们甚至不知道他的名字，因为老子显然是一项亲密和尊敬的头衔。有关他的资料只是各样传说组成的拼图。有些简直是异想天开的，譬如：说他是一颗流星投胎，母亲怀胎82年，一出生就已经是满头白发的智慧老者。故事的其余部分则没有什么问题：他在（中国）西方家乡的邦国中做一名管理档案的小吏（译注：周守藏室之吏），工作之余过着一种简单而谦逊的生活。有关他性格的资料，几乎完全来自据说是他写的一本小书。有的人就根据这一点下结论说，他可能是一位沉醉在玄妙冥想中的孤独隐士，另有人把他描绘成是脚踏实地的人——一个极富幽默感的好邻人。

根据中国第一位史家司马迁所报道，古代留下的唯一老子写照，只说到他给人谜一般的印象——意思是，他所拥有的理解深度超过一般人能够领悟的程度。按照这项报道，孔子听到老子的种种传闻而被吸引了，有一次去拜访他。由孔子对他的描述，显示了这位奇特的人使孔子觉得困惑而又充满敬意。“我知道鸟能飞；我知道鱼能游；我知道动物能跑。那些能跑的生物会被网住，能游水的会被柳条篓子困住，能飞的会被箭射中。但是龙超出我知识范围之外；它一飞冲天乘云驾风。今天我见到了老子，他是个龙一般的人物！”（译注/原文见《老子列传》：鸟吾知其能飞，鱼吾知其能游，兽吾知其能走。走者可以为罔，游者可以为纶，飞者可以为矰。至于龙，吾不能知其乘风云而上天。吾今日见老子，其犹龙邪！）

传说中对老子的描绘是：由于人们不理会他提倡要培养的自然之德，忧伤之余，在晚年为了寻求更彻底的孤独，他骑上一头水牛，朝西方往现今西藏的地方而去。在函谷关有一名守卫，意识到这名逃逸者非比寻常，企图说服他转回头。劝说没有成功，他请“老子”至少留下他信仰的记录给这个他即将离弃的文明。老子答应了这项请求。他告退了三日，再出现的时候写下一部五千言的小书，名之曰《道德经》。这一份对人类在宇宙中自处的见证，可以在半小时就读完，也可以读上一辈子，到如今仍然是道家思想的基本典籍。

对于被认定为一个宗教的创始人来说，这是多么奇怪的一幅肖像呀。老子没有说教。他未曾组织群众或推广什么。他在别人要求之下写下几页东西，骑上一头水牛走了，有关他的事情就到此结束。跟佛陀是多么的不同啊：他在印度的道路上风尘仆仆 45 年，就是为了说明他的看法。多么不像孔子呀：他纠缠在王侯之间，想要谋个官位（或至少求个可以让他讲抱负的机会）去实现他的理想。而现在面前这么一个人，对于他那一套臆测之成功与否毫不关心，更不必说名誉和财富了，甚至于根本不留下来回答问题。然而，不论他生平的故事是真是假，却因十分忠于道家的态度，而将永远是道家的一部分。有些皇帝声称说这位影子般的人物是他们的祖先，甚至于学者们——虽然他们不以为《道德经》是一个人写的，也不认为公元前第 3 世纪下半叶之前，该书已经取得了我们目前所看到的形式——也承认书中观念一贯的程度，使得我们必须假定，该书是在“某一个人”的影响之下成形的，并且不反对称那人为老子。

道的三种意义

打开道家经典《道德经》，我们立刻感受到一切都围绕着“道”这个中心概念。它字面的意思是道路。不过，这个“道”可以理解为三种意思。

首先，道是终极真实之路。这个道无法被知觉，甚至无法被清楚地设想，因为对于人的理智来说，它广大无边而难以测度。《道德经》一开始，就说语言并不等于道：“能够说的道就不是真的道。”（道可道，非常道）然而，这不可言说的超越的道，乃是随后出现的一切的基础。一切之上，一切之后，一切之下，乃是生命所自来，以及生命回归的发源地。每一想到道就充满了敬畏之情，《道德经》的作者/编者就不时地发出赞叹，因为这首要的道，将生命基本的神秘，一切神秘的神秘放在他的面前。“多么清澈啊！多么静寂啊！它必须是永恒存在的某种东西。”“在一切伟大事物中，道的确是最伟大的。”但是它的不可言说是不可否认的，因此我们一而再地被道家戏弄似的警句嘲弄着：“知道的人是不说的，说的人是不知道的。”（译注/原文：知者不言，言者不知。）[141]

道虽然在终极上是超越的，它同时也是内在的。在这第二种意义下它乃是宇宙的道，一切自然之中的准则、韵律、推动力，一切生命背后的秩序原则。道在一切生命背后，也在一切生命之中，因为当道进入这第二种模态中，它就“有了血肉”而令万物充满活力。它“调适其活泼的本质，鲜明其多方面的充满，压制住它灿烂的光芒，而呈现为灰尘的模样”。（译注/原文：挫其锐，解其纷，和其光，同其尘。）它基本上是精神而不是物质，它不能被穷尽，愈是去吸取它，它就愈不断地流出，因为它乃是“那永不竭尽的源泉”，正如普罗提诺（Plotinus）说到他的太一（One），那道之对应物一样。它有某种必然性的标志，因为当秋天来了，“没有树叶因为它的美丽，没有花儿因为它的清香而得以豁免”。然而，最终它是仁慈的，优雅适度而不是粗暴的，流畅而不是踌躇的，它是无尽地宽大。予万物生命，它可以称为“世界之母”。作为自然的动力来说，道在这第二种形态上类似于伯格森（Bergson）的“生命力”；作为自然的秩序安排者，它类似古典西方的永恒法，那建构世界的永恒律法。当达尔文的同事罗曼尼斯（George Romanes）谈到“那整体结合原则——可说为宇宙的精神——不经思虑的本能，却有目的地流动着”，可能说的是同一件事。

在其第三种意义中，当它与方才描述的宇宙之道紧密配合的时候，道是指人类生命的道。本章随后部分，大多会详细说明道家提出这种生命之道应该是如何的。不过，首先必须指出的是，中国不只是有一种而是有三种道家。

三种探讨力量的进路以及随之而来的三种道家

《道德经》，道家基本经典的书名，被翻译成《*The Way and Its Power*（道以及其力量）》。我们已经谈过书名中的第一个字“道”可以理解为三种意义。现在我们要指出第二个字“力量”（德）也有同样情况。相应于三种探讨德或力量的进路，在中国产生了三种道家，它们彼此歧异，看起来好像只是发音相同而意思完全不同。我们会发现事实并非如此，不过首先必须清楚区分这三类道家。其中两种有标准的名称，分别是哲学的道家和宗教的道家（道教）；因为比较多的人与宗教的道家有关，这一派也常常称之为流行的道家。第三派（在我们叙述的顺序是第二位）成分太过异质而很难给它一个名称。不过，这一派的人有一个可以认定的特色，就是拥有一项共同的目标。他们都从事于增强活力的课程，想要借此使道的力量（德）在流经人体时产生更大的作用。

有效的力量：哲学的道家

宗教的道家已形成羽毛丰满的教派，而哲学的道家相对地来说一直都没有什么组织。哲学的道家是反省的，而活力的道家则是活跃的，但是这二者就正式制度化来说，顶多是像美国新英格兰的超越主义运动或当代健身课程那样乏善可陈。这二者还有第二点相似之处，就是都要靠自助。可以有师父帮忙，但最好把他当成训练学生的教练——在哲学的道家，是针对学生应该理解的给予指导，在活力的道家，则是针对学生应该实践的给予指导。

至于二者之间的不同，主要在于各自对滋养生命的道之力量，采取了特定的立场。把两者的不同明白指出来的话，哲学的道家要以有效的使用方法来保存他们的德——而“活力”道家则努力增加其有效的供应。

因为哲学的道家主要是一种对生命的态度，它乃是三种道家中最可“输出的”，对广大世界有最多话可说，故将以最长的篇幅加以处理。但得等到本节后半部才加以讨论。此处只是指明其逻辑上的地位，而要先由其他两种道家说起。

哲学的道家在中国称为道家，跟老子、庄子和《道德经》等名字相关。由于哲学追求知识，我们就可以把它与力量联结起来，正如培根明确地告诉世人：“知识就是力量”；知道如何修车就有控制车的力量。显然地，道家的目光不是在机器上；他们想要修理的是生命。增强生命的知识，我们称之为智慧；所谓智慧的生命，道家的哲学家主张，就是要以保存生命活力的方式来生活，不要将它浪费在无益的、耗损的方式上，因此首先要避免的就是摩擦和冲突。我们将在本章的后半部分中省察老子和庄子的处方，不过在这里可以预先提到一点。他们的主张环绕着“无为”的概念，这个词语字面上的意思是指没有作为，而在道家则是指纯粹的有效性。在无为的模式下行动，就是指行动时，摩擦——在人与人之间的关系中，在心理的冲突中，在对自然的关系中——被降到最低限度。

现在我们接着介绍道家的活力派。

扩大的力量：道家养生与瑜伽

道家的“熟手”我们如此称呼第二类道家的实践者，是因为他们全都从事于某种训练课程，其中还有许多是很严格的——不愿意认同哲学家对道分配的有效管理目标。他们要以修炼来增加道的配额，而不只是做到保存而已。用会计学的名词来做比喻，如果哲学的道家以节省开支来增加纯利（减低不需要的能量消耗），那么道家熟手则要增加总收入。

气这个字立刻现身为这第二派别的当然项目了。它字面意思是气息，而真正的意思是活力。道家用这个字来指他们经验到那运行在体内的道的力量——或由于被阻塞而不能运行——主要的目的是要促进流通。气令这些道家着迷。当布莱克（William Blake）喊着“力就是喜乐”时，正是写下了他们的感受，因为力是生命的力量，而道家是爱生命的。活着是好的；多活一点就更好；而能够永远活着最好，因之就有了道教中追求永生的宗派。

为了要成就他们扩充气的极限的目的，这些道家处理三样东西：物质、运动和心灵。

关于“物质”，用吃东西的方法——几乎是无所不吃——看气是否能够在营养上扩充。在这项实验过程中，他们发展出一套美妙的草药药典[142]，不过某一方面来说这只是附带的结果。他们不是要医治而是要增加——增加并且延长生命力，其最终的保证者乃是那百般寻求确保身体不朽的长生不老药。[143]他们也会进行性方面的实验。在一项这类的实验中，男人的假设是：如在性交时要射精的一刻间，用拇指压迫阴茎的底部看能否保住精液，将之引导回到自己的身体中[144]，他们就得以吸入女伴的阴气，而不消耗自己的阳能。呼吸的练习也发展出来。处理物质中最精致的空气，寻求从大气中吸气。

除了各种从固体、液体和气体形式的物质中抽取气的努力之外，还要辅之以身体“动作”的活动，如太极拳，是把柔软体操、舞蹈、冥想、阴阳哲学与武术揉成的一种综合，在此情况下是设计来为了从宇宙中吸取气，并且去除阻塞好让它在内部流通。后者也是针灸的目的。

最后，谈到“心灵”本身，很多沉思默想的人都是隐士，由此发展了道家的冥想。这项训练包括摒除干扰、使心灵虚空，让道的力量得以通过身体的过滤器而直接进入自我。

这第三种增加气的方法比其他的方法更抽象，需要多费一点口舌来说明。对于阅读过本书论印度教一章的读者，进入冥想道家最快的门径就是回想该章所谈到的“修的瑜伽”，亦即透过心身练习通向神的方法。无论中国是否在这件事情上抄袭了印度，道家冥想的身体姿势和专注技术总是令人联想到“修的瑜伽”，以致汉学家们引入了梵文的名词，称之为道教的瑜伽。不过，中国人仍然把他们的瑜伽做了一种特别的扭曲。由于普遍关心社会，他们强求一种可能性，要瑜伽行者通过冥想所累积的气，能够经由心灵传达到社群以增强其活力及调和其事务。当儒家学者努力推广道德楷模与礼仪规范，由此使“德”社会化时，道家的瑜伽行者们想直接控制“道”，先将之吸进自己的心中，然后再发射给别人。练成这项本领的瑜伽行者大都不会引人注目，但是他们这种给予生命的事业，比起其他的造福者，对社群作出了更大的贡献。

我们在这里是站在哲学的道家边界，因为瑜伽道家得以活跃，是由于中国人的关注焦点开始从外在自我转向内在自我。小孩子对他们生命的这两面不加以分隔，早期的人类也不这样做。随着中国人提高自我意识，把主观经验全幅展现了出来，瑜伽的或冥想的道家就兴起了。新颖、声势浩大、刺激，这两个内在自我的世界吸引着人去探查。早期去探查的人似乎感到它如此有吸引力，以至物质在与之比较之下微不足道，因为它只不过是外壳和积淀而已！然而内在世界还是存在着一个问题。忧心和干扰不断造成淤积阻塞了灵魂，这些淤积必须除去，直到“自我”得以本来面目出现。等到纯净的意识出现时，个体不仅能见到“被觉察的事物”，也能见到“我们得以觉察之凭借”。

要达到这种内在性，必须倒转所有的自我追求，把思想和身体修炼到完美的纯净地步。纯净的精神只能在一个“扫除干净”的生命里被认知。只有在一切都干净的时候，它才会显现自己；因此，“把自我放在一边”。不安的情绪必须同时被压制。扰乱了心灵的表面，就会阻挠内省去见到其下的意识之泉。（跟哲学的道家接近度愈来愈强了）欲望和反感、哀伤和欢乐、高兴与烦恼——如果要心灵回到它原来的纯净，每一样都必须平静下来，因为到最后只有和平与宁静是有益的。排除了焦虑，在心灵与其宇宙源头之间的和谐就会不求而得。

它就在近处，的确就在我们身边；不过却是难以捉摸的，一种你伸手去拿却拿不到的东西。它似乎如无限的极限那样地遥远。可是它却不远；每一天我们都在用它的力量。因为那活力精神之道，充满了我们整体身躯，然而人却无法追踪其轨迹。它去了，可是并没有离开。它来了，却又不在这里。它是无声的，不曾发出可以被听见的音符，可是突然之间我们发现它就在我们心中。它是混沌而黑暗的，没有展示任何外在的形式，可是它却像一条大的溪流，在我们出生时流入我们的生命。[145]

无私、纯净以及情绪的宁静，乃是达到完美的自我认知的前奏，但是它们必须通过冥想而达到高峰。“持续在寂静中，精神的光辉会进入而以之为家。”为了使这种情况发生，所有外来的印象都必须静止下来，感觉要收回到完全内在的焦点之上。类似印度莲花坐的姿势受到推荐，呼吸必须同样地受到控制；它必须像婴儿般柔软和轻巧，或甚至像子宫中的胚胎。其结果就是一种警觉性的等待状态，称之为“虚心而坐”。

当实现时，情况会怎样呢？伴随而来的是真实、快乐和力量。道家冥想的最高洞见伴随着终极性的冲击，最后一切都各安其位。这种情况不能只描述成是愉快的。一旦直接知觉我们觉识的源泉是“肃穆而不动的，如王位宝座上的君王”，这时将带来前所未有的欢乐。不过，这种情况的社会功能，在于其所提供的对人与事的非凡力量，一种事实上“能移动天地”的力量。“对于静止的心灵，整个的宇宙任由你摆布。”我们介绍印度教时，谈到与此相关的精神力量，但是基督教的圣约翰也提供了一种同样的承诺："无需劳务，你得以支配人，万物也皆受制于你。"无需举起一根指头，统治者善用"静止"就能以其神秘的、道德的力量指挥人民。一位统治者本人无欲，就有无穷的精神力量可以自动地把他的臣民从狂野的欲望转移过来。他统治时，别人甚至不知道他在统治。

> 圣人依赖没有行动的活动。把自己置在后面，却总是在前面；置身在事外，却永远在那里。难道不是因为他不求任何个人的目的，他所有个人的目的都满足了？（译注/原文：是以圣人后其身而身先，外其身而身存，非以其无私邪，故能成其私。）[146]

道家瑜伽行者知道大众无法了解这一套，也并不企图宣传他们的立场。当他们笔之于书时，文字是隐蔽而难解的，起步的人可以作一种解释，一般的大众又可以作另外的解释。他们如此定法的部分原因，无疑是出自担心神秘主义会招惹不同派的人讽刺。我们甚至发现庄子取笑他们呼吸的练习，说这些人"用力吐出用过的空气而吸进新鲜的空气。像熊一样，他们爬上树为了能更轻松地呼吸"。孟子也参加进来取笑。他把那些寻求心理捷径来达到社会和谐的人，比喻成不耐烦的农夫，每天晚上轻轻地拉他的秧苗来增进其生长。尽管有如此的嘲笑，道家瑜伽仍然有一批核心的实行者。有些汉学家认为《道德经》之写成是根据此派的基本看法。如果这是不错的话，道家瑜伽乃是该书隐晦语言的见证，因为《道德经》通常是以我们将谈到的哲学方式来阅读的。不过，在我们转向此一路线之前，我们必须介绍道家第三个主要的宗派，那就是道教。

替代性力量：宗教的道家

哲学的道家寻求有效地管理道以便给生命的正常配额，活力道家则寻求增加其基本供应，不过这里还缺少一样东西。反省和健康修炼都需要时间，而一般中国人缺乏这种便利。可是他们也需要帮助；流行病需要控制住，掠夺的鬼魂需要加以对付，在情况需要的时候要去求雨或止雨。道家对这一类问题有所回应。他们有许多做法类似自由占卜者、通灵的人、萨满教巫师与信仰治疗者等天生具有某种力量的人，由此构成中国民间宗教的不变景观。道教把这类活动制度化。受到在耶稣时代传入中国的佛教所影响，道教在公元2世纪成形。它被安置在一个万神殿中，其中的三位主神包括老子在内（译注：所谓“三清”）。圣典就从这些神人演生出来（由于其根源是出自神圣启示），其真实性毫无保留地被接受了。道教的天师继承一直延续到目前的台湾。

流行的道教是一种含糊暧昧的东西。从外表来看，大部分像是粗糙原始的迷信；不过我们必须记住，我们对于力是什么，它如何动作，或能使用什么方法（和使用的程度）来将之加以扩充，近乎一无所知。我们的确知道的是，信仰治疗正如信仰本身，能吸收或发放能量，这也包括相信自己在内。安慰的话同样也有效果的。除此之外，如果再加上有吸引力的人物，群众的鼓动者，甚至于集会所能产生的能量，还不提催眠术所碰到的神秘蕴藏，我们对此还没有一点解释的头绪——如果把这一切现象全部保留在我们的脑海中，就可能会令我们不再那么傲慢，而要给道教一个公平听证的机会。无论如何，它的意图是很清楚的。“道士把宇宙的生命力提供给一般平常的村民来用。”[147]

此一宗派的经文都是对仪式的描写，如果正确执行的话，会产生魔术般的效果，此处魔术这个字是了解祭司的、特别是宗教的道教的钥匙。不过，这个字必须从其一般用法的外壳中解放出来。在其现代的意思下，魔术是不易处理的；它指表演者欺骗观众，用方法制造假象，像是超自然的力量在发生作用。比照起来，传统上魔术是有较高的价值的。波美（Jacob Boehme）甚至于主张“魔术是最好的神学，因为真正的信仰建立在它上面。骂它的人是笨伯，因为他不明了，与其说他是一位理解的神学家，还不如说他是一个玩杂耍的人。”**传统上，魔术被理解为一种方法，取之于较高的、超自然的力量，用之于可见的世界。基于较高力量存在的假设——精致的统治了粗重的；能量统治物质，意识统治能量，**

超意识统治意识——魔术令这些力量可供利用。当催眠师告诉一位接受催眠的人说，你的肩膀被碰到的时候身体就会变僵硬，就真的发生了，助手于是就把接受催眠者的脚放在一把椅子上，把头放在另外一张椅子上，而身体不会软塌下来——我们近乎可以了解在传统意义下的魔术了，因为催眠师招来作用的力量，不只令人吃惊，也是神秘的。可是催眠术却不足以称之为魔术，因为催眠师既没有处在特殊的意识状态之中，也不属于相信神力的祭司阶级。要求一个传统意义下真正魔术的例子，我们必须看新约圣经（使徒行传）九章三十二至三十四节报道的，彼得医治以尼雅（Aeneas）这个事件。

彼得在信众之间到处探访着，他也走去探访住在利地亚的圣人们。在那里他找到一个叫以尼雅的，他卧病在床已经八年，因为他身体瘫痪了。彼得就对他说："以尼雅，耶稣基督医好了你，站起身来把床铺好！"他就立刻站起身来。

注意这不是一项奇迹。如果是基督给予力量令以尼雅爬起床来，没有通过彼得的帮助就产生一种门诊医生所说的自动免除疾病的例子，才算是奇迹。

而事实上彼得在医治上的确扮演一个角色，我们可以假定是一个必需的角色，我们所面对的是魔术；它的发生是出于神圣的魔法，就犹如为了邪恶的目的把魔鬼招引了来，那就是巫术（sorcery）在作怪了。

正是如上所述传统构想的，在魔术规程下，道教设计了方法来掌握较高的力量为人所用，而与自由魔法师、祓魔师、萨满教巫师分享着地盘。

力量的混合

哲学的道家、活力的道家以及道教：这道家的三大支派，初看似乎毫无共通之处，现在就表现出他们的家族相似性了。三者都有同样的关注——如何在最大限度之下扩充那活泼有力的德——他们所关注的细节恰好构成一个连续统一体。这个连续性始于如何把生命正常配额的气用于最佳效果的兴趣（哲学的道家）。从这里再继续问，那正常的配额是否得以增加（活力的道家）。最后，它问宇宙能量是否能够将之聚集，有如通过聚光镜那样，为了需要帮助的人之福祉而代为安排（流行的道家或道教）。

这样讨论有一点危险，就是为了概念的清晰性而把三者之间的界限划得过分尖锐了。并没有实质的墙把它们分隔开；最好把三者当作是同一条河的水流。在历史上任何一派都与其他两派有过互动，一直到今日港台的道家还是如此。在共产党革命之前，曾经在中国居住过20年的布罗弗尔德（John Blofeld）报道说，他从未遇到一位道家不是在某程度上牵涉到全部三派的。

我们可以作总结了。要“成为”某物、“知道”某物与“能做”某物，都需要提升到表层之上。一个生命有多少实体，要看它是否整合了神秘主义的深刻性（道家瑜伽）、心智的直接智慧（哲学的道家）与魔术的创生力（宗教的道家）。这三样东西聚集在一起就有了一个“学派”，而在中国来说，本章中所描述的学派就是道家。

现在该是回到哲学的道家而给予它应有的介绍的时候了。

创造性的静

哲学的道家的目的，是要使个人的日常生活与道一致，骑乘其无穷的潮流并在其流势中欣然喜悦。要做到这一点，基本方法如我们早先所指出的，是要实行一种无为的生活。我们已经明白，无为不应该翻译成什么都不做或不行动，因为这些字眼暗示了一种懒惰或弃绝的空洞态度。比较好的译文是纯粹的有效性和创造性的静。

创造性的静，是在一个人身上结合了两种似乎不相容的情况——无上的活动和无上的松弛。这看似不相容的情况得以共存，是因为人类不是自我封闭的实体。如我们所说的，他们通过潜在的心灵驶上那支撑他们的无穷的道的海洋。创造的方法之一，是通过追随有意识的心灵的刻意安排。不过，这种模式的后果很少是令人印象深刻的；它们所做的比较是归类和安排而不是兴发。真正的创造，正如每一位艺术家所知的，是由于潜在自我的更丰富资源被触发而来。不过为了让这种事发生，需要与表层自我作某种分离。意识心必须放松，停止站在它自己的光圈下，放开它。只有如此才有可能打破愈是努力愈适得其反的反效果定律。

无为是无上的行动，从我们——或者毋宁说是通过我们——流出宝贵的柔软、单纯与自由，**而我们个人的自我和有意识的努力，让位于一种非出于自己的力量**。从某一方面来说，由这一方向把握的德，恰好与孔子的相反。孔子百般努力建造一种可以有意识地去学样的理想反应模式。道家的方式正好相反——要使自我的基础与道配合而令行为自发地流出。行动追随存在，新的行动追随新的存在、更聪明的存在、更强的存在。《道德经》没有浪费一个字地说明这一点。“无为而无不为”，亦即，存在的自然状态即是行动的完美结果。反之亦然。

我们如何描述从直接建基在道的生命中流出来的活动呢？由于无限微妙无限精致的力量的滋养，它乃是一种完美的优雅，出自那无须间断或暴力的无穷活力。我们只需任由道流入又流出，直到整个生命变成一种既无焦躁又无失衡的舞蹈。无为乃是超越紧张而生活的生命。

持续张弓
你悔恨拉，
磨快的锯
愈见薄而钝。(第九章)[148]
(译注/原文：持而盈之，不如其已。揣而锐之，不可长保。)

不过，它不仅不是不活动的，它乃是柔软、单纯和自由的体现——是一种纯粹的有效性，没有活动浪费在争吵或外表的炫耀上。

行动如是之完美，连足印都没有，
话说得那么好，从不会失言，
计算得如此之精确，无须计算器。（第二十七章）
（译注/原文：善行无辙迹，善言无瑕谪，善计不用筹策。）

这种程序的有效性显然需要非凡的技术，这一点在道家一位渔夫的故事中有所说明。这位渔夫能够用一条线钓到大鱼，因为那条线制得非常精细，没有一处可能会断裂。但是道家的技术很少被人注意到，因为从外表看来无为似乎毫不费力——从来不强迫，从来不紧张。秘诀是它在生命和自然中找出空间而在其中活动。庄子，哲学的道家最伟大的普及者，用文惠君的厨子（庖丁）的刀从不失其锋利的故事来说明这一点。当庖丁解牛的时候，手伸出去，肩沉下来，站稳一只脚，用膝盖挤压上去，牛就在一声低呼之中被肢解了。闪亮的刀有如一阵轻风吹过桑林般发出沙沙声，仿佛古代的和声。节奏！时机！如同一场神圣的舞蹈。当被人追问他的秘诀时，那厨子答道："关节之间有空隙；而刀口又薄又利。当这刀口找到了那空隙，你就只需要那么一点空间！宰起来就如同一阵微风一般！这柄刀我已用了十九年，看上去却像刚刚才磨好的一般！"（译注/原文见《庄子·养生主》：彼节者有间，而刀刃者无厚，以无厚入有间，恢恢乎其于游刃，必有余地矣！是以十九年，而刀刃若新发于硎。）[149]

在自然现象中，道家看到最似道的就是水。他们对水能毫不费力支撑及载物印象深刻。中文说会游水的人，字面解释起来就是"识水性的人"。同样的，一个了解基本生命力的人，知道如果他停止又鞭又打，把自己交托给它，就可以得到承载。

你有否耐心等待
直到泥沙沉淀水变清了？
你能否持续不动
直到正确的活动自己出现？（第十五章）

（译注/原文：孰能浊以静之徐清？孰能安以动之徐生？）

那么，水乃是自然世界中最类似道的了。不过它也是无为的原型。他们注意到水如何自行适应环境而找出低洼的地方。因此，同样的，

最高的善有如水，
滋养万物而无须努力去这样做。
满足处身于人们所厌恶的低下地方。
因此它近于道。（第八章）
（译注/原文：上善若水，水善利万物而不争……处众人之所恶，故几于道。）

水不只具有适应性，它还拥有一种坚脆的东西所不了解的力量。在河流中它顺从着石头锐利的边角，把它们磨成了石砾，磨圆了使之顺应水流。它一路流经边关渗入隔墙之下。**它那柔和的水流溶解着岩石，冲走了我们称之为永恒的骄傲丘陵**。

世界上没有东西
如水般的柔软和顺从。
可是要溶解坚硬和不屈，
没有能超过它的。
软可以克服硬；
柔可以克服刚。
人人都知道这是真实的道理，
但是很少人能付诸实行。（第七十八章）
（译注/原文：天下莫柔弱于水，而攻坚强者莫之能胜，其无以易之。弱之胜强，柔之胜刚，天下莫不知，莫能行。）

无限的柔软，却是无可比拟的坚强——水的这些品质也同样是无为

的品质。一个人能体现这种情况，《道德经》说：“不必去做就都做了。”（译注/原文：无为而无不为。）**这样一个人没有压力地行动，没有争辩而能说服，是善辩而没有炫耀，没有暴力、威迫或压力而能达成结果。**虽然行为者很少被注意到，他或她的影响在事实上却是有决定性的。

是好的领袖，
人们几乎不知道他的存在。
一个好的领袖，说得不多，
事情做完了，他的目的就达到了，
人们会说：“这是我们自己做的。”（第十七章）
（译注/原文：太上，下不知有之……悠兮其贵言，功成身退，百姓皆谓我自然。）

水的最后一项特征使得它像无为的是，它能通过静止而达到清澈。“泥水任它放在那里，”《道德经》说，“就会清了。”如果置身于明亮的房间之后你想研究星星，你必须等上 20 分钟让你的眼睛张大来执行它们的新任务。如果心要从世界的强光中收回来退到灵魂的内在深处，心的焦距的调节也必然需要同样等待的时间。

五种颜色可以令人眼盲，
五种声间能够令人耳聋，
五种味道令人倒胃。
竞争、追捕能叫人发狂，
而他们的所得令他们没有了安宁。
因此一个合情理的人，
宁取内在的眼睛而不取外在的。（第十二章）
（译注/原文：五色令人目盲，五音令人耳聋，五味令人口爽，驰骋畋猎令人心发狂，虽得之货令人行妨。是以圣人为腹不为目，故去彼取此。）

内在的眼睛才能见到清澈，不过，这必须当生命达到一种像既深且静的池水那样静的时候。

道家的其他价值

让我们仍然顺着水的类比来看，**道家反对一切形式的自我肯定和竞争**。世界上到处都是决心出人头地的或惹麻烦的人。他们要赶到前面，出类拔萃。道家一点都用不上这类的野心。“**斧头先朝最高的树砍下去**。”

用脚尖站立的人
是站不稳的。
冲到前面的人
是走不远的。
努力去发光的人
暗淡了他自己的光。（第二十四章）
（译注/原文：企者不立，跨者不行，自见者不明。）

道家对谦卑近乎尊敬的态度使得他们尊重驼子和跛子，因为后者典型地代表了温顺和自我隐退的方式。他们喜欢指出杯子、窗子和门的价值，乃在它们空的部分中。“无私如融化的冰”是他们描述的情状之一。道家拒绝爬向高位乃是出于对世俗珍视的东西毫无兴趣的态度。这一点在庄子造访邻国宰相的故事中表现出来了。有人告诉宰相庄子要来取代他。宰相警觉了。但是当庄子听到传言之后对宰相说道：

在南方有一种鸟叫鹓雏，你听到过没有？这种鸟从南方的海洋飞到北方的海洋。一路上它只停留在神圣的梧桐树上，只吃波斯种的紫丁香（练实），什么别的水果都不吃，只喝魔法井水（醴泉）。刚好一只猫头鹰抓住一只老鼠的腐烂尸身，抬头看见这只鸟飞过，害怕鹓雏要停下来抢它那多汁的美味，它叫道：“嘘！嘘!”现在有人告诉我你在努力“嘘”我，要把我赶离开你这宝贵的宰相位子。

（译注/原文见《庄子·秋水篇》：南方有鸟，其名曰鹓雏，子知之乎？夫鹓雏发于南海，而飞于北海，非梧桐不止，非练实不食，非醴泉不饮。于是鸱得腐鼠，鹓雏过之仰而视之曰：吓！今子欲以子之梁国而吓我耶?）[150]

对于世界上多数人引以为傲的东西都是如此。它们并不具有它们被人认为的真正价值。竞争和武断有什么意思呢？没有它们，道似乎运行得很好。

自然没有什么非坚持不可的，
但是如果违反了它，
强风也刮不了一个上午，
暴雨也不下了一整天。（第二十三章）
（译注/原文：希言自然，故飘风不终朝，骤雨不终日。）

人们不仅该对其他的人，也该对自然尽量避免采取纷扰和侵略的态度。一般而言，现代西方的态度一直是把自然当作是一个敌手，一个要对付、支配、控制、征服的对象。道家的态度跟这刚好相反。道家思想中有一种很深刻的自然主义，不过那是一种卢梭、华兹华斯、梭罗式的自然主义，而不是伽利略或培根式的。

那些要占据大地
按照他们的意志来塑它的人，
我注意到，他们永远也不会成功。
大地有如神器那么的神圣，
亵渎只需接近到它，

它就会被损坏了，

当他们伸出手指头它就不见了。（第二十九章）

（译注/原文：将欲取天下而为之，吾见其不得已。天下神器，不可为也，不可执也。为者败之，执者失之。）

人应该与自然为友。当一个英国人爬上了世界的最高峰，这位探险者被广泛地欢呼成“珠穆朗玛峰的征服者”。铃木大拙说：“我们东方人会说他是珠穆朗玛峰之友。”日本队爬上了第二高峰阿纳帕拉峰，爬到山顶50尺之外就有意地停了下来，使得一个西方的登山者简直不相信地大叫起来，“真有品位！”道家寻求与自然协调，而不是去支配。它的方式是生态的，这种特征使得李约瑟（Joseph Needham）指出，虽然中国在科学理论上是落后的，她却很早就发展出“一套自然的有机哲学，非常类似西方现代科学经过三个世纪的机械唯物论之后被逼采取的哲学。”道家生态学的方式启示了西方的建筑家，最著名的是怀特（Frank Lloyd Wright）。道家寺庙不从它的环境中突显出来。它们背依山丘，藏在树下，与四周环境合而为一。在最佳的情况下，人也是一样。他们最高的成就是与道认同，让道能通过他们而表现出魔法来。

这种对待自然的道家方式深深地影响了中国的艺术。中国艺术最伟大的时期与道家影响大行其道一致并非偶然。在用笔墨之前，画家会走进自然中把自己忘掉，去变成他们要画的对象。他们在画下一笔之前会坐上半天，或14年。指谓中国风景画的语词，包括山和水两个字，一个暗示广大和孤独，另外一个则暗示柔韧、持久和连续不断的活动。在广大无垠中，人的部分是微小的，就算找得到，我们也要很小心才能在画中找到人物。通常，他们是背着东西攀爬着、骑着牛或撑着船——自我在作他的行旅，背负着他的担子，有山坡要攀爬，而两边都围绕着美景。人不像山那样地可畏；他们也不像松树活得那么久。他们正如同鸟儿和云朵一样也属于万物的系统中。通过他们，如同通过其余的世界，周流着永恒的道。

道家的自然主义也与嗜好自然性接合在一起。浮华和铺张被认为是可笑的。当庄子的徒众请求应许给他一个盛大的葬礼时，他回答说："天地是我的内棺和外棺。太阳、月亮和星星是我的服饰，而整个的受造物是我的葬仪队。我还需要什么呢?"文明被取笑而原始被理想化。"让我们有一个居民人数很少的小国家吧，"老子提议说，"让人们回到用结绳来记录的时代吧。让他们得到甘美的食物、美丽的服装、安适的房屋、愉快的农村工作。"旅行被认为是无意义的，会引起无所事事的好奇而不予鼓励。"邻国近到听得见鸡鸣狗叫。可是人们会到老死也从未去过那里。"[151]（译注/原文：邻国相望，鸡犬之声相闻，民至老死不相往来。）

就是这种对自然和简朴的偏好，使得道家与儒家分隔开来。两派的基本目的并没有十分不同，不过道家对于儒家所采取的方式颇不耐烦，所有的形式主义、炫耀以及仪式都不能打动他们。从拘泥于形式或吹毛求疵地遵守礼节，又能希望得到什么呢？这整个的方式就是造作的、涂上漆的外表必然会证明它是靠不住却又是抑制人的。这里所指的儒家只是人类倾向以规范模式来处理生命的一个例子。所有一切策划周详的系统，要把生命安排得井然有序的企图，都是无意义的。它们作为分割同一真实的不同方式而言，其做法没有一个是能够超出"早晨是三"的做法的。这"早晨是三"是什么呢？有一次，在宋国，由于年成不好，逼迫看管猴子的人减少猴子们的食物配额。"从现在开始，"他宣布说，"早晨是三，晚间是四。（朝三而暮四）"面对着猴子不满的叫声，看管的人同意谈判，最后接受了猴子们的要求，改为早晨是四晚间是三。猴子们为它们的胜利而得意。（译注：见《庄子・齐物论》）

道家的另一项特征是它主张一切价值的相对性，及作为其相关项的对立之统一。这一点上道家与传统中国的阴/阳符号结合在一起，其图式是这样的：

这阴阳两极总结了所有生命的基本对立性：善/恶，主动/被动，正/负，光/暗，夏/冬，男/女。不过虽然两者在紧张状态之中，却并非截然相反；它们是彼此互补平衡的。每一方都侵入到对方的半球内，长住在其伙伴领域中最深的隐蔽处。而最终两者都发现自己被环绕着它们的圆圈所消融了，道就

在共同永恒的整合之中，在这整合的脉络中，对立者只不过是在无尽的循环过程中的面向罢了，每一次的转动都不断地转入到对方之中，与之交换着位置。生命并非朝一固定的顶点或极点向前向上行进的。它倒回到自己，走了整个圆圈，从而体现出万物是一，而且一切都是顺适的。

道家坚称，那些对这深刻的符号冥想的人，会发现它比任何长篇大论和争辩更能提供进入世界秘密的捷径。忠实于其含意，道家避开一切尖锐的二分法。在这相对的世界中没有任何观点是可以认为是绝对的。谁知道最长的弯路是否有一天可能会被证明是回家最短的捷径呢？或者来想一下做梦和醒来的相对性吧。庄子梦见他是一只蝴蝶，而在梦中丝毫没有任何他曾经是别的东西的想法，可是，当他醒转来的时候，他吃惊地发现他是庄子。这就为他留下了一个问题。到底他是庄子梦见自己成了蝴蝶呢，或是他乃是一只蝴蝶现在正梦见它成了庄子呢？

因此，一切价值和概念对那怀抱它们的心来说，最终都是相对的。当鴬鸫（学鸠）和蝉（蜩）听说有鸟（鹏）可以连飞几百里而无须停息的时候，两者都说这是不可能的。“你我都十分清楚！”他们点着头说，“我们最远能到的，就算用极大的努力，也只能飞到那边的榆树，尽管如此，我们还不能肯定每一次都做得到。我们常常发现在没有到达之前早就被扯回到地上。这种一次能飞数百里的故事全都只是无稽之谈。”（译注：参《庄子·逍遥游》）

在道家的观点看来，甚至善与恶都不是正相反的对立面。西方则一向趋于将两者二分化，道家则没有那么确定。他们用农夫的马跑失了的故事来加强他们保留的态度。邻居对农夫表示同情，却听到他说：“谁知道什么是好什么是坏呀？”果然不错，第二天马回来了，带回来一群野马。邻人又出现了，为这笔大收获向他道贺。他得到同样的回应：“谁知道什么是好什么是坏呀？”果然又对了，因为第二天农夫的儿子想骑上其中的一匹野马，摔了下来跌断了一条腿。邻居又表示同情，所引发的问题又是：“谁知道什么是好什么是坏呀？”农夫的看法在第四次又证明是对的，因为第二天士兵来强征民兵，儿子因受伤而被免除了。（译注：参《淮南子·人间篇》，塞翁失马故事）这一切听起来很像禅宗，不错，佛教通过道教的影响而变成了禅宗。

道家把相对原理推到逻辑极限，而将生与死置于道的韵律中成为互补的周期，当庄子的妻子死了，他的朋友惠子来看他并表示慰问，却看见庄子双脚张开坐在地上，有节奏地拍打着一只木碗大唱其歌（鼓盆而歌）。

“不管怎样，”他的朋友说，“她忠心耿耿地跟你生活了这么多年，看着你的儿子长大成人，跟你在一起老去。对着她的遗体你不掉一滴眼泪已经不像话了，却又唱又敲打木碗——这太过分了。”

“你错了，”庄子说，“当她死时，我也像一般人的反应一样，感到绝望。可是后来我意识到在出生之前她并没有身体，我就明白了令她出生的同样的变化过程，最后也令她死亡。如果有人累了跑去躺下来，我们不会追过去又闹又叫的。我所失去的她，只是在天地间的寝室中躺下来去睡一会儿。在我妻子睡觉的时候大哭大叫，将是否定自然的法则，所以我就克制住自己了。”（译注：参《庄子·至乐篇》）

庄子在另外的地方直接表达了面对死亡的自信：

大地，
我身体存在的根本。
工作和责任令我疲惫了，
老年好教我休息，
死的时候给我宁静。
那为我生命提供了我所需者
也将给我在死亡中的所需。[152]

道家厌恶暴力而几近于和平主义的立场是无足为奇的了。《道德经》中有些话几乎有点像耶稣的登山宝训。

在生命的作用上指导人君的人
会警告他不要用武力来征服。

就算最好的武器也是罪恶的工具；

军队的收获乃是一片荆棘的荒原。（第三十章）

（译注/原文：以道佐主人者，不以兵强天下……师之提处，荆棘生焉。）

武器是暴力的工具；

所有正派人都厌弃它们。

武器是恐惧的工具；

除非有直接的必需，

一个正派人会避开它们，

如果被逼，就会使用它们，

都要有最大的节制。

和平是最高的价值……

带着哀伤和最大的同情，

他沉重地加入战争，

有如参加一个葬礼。（第三十一章）

（译注/原文：兵者，不祥之器，非君子之器，不得已而用之，恬淡为上……

杀人之众，以悲哀泣之，战胜，以丧礼处之。）

在中国，学者被安置在社会阶梯的最高层，这可能是孔子的功劳；不过，把士兵放在最低层的却完全是道家。“一个有活力者所取的方式不是士兵的方式。”只有一个“承认所有的人好似自己身体一部分的人，才够资格保卫他们……上天以悲悯来武装那些它不愿看到被毁灭的人”。

战争是一件阴暗的事，而道家要针对生命中庄严的与幽暗的论题发言。然而却总是保持一种轻松得几近乎快活的品质。这种观点有一种复杂性、一种文雅、一种可爱，而使得它有感染性。感到被戳破的人，必然曾经是个泡泡。在这样一个声明中，简洁性、直接性与幽默性乃是其整个观点的特征。在对生命不肯采取高压手段对付的态度上，道家是与其他中国人一致的；不过同时，正如我们已经看到的，它也没有儒家僵化的和形式主义的趋向。道家文献中充满了与儒者的对话，后者往往显得古板而浮夸。有一个道家的庄子和儒家的惠子的故事，他们在午后漫步来到濠河桥上。“你看鱼儿游来游去好不自在。鱼儿是多么的快乐呀！”庄子叹道。

“你又不是鱼，”惠子回答道，“你怎么知道什么使得鱼儿快乐呢？”

“你又不是我，”庄子说，“你怎么知道我不知道什么使得鱼儿快乐呢？”

（译注：参《庄子·秋水篇》。把惠子归入儒家是有问题的。）

结　论

如同阴阳本身彼此绕着转一样，道家和儒家代表了中国性格的固有两极。孔子代表的是古典的，老子则是浪漫的。孔子强调社会责任，老子推崇自发性和自然性。孔子的焦点在人，老子则是在超越人的事物。正如中国人自己说，孔子徘徊在社会之中，老子则漫游于人间之外。生命之中有些东西在这两方面伸展出去，中国文明如果其中任何一方没有出现的话，都必定会贫乏多了。

有些书在第一次读过之后，就再也无法摆脱它们的魔力了，原因在它们对读者最内在的“我”说话。对于指出道在任何地方、任何时间都是在我们之内的思想感到振奋的人，《道德经》就是这样的一部书。对中国人来说也大多如此，不过一位美国诗人也同样觉得它“是对生命的持续状态所作最直截了当、最合理的解释，而到目前为止又是最先进的，是对生命最合理的应用而又要人去享受它。”[153]虽然明显地始终没有人修炼到完美的地步，但它简洁、豁达和智慧的训诫，却一直是千千万万中国人的欢愉指导。

有一个存在，奇妙，完美；

它存在于天地之前。

多静寂呀！

多有灵性呀！

它独自而立毫不变化。

它一而再地变动着，却并不因此而受损。

一切的生命从它那里来。

它以爱包容一切，如同裹在衣服之内一样，不争取荣耀，不要求做主人。

我不知它的名字，因此称之为道。

我对它的力量欢欣。[154]

（译注/原文与英译文有出入：有物混成，先天地生。寂兮寥兮，独立而不改，周行而不殆。可以为天下母。吾不知其名，字之曰道。）

第六章
伊斯兰教

我们可以先从一件反常现象说起。在所有非西方宗教中，伊斯兰教在地理上与西方最接近，意识形态上也最接近；因为宗教上它是属于亚伯拉罕系的宗教，而哲学上它是建构在希腊哲学之上。然而尽管有这种心智上和空间上的邻近，伊斯兰教对于西方来说，却是最难以了解的宗教。“世界上再也没有一个地区，”一位美国专栏作家曾经写道，“比那通称为伊斯兰的宗教、文化、地理的复合体更无望地、系统地以及顽固地受到我们的误解了。”[155]

这是很吊诡的，不过这项吊诡很容易得到解释。因为地理上、意识形态上、哲学上的接近并不能保证和谐相处，正如家庭之内往往比任何别的地方发生更多的谋杀。伊斯兰和西方是邻居。共同的边界引起边界的纠纷，升级成为长期争斗，以至于全面性的战争。当然也有较快乐的一面；在某些时期和地方，基督徒、伊斯兰教徒和犹太教徒曾经和谐地居住在一起，比如是摩尔人统治下的西班牙。但在过去一千四百年的大部分时间，伊斯兰和欧洲都在作战，对于他们的敌人，人们是难以有一个公平的评价的。[156]伊斯兰教将是本书要探讨的一个有趣的宗教。

错误开始于它的名称。一直到最近它都被西方称为穆罕默德主义，这不单是不正确而且是冒犯性的。穆斯林说，它不正确，因为穆罕默德并没有创造这个宗教，神才是创造者，穆罕默德只不过是神的使者罢了。

尤有进者，这个名称之所以有冒犯性，因为它给人的印象是伊斯兰教的焦点在人而不在神。把基督教依基督来命名是恰当的，他们说，因为基督徒相信基督是神。但是称伊斯兰为穆罕默德主义，就好像称基督教为圣保罗教一样。这个宗教的正确名称是伊斯兰（Islam），从字根 s－l－m 演变而来，主要的意思是“和平”，不过还有“屈从”或“顺从”的第二层意思，它的全部意义是“当一个人的生命顺从了神，和平就会降临”。世界上只有两个宗教是以其试图去修成的特性来命名的：一个是佛教，以佛为觉醒之意，另一个即是伊斯兰教；在后者，所要修成的是生命对神的完全顺服。遵循伊斯兰的人就称之为穆斯林（Muslims）。

背　景

“围绕着阿拉伯人（Arabs）这个名称，”黑提（Philip Hitti）写道：“闪耀着那属于世界征服者的光环。在兴起一个世纪之后，这个民族就成为一个从大西洋岸伸展到中国边境的帝国的主人，一个比罗马鼎盛时期还要大的帝国。在这史无前例的扩张时期，他们同化许多异族，他们用信仰、语言与生活方式所同化的异族，在数量上空前绝后地超过任何其他族群，包括希腊人、罗马人、盎格鲁－撒克逊人和俄国人。”[157]

这个使阿拉伯人如此兴盛的核心就是他们的宗教——伊斯兰。如果我们要问它是如何产生的，外人的回答会从穆罕默德时代在阿拉伯地区发生影响的社会宗教的潮流来解释。但穆斯林的回答就不同。伊斯兰教并非源自第 6 世纪阿拉伯的穆罕默德，而是始于神。“在开始的时候，神……”创世记如此告诉我们。《古兰经》同意这个意见。不同的是用安拉（Allah）这个字。安拉这个字是把冠词 al（the 的意思）与 Ilah（God）神结合起来而形成。字义上就是“神”。不是一位神，而是只有唯一的神。

当男性多数字尾 im 从希伯来文 Elohim（神）除去之后，两个字发音听起来是很相似的。

神创造了世界，之后就创造了人。创造的第一个人是亚当。亚当的后代到了诺亚，他生了一个儿子名叫 Shem（闪）。这就是 Semite（闪族）这个字的由来；从字面上来看 Semite 是 Shem 的后裔。正如犹太人一样，阿拉伯人认为他们自己是 Semite 人。Shem 的后裔传到亚伯拉罕（Abraham），到目前为止，我们仍然是在犹太教和基督教的传统中。

的确，正是亚伯拉罕在这个最重要的试探中的顺从——是否愿意牺牲他的儿子以撒？——为伊斯兰提供了它的名字。亚伯拉罕娶了撒拉。撒拉没有生子，因此亚伯拉罕为了延续后代，娶了夏甲做他的第二位妻子。夏甲为他生了一个儿子叫以实玛利（Ishmael），而此时撒拉怀孕了，也生了一个儿子，名叫以撒。然后撒拉就要求亚伯拉罕把以实玛利和夏甲赶出部族。此时我们来到《古兰经》与《圣经》描述之间的第一分歧点。按照《古兰经》，以实玛利就去了麦加。他的后代在阿拉伯地区繁生起来，成了穆斯林；而以撒的后代留在巴勒斯坦，是希伯来人，变成了犹太教徒。

先知的封印

顺着阿拉伯以实玛利这条线索，我们直接谈到公元第 6 世纪后半叶的穆罕默德；穆斯林们相信，通过这位先知，伊斯兰教达到其关键性的阶段。在他之前一直有神的真先知，不过穆罕默德却是先知们的最高代表；因此他被称为“先知们的封印”，在他之后就再也没有其他先知出现了。

穆罕默德出生的世界，被随后的穆斯林用一个词来描述：无知。生命在沙漠的条件下从未安定过。人们对于自己部落之外的任何人，都几乎不觉得有什么义务可言。物质上的缺乏使得强盗集团成为地区性的机构和男子气的证明。在第 6 世纪，政治上的僵化以及首要城市麦加的行政长官的消沉，使混乱的情势更变本加厉了。醉酒狂欢是常有的事，玩乐的冲动漫无节制。当时盛行的宗教只在一旁观看，完全不加以阻止。

最恰当的描述是将之称为一种泛灵的多神教，在沙漠的废墟上繁衍了称为 jinn 或魔鬼的兽性的精灵。它们是沙漠恐怖幻想的人格化，所激发的既非高尚的情操也非道德的约束。这种情况最容易产生燃烧的暗流，会突然间爆发纷争和流血事件，有的会持续半个世纪之久。时代在呼唤着救助者。

他出生于大约公元 570 年，祖先是麦加的一个望族柯瑞许（Koreish），取名为穆罕默德（Muhammad），这个名字此后世界上被最多的男婴所使用。他早年的生活充满了悲剧，出生几天之前父亲就去世了，6 岁时死了母亲，在母亲去世后一直抚养他的祖父在他 8 岁时又死了。自此之后他就由叔父领养。虽然叔父家道中落，年轻的孤儿得勤奋工作来照管叔父的羊群，但这个新家庭还是温馨地接受了他。神的天使们打开了穆罕默德的心，让它充满了光。

以下是传统留给我们关于对穆罕默德早期性格的摘要描述。纯洁的心灵受到周遭人的爱护，传说他具有愉快、温和的气质。因为亲人的逝世，使得他对任何形式的人类痛苦都很敏感，因此总是随时准备帮助别人，特别是穷人和弱者。当年岁渐大时，他所具备的荣誉、责任和忠诚的品质，为他赢得了崇高而令人羡慕的“至真者”、“正直者”、“可信赖的人”等头衔。尽管对别人关心，可是在见解和行事上，却与他们保持距离，使他在一个腐败而衰退的社会中孤立着。从童年到青年，再从青年到成人期间，他的同时代人目无法纪的争斗，经常爆发的部落之间无意义的争吵，以及当时普遍的伤风败俗和愤世嫉俗，都在这位未来的先知内心中产生一种恐怖和厌恶的反应。他的思想默默地在转向内心。

成年之后他就从事商旅行业，25 岁时为一位名叫卡迪雅（Khadija）的富有寡妇工作。她对他的审慎和正直十分欣赏，关系逐渐亲密，接着产生爱情。虽然她比他大了 15 岁，但他们的婚姻在各方面都证明是快乐的。在往后漫长而寂寞的岁月中，在没有人相信他时，甚至包括他自己在内，卡迪雅一直守在他身边，安慰他，并维护着那希望微弱的火焰。“神，”传统这样记录着，“通过她来安慰他，因为她减轻了他的重担。”

经过婚后 15 年的预备，他才开始了他的宗教职务。麦加城外有一座名叫希拉（Hira）的山，山中有一个山洞。穆罕默德需要孤独，就常常去那里。凝视着善恶的奥秘，他不能够接受当时视粗鲁、迷信及兄弟相残是正当的行为，“这伟大燃烧的心，如一个伟大的思想的火炉般沸腾着，慢慢地烧滚着”，正在走向神。[158]

沙漠 jinn（或魔鬼）与这种追求是毫不相干的，不过有一位神祇却不然：他的名字就是安拉[159]，麦加人并未把他当作唯一的神来敬拜，但还是把他当作一位令人印象深刻的神。他是造物者、无上的供养者以及人类命运的决定者，能够激发真正的宗教感情和虔诚的奉献。当时有一些冥思者被称为追随正教者，只崇拜安拉，穆罕默德就是他们之中的一位。通过往往是整个晚上的守夜，穆罕默德对安拉的真实性愈来愈明白、敬畏。既可怕又奇妙，如生命般真实，如死亡般真实，亦如他所制定的宇宙般真实，安拉（穆罕默德确信）比他的国人所想象的要伟大得多。这个神，他的威仪涨满了沙漠的洞穴，充塞了整个天地，而确实不只是一个神，甚至是诸神中最伟大的神。他乃是他的名字所指的意思：他就是神，独一的一位，没有任何对手。很快从这个山洞就发出了阿拉伯语言中的最伟大的名言；那深沉、震撼的呼喊把一个民族团结起来，令他们的力量爆发到所知世界的极限：除了那唯一真神之外，没有其他的神明。

不过先知必须先要接受他的委任，时间大约是 610 年左右。慢慢地，当穆罕默德走访山洞愈见迫切，他日后视为命定的指令就形成了。这个指令与早先落在亚伯拉罕、摩西、撒母耳、以赛亚和耶稣身上的相同。无论何地何时，这召唤来临了，其形式可异，而本质则同。从天上发出一个声音，“你就是被指定的人”。在“大能之夜”一种奇异的平静渗透着创造物，而万物朝向其主，在那个夜晚，穆斯林说，那部书向一个预备好了的灵魂打开了。有的更说，在每年的那个夜晚可以听到草在长，树在说话，真能做到如此的是谁？是看见草在长，树在说话的人吗？那些人就成为圣徒或圣人，因为每年的那个夜晚，人们都能透过神的手指而看到。[160]

在那第一个“大能之夜”，当穆罕默德躺在山洞里，他的心陷入最深刻的沉思中，一位天使以人形来到他面前。天使对他说："宣告！"[161]他说："我不是一个宣告者。"这时候，穆罕默德自己说："天使抱起我，把我淹没在他的拥抱中，一直到我能忍受的极限。然后他放下我又说：'宣告！'我又说：'我不是一个宣告者。'他又把我淹没在他的拥抱中。当他再度做到我能忍受的极限的时候，就说'宣告！'我又抗议不听，他三度用拥抱淹没我，这一次说：'以你创造主之名宣告！自血块中创造了人。宣告：你主是最慷慨的，用笔来教导；教人所不知的。'"（《古兰经》96：1—3）

从出神状况醒来，穆罕默德感觉他听到的那些话，有如烙印般印在他的灵魂上。他十分惊恐地赶回家去，再度陷入出神状况。恢复过来之后，他告诉卡迪雅他要不就是变成了先知，要不就是"被鬼附身——发了疯"。起初她抗拒着这样的选择，但是在听了整个故事之后，她就成为他的第一位信徒。穆斯林常常说，这一点它本身就说明了穆罕默德的真实性，如果有人能了解一个人的真正性格的话，就应该是他的妻子。"欢呼吧，啊！亲爱的丈夫，高兴起来吧，"她说道，"你将是这个民族的先知。"

我们可以想象，从那个经验苏醒之后，随之而来的就是精神的苦恼、心理上的怀疑和一波又一波的不安。那声音真的是神的吗？他还会不会再来呢？而且，他会有什么命令？

他重复地一再回来，他的命令总是一样的——宣告。"啊汝，裹着你的披风，起身并宣告，荣耀你的主。"穆罕默德的生命不再是他自己的了。自此之后，他的生命被交给了神以及人类，面对毫不留情的迫害、侮辱和欺凌，23 年来以毫不动摇的意志，宣扬着神要传播的话。

有关启示的内容，将保留在本章稍后的部分。此处我们只需谈到人对启示的反应，而且注意到启示的吸引力，完全是由宗教认知指导的人的理性。

在一个超自然主义盛行的时候，奇迹被当作是最平常的圣人的交易来接受，但是穆罕默德拒绝去迎合人的轻信。对那些寻求迹象和预兆的偶像崇拜者，他斩钉截铁地说："神并没有派我来制造奇迹，他派我来向你们布道。我主；赞美主！难道我不只是一个被派来做使徒的人吗?”[162]从头到尾，他都拒绝了自我膨胀的每一个冲动。“我从来未曾说过神的财宝是在我的手中，说我知道那埋藏的东西，或说我是一个天使。我只不过是一个神的话语的宣讲者，是神对人类讯息的携带者。”[163]如果说要找迹象，它们该是神的伟大而不是穆罕默德的，至于这些迹象，人们只需张开他们的眼睛。天体在苍穹之中保持着它们快速、静默的轨道，宇宙中不可思议的秩序，那舒缓干涸土地的雨水，满载果实的棕榈树，在海上航行的载满货物的船只——这一切会是石制的诸神之所为吗？当受造物标示着这一切，却还去呼求神迹，那成了怎样的愚人啊！在一个轻信的时代，穆罕默德教导人尊重世界那不容置疑的秩序，这种尊重使穆斯林在基督徒之前引进了科学。除了将在后面提到的他的登宵夜之外，他只主张一项奇迹，那就是《古兰经》本身。通过他与他自己所有的资源，便得以产生出这样的真理，这是他不能只将之作为一项自然主义的假设来接受的。

至于说对他的反应，一般则是持极端（只除了少数人）的反抗态度。反抗的原因可以化约为三点：（1）他那不妥协的一神论威胁到多神的信仰，以及来到麦加朝拜360座神龛（阴历每一日一个神龛）的香客们提供的颇为可观的资金收入；（2）他的道德教义要求公民们终止所贪恋的淫荡行为；（3）他所倡导的社会挑战一种不公正的秩序。在一个被阶级区分所割裂的社会中，这位新的先知在传扬一种强烈的民主信息。他坚持在他的主的眼中所有的人都是平等的。

由于这样一种教义既不合他们的口味也不适合他们的特权，麦加的领袖们下决心除掉它。他们开始以戏弄来攻击它；嘲笑、无聊的侮辱与讪笑哄闹的中伤。当这一切都证明无效时，他们的话就变得更丑恶了——谩骂、诽谤、中伤，然后就是公然的威胁。当这一切也失败之后，他们就诉诸公开的迫害。当穆罕默德和门徒在祈祷的时候，就用尘土和秽物泼在他们身上。向他们掷石头，用棍子打，把他们抓进监牢，不卖吃的东西给他们，想令他们挨饿。这些都毫无效果；迫害只增强了穆罕默德信徒们的意志。“自从原始基督教把世界从沉睡中惊醒以来，”一位学者写道，“人们从来也没有看到像这般精神生命的觉醒——那承受着牺牲的信仰的觉醒。”[164]这位学者的话应该很有分量，因为总的来说他是伊斯兰教严厉的批评者。穆罕默德本人为他们的忠贞建立了楷模。在最危难的情况下，继续投入他的心和灵魂到宣教事业中，他只要能找到听众就必然严令他们放弃邪恶的方式来为最后审判日做好准备。

起初情势对他非常不利，只有少数的皈依者；经过三年长时间的艰苦努力还不到四十位。不过他的敌人却也无法永远封住麦加人的心去反对他的话。有精力、才干和身价的人开始被他话语中的真理所折服，直到十年之后，有几百个家庭都称他为神真正的代言人了。

带来胜利的迁徙

到这时候，麦加的贵族们震惊了。开始只不过是一个半疯狂的赶骆驼人狂妄而预言性的主张，后来却变成威胁到他们存在的严重革命性运动了。他们下决心要清除掉这些惹麻烦的人。

在穆罕默德面临这样严重危机的时候，突然间，一个离麦加北边280公里的耶斯里布（Yathrib）城的主要公民代表队来进谒他通过朝觐者及其他访客，穆罕默德的教义在耶斯里布赢得了稳固的基础。该城面临内部的争端，需要一位外来的坚强领袖，穆罕默德看起来像是这样的一个人。该代表团宣誓只敬拜真主，会遵守伊斯兰教的戒律，在一切正义的事情上服从伊斯兰教的先知，维护他和他的拥护者如同维护他们的妇女和孩子一样，穆罕默德收到了从神那里来的信息而接受了这项任命。大约有七十户家庭追随他。当麦加的领袖们听到他出走的风声，就尽一切力量加以阻拦；但是，当与他的同伴阿布巴卡（Abu Bakr）一起离开时，穆罕默德避过了监视，出发到耶斯里布去，途中在城南的山岸裂缝里避难。野外搜索的马队几乎发现了他们，穆罕默德的同伴绝望了。“我们只有两个人。”他喃喃地说。“不对，我们是三个，”穆罕默德回答，“因为神与我们同在。”《古兰经》同意。“他的确与他们在一起。”《古兰经》说，因为他们没有被发现。三天之后，当搜索松弛下来时，他们居然买到了两匹骆驼，专走人们少走的小路，一路上几经危险来到了目的地。

那一年是公元622年。这次迁徙，阿拉伯文是Hijra，被穆斯林当作是世界历史的转折点，他们从那一年起开始推算日历。耶斯里布很快就被称之为“先知之城”，跟着就被简称为麦地那（Medina），“那座城”。

穆罕默德一抵达就担任了一个与以前不同的角色。从先知转而被迫担任行政职务。被人瞧不起的宣道人变成了一位熟练的政务官；先知变成了政治家。我们视他为主人不单是因为他主宰了那少数几个信奉者的心，而是该座城的集体生命，它的法官、将军以及教师。

连他的诬蔑者都承认他优异地扮演了这个新角色。面对着非凡复杂的问题，他证明了自己是一位出色的政治家。作为最高的政务官，他继续过着贫贱时所过的那种谦逊的生活。他住在一间平常的土制房子中，挤他自己羊群的奶，日夜都准备接见社区中最卑贱的人。人们常常看见他缝补自己的衣服，“没有一个头带王冕的皇帝能够像这位身披补丁斗篷的人，受到人们如此这般的服从”。[165]伊斯兰教的历史学家说，神把这个世界的宝藏之钥放在他面前，但是他拒绝了。

传统上人们把他的行政作为描述成正义和慈爱的理想结合。作为一邦之主以及他的人民生命和自由的信托，他为了秩序，执行着必要的司法，对有罪的人判处惩罚。不过，当伤害是针对他本人的时候，就算对他的敌人他也是温和而仁慈的。总之，麦地那的人发现他是一位很难不去爱和不服从的主人。正如一位传记家写的：“他具有影响人的天赋，那种只为了善而去影响人的高贵性。”[166]

其后的十年，他个人的历史与以他为中心的麦地那联邦的历史合而为一。用他那高超的政治技巧，他把城中五个矛盾纷争的部落（其中三个是犹太人部落），焊接成一个有秩序的联盟。这项工作并不简单，但是最后他成功地在市民心中唤醒了一种前所未有的合作精神。他的声名远播，人们开始从阿拉伯各地涌来，亲睹这位制造出“奇迹”的人。

接着，为了整体的阿拉伯心灵而与麦加人斗争。在迁徙那一年，麦地那人在对人数多上好几倍的麦加军队的战争中，赢得了一次光辉的胜利，他们把这场胜利解释为是天使站在他们这一方的明显信号。不过，在次年就经历了一场相反的结果，穆罕默德在该场战争中受了伤。麦加人没有乘胜追击，直到两年之后，他们包围了麦地那，作最后一次彻底的努力，要逼使穆斯林投降。这场努力的失败，永远地转变了大势而对穆罕默德有利了；三年之内——他从麦加迁徙八年之后——离开时是逃亡者的他，现在却作为一位征服者回来了。先前残酷地对待他的城市，现在屈服在他的脚下，他先前的迫害者们，现在任由他宰割。不过，独特的是，他并没有强调他的胜利。就在他胜利的时刻，过去的一切都被原谅了。他途中来到有名的“克尔白”（Ka’ba）这座方正体的寺庙（据说是亚伯拉罕建造的），穆罕默德重新将它奉献给安拉，并且定为伊斯兰的中心，全麦加城人几乎都改信了伊斯兰教。至于他本人，仍然回到麦地那。

两年之后，公元632年（迁徙后的十年）穆罕默德死时，整个阿拉伯几乎都在他的控制之下。持有一切军力和警力，再也没有一个阿拉伯人如他那样成功地团结了国人。在世纪结束之前，他的信徒征服了亚美尼亚、波斯（现伊朗）、叙利亚、巴勒斯坦、伊拉克、北非与西班牙，并横过比利牛斯山脉进入法国。要不是公元733年在图尔之战中被马塔尔（Charles Martel）击败，今天整个的西方世界可能都是伊斯兰教的天下了。在短暂的一生中，穆罕默德“不论资源如何欠缺，在一个当时只是一个地理名词的地区唤醒一个从来未曾统一的民族；建立了一个宗教，在这广大地区上代替了基督教和犹太教，至今还赢得颇大部分的信徒；立下了一个帝国的基础，很快就把当时文明世界中最耀眼的地方都拥抱到它广阔的疆界中去了”。[167]

在《一百名历史上最有影响力的人》，哈特（Micheal Hart）把穆罕默德排在第一位。他那“尘世的和宗教的影响之空前结合，使得穆罕默德被认为是人类历史上最有影响力的一个人”![168]哈特写道。穆斯林对这样判定的解释很简单。他们说，整个的工作乃是神之所为。

持续的奇迹

穆斯林对穆罕默德的钦佩、尊敬和爱慕之情，是一件令人印象深刻的历史事实。他们视他为经历丰富，胸怀博大的一个人。他不单是一个牧羊人、商人、隐士、放逐者、士兵、立法者、先知国王以及神秘主义者，也是一名孤儿，多年来乃是比他年长好多的妻子的丈夫，多次丧失了子女的父亲，一名鳏夫，最后是拥有多名妻子的丈夫，有的妻子比他年幼很多岁。在所有这些角色中他都是模范。当穆斯林提到他的名字就加上祝福时，这一切都存在他们心中，“愿幸福与和平降临在他身上”。就算是这样，穆斯林也从来不会误把他当成是他们在尘世上的信仰中心。那个位置是保留给伊斯兰圣经——《古兰经》的。

字面上，al－qur’an 在阿拉伯语（也就是“古兰”）的意思是朗诵。为了达到这个目的，《古兰经》可能是世界上最常被人朗诵（也是最常被人阅读）的一部书了。无疑，它是世界上最被人熟记的书，也可能是对读过它的人产生影响最大的书。穆罕默德对其内容之重视（正如我们已经看到的），认为它是神通过他来完成的唯一重要的奇迹，他称它为神的“持续的奇迹”。以他本人为例，没有受过教育，也不识字，仅只会写自己的名字而已，却能够制作出一部书，提供一切知识的基本蓝图，而同时文法完美无可比拟，这是穆罕默德以及所有跟随他的穆斯林都认为是没法相信的。他以一种反问语气来说明这一点：“啊，不信的人们，试着选你们的语言作为那部无比的书的语言，那部书的一些片段，就能令你们的一切黄金诗篇羞愧不如，难道你们还要一个比它更伟大的奇迹吗？”

《古兰经》分成 114 章，有基督教《新约圣经》五分之四的长度，按照篇章愈见简短的秩序编排着（除了出现在穆斯林每日祈祷中简短的第一章）。

穆斯林倾向于逐字阅读《古兰经》。他们将之视为是一部非创造的

《古兰经》的尘世摹本，几乎完全像基督徒把耶稣视为是上帝的道成肉身一样。可以这样比较，“如果基督是上帝的化身，《古兰经》就是神的书 inlibriate（出自 liber，‘书’的拉丁文）”，虽然不太对称，意思却并非不正确。创造出来的《古兰经》，是非创造的《古兰经》的无限的本质通过字和声音的具体化表现而成的。当然，并非说是有两种《古兰经》。而是说，创造的《古兰经》乃是非创造的《古兰经》的无限真实的正式结晶。此处有两层的真实在运作。有非创造的《古兰经》的神圣真实，以及创造的《古兰经》的尘世真实。当创造的《古兰经》被说成是奇迹的时候，这个奇迹所指的乃是非创造的《古兰经》存在于其创造了的（因此必然在某方面受限定）显现的文字和声音之内。

《古兰经》中的话语乃是在前后 23 年间降临到穆罕默德耳中的声音，这声音，最初是多样的，有时听起来像“荡漾的钟声”般，形成可处理的片段；不过它慢慢地凝固成了单一的语声，即自称为天使加百利（Gabriel）的声音。穆罕默德对于这启示的涌出没有任何控制力量；它的降临独立于他的意志之外。当它到来时，他就会出现特别的状态。他的外貌和声音都会改变。他声称那些话语袭击着他，坚实而沉重：“因为我要以有分量的话来告诫你们。”（73：5；本章这类的引文都出自《古兰经》的诗句）有一次在他骑骆驼时降临了。那骆驼要调整它的腿来支撑所增加的重量，却不成功。启示停止之后，它的肚子紧贴到地面，四条腿向外伸开。穆罕默德在这种类似出神状态所呼喊出来的话，就由他的随从们默记下来，记录在骨头上、树皮上、树叶上以及羊皮纸片上，从头到尾都有神来保证其准确性。

《古兰经》继续表达神在旧约和新约中的较早的启示，而以自己为旧约和新约的完成：“我们和以色列的儿女过去有誓约，除非你们遵照旧约和福音书，否则你们就得不到任何指引。”（5：70，68）这使得犹太人、基督徒与穆斯林都一起成为“那本书的子民”。因为《古兰经》的启示环境是中东，没有提及其他地区的宗教，不过它们的存在是包含在内的，而且在原则上也是有效的，正如下面诗句中所说：“对每一个民族我都差遣了一个使者……‘有些’我向你们提到过，‘有些’我没有向你们提到过。”（10：47，4：164）然而，穆斯林认为旧约和新约有两项缺点而《古兰经》却没有。原因是它们只记载了真理的一部分。其次，犹太教和基督教的《圣经》在传达的时候有部分被败坏了，这就解释了同样的记事何以在《圣经》与《古兰经》上会出现偶然的差异。由于《古兰经》没有这两项不足，而使得它成为神意志的最终以及无误的启示。《古兰经》第二章说得明明白白：“这是一部无可怀疑的经书。”

从伊斯兰教外部来看事情就不一样了，因为对外人来说，《古兰经》是十分费解的。没有人会在一个下雨的周末，蜷曲起身子来读《古兰经》的。卡莱尔招认说它“是我所读过的最艰辛的读物；令人疲累、混乱一团、粗糙生硬、文体拙劣。除了一股责任感之外，没有任何理由能令任何欧洲人读完《古兰经》。”吉朋爵士（Edward Gibbon）说了差不多类似的话：“欧洲人不耐烦地读着它没完没了毫不连贯的寓言、格言和雄辩的狂言，很少能引发出一种感情或观念，它们有时爬行在沙尘之中，有时又消失在云端。”[169]我们应如何从内部及外部来读《古兰经》，以便了解它的差异呢？

《古兰经》所宣告的语言，阿拉伯语，为其问题提供了一条初步的线索。“世界上没有任何族群，”希提写道，“像阿拉伯人那样地被说出来的或写出来的话语所感动。几乎没有任何一种语言能像阿拉伯语一样，对其使用者发挥那般无可抗拒的影响力。”在开罗、大马士革或巴格达的群众，会被一些陈述激发到情绪的巅峰，如果把那些陈述翻译出来的话，却似乎只是平庸而陈腐的。它的节奏、声调的抑扬以及韵脚，产生出一种有力的催眠效果。因此《古兰经》的启示力量不单是在它话语的字面意思，也在于其意义结合在阿拉伯语言和它的声音之内。《古兰经》一开始就是一种发声的现象；我们记得我们是要以主之名来“诵”的。由于内容和装载内容者，在此是不可分离地混合在一起，翻译是不可能表达出《古兰经》原本所有的情绪、热情和神秘的。这就是何以穆斯林与基督徒有那么尖锐的对比，基督徒把他们的《圣经》翻译成世界每一种文字，穆斯林则教人阿拉伯语，因为他们相信神最终是用阿拉伯语以无比的力量和直率说话。[170]

可是，语言并非《古兰经》给人所带来的唯一障碍，因为在内容上它也不像任何其他的宗教经文。不像《奥义书》，它并非明显带有形而上的意味。它不像印度史诗般将其神学根植在戏剧性的叙述上，不像希伯来经文是历史的叙述，也不像在福音书中以及《薄伽梵歌》中，神以人身来显现的启示。把我们自己限定在闪语（译注：希伯来语、阿拉伯语等）的经文中来看，我们可以说新约和旧约是直接涉及历史而间接涉及教义的，而《古兰经》则是直接涉及教义而间接涉及历史的。由于《古兰经》压倒性地大力宣告神的统一、全能、全知以及恩宠——人的生命相应地完全依靠它——历史的事实只不过是参考而已，因而对历史本身并没有什么兴趣。这就解释了何以不顺着纪年次序地列举先知们；何以历史的发生有时被毫无注释十分简略地重述着，简直是不知所云；更何以《古兰经》所提到的圣经故事以一种意料不到的、缩短了的以及枯燥的格调表现出来。它们失去了其史诗的品质，只把圣经故事视为各种对神称颂的事物，将之放进《古兰经》中做说教的榜样。当要点是要说明主仆关系时，其他的一切都只不过是注释和暗示罢了。

如果我们留意到外国经文向穆斯林呈现出它们自己的问题时，我们就比较不会那么责怪《古兰经》对外国人所呈现的奇异面貌了。单说旧约和新约，穆斯林对那些经文没有采取神圣语言的形式而只报导发生的事件表示失望。在《古兰经》中，神是以第一人称来说话。真主描述自己并让人明白它的律法。穆斯林因此趋向于把经书上每一个个别的句子当作是一项分别的启示，而把自己去体验那些话甚至那些话的声音，当作是一种得到恩宠的方法。“《古兰经》除了它自己之外是不会去记录不是它自身之一切的。它不是有关真理：它自身就是真理。”[171]对比起来犹太教和基督教的圣经世界是比较与神有距离的，在报道事件时放进的是宗教的意义而不是神直接的宣告。

《古兰经》直接的传送，为读者制造了一个最后的问题，在其他的经文中这些问题却因为大量使用叙事和神话而得以减轻了。一位对《古兰经》眼光敏锐的评述者说了如下的话：“其经文之所以似乎是语无伦次，原因在那圣灵（非创造的《古兰经》）与人类语言的有限资源之间，是无可计量的不相称。就像那贫乏不堪的人类语言，在上天语言的可怕压力之下，断裂成上千的碎片，或者有如神为了要表达成千个真理，却只有成打的字眼可以使用，因此被迫使用带有丰富意义的暗喻、省略、摘要和象征性的综合。”[172]

暂且不去理会以上的比较，《古兰经》在对任何伊斯兰教旨的铺陈工作上，无疑是占有绝对中心地位的。大部分都是在孩提时代就将之铭记心中了，它规定了每一事件的解释和评价。是信徒们的备忘录，每日行事的提示，并且是启示真理的宝库。它是一个定义和保证的手册，又同时是意志的地图。最后，它是一套私下冥想的箴言集，无尽地深化个人对神圣荣耀的感受。“你主在真理和正义上的话是完美的。”（6：115）

基本神学概念

除了少数特殊的例外，我们将会留意到，伊斯兰教的基本神学概念，几乎与它的先驱犹太教与基督教是完全一样的。在本节中我们将集中讨论其中最重要的四项：神、创造、人的自我以及审判日。

正如其他历史性宗教一样，伊斯兰教的一切都以其宗教的根本——神为中心。神是非物质的，因此是看不到的。对阿拉伯人来说，这并未使他们怀疑神的真实性，因为他们永远不会屈服于只把看得见的当作是真实的这种诱惑，近代唯物论的态度增强了这样的诱惑。《古兰经》给予穆罕默德的一个称赞是“他对那看不见者从未吝惜支持”。作为沙漠的居民，他们心中永远明白有看不见的一些手，在驱沙走石横扫沙漠，形成骗人的海市蜃楼，引诱旅者直到毁灭。

因此《古兰经》并没有将阿拉伯人引到看不见的精神世界，甚至也未引进一神论，因为某些灵魂敏感的追随正教者在穆罕默德之前就已经走向那个立场了。它的创新是从宗教的场景中驱除偶像，而让每一个人把神圣性集中在那独一的看不见的神上。在这一层意义上，伊斯兰教对阿拉伯人的不可磨灭的贡献乃在于一神论。

我们必须立即补充，穆斯林不仅仅视一神论为伊斯兰教对阿拉伯人的贡献，而且是对宗教整体的贡献。印度教的众神形象，就被认为是从来没有到达崇拜一神的明证。犹太教正确地通过其施玛篇（犹太教早祷和晚祷的经文）之指示“哦，以色列人听着，主我们的神，上主是一”——但是它的教义只限制在以色列人之内。而基督徒呢，因为奉基督为神而把他们的一神论折中了。伊斯兰教尊耶稣为先知并接受了他是处女所生；亚当和耶稣的灵魂是神直接创造的仅有的两个灵魂。[173]但是《古兰经》在道成肉身和三位一体的教义上与之划清了界线，认为它们是模糊了神/人之间区别的发明。以《古兰经》的话来说：“他们说仁爱的神生了一个儿子。现在你说出一件痛心的事：让神生孩子是不适当的”（3：78，19：93）。穆斯林不喜欢神的父亲形象，就算隐喻式地使用也不行。把人说成是“神的孩子”是把神塑成太人性化的一种模式。这样的说法乃是拟人的。

回到《古兰经》对神本身的描述，给我们的第一印象就是它的威严性，它那激发起恐惧的力量。诗节（Verse7：143）中有摩西要求见上帝的描写。这时神却让自己在邻近的山上显现，因之“令山倒塌下来，摩西就倒下来失去了知觉”。[174]

这一层次上的力量所激发人的恐惧之心是无限的，因为上帝是全能的。说穆斯林惧怕安拉是公平的。不过，这并不是面对一位任性暴君的那种畏缩的惧怕。而毋宁说惧怕是唯一适当的情绪，穆斯林争辩，当人面对着站在无可妥协的道德宇宙之对、错所随之而来的巨大后果时，任何其他的情绪都在该字眼的技术上、心理意义上包含了否定；而且，在恐惧之中信仰和悔罪是决定性的，因为它们能产生行动。如果虚无主义是差异的解消，是一种通过“熵”而产生的道德上的一体拉平，那么安拉的宇宙却恰好与之相反。善与恶是要紧的。选择是有结果的，不理会它们就如同把眼睛蒙住去爬山一样会是灾难性的。信仰在《古兰经》中之所以占有决定性的位置，可看成是登山者对珠穆朗玛峰的评估：它的庄严是显而易见的，而它所代表的危险也一样。错误可能就会是灾难性的。《古兰经》有关天堂和地狱的形象，在此被加以充分地利用；不过一旦我们接受了生命固有的危险性所激发的恐惧，其他次要的恐惧就会平息下来。islam 这个字的第二个辅助语根就是和平。

记住这最后一点至为重要，因为安拉所激发的神圣的恐惧，使得研读《古兰经》的早期西方学者认为它剥除了神的仁慈。安拉被视为是一位严厉而震怒的法官，霸道而凶残。这显然是一种误解；神的同情和恩惠在《古兰经》中被颂赞有 192 次之多，而提到他的愤怒和报复的却只有 17 次，作为世界之主的它也同时是：

神圣者、和平者、忠贞者、仆人的守护者、孤儿的庇护者、误入歧途者的带路人、一切苦难的拯救者、丧亲者的朋友、受伤者的慰藉者；在他手中的是善，而他是一位慷慨的主、宽厚者、听者、近在眼前者、富于同情者、仁爱者、宽恕者，他那对人的爱远比那母雀对她的雏雀的爱更为温柔。[175]

感谢安拉的慈悲。《古兰经》的世界，最后乃是一个欢乐的世界。那儿有空气、太阳和信心，它不单单是在最后的正义中，而且也在沿途上的帮助和对悔罪者的宽恕中。

正午天就大放光明，晚间天就黑暗，你主未曾遗忘了你，它也没有不乐。当然身后对你来说一切都会比以往更好；到了末了它会对你宽宏大量，而你就会满足。难道不是它发现你是一名孤儿，供给了你一个家；迷失了，指引你；贫穷了，令你富裕吗？（93：3—8）

站立在神宽宏的天空之下，穆斯林在任何时刻都能够把心和灵魂直接提升到神圣的呈现面前，为生命烦恼的进程找到力量和指引。通道是打开的，因为虽然人和神是无限地不同，却并没有障碍把他们分隔开来。

难道他不是比你颈上的静脉管还近吗？你无须抬高你的声音，因为它明白秘密的耳语，以及那更隐秘的：它知道那在地上和海中的；没有

一片落叶它不知道；没有一粒在土壤中黑暗里的谷子，没有一件东西，未熟的或干枯的，不被记录了下来。(6：12，59)

由神我们可以转到“创世”这第二项神学概念上。《古兰经》中满是对自然世界抒情的描述。不过，其观点并不像印度教经文所提出的，是通过某种固有的发散过程从神圣者那里发生出来的。它乃是由真主意志有意的行为创造出来的；“它创造了天与地。”（16：3）这一事实有两个重要的后果。第一，物质世界是真实也是重要的。此处存在着伊斯兰科学的来源之一，它在欧洲黑暗时期比地球上任何地区都更兴盛地发展着。第二，由于它是出自安拉之手，而安拉在美德和力量上都是完美的，物质世界必须也同样地美好。“你在那所有仁慈者的创造中是看不到任何不完美的。回答你的凝视……它的回应令你目眩。”（67：4）我们会发现，在此处见到的对生命和存在的物质面貌的自信，是和另外两个源自闪族的犹太教和基督教所共有的。

在神的创造中，最重要的乃是人的自我，这种本性按照古兰经的定义，乃是我们的第三项教义的主题。“它创造了人。”我们在16：3中读到，而我们对此一创造物所注意到的第一件事就是它的完美结构。这可以由它的创造主来推论，但是《古兰经》却清清楚楚地说出来：“当然我是创造了最上等的人类。”（95：4）《古兰经》对神原初所造的人之本质，所用的字是fitra，它并没有被灾难性的堕落所污染。伊斯兰教中，最接近基督教教义的原罪是在其“遗忘”的概念中。人们的确忘记了他们神圣的来源，而这个错误 重复地被改正过来。但是他们的本性是无可改变的善，因此他们应该拥有自尊和一种健康的自我形象。

把生命认为是创造主的礼物，我们就要转过头来看它的责任了，这里共有两项。第一项是要对所接受的生命感恩。阿拉伯语infiadel这个字所指的其实是“缺乏感恩的人”多过指“不信的人”。一个人愈是觉得感激，就愈有觉得要任由那流入个人生命的恩赐，流进别人的生命是很自然的，因为把恩赐囤积起来，其不自然正如筑坝来堵住瀑布。忘恩的人，《古兰经》告诉我们，把神的赐福“掩盖”“收藏”起来，因之不能享受创造主每一时刻都提供着的与它的联系。

第二项持续性的人类责任，提醒我们此一宗教的名称。本章一开始就告诉我们伊斯兰（islam）的意思就是屈从，不过我们需要更深一层地来探查这一特质。

屈从的思想带有军事上的意涵，我们需要特别努力认识到，屈从可以是为了某种原则，或在友谊和爱中全心把自己交出去的意思。威廉·詹姆士（Willam James）指出对于一切宗教，屈从是如何的重要：

> 当什么都说了和做了之后，我们最后绝对地依赖着宇宙；我们被吸引，被迫参与某种牺牲与屈从，当刻意被注视与接受时，竟好像进入吾人唯一的永恒的安憩之所。如今在这些尚不足为宗教的心灵状态之内，屈从是作为必须的强制来被接受，做出来的牺牲顶多不过是不抱怨罢了。在宗教生活中，相反地，屈从和牺牲是正面地被采纳着；甚至于为了增进快乐还更加上并非必要的放弃。宗教使得无论如何都是必须的，变得轻易而巧妙了。[176]

在这种关于屈从者品质的描述上，我们可以加上伊斯兰教的说法，认为做安拉的奴隶能够从其他形式的奴役中解放出来——诸如做贪欲或焦虑或个人身份欲望的奴隶。如果我们在这里把“屈从”这个字换成“托付”也会有些帮助；因为除了去掉军事方面的联想以外，托付暗示着走向而不是放弃。在这一点上伊斯兰作为一种宗教来说，目的是要完全的托付；一种对那神圣者无保留的托付。这解释了为何亚伯拉罕是《古兰经》中最重要的人物，因为他通过了在需要的时候愿意牺牲自己儿子的最终考验。

人的自我还有两项最后特征，这两项特征在审判日中最尖锐地凸现出来。这两者乃是灵魂的个性与自由。

先从两者的第一项开始：从佛教的“无我”以及儒家的“社会我”来到伊斯兰教，我们印象最深刻的，是《古兰经》强调自我的个体：其独特性与单单交付在它身上的责任。在印度，那无所不在的宇宙精神几乎把个体的自我吞没了；而在中国，自我是那么合乎生态，以至于它何处始何处终都难以决定。伊斯兰教和其闪族盟友把这种漂流扭转过来了，认为个体性不单是真实的而且原则上是善的。价值、品德以及精神上的满足，乃是通过实现那特别属于自己的潜能而来，其方式决非无足轻重，其可能性与已活过或尚未投生的每一灵魂均不相同。正如一位重要的伊斯兰教哲学家曾经写道："此无可解释的有限经验中心乃是宇宙的基本事实。一切生命都是个体，根本就没有所谓普遍生命这种东西。神自身就是一个个体，它乃是最特殊的个体。"[177]

人的灵魂的个体性是永久的，因为一旦被创造就永远也不会死去。不过，它的特异性最能在审判日尖锐地感觉到。"哦，亚当之子，你会孤独地死去，孤独地进入坟墓，孤独地复活，并将是单独对你做出审判。"

这种评估和其相关联的责任，直接地带领到灵魂自由的论题；必须承认的是在伊斯兰教中，人的自由是与神的全能处在紧张关系之中的，这就指向宿命论了。伊斯兰神学与这种紧张，无止境地角力着，而未曾理性地解决它。它说神圣天意对人来说仍然是奥秘，而人却被赐有足够的自由和责任，来作出真正道德的和精神的决定。"任何人让他自己犯罪，完全是他自己的责任；任何人迷失了，只有他自己来承担其全部责任。"（4：111，10：103）

至于说审判本身的论题，穆斯林认为现代人的幻想之一是：以为我们只需过着（按照我们自己的意思）正当而无害的生活，不要吸引别人的注意，就可以静悄悄地溜过去不会被留意到。把这一类幻想的安全感撕去，是《古兰经》最后审判和其期盼的教义特征。"当太阳升起，星星下落，山峦动摇，海水沸腾……然后每一个人就会明白自己所做的了。"（81，passim）正是在这样的背景下，《古兰经》把生命当作一个短暂却非常宝贵的机会，提供一个一劳永逸的选择。这里面有着这整本书所讲的那种迫切性。"失败者"面对他们的最后审判时，就算只能复活一天，他们也会比活着的时候想要的任何东西更珍惜它的。（14：14）

根据最后审判结果，灵魂会被送到诸天或地狱中去修理，这在《古兰经》中以生动、具体而又感性的形象描述着。信众们把它们当作是真实的地方，或许就是这种描述的必然结果罢。在诸天我们受到的招待是喷泉、凉荫、花园中贞洁的美女，花园底下潺潺的河水；还有地毯、软垫、黄金，以及豪华的美食和饮料。在地狱里就是燃烧的衣服、熔化的浆液饮料、铁的钉头锥以及把岩石烧裂成碎块的火。把这些只不过说成是死后世界的象征——更确切一点是死后经验的情况——并不就是将死后世界说成没有了，《古兰经》之所以要如此生动地介绍身后世界的形象，是要令“那些不相信身后世界的人也可能会倾向于相信”（6：113）。天堂与地狱之间的尖锐对比是要把《古兰经》的听者/读者从遗忘所引生的精神冷漠中拉出来。

在精神的觉知和再生期间这种设计是有效的，但对于现代世俗心态的穆斯林来说，可能就不那么有效了。自由派的穆斯林引用《古兰经》本身的文字，为这种形象的预言式的解释辩护：“有的表示是坚定的，这些乃是经书的基础，有些就是象征性的了。”（3：5）同时，穆罕默德有关天堂的叙述也支持较不物质主义的观点。他指出，对于那些受宠爱的人，“日夜见到上帝的容颜，其幸福将超过一切身体上的快乐，有如海洋超过一滴汗水”。[178]尽管有各种解释的差异，但是关于人死后的问题，所有穆斯林都相信每一个人死了之后，其灵魂都要负责他在世上的行为，其未来就有赖于如何严守神的律令。“我们把每一个人的行为挂在他的脖子上，到了最后神判日，一本一目了然的登记簿就会放在他的面前。”（17：13）

最后一点，如果这一切审判的说法，似乎仍然是把神过分塑造成一个惩罚者角色的话，那么我们可以动用《古兰经》中的诗节，把安拉从直接的牵连中整个移开去。让灵魂对他们自己作审判。死亡所烧去的是只图一己私利的防线，逼迫个人完全客观地来看自己如何过了这一生。在那种视域的不妥协的光照之下，不许可有黑暗和隐藏的角落存在，乃是自己的行动起来谴责或肯定一生的作为。一旦自我从谎言的领域中抽出，那用来武装自己的虚假就变成像火焰般被烧去，而他在世上生命所经历的，就像是人头马腿怪物身上所穿的一件衣衫一般。

上帝、创造、人的自我以及最后审判日——这些乃是《古兰经》教义悬挂其上的主要神学挂钩。但不论它们的重要性如何，《古兰经》是一本强调行为重于观念的书。以下两节我们就来讨论这些行为。

五根支柱

如果有人要一个穆斯林来总结伊斯兰教如何指导人生活的方法，回答可能是：它教人要走笔直的道路。这句话源自《古兰经》开头的诗节中，在穆斯林每日五次的祈祷中不断地重复着。

奉至仁至慈的真主之名，
一切赞颂，全归真主，全世界的主，
至仁至慈的主，报应日的主，
我们只崇拜你，只求你佑助，
求你引导我们上正路。
你所佑助者的路，
不是受谴怒者的路，
也不是迷误者的路。

此一诗节一直被称为是穆斯林对上帝回应的心的跳动。不过，在目前，问题是为什么要说笔直的道路？有一个意思是显而易见的。一条笔直的道路乃是一条不是弯曲的或腐化的道路。不过，这句话还有另一种意思，乃是针对在伊斯兰教中很特殊的某种东西。笔直的道路乃是一种直截了当的道路，它是直接而明显的。与其他的宗教比较，伊斯兰教把它所提出的生活方式清楚说明。它通过清楚的指令精细准确地点出来。每一种行动类型都按照一种从“禁止”、“无所谓”到“应该做”的计算标准分类。如此使得伊斯兰教富有一种属于它自己的明确性。穆斯林知道他们站在哪里。

他们声称这是他们宗教的力量之一。他们说，神对人类的启示通过四个伟大阶段进行着。第一，上帝通过亚伯拉罕启示了一神论的真理，上帝的单一性。第二，上帝通过摩西启示了十诫。第三，上帝通过耶稣启示了黄金法则——我们要爱人如己。这三位先知都是真正的信使，每一位都引介了上帝指导的生命要点。不过，还有一个问题：我们要如何爱我们的邻人？一旦生命变得复杂了、要回答那个问题就需要有指导，《古兰经》提供了这个需要。“伊斯兰教的荣耀包含了在明确的律法中体现了耶稣美丽的情操。”[179]

那么，这条笔直的道路对人类责任详细说明的内容是些什么？我们将我们的说明分成两个部分。在本节中我们将审视伊斯兰教的五根支柱，那些规定了穆斯林与神打交道的个人生活原则。在下节中我们将讨论古兰经的社会教义。

伊斯兰教条的五根支柱之第一条，称为信仰的告白（Shahadah）。每一种宗教都包含有决定其信徒生活方向的告白。伊斯兰教绝不啰唆多言，告白扼要、简单而明了，只有一句话：“万物非主，唯有真主。穆罕默德是真主使者。”声明的前半部宣布了一神论的主要原则。“万物非主，唯有真主。”除了唯一真主，没有别的神明。非常直接，因为真主这个词不是一个包括一整类物体的普通名词，它乃是一个专有名词，单指它这特殊存在而言。第二部分肯定的是“穆罕默德是真主使者”，它表明了伊斯兰教的信仰在于穆罕默德的真实性以及他所传达经书的有效性。

在一生当中，一个穆斯林至少要有一次正确地、缓慢地、认真思考地、大声地、带着满是理解和衷心的信念来说信仰的告白。而事实上，每次危机以及在死亡来临时，“万物非主，唯有真主”就会从他们口中说出来。“一个虔敬的人，暴怒异常，但当他想起了信仰的告白，就会突然间停止下来，收敛了起来，好像是在他本人与他那狂乱的情绪之间隔开了一大段的距离。一个在生产中呼喊的妇人想想这几个字，会突然间静下来。一个学生，焦虑地伏在考场的书桌上，会抬起头来说出这几个字，一声只刚好可以听得到的放心的叹息，传遍了所有教徒。这就是对一切问题的最终答案。”[180]

伊斯兰教的第二根支柱就是正规的祈祷，在祈祷上，《古兰经》严令信徒“要常常祈祷”（29：45）。

穆斯林被告诫要常常祈祷以保持生活在正确的视域中。《古兰经》认为这是人们必须学习的最困难的课题。虽然人们很明显地既未创造自己，也未创造世界的生物，但他们似乎始终不明白这一点，总是把自己置放在万物的中心，就好像自身即是律法那样地生活着。这就产生了大混乱。那么，当我们问为什么穆斯林要祈祷，部分的答案是：这是回应生命要为其存在发出感谢的自然冲动。不过，更深一层的答案则是本段开始时所说的：要保持生命在正确的视域中，祈祷包含了承认在创造者面前的人的受造性。在实践上即是把自己的意志交付神的意志（伊斯兰）并以之作为自己意志当然的君主。

穆斯林应该祈祷多少次呢?《古兰经》中对于此一问题有所说明。

我们所知穆罕默德生命中的关键事件之一，就是他那著名的“登宵夜之旅”。在斋月中的某一晚上，他骑在一匹有翅膀的白马上飞到耶路撒冷，从那里通过 7 重天来到神面前。神指示他说穆斯林要每天祈祷 50 次。在回到人间的途中，他停在第 6 重天上时，穆罕默德把这项指示告诉摩西，摩西大为怀疑。“一天 50 次!”他说，“你是在开玩笑吧。那是做不到的。回去再商量一下罢。”穆罕默德照做了，回来的时候减少成 40 次，可是摩西还是不满意。“我知道那些人的，”他说，“转回去。”这样来来回回重复了 4 次，次数就依次减成 30、20、10，然后到 5 次。甚至这最后的数字摩西都认为过多了。“你的人民是无法遵行每天 5 次祈祷的，”他说，“在你的时代之前我已经考验过他们，并且通过无尽的努力才压服了以色列的‘子孙’，所以回到你主那里请它为你的人民再减少一点吧。”不过，这一次穆罕默德拒绝了。“我一而再地请求我主，都觉得不好意思了，不过现在我满意了，我屈服了。”次数就此定为 5 次。[181]

5 次祈祷的时间也同样是规定好了的：晨起时、日正当中午时、日落一半时、日落、入睡之前。时间表并不是绝对要遵守。《古兰经》明言，例如，“当你在旅途中，若担心那些非信徒会攻击你，使你祈祷次数不够也并不是犯罪。”不过，在正常的情况下，5 次的模式应该要加以保持。在伊斯兰教，一星期当中并没有像犹太教中的安息日，或基督教的星期日那样与其他的日子明白地划分开来，星期五几乎是一个星期中的神圣日。教徒聚会崇拜，在伊斯兰教不像在犹太教和基督教那样地被强调。虽然如此，穆斯林只要能做得到，还是要尽量在清真寺中祈祷，在这方面，星期五正午那次的祈祷是特别强调了的。到伊斯兰教地区去旅行的人见证说，世界上最令人印象深刻的宗教景象就是在昏暗的伊斯兰教清真寺中，数以百计的穆斯林肩并肩地站立着，然后一而再地跪下朝麦加拜倒。

虽然穆斯林最初是朝耶路撒冷方向祈祷，一项后来的《古兰经》启示，指示他们要朝麦加的方向祈祷；想到全世界的穆斯林都这样做，就会产生了一种参与世界性的团体意识，甚至在一个人独自祈祷的时候也如此。除了这种祈祷方向之外，《古兰经》几乎是什么都没有说，不过穆罕默德的说教及其实践，就给这空白赋予了内容。祈祷之前要净身，去净化身体及象征性地净化灵魂，开始的时候是以庄严而直立的姿势，不过当祈求者跪下来，头触地时就进入高潮。这乃是祈祷者最神圣的时刻，因为它有两层象征意义。一方面身体取的是胎儿的姿势，准备好再生。同时蜷曲只占最少的空间，意味着人面对神圣时的微不足道。

至于祈祷的内容，其标准的主题是赞美、感恩和祈求。穆斯林有一种说法，每次一只鸟饮一滴水时，它就抬起眼睛向天表示感激。每天至少 5 次，穆斯林做同样的事。

伊斯兰教的第三根支柱是遵守斋月。这是伊斯兰教日历上的一个月份——伊斯兰教的圣月，因为在这个月份中，穆罕默德接受了他最初的启示，并且 10 年之后完成了他历史性的从麦加到麦地那的迁徙。为了纪念这两个伟大的时节，所有健康的穆斯林（没有病的，或并未处身在如战争的危机中或无可避免的行旅当中的）在斋月中都要禁食。从天亮到日落，不可以吃东西、饮水或抽烟；日落之后他们可以稍作适量的进食。由于伊斯兰教用的是阴历，斋月是随着年份转动的。在冬季时，这项要求不会那么过分。但若是遇到炎热的夏季，在漫长的白昼中，要持续不停地活动而不能喝一口水是相当辛苦的。

那么，为什么《古兰经》作这样的要求呢？原因之一，禁食令人思想，正如每一位遵守赎罪日的犹太人会证实这一点。其次，禁食可以教人自我约束；一个能够忍受得住如此需求的人，在其他时候要控制食欲就相对容易些。禁食可以强调受造物对神的依赖。据说人是有如玫瑰花瓣般的脆弱的，可是，他们还要自以为是。禁食把人召回到一己的脆弱性和依赖性之中。只有那些经历过饥饿的人才会知道饥饿是什么。一年之内禁食了 29 天的人，下次在接近一个饥饿的人时，就更能够仔细地听取对方说些什么了。

伊斯兰教的第四根支柱是慈善。物质的东西在生命中是重要的，不过有的人拥有的比其他人要多。何以如此？伊斯兰教不关心这种理论性的问题。取而代之的是，人应该如何处理这种悬殊的实际论题。它的回答很简单。那些富裕的人应该帮助减轻那些比较不幸的人的负担。这正是 20 世纪民主政治在它们的福利国家概念中以俗世模式所制订的原则。《古兰经》在 7 世纪引进其基本原则，通过对富有者的累进税来救济穷困的人。

细节姑且不论，《古兰经》把这种税定为 2.5%。比起犹太教和基督教的什一税（主要是用来维持宗教机构的开支而不是直接用来救济穷人，两者不能严格地作比较），看起来似乎并不多，但当我们发现它所抽取的不只是收入，还要加上资产值的时候，那就是另外一回事了。穷人什么都没有，不过那些属于中等以及上等收入的人，每年要将他们全部所有的 1/40 拿出来分配给穷人。

这些钱要拿来给哪一类的穷人呢？这一点也有所指示：给那些有即刻需要的；给那些要赎回自由的奴隶们；给还不出债务的欠债人；给陌生人和旅人；给那些募捐和分配施舍的人们。

伊斯兰教的第五根支柱就是朝圣。在他或她的一生中，每一位穆斯林只要是身体和经济条件许可，至少要有一次去到麦加，那是神的启示第一次宣示出来的地方。朝圣的基本目的乃是要提高朝圣者对神及其昭示的意志与热诚。不过这样做也同时带来额外的好处，比方，它提醒了人的平等性。抵达麦加时，朝圣者脱去了带有社会身份记号的正常服装，在来到伊斯兰教尘世上的中心地，都穿着同样的衣饰。身份和阶级的标志都被去除了，王子和贫民都以未分化的人性出现在神的面前。朝圣还把不同国家的人聚集在一起，证明他们共有一种忠贞，是超越了他们对国家和族群的忠贞的。朝圣者收集了其他地区和人民的资讯，对彼此更加了解而后回到自己的家乡去。

伊斯兰教的五根支柱包含了穆斯林所要做的事，维系了伊斯兰教的长盛不衰。还有他们不可做的事，如赌博、盗窃、说谎、吃猪肉、饮酒以及放荡的性行为都是其中的一部分。连那些犯了这些规则的穆斯林也承认他们的行为是越轨的。

除了慈善之外，在本节中我们所讨论的都是有关一个穆斯林的个人生活。现在我们要转过来看伊斯兰教的社会教义。

社会的教义

“哦，人啊！听我说话并要记在心中！要知道每一个穆斯林都是另一个穆斯林的兄弟，你们现在乃是一家人。”这些著名的话，是先知临死之前在他面向麦加作“道别朝拜”时说的，乃是伊斯兰教最崇高的理想和最有力的重点之一的缩影。过去两个世纪，民族主义的干扰在政治层面上对这个理想造成浩劫，不过在社区的层面上它仍然保持着可见的完整性。“在伊斯兰教的宗教文化中，有某种东西能够在最卑贱的农人或小贩身上，激发起一种对待他人的尊严和礼貌，在其他的文明中少有比肩，更没有超过它的了。”一位重要的伊斯兰主义者写道。[182]

如果我们来看前伊斯兰和后伊斯兰期间阿拉伯的差别，我们就会被迫去问，历史上是否曾经在如此短的时间，和如此众多的人民中间，见证过类似这样的道德进步。在穆罕默德之前，族群部落之间的暴力几乎是完全没有制约的。在财富和产业上的极端不公平被接受为万物自然的秩序。妇女被视作是财产而不是人。与其说一个男人可以娶无数个妻子，不如说他和女人的关系之随便，在娶一两个妻子之后就很少再需要婚姻这回事了。杀婴是等闲事，特别是女婴，醉酒和大量的赌博前面已提过了。半个世纪之内，在所有这些方面的道德风气都有了惊人的改变。

帮助它完成了这项近似奇迹的某种东西，是我们已经说到的伊斯兰教的一项特征：明白的宣示。穆斯林说，人际间相互关系的基本目标是完全如耶稣和其他先知那样如兄弟间和姊妹间的爱。伊斯兰教的特点并非在它的理想，而是在它宣布要完成目标的详细指示。我们已经碰到有关的理论。倘若耶稣有一个较为长久的事业，或者倘若犹太人当时在社会上不是那般地没有力量，耶稣会把他的教义制定得更为系统化。然而事实并非如此，他的工作“未能完成。只有留给另外一位导师来系统化其道德的律法了”。[183]《古兰经》就是这位后来的导师。除了是精神的引导外，它同时也是一项法律的纲领。当它那数不清的规定再补充为权威性稍逊的圣训——根据于穆罕默德主动做了什么、说了什么的传统——我们毫不足奇地发现，伊斯兰教是闪族宗教中社会意涵最为明显的。西方人以个人经验来界定宗教，是永远不能为穆斯林所理解的；他们的宗教召唤他们去建立一种特殊的社会秩序。伊斯兰教把信仰加入政治，宗教加入社会，彼此之间是不可分割的。

伊斯兰教的法律范围非常广泛。为了本书的目的，只需把它的规定归纳成为集体生活的四个区域就已足够了。

一、经济：伊斯兰教对于生命的物质基础是敏锐地觉察到的，除非身体上的需要满足了，更高的关注是不可能有结果的。当穆罕默德的一位信徒跑来向他哭道，“我母亲死了，为了她灵魂的安宁，我应该拿出什么来施舍呢?”先知想到沙漠的热度，即刻就回答说：“水！为她挖一口井，为口渴的供应水喝。”

正如一个机体的健康，它的每一部门都需要有养料提供，一个社会的健康也需要把财富广泛而适当地加以分配。这就是伊斯兰教经济的基本原则，在伊斯兰教的民主脉搏里，再也没有别处说得更有力和清晰的了。《古兰经》，由圣训加以补充，所提出的措施，打破了经济阶级的障碍而大大地减低了特殊利益集团所造成的不公平。

激发伊斯兰教经济的模型，是身体的循环系统。健康有赖于血液自由而活跃地流通；缓慢就会带来疾病，血液阻塞就会造成死亡。政治事务也没有多大的不同，只不过财富取代了血液成为给予生命的物质。只要这种类比被尊重，法律在那里保障财富流通畅顺，《古兰经》并不反对利益的动机、经济上的竞争或者企业家的冒险，后者愈是有想象力就愈是有利。这些都是那么放任地被许可。它不反对人们比邻居更勤奋地工作，也不反对给这种人较多的报酬。它只是坚持获取和竞争要由公平的竞赛来加以平衡，让“动脉保持畅通”，并且由强大的同情心的推动，把给予生命的血液——物质的资源——注入循环系统中最细小的毛细血管中。这些“毛细血管”由济贫金来供养，规定每年个人所有的一部分要拿来分配给穷人。

至于说要防止“阻塞”的方法，《古兰经》针对当时最严重的经济痼疾——长子继承权——明白地判之为非法。把继承权限定给长子，这样的制度把财富集中在拥有巨大资产的少数几个人身上。废除了这种做法，《古兰经》务必使遗产由全部后嗣共享，包括女儿和儿子。诺斯陆普（F. S. C. Northrop）在《东西之会合》中描述过他凑巧亲身经历的一次伊斯兰教资产解决实例。那天下午他亲眼看到运用伊斯兰法律的结果，把五万三千元分配给至少七十名继承人。

在《古兰经》的一个诗节中禁止收取利息。在当时这不仅是人道的，而且还显然是公正的，因为当时借贷是用来帮助不幸的人在灾难时期渡过难关的。不过，由于资本主义的兴起，金钱有了新的意义。金钱用来作为冒险资本，而发挥了重大的作用，借贷来的钱能增长利润，借贷人因此获利，若排除债主获利就显然不公平。穆斯林对这一改变的适应之道是让债主变成应用该笔款项的冒险事业合伙人。以这种方式来看待资本主义的话，穆斯林就不再觉得市场经济与伊斯兰教之间有何不相容之处。至于资本主义的过分膨胀——穆斯林认为在世俗西方是明显地展现出来了——则是另外一回事。《古兰经》的平等化条规，如果适时地加以应用就可以将之平衡过来。

二、妇女的地位：主要由于它容许多妻制，西方指责伊斯兰教贬低妇女的地位。

如果我们以历史的角度来处理这个问题，比较阿拉伯的妇女在穆罕默德之前与之后的地位，这种指责是不正确的。在前伊斯兰的“无知的时期”，婚姻安排之随便，到了几乎是识别不出来的地步。妇女被视为与动产差不多，任由父亲或丈夫随意处理。女儿没有继承权而常常在婴儿期便被活埋。

对付这种把生女儿当作是一场灾难的情况，《古兰经》的各种改革，对妇女地位的改进是无可估量的。它们禁止杀婴，规定把女儿包括在遗产继承权中，尽管并非是平均分配的，而是儿子所继承的一半；这似乎也算公平，因为不同于儿子的是，女儿无须肩负她们家庭的财务责任。她作为公民的权利——受教育权、参政权和就业权——《古兰经》对于妇女与男子完全平等的可能性是持开放态度的，在那些实现现代化的伊斯兰教国家，这种平等已差不多达到了。[184]西方妇女因为工业革命和民主制度而并非因为宗教所取得的社会地位，如果下一世纪在伊斯兰教下之妇女仍然不能取得，穆斯林说，伊斯兰教就要负责。

不过，在婚姻制度上，伊斯兰教对妇女做出了最大的贡献。它神圣化了婚姻，首先使它成为性行为的唯一合法场所。[185]

对于支持以石块打死通奸者，并禁止交际舞的信徒而言，西方指斥伊斯兰教是淫荡的宗教，是牛头不对马嘴的。其次，《古兰经》规定结婚是要得到女方的应承方可，没有新娘的许可连苏丹王也结不成婚。其三，伊斯兰教大大地牢固了婚姻的盟约。虽然穆罕默德并不禁止离婚，却只把它当作是最后的手段。他一再重复声明没有比打破婚约更令真主不悦的了，他制定法律条款以保护婚姻的完整。在婚姻期间丈夫需要提供一笔彼此同意的金钱数目给妻子，一旦有离婚的情况发生，她就可悉数保留。离婚手续要有三段明白而分隔的时期，每次都要从双方家族成员中选派调停人来和解双方当事人。这些做法的目的是要把离婚的可能性减低到最少，妻子也和丈夫一样有提出离婚的权利。

不过，多配偶或更正确的说多妻制的问题仍然存在。的确，《古兰经》许可一个男人同时可以拥有四个妻子，不过愈多的共识认为，如果仔细阅读其相关规定的话，它是以单配偶为理想模式的。支持这一观点的《古兰经》声明说：“如果你不能平等而公正地对待‘超过一个的妻子'，你就只能娶一个。”另外的篇章也清楚说明此处所说的“平等”，不光是指物质上的津贴而是指爱与尊重。在物质的安排上，每一位妻子必须有私人的住处，这本身就是一项限制的因素。不过正是这第二项条款——爱和尊重的平等——使得法律专家辩说《古兰经》完全是主张单偶制的，因为要完全平等分配爱情和尊重几乎是不可能的。这种解释自伊斯兰历3世纪时就出现在伊斯兰教图像中，而得到愈来愈多人的接受。为了避免任何可能的误解，目前有许多穆斯林在婚姻事务上加入一个条款，使丈夫正式放弃他娶第二位配偶的权利，而事实上——除了非洲部落多妻制是其习俗之外——多妻制在今日的伊斯兰已经是少见了。

在我们所知道人类存在的不完善条件下，有时在道德上宁取多妻而不取一妻。个别而言，如果在婚姻早期妻子瘫痪或残废不能进行性交，这种情况可能会发生。就社会而言，战争减少了男性的数目就提供了一个例子，而被迫在多妻和避免大量妇女不能做母亲及产生任何类型的核心家庭之间作出选择。理想主义者可能在这种情况下要求应用英雄气概的克制力量，不过英雄主义从来都不是大众的选择。真实的选择是在一个合法的多妻制中把性严格地与责任联系起来。另一个选择是一妻制，但因为是不实际的，因而滋生了卖淫行为，男人可以不为性伴侣及其后代负责任。穆斯林更进一步地为他们的情况作辩护，指出在西方多次的婚姻至少是很普遍的，不同的只是它们是逐次地在施行。如果伊斯兰教妇女有离婚的权利，退出多妻的安排的话，西方版本的“连串性多妻制”，难道会不证自明地比其同时期的多妻形式优越？最后，穆斯林虽然一上来就坦率地谈到女性在婚姻中有得到性满足的权利，却并不回避是否男人的性要求比女性为强的争论性问题。与其让男人的性冲动泛滥，不如顺其天性生理之需求。伊斯兰的法律立下了一个多妻的架构，并提供了少量的控制。把男人无定形的本能予以自觉性的模型而将之羁留在宗教的架构之内。[186]

至于说妇女戴面罩及她们一般被隔离这类情况，《古兰经》的禁令是有保留的。它只是说“告诉你的妻女和妇女信众们（当她们到外国时）用衣服裹紧身子。这样比较好，以免被人认出来惹麻烦” （33：

59)。从这种规定所衍生出来的极端情况，乃是当地习俗的事而非宗教上的硬性规定。

在本节中，对社会的论题方面，应该要提到惩罚这个问题，因为伊斯兰法律所制定的惩罚，其极端严厉的印象广为人知。在此处来讨论这个题目颇为合理，因为其中一项最常被引的例子就是对通奸的惩罚，它重复着犹太教掷石处死的法律，另外被提到的两项典型例子是砍断盗窃者的手，以及对各种犯罪行为施以鞭刑。这些规定的确严厉，但是（穆斯林看来）这样做是为了要指明那些行为所造成的伤害也同样严重，因此不被容忍。一旦这种严峻法律立场建立之后，仁慈就要发挥作用。“用怀疑来避免惩罚。”穆罕穆德告诉人民，避免处罚的任何做法，只要不公然违反法律，伊斯兰的法理学都视为合法。通奸以石掷死的补充条款是必须要有四位无可怀疑的见证人详细陈述目击实情，使之几乎不可能执行。“鞭打”可以技术性地用一双拖鞋或甚至袍子的边来执行，盗窃者如果出于真正的需要而偷窃，就可以保留他们的手。

三、种族关系。伊斯兰强调平等，而在“民族共存上成就非凡”[187]。这一领域上的最终考验乃是在愿意通婚，而穆斯林视亚伯拉罕愿意娶夏甲为典范，他们视这位黑人妇女为他的第二任太太而不视她为妾。在美国由伊利俟·穆罕默德（Elijah Muhammad）领导的黑人伊斯兰教运动对待白人是富于战斗性的；不过马尔凯姆5世（Malcolm X）在1964年到麦加朝圣时，他发现种族主义在伊斯兰是没有先例的，并且两者无法相容。[188]穆斯林喜欢回忆第一名唤礼员必拉（Bilal）的事迹，他是依索匹亚人，定时为那些曾经迫害早期穆斯林（许多是黑人）的“白人”祈祷，希望他们改信伊斯兰教。伊斯兰教之所以在非洲取得进展，与此一宗教在这个问题上的宽容，绝不是没有关系的。

四、武力的使用。穆斯林说西方对他们的标准定型是，一个刀出鞘大步向前行进的人。不足为奇地，从一开始（如一位历史学家所报道的）基督徒就相信“穆罕默德生命中最重要方面……就是他用武力建立其宗教”。[189]穆斯林觉得穆罕默德和《古兰经》，两者都在这方面被误解了，上面我们已经讨论过了三个区域，现在我们转过来讨论第四个区域，即武力的使用。

穆斯林承认《古兰经》不劝人把脸转过来让人打，也不主张和平主义。当情况许可时它教人原谅以及以德报怨——“用更好的东西把邪恶驱除”（42：37）——不过这不同于不排拒邪恶。不仅不要求穆斯林把自己变成残暴者的擦鞋垫，《古兰经》许可对任意作恶所造成的全部后果作出惩罚（23：39—40）。他们相信正义需要如此；把公平游戏所要求的互利原则废除了的话，道德就算不变成纯粹的伤感，也会降低成为不实际的理想主义。把这种正义原则延伸到集体生活中，我们就有了如伊斯兰教圣战的概念。在圣战中死去的烈士被保证将进入天堂。穆斯林都肯定这一切，来作为伊斯兰教整体的一部分，不过这与众所周知的指责说伊斯兰教之传播维持主要是通过刀剑，仍然还有好大一段距离。

作为一位出色的将军，穆罕穆德留下许多有关战争的传统；协议要遵守，诈骗要避免；伤者不可残害，死者不可毁损；妇女、儿童和老人要予以赦免；果园、农作物和圣物亦复如此。不过，这些并非是主要的，重要的问题是正义战争的定义。按照《古兰经》的流行解释，一个正义的战争必须是防卫性的或是对错误的纠正。“防卫你自己去对抗你的敌人，但是不可先攻打他们：真主是痛恨侵略者的”（2：190）。偶像崇拜者的侵略性和冷酷的敌意，逼使穆罕默德抓起剑来自卫，否则他与他整个的社区以及对真主的信仰就会从地球上消除。其他的导师屈服于武力之下成为殉道者，穆罕默德不认为他也要这样做。一旦他抓紧剑来自卫，他就坚持到底。穆斯林承认伊斯兰教也有以剑来传教的时候，但多数是借劝说和以身作则来传教的。

《古兰经》中有关改变宗教信仰的关键诗节是这样的：

让宗教没有强制吧（2：257）。

我们给予每一个人一项法律和一条道路……如果真主喜欢，他可以命令“整个人类”成为同一人类，“相信一个宗教的人类”。可是他却另有不同的做法，他会以个别予你们的那一套来试探你们，因此你们要以善行向前去。你要回归真主，它会告知有关你不同意的。（5：48）

穆斯林指出，穆罕默德为了麦地那城的缘故，在他的人格中所注入的正是这几段诗节所宣示的宗教宽容原则。他们把这项文献当作是人类历史上良心自由的第一个宪章，以及日后第一个伊斯兰教国家的权威性典范。它规定“犹太人依附在我们的联邦之内，‘同样的权利日后也给予了基督徒，这两种是当时所知的非伊斯兰教的宗教’都将受到保护免于侮辱和麻烦；他们与我们的人民一样拥有相同的权利可以接受我们的协助和服务。犹太人……以及居住在耶斯里布的其他所有居民，可以如穆斯林一样地自由信仰他们的宗教”。甚至连被征服的国家也被容许有信仰的自由，只要他们缴付特别税，代替了他们原先免缴的济贫金，此后任何对他们良心自由的干预，都被视为是直接违背了伊斯兰法律。除了这种对宗教宽容的伊斯兰立场之外，如果我们想要求更明白的指示，就有穆罕默德本人的话：“当信仰只能来自真主时，你还能强迫人们去信吗?”[190]有一次，一位基督徒的代表团来见他，穆罕穆德请他们在他的寺庙中举行礼拜，并且说，“这地方乃是奉献给真主的”。

光是原则和穆罕默德个人的榜样就讲了这么多。穆斯林们到底能够做到什么地步，是一个太复杂的历史问题而难以得到一个简单、客观又具决定性的答案。从正面来看，穆斯林指出多少个世纪以来在伊斯兰教统治之下，印度、西班牙与近东，基督徒、犹太教徒以及印度教徒都平静地生活在自由之中。就算是在最坏的统治者之下，基督徒和犹太教徒都占有影响力的位置，并且一般而言保留了他们的宗教自由。穆斯林提醒我们说在15世纪把犹太人赶出西班牙的是基督徒而不是穆斯林，他们在伊斯兰教治下曾经享受了他们的黄金时代之一。再从这个例子追踪下去，西班牙与安那托利亚差不多在同时易手——基督徒把摩尔人赶出西班牙，而穆斯林就征服了今日的土耳其。每一个穆斯林都被赶出西班牙，不是放在刀口下，就是被逼改教，但是东正教堂的所在地到如今仍然保留在伊斯坦布尔。的确，如果我们要比较的话，穆斯林认为基督教的记录是两者中较黑暗的。他们问道，是谁以和平王子之名号召十字军东征？是谁建立了宗教法庭？发明了拉肢拷问台和十字架火刑来作为宗教的工具，把欧洲卷进破坏性的宗教战争？客观的历史学家对这个问题，在他们的判定中都一致认为伊斯兰教至少在使用武力的记录上绝不比基督教更为黑暗。

若把比较放下不谈，穆斯林承认自己崇尚武力的记录并不是好榜样。每一个宗教在其事业的某些阶段中，都曾被自认为是拥护者的人利用来伪装其侵略行径，伊斯兰教也不例外。一而再地为另有所谋的酋长、哈里发（译注：caliph，伊斯兰政教合一领袖的尊号）以及当今某些国家的领袖们提供了借口，来达到他们的野心。穆斯林所否认的可以归纳成以下三点：

第一，他们否认伊斯兰教不宽容和侵略的记录大过其他主要宗教。（佛教可能在此处是一个例外。）

第二，他们否认西方历史学家在说到使用武力这个问题上，对伊斯兰教是公正的。[191]他们说圣战就是一个例子。对于西方人来说，圣战所造成的实况是，怂恿一群呼叫的狂徒去参战，答应他们被杀后可以立刻进天堂。而事实上：（1）jihad 字面的意思是尽力，不过因为战争需要特别额外程度的努力，这个字就常常引申来指圣战。（2）在伊斯兰教，圣战的定义完全与基督教的正义之战相同，它有时也被称为神圣战争。（3）基督教也认为那些死于这类战争中的人为殉道者，并应允他们得救。（4）穆罕默德的一条圣训，把对抗个人心中邪恶之战的评价置于对抗外在敌人战争之上。“我们从一场不太重要的圣战中回来了，”先知在与麦加人经过一场遭遇战之后说道，“要去面对那更伟大的圣战。”那是与个人内在敌人的战争。

第三，穆斯林否认他们记录上的污点应该拿来反对他们的宗教，在对人的标准招呼“和平降临于你”中，他们肯定了他们宗教中的主导理想。

苏非教派

我们一直以为伊斯兰教铁板一块，其实不然。像任何宗教一样它是有分歧的。主要派别有主流逊尼派（“传统主义者”占全部伊斯兰信徒

87%）和什叶派（穆罕默德的女婿的“拥护者”，什叶派信徒相信他应该直接继承穆罕默德，却三次都被忽略，最后被指定为穆斯林的领袖，但却被谋杀了）。由地理上看来，什叶派聚集在伊拉克和伊朗一带，而逊尼派则分布在西部（中东、土耳其和非洲）及东部（横过整个印度大陆、包括巴基斯坦、孟加拉，横过马来西亚，进入印尼，单单这一地区就有为数超过整个阿拉伯世界的穆斯林）。我们将不论这一历史的分裂，因为它涉及内部的争论，我们要来讨论一项有普遍意义的区分。这个区分乃是在称为苏非派的伊斯兰神秘主义者和其余同样是穆斯林信仰的多数非神秘主义者之间纵的区分。

Sufi 的词根 suf 意思是羊毛。穆罕默德去世一个或两个世纪之后，那些伊斯兰社区内，承担伊斯兰教内在信息的人，就被称之为苏非派教徒。他们之中许多都身披粗质毛服，抗议苏丹和哈里发的丝质和缎质衣服。他们看见伊斯兰教的世俗化而感到震惊，于是寻求从内心使之净化，他们要恢复伊斯兰教的自由和爱，回到它更深层的神秘音调。内在应先于外在，意义应先于物质，内在象征应先于外在真实。他们呼吁：“少爱一点盛水瓶，多爱一点瓶子里的水。”

苏非派的教徒看到这内在与外在、盛水瓶和其所盛的水之间的区别，由《古兰经》本身引申出来，真主把它自己表现成既是“那外在的，又是那内在的”（57：3），显教的穆斯林——我们这样称呼他们是因为他们满足于《古兰经》教义的外显意义——却忽略了这个区别，可是苏非派教徒（密教的穆斯林）却视为是重要的。冥想真主在每一位穆斯林生命中都占据着重要的地位，不过对于大多数穆斯林来说，它必须与生命中占有几乎同等地位的其他要求去争高下。再加上生命需求的殷切——人们总是在忙碌——这就是何以许多穆斯林没有时间，在遵从那规定他们生命的神圣律法之外，还多做些什么，虽然有此心愿。他们的忠贞不会白费的，到最后他们的报酬将会如苏非派教徒的一样大，但是苏非派教徒对于报酬不耐烦，如果我们可以这样说的话。他们要在这一生之内就直接面对神，就在当下。

这就需要特别的方法，为了发展和练习这套方法，苏非派教徒围绕着精神导师，从 12 世纪开始，就形成了苏非教团。这些教团的分子称之为法基尔，字义是贫穷，有“精神上贫穷”的人的含义。不过，在某些方面，他们却构成了一种精神上的精英，比其他的穆斯林有更高的热情，也愿意为了他们过高目标的需要去承担更沉重的训练。我们可以把这种教团与罗马天主教信仰的沉思教团来类比，不同的是苏非派教徒通常是可以结婚，也不出家的。他们从事着正常的职业，到他们聚会的地点，去吟唱、舞蹈、祈祷、数念珠，同声背诵他们的经文，聆听他们的导师讲道，这一切都是为了最后得以直接到达神那里。他们观察到，人对火无知，却能够一步一步地去了解它：先是听到它，然后看见它，最后是被它的热烧伤。苏非派教徒想要被神“烧伤”。

这就需要去接近它，他们发展出三种互相重叠且各具特色的途径。我们可以把它们称之为爱、狂喜和直觉的神秘主义。

先从第一种讲起，苏非教派的爱情诗是举世闻名的。一位第 8 世纪杰出的女圣人罗比亚，在她经常长达整晚的单独守夜中，发现神的爱是在宇宙的核心；不把自己浸润在那爱之中并向别人反映出来，就失去了生命最高的福祉。因为爱在对象不在眼前时最为明显，那时节至爱的重要性才不能被忽略，波斯诗人特别注重详述隔离之苦，而深化他们对神的爱，因之向它靠近。

鲁米（Jalal ad – Din Rumi〔1207 – 1273〕。译注：波斯诗人与神秘主义者）用芦笛的哀音对这个主题做了典型的表达。

> 请听那芦苇所讲的被隔离的故事。
> “自从我在芦苇丛中被割下后，我就发出这样的哭声。
> 任何与爱人分离了的人就会了解我说的是什么，
> 任何人从源头被拉开都渴望着回去。”

那笛子从它的河岸割裂开来就成为灵魂从神那里切断的象征，它的哀叹把苏非派教徒抛进了激动和昏乱的状态中。创造的任何事物都无法减轻那些情况，但是灵魂的至爱，安拉，是那么的崇高，那么的不同，人类对他的爱乃是像夜莺对玫瑰花的爱，或飞蛾对火焰的爱。就算如此，鲁米向我们保证，人的爱是会得到回报的：

爱人从不追求他挚爱者所不求的东西。
当爱的火花射入这颗心中，知道在那心中有爱在……
好好留意经文："她爱他们而且他们爱她。"（《古兰经》5：59）。

但是全部真理仍然有待掌握，因为安拉爱她的创造物远胜过他们对她的爱。"神说：谁要是向我靠近一点，我就更向他靠近一倍，谁要是向我靠近一倍，我就向他靠近十倍，谁要朝我走过来，我就向他跑过去。"[192]罗比亚在她著名的夜祷中祝贺两个灵魂的最终会面，一个有限，一个无限：

我神我主：
眼睛合上了，星星沉下了，鸟儿在它们的巢中安静下来，
还有那深处的怪物。
而你是那不知变化的正义，那从不偏离的公正，那从不死亡的永恒。
王者的门户由他们的亲信锁上守护，可是你的门向那些造访的人们敞开。
我主，每位恋爱者现在都与他的至爱单独在一起。而我单独与你在一起。

我们把第二种苏非派走向神圣显现的方法叫做狂喜的进路。狂喜（文字上的意思是"立身于自身之外"），因为它所引发的经验与通常的经验不是程度上的，而是种类上的不同。狂喜的苏非派教徒主要的暗喻，乃是先知通过七重天进入神圣显现的夜间行旅。没人能说出他在诸天看到些什么，不过我们可以肯定景象必定是非凡的——每上一层就愈是如此。狂喜派苏非教徒并不声称说他们能看到穆罕穆德在那天晚上所见到的，不过他们是在朝他的方向移动着。有时狂喜派苏非教徒所经验的内

容是那么完全地令他们入迷，仿佛被催眠一般，他们均完全从自己抽离了，对自己是谁、在何处、发生了何事都不再关心了。按照心理学的说法他们是从自己“分离”了，丧失了来正常理解世界的那种意识。朝圣者旅行去见这类名家，报称说他们发现自己根本就不被理睬——并非出自无礼，而是因为他们真的没有被看到。要有意引发这种状态是需要练习的；有一位朝圣者寻访到一位名叫奴吕（Nuri）的颇受尊敬的狂喜派人物，他报称见到奴吕在那种程度的专注状态中，全身没有一根毛发是摆动的。“我事后问他：‘您向谁学来这样深沉的专注?’他回答说：‘向一只守在老鼠洞口的猫学来的。不过它的专注比起我来是更强的。’”[193]然而，当这种的状态来到时，感觉上它乃是一个礼物而不是一项收获。神秘神学用的片语，“注入的恩典”就正是在这里感受到的，因为根据苏非派的报导，当他们的意识开始改变时，感觉到好像他们的意志被中止了，而一个更高的意志会来接管。

苏非派信徒尊敬他们的狂喜派人物，不过把他们说成是“醉”了，就是作为一项通告说，当他们发现自己又“清醒”了的时候，他们必须带回来他们视象的实质。明白地说，必须令超越内在化；那从世界之外个所遭遇到的神也必须要从内在碰到。内在神无须狂喜来作为其前奏，而直接去培养内在的神的途径就把我们带到第三种苏非教派的方法：直觉辨别的道路。

正如其他两种方法一样，此一方法带来知识，不过却是一种独特的知识。爱情神秘主义产生出“心知”，而狂喜则产生“视觉的或视象的知识”，因为地球以外的真实被见到了；但是直觉的神秘主义带来“精神知识”，苏非教派通过称之为“心之眼”[194]的辨别器官而获得。因为通过 ma'rifah 所得到的真实是非物质性的，心之眼也是非物质性的。它不与肉眼竞争，肉眼的对象，即世间正常的对象，仍继续全部展示在视野之内。心眼所做的是把这些对象包裹在天上之光内，或者把暗喻倒转过来：它认出世间的对象是神创造世界时所披的衣裳。这些衣裳在心之眼获得力量之后就变得愈来愈透明。说世界即是神是不对的——那样就成了泛神论。但是对于心之眼来说，世界乃是神的伪装，是神罩上了面纱。

苏非派使用来渗透这伪装的主要方法就是象征符号。用看得见的对象来说看不见的东西，象征符号是宗教的普遍语言，它之于宗教就如同数字之于科学一样。不过，神秘主义者却格外地多方使用；他们并不停留在象征所投注的最初精神对象上，却以之为垫脚石来达到一个更高的对象。这使得加沙里（al - Ghazali）定义象征符号为“在多层次真实之间关系的科学”。苏非派教徒说，《古兰经》的每一诗节都埋伏着最少有七个隐藏的含意，其数量用有时可以高达七十。

我们姑且对这一点加以说明：比方所有的穆斯林，进入寺庙之前要脱鞋乃是尊敬的记号；它意味着把纷扰的世界置于门外不让它进到神圣的范围附近。苏非派教徒完全接受这一象征，进而在这个行动中看到额外的意义，就是要移开一切使灵魂与神分离的东西。或者我们再看宽恕的行为吧。所有的穆斯林为了特殊的犯规而祈求宽恕，但是当苏非派教徒宣布我请求神的宽恕的时候，他或她在此项请求中还加进了一项要求：为他或她分离的存在请求原谅。这听起来的确古怪，显教的穆斯林觉得不可理解。而苏非派教徒却视之为罗比亚教导的“你的存在是一种罪，没有其他罪可以相比”的引申。因为存在乃是从某种东西站出来，在这里的某种东西就是神，存在包含了分离。

为了避免分离，苏非教派发展出他们的绝灭说作为他们所追求的逻辑目标。这并非是要将他们的意识绝灭，要结束的是他们的“自我意识”——就是那塞满了个人计划的分离自我的自我意识。如果那结局完成的话，则他们朝现在那已空了自我的干壳内部去探察，他们将只找到神，之外什么也没有。一位基督教的神秘主义者就此写道：

神，它那无尽的爱和欢乐
无处不在；
它不能来探访你
除非你不在那里。（Angelus Silesius）

哈拉奇（Al－Hallaj）的说法是："我用心眼看到了我主。我说：'你是谁?'他回答说：'你。'"

作为苏非教派过度应用象征符号的最后一个例子，我们留意到他们如何收紧教条的主张，把"万物非主，唯有真主"读成了"除了唯一真神，没有任何东西"。对于显教的穆斯林来说这听起来是无聊的，就算不是冒渎的话。无聊是因为显然有许多东西——桌子和椅子——不是神；冒渎是因为神秘的解读似乎否定神是创造主。但是苏非教派的意义是要挑战人们一般认为事物所具有的独立性。一神论对于他们来说，不仅仅是没有两个神的神学观点；他们认为那是明白不过的，他们同意"万物非主，唯有真主"的最初意思是，我们应该把自己只交给神而不是交给别的任何东西。不过，他们说，除非我们明白让其他东西完全占据我们时是何种感觉，我们是不能了解这个片语的全部意义的；物体本身的存在就有吸引我们或排斥我们的力量。把光想成是由电所造成——只问电就足够了，而不问电自何来——原则上就是犯了规避之病；因为只有神才是自足的，若认为别的东西也是如此，就是将之比成神并为它找了一批对手。

象征符号，虽然是效力强大，作用却有点抽象，因此苏非派教徒辅之以记忆，通过重复安拉之名，来练习记忆安拉。"有一种擦拭一切事物的方法可以除锈，"一项圣训这样论断，又说，"祈求安拉就是擦拭心灵。"对神的记忆同时也是忘记自己，因此苏非派教徒认为重复安拉的名字乃是把他们的注意力朝向神的最好方法。无论他们是独自一个人或与其他人一起，静默地或大声地，把第一音节挑高，或尽量在呼吸许可的情形下拉长第二音节，他们发出神的名，企图以此种音乐来充满一天的每一自由时刻。最终这样的练习把那些音节揉进到下意识的心灵中，从那里冒起了像鸟歌唱般的圣音。

以上的几段乃是针对什么是苏非派教义核心的素描，不过却并没有解释何以本节一上来就把它与伊斯兰教内部的分化联系起来。答案是穆斯林对于苏非教派有点拿不定主意。部分是因为苏非教派本身就是混杂的。根据高的吸引低的原则，苏非教团有时吸引了一些只不过是空有苏非教派之名的地痞流氓而已。比如，苏非教派的某种托钵僧团用贫穷作为一种锻炼的手段，不过真正的这一类型的苏非派教徒与只空有其名的乞丐之间仅只一步之遥。政治有时候也闯了进来。最近，在西方有些团体自称是苏非派教徒，却完全不忠守伊斯兰教的传统。

这些变型都是令人生疑的，不过就算正宗的苏非教派（正如我们试图描述的）也是有争论性的。何以如此？因为苏非派教徒所做的某些变通，使得显教的穆斯林在良心上不能容忍。通过伊斯兰教的正统天窗看到了天空，而苏非派教徒相信有比这窗口所许可看到的更大的天空。当鲁米（Rumi）断言，“我既不是穆斯林，也不是基督徒、犹太教徒、袄教徒；我既非大地的，亦非诸天的，我既非肉身亦非灵魂。”我们能够了解到显教信徒恐惧正统伊斯兰教会被曲解到超过了可以容许的限度。阿拉比（Ibn’Arabi’s）的宣言甚至更令人不安：

我的心开启了每一种形式。它乃是小羚羊的牧地，基督僧侣的修道院，为偶像们设的庙宇，朝圣者那供有黑石的圣堂，《犹太经典》的书板以及《古兰经》书。我奉行爱的宗教；不论商队朝什么方向前进，爱的宗教都将是我的宗教和我的信仰。

至于哈拉奇主张说他是神[195]，即使苏非派教徒说明他指的是内在于他的神圣本质，显教的穆斯林在听到此一主张之后，也还是认为这简直是冒渎神灵的。

神秘主义冲破了保守传统的信仰者信仰的界限。这样做的结果就走进了一个无限制的领域，虽然对有些人来说是满足的，却为那些对教义了解程度不够的人带来了危险。因为他们常用隐喻来解释传统的教义与律令。对有些人特别吃惊的是，就算只是言外之意，苏非派教徒常常自称是直接来自神的权威以及上天的给予，而不是在学堂里学来的知识。

苏非派教徒有他们的权利，不过——如果我们大胆来裁决作为一个整体的伊斯兰教的话——普通信众也有他们的权利，他们相信完全足以令他们得救的信仰的明确原则，由于似乎受到苏非教派的损害而被破坏了。因为这个原因，许多精神导师对于他们的教义是很谨慎的，把某些部分保留给适合接受的人。这也就是何以显教的权威人士会对苏非教派有可以理解的疑虑了。他们也曾经对之加以控制，一部分是通过大众舆论，一部分是通过持续了好几个世纪两派之间动态的紧张关系，一边是显教的宗教权威，一边是苏非教派的精神导师。在伊斯兰社区之内潜藏的一种反苏非教派的暗流，对神秘主义者就有了必要的抑制，但这股暗流又没有强大到足以阻止真正有心走上苏非派道路的人，去追随他们自己的命运。

整体而言，显教与密教在伊斯兰教中取得了一种健康的平衡，不过在本节中我们且让密教徒来做最后的总结。他们著名的教导方式我们还未曾提及；这是一个苏非教派的故事。这一“沙子的故事”，关连到他们的绝灭学说，亦即在神中超越有限的我。

一条溪水，从它远处山中的源头，流过旷野，最后到达沙漠的沙粒中。就在它已经通过了每一项障碍之后，溪水想要横渡这最后一关。可是它发现它尽全力冲入沙粒之后，水却消失了。

它相信它的命运是要横越沙漠，但却毫无办法。

这时一个出自沙漠声音，耳语道：“风横渡了沙漠，因此溪水也能够。”

溪水反驳说它自己朝沙粒冲去，却被沙漠吸干了：

风能飞，这就是何以它能够横渡沙漠的原因。

“用你自己惯常猛冲的方法是渡不过去的。你不是消失了，就是变成一片泥沼。你必须让风把你带过去，把你带到你的目的地。”

“这如何能发生呢？”

“让你自己被吸收在风中。”

这个观念溪水无法接受。毕竟，它从来没有被吸收过。它不想丧失掉它的个性。“那么，一旦被吸收之后，我们怎么知道还可以回得来呢？”

“那风，”沙粒说道，“具有这种功能。它携起水来，带它越过沙漠，然后又让它落下。作为雨落下来，它又变成溪流了。”

“我如何知道这是真的呢?”

“的确，如果你不相信，你顶多只能成为泥沼，就连成为泥沼也要经过好多好多年。它可绝对是与一条溪流不同的啊。”

“可是我是否能如我今天一样是同一条溪流呢?”

“你在那两种的情况下都无法做到。”沙粒耳语说。

“你的主要部分被带走之后将再度形成一条溪流。

就连今天你之所以如此被称呼，

也是因为你根本就不知道你的哪一部分是主要的。”

当听到了这些话，某种回声就在溪流的思想中出现。

它模糊地回想起它所处的一种形态——或它的某部分?

——曾经拥在风的臂弯中。

它也想起——或者它究竟有没有呢?

——这曾经是真的事，虽然并不一定是它必然要去做的事。

于是溪水让它变为蒸气升了起来，投进风欢迎的拥抱，

风温柔地、轻松地携带着它上升前进，

等到了好远好远的山巅就把它轻轻地放下。

因为溪水有怀疑，它才能够很牢地在脑海中记住并记录下这个经验细节。

它反省道:“是的，现在我真正认识了自我。”

溪水在学习。但是沙粒耳语道:“我们知道，因为我们看到它每天都在发生:

因为我们，沙子，是从河岸一直伸展到山那里的。

这就是何以说，生命之溪水继续它旅程的道路是写在沙子中的。”[196]

伊斯兰教何处去?

自从穆罕默德召唤他的人民到神的“一”那里之后，从整体来看，伊斯兰教在我们面前所展示的是人类全部历史中最可观的景象之一。我

们曾经讲过它早期的伟大。如果我们追踪其历史，就将有章节讲伊斯兰教帝国，自穆罕默德去世1个世纪之后，其帝国从波斯湾伸展到印度河和中国边境，从咸海伸展到尼罗河上游。更重要的章节，将描述伊斯兰教观念的传播：一个无与伦比的文学、科学、医学、艺术和建筑的兴起；大马士革、巴格达与埃及的辉煌，以及在摩尔人统治下西班牙的灿烂。还将有一些故事说明在欧洲的黑暗时期，伊斯兰教的哲学家和科学家如何把知识之灯保持明亮，准备点燃那从长期的沉睡中醒来的西方心灵。

故事还不仅仅全部限制在过去，因为有迹象显示，伊斯兰正在多个世纪的停滞不前中突起，殖民地化无疑是令停滞更为恶化。它面临着巨大的问题：如何把工业的现代化（总体而言是受欢迎的）与西化（总体而言不受欢迎）区分开来；当民族主义的力量强有力地反对统一之际，如何实现那潜在于伊斯兰的统一；如何在一个多元的、相对化的时代坚持真理。摆脱了殖民主义的奴役，伊斯兰正以其先前的某种活力活跃起来。从摩洛哥横过直布罗陀到大西洋，朝东横过北非、穿过印度次大陆（包括巴基斯坦和孟加拉国），直到印尼，伊斯兰是现代世界的一股重要力量。在一个全球五十亿人口中有为数约九亿的信仰者，在今天每五人或六人当中，就有一个人属于这一宗教，它以无比的细节指导着人的思想和行为。它的数目还不断在增加。不论白天或黑夜，任何时间口中念着下面述的话语，从寺院的尖塔上（或现在是收音机）一位唤礼员会呼唤信仰者祈祷，宣告着：

真主是最伟大的。
真主是最伟大的。
我证实万物非主，唯有真主。
我证实穆罕默德是真主先知。
起身来祈祷；
真主是最伟大的。
真主是最伟大的。
万物非主，唯有真主。

第七章 犹太教

曾经有人估计过，西方文明中有三分之一带有犹太祖先的印记。我们在给孩子取的名字上感觉到它的力量：Adam Smith（亚当）、Noah Webster（诺亚）、Abraham Lincoln（亚伯拉罕）、Isaac Newton（以撒克），Rebecca West（丽蓓卡），Sarah Teasdale（撒拉），Grandma Moses（摩西祖母）米开朗基罗在为西斯廷教堂顶绘画和雕刻大卫塑像时感觉到了它；但丁写作《神曲》、米尔顿写作《失乐园》的时候也一样。美国在集体生活上，带有其磨灭不掉的犹太遗产的印记：在独立宣言中的片语“由他们的创造者”；在自由钟上的字句“向全国宣告自由”。不过，古代犹太人的真正冲击乃是在其影响的深度，使西方文明接受了他们对生命提出最深刻的问题所采取的远见角度。

谨记着犹太观点对西方文化的冲击，当我们回到那土地、人民以及造成这种冲击的历史，我们就不得不震惊了。原以为它们也会像其影响一样的令人印象深刻，可是事实却并非如此。时间上希伯来人在历史的舞台上是迟来者。早在公元前3000年，埃及人已经有了金字塔，苏美尔和阿卡德乃是世界帝国。到了公元前1400年腓尼基正在殖民。在这些强大的漩涡中犹太人在哪里呢？他们被忽视了。一小撮游牧民族在阿拉伯沙漠的上流区域附近活动着，他们太不显眼了，强大的势力根本就不会去注意他们。

当他们最后定居下来，所选择的土地也同样微不足道。从丹（Dan）到比尔希巴（Beersheba）长度是241公里，在耶路撒冷宽约有80公里，不过多数地方都不到这个数字。迦南是一个像邮票大的国家，大约是伊利诺伊州的八分之一大。面积已经是狭小了，地形也不怎么样。到希腊的游客登上奥林匹斯山，很容易想象诸神何以要选择住在那里的原因。对比起来，迦南乃是一块“温和而单调的土地。先知难道是从这一切朝天空敞开的静寂山丘上，闪现了他们信仰的电光吗？”爱德蒙·威尔逊（Edmund Wilson）在一次访问圣地时问道。“《圣经》上记载的残暴战争是在这里打的吗？看起来〔《圣经》乃是出自〕这苍白而透明的天空之下，点缀着石头和羊群的平静小山丘的历史，是多么的不可能啊！”[197]就连犹太的历史，从外面来看，也不算什么。它当然不是沉闷的历史，可是以外在的标准来衡量，就如数不清的其他弱小民族的历史一样，像巴尔干人，或有可能像北美的原住民。弱小民族总是被赶来赶去。他们被人赶离家园而拼命努力设法返回。与亚述、巴比伦、埃及和叙利亚的历史比起来，犹太历史完全是小儿科。

如果犹太人成就的关键不是在他们的古老，也不是在他们的土地和历史的分量，那么是在哪里呢？这乃是历史中最大的迷惑，有好多答案被提了出来。我们所追随的线索是这样的：把犹太人从微贱抬高到永久性宗教上的伟大，乃是因为他们追求意义的热情。

神的意义

“太初，神……”从头到尾，犹太人对意义的追求，乃是根植在他们对神的了解上。不论人民的哲学是什么，它必定要顾及“他者”。这有两个原因。第一，没有人认真地自称是自我创造的；正如他们不是创造自己的，别的人民（同样也是人）也不曾创造自己。由此可见人类乃是由自己以外的某种东西所生出来的。第二，每一个人在某一时刻都曾发现自己力量的有限，可能是无法举起一块大石头，或是一阵海浪把你的村子卷走时。因此更增加了我们所自来的“他者”的力量，一个普遍化了的“他者”强调了我们的有限性。

把这两种无可避免的“他者”融合在一起，人们会追问这样做是否有意义。四种特性可以使它无意义；如果它是平凡的、混乱的、非道德的或敌对的。犹太思想的胜利是在它拒绝放弃意义而去选择其中任何一种情况。

犹太人把“他者”人格化而抗拒了单调平凡。这样他们就与同时代的古代人一致了。无生命的概念——无感觉的死的物质由盲目的、非人格的律法来支配——乃是一种较后出现的推测。对于早期的人来说，太阳能够降福或晒灼，赐予肥沃的大地细雨和暴风雨，生的奥秘和死的真实，都不能由机械律则管制的物质块来加以解释。它们乃是整个由感觉和目的所弥漫着的世界之一部分。

我们可以轻易地耻笑早期希伯来人的拟人论，他们把终极真实想象成一个人漫步在清晨阴凉的伊甸园中。不过当我们透过这种观点诗意的具体性来把握其潜在的主张时——在最后的分析中，终极真实更像是人而不是物，更像是心灵而不是机器——我们就必须问我们自己两个问题：第一，有什么证据是反对这一假设的？似乎是完全没有，这使得一个如怀德海这样知识渊博的哲学家兼科学家毫无保留地接受了这项假设，第二，这一概念比起其他的选择来说在本质上是否较差呢？犹太人乃是想捕捉他们能够想象的有关“他者”的最高超的概念，一个包含有如此无穷价值的“他者”，使得人类无法开始去窥探其丰富性。犹太人在人身上找到的深度和奥秘，远比在身边的任何其他奇妙事物为大。除了扩大和深化这人格性的范畴去涵盖它，他们又如何能忠于这项有关“他者”的价值的信念呢？

而犹太人与他们的邻人所不同的，并不在于视那“他者”为人格性的，而在将其人格主义集中在单一的、至高的、超越自然的意志上。对于埃及人、巴比伦人、叙利亚人以及当时次要的地中海人，每一种主要的自然力都是一个不同的神祇。暴风雨是暴风雨神，太阳是太阳神，雨是雨神。当我们转向希伯来圣经，就会发现处身在完全不同的气氛中。

自然在这里是独一的万物主的一个表现。正如一位研究古代中东多神教的权威写道：

当我们在诗篇第十九首中读到，“诸天宣布了神的荣耀；苍穹展现了他的手艺!”我们听到一股嘲笑埃及人和巴比伦人的信仰的声音。诸天，对于诗篇作者来说乃是神的伟大的一名见证，对于美索布达米亚人，却正是神性本身的威严，那最高的统治者，安努。对于埃及人，诸天象征圣母的神秘，通过它，人得以再生。在埃及和美索布达米亚的神圣者，被理解为是在宇宙之内，而诸神是在自然之中。埃及人从太阳中看到一个人对于创造者可能知道的一切；美索布达米亚人视太阳为神、正义的保证者。但是对于诗篇作者，太阳是神的忠实仆人，他像一位新郎从卧室走出来，“有如一个强壮的人为了一次跑步竞赛而欢心”。诗篇作者和先知的神不在自然中。他超越了自然……看来希伯来人，不亚于希腊人，脱离了他们的时代一直以来都盛行的玄想模式。[198]

虽然希伯来圣经除了雅威（Yahweh，在许多翻译中被误读为耶和华Jehovah）之外还有其他诸神的引证，却并不能推翻犹太教对整个中东宗教思想的基本贡献是一神论的主张。仔细阅读其文本，显示其他诸神不同于雅威的有两方面。第一，他们的起源是出自雅威——“你们是神，那最高者的儿女，你们全部。”（诗篇82：6）第二，不同于雅威的，他们是会死的——“你们会如凡人一般死去，像任何王子一般倒下。”（诗篇82：7）这些的不同，有足够的重要性清楚地把以色列的**神**置放于不同于其他诸神的范畴之中，不仅是在程度上，而且是在类别上。他们不是雅威的对手；他们乃是**神**的从属。从一开始，可能从《圣经》记载的最早开端，犹太人就是一神论者。

这一项在宗教思想上成就的意义，最终乃是在其引入生命的焦点。如果**神**乃是个人无保留地把自己交托出去的对象，拥有比一还要多的神，就是过着一种不专一的生活。如果生命是整全的话；如果个人不愿把自己的日子花在从一个宇宙的官僚（指各种各样的神）到另一个官僚，去发现谁是在负责的话，总之，简单地说，如果有一条使生命走向实现的一贯之道，这条道路可以找到，并且得以走近他，就必然有那支持着这条道路的“他者”的单一性。而犹太人是有这样的单一性的，且一直是其信仰的基础。“以色列啊！你要听，主，我们的**神**，是独一的。”（申命记6—4）

剩下来的问题是，现在表现为人格性的、终极为一的“他者”，是否非道德的或敌意的。如果它是两者之一，这也会使意义落空。当人们依道德考虑来行事的时候，人与人之间的生活显然会更为顺畅地运行；但是如果终极的真实并不支持如此的行为，如果世界是个德行没有报偿的地方，人们就会面临绝路，而不知如何生活。至于“他者”的性质对人来说，他的力量显然地大过人的力量，倘若它的意愿与人的幸福违背，则人的生命不仅不是充满意义，而且可能只是一场猫捉老鼠的游戏。这种洞见使得卢克莱修（Lucretius）在离地中海附近不远的罗马，可以在其实是宗教的基础上宣扬他的无神论。如果诸**神**乃是如罗马人所相信的那样——非道德的、报复的、任性的——那么，有意义的存在就必须反对或扬弃他们。犹太人的神，完全没有这些在他们邻国的诸神身上多多少少具有的特征。也就是在这里，我们看到了犹太思想最高的成就——并非在一神论本身，而是在其归之于他们直觉为一的**神**的性格上。希腊人、罗马人、叙利亚人以及多数的其他地中海地区的人，说到他们是无动于衷的。犹太人在这两点上都倒转了他们同时代人的想法。在奥林匹克诸神孜孜不倦地追逐美女之际，西奈的**神**却照顾着寡妇和孤儿。美索布达米亚的安努以及迦南人的神，继续奉行其超然冷漠的作风之际，雅威说到亚伯拉罕的名字，把他的人民从奴役中提升起来，并且在巴比伦将孤单、忧愁的犹太放逐者找出来。**神**乃是正义的**神**，它的爱心与仁慈是直到永远永远的，它温柔的怜悯表现在一切它的作为之中。

那么，这就是希伯来人对摆在人类面前的“他者”的概念。它不是单调平凡的，因为在其中心是一位威仪万千的王。它不是纷乱的，因为它凝聚在一种神圣统一中。是不道德和不关心的反面，它以正义和爱的**神**为中心。那么，我们还会奇怪吗，当发现犹太人像找到新大陆似地欢呼道："在诸神之中有谁像你呢，啊！雅威？""哪一个伟大的国家有一位神像主那样？"

创造的意义

在《卡拉马助夫兄弟》中，陀斯妥耶夫斯基借伊凡衡口说出："我不接受神的这个世界，虽然我知道它是存在的，我完全不接受它。并不是说我不接受神，你必须明白，而是他所创造的世界，我不要也不能接受。"

伊凡并不是唯一一个发现了神或许是好的，而世界却不是的人。所有的哲学都做了同样的事：希腊的犬儒哲学，印度的耆那教派。对比起来，犹太教肯定世界的善，是通过由神创造世界的假定所得来的结论。"太初神创造了诸天与地"（创世记 1：1）并且宣布它是善的。

说宇宙或整个我们所知的自然存在的领域是神创造的，是什么意义？哲学家可能会把这样的声明，解释为世界产生的方式，然而它纯粹是个宇宙发生论的问题，对我们如何生活毫无关系。世界到底有无第一因？我们对这个问题的答案，似乎与我们对生命的感受没有什么关系。

不过，肯定宇宙是神创造的，还有另外一面。从这第二个角度来看，这项肯定不是指世界所自来的方式，而是指其经手人的特性。与第一个论题不同的是，这一项深刻地影响着我们。每一个人总有什么时候会问他或她自己生命是否值得。当遭逢逆境时，更会怀疑有没有意义继续活下去。那些下结论说没有意义的人，即使没有一了百了地去自杀，也一步一步地放弃了，日复一日，年复一年地荒废了生命。神这个字不论有什么其他意思，它的意思是力量和价值聚集在一个存在上，其意志不能被阻挠而且其意志是善的。在这一意义下，肯定存在是神创造的，就是确定其无可怀疑的价值。

在艾略特（T. S. Eliot）的《鸡尾酒会》中有一段讲到这一点。西里亚对爱情不单失望而且幻灭了，她去求助于一名心理医生，以如下惊人的开场白来开始她的第一次会诊：

我必须告诉你，
我真的喜欢以为我有什么地方不对劲，因为，如果没有的话，
那就是世界本身有什么地方不对劲——那可就更吓人了！
那就可怕了。因此我宁可相信
我有什么毛病，而那是可以医好的。

这几行诗，是针对生命所要求的最基本决定而说的。生命中事情不断地在出错。当它们如此发生的时候，我们要如何作结论呢？最终，只有两个选择。有一个可能是，错误出在星星，亲爱的布鲁特斯（Brutus，译注：刺杀恺撒的凶手）。许多人都是这样下结论的，这些人包括嘲弄者，他们提议能给孩子的最好教育型玩具，就是没有任何两块可以拼在一起的拼板玩具；也包括哈代（Thomas Hardy），他推断说，那生产出这样一个生来就是如此悲剧性的宇宙的力量，必然是某种愚蠢的植物。在毛姆（Somerset Maugham）的《人性枷锁》中，一个波西米亚的浪子给了主角菲利浦一块波斯地毯，向他保证说仔细研究那块地毯，就能令他了解生命的意义。赠送的人死了，菲利浦仍然停留在黑暗中。一块波斯地毯上的复杂图案又如何能够解决生命意义的问题呢？当最后渐渐明白了，答案似乎是很清楚的：生命没有意义。"因为根本就没有一个为什么或所以然。"

这是一个可能。另外一个可能是当事情不对了，错误不在星星，而在我们自己。两个答案都不能客观地得到证实，不过哪一个能够引出较多创造性反应则是毫无疑问的。在一种情形下，人类是无助的，因为他们的麻烦出在存在本身之拙劣性格，那不是他们的力量可以补救的。另外一个可能性则挑战人们去仔细看清楚身边的事——在他们能够造成变化的地方去找自己的问题的原因。由这样的眼光看来，犹太人肯定世界是**神**之创造，就给他们配备了一项有建设性的前提。不论命运是如何绝望、不论发现自己处身在多么深的死荫幽谷中，他们永远不会对生命本身绝望。意义永远等在那里任你赢取；创造地去回应的机会永远不会没有。因为世界是由**神**塑造，他不单把短暂时限分配给诸天，而且他的善

永远持续。

到目前为止，我们谈到的是犹太人对整体创造的评价，不过圣经的说法有一个因素值得特别注意：其对自然的看法——就是存在界之物体的与实质的部分。

希腊大部分的思想对物质采取一种黯淡的观点。印度哲学也是一样，认为物质像一个野蛮人，会破坏它所接触的一切。在这样的思想络中，得救所涉及的是把灵魂从物质的容器中解放出来。

创世记第一章，开宗明义（如我们所看到的）就以这样的话“太初**神**创造了诸天与地”开始，是多么的与众不同；现在再加上重点，而以**神**检查“一切他所创造的，看吧！它很不错”为其高潮。我们应该注意这个“很”字，因为它对整个犹太人的，以及随后的西方自然观发出了一声欢唱。犹太人拒绝把存在的形体方面当成是幻觉的、有缺陷的或不重要的，他们向各方面穷追着意义。如**神**创造世界的清晨那么清新，自然乃是为人享受的。丰富的食物使得那被承诺的地是“一块美地，那土地上有溪流、泉水以及地下水溢满了河谷和山丘，土地上长了麦子、大麦、葡萄藤、无花果树和石榴，还有橄榄树和蜂蜜，你从来不愁会缺少面包吃的一个地方”（申命记 8：7—8），性也是好的。像 Essenes（译注：巴勒斯坦宗派，流行于公元前 2 世纪到公元 2 世纪，主张苦行、独身，重精神的纯洁性）的少数派运动有时可能会下相反的结论，不过就整体来说犹太人对婚姻是很尊重的。先知们看到财富不均而痛加指责时，背后的整个假设正好是与一般所谓的财富是坏的相反。他们说财富太好了，更多的人应该拥有更多的财富。

对自然如此肯定而开朗的态度，似乎的确把犹太教与印度的基本看法划分开来了。不过，它与深刻欣赏自然的远东的看法并没有明显的不同，把希伯来对自然的看法，与中国人的看法加以区别，一直要到我们留意创世记这关键性的第一章第三段的小节，区别才会表露出来！在第二十六小节中，说到他要创造的人：“让他们管辖……整个的大地。”与中国在《道德经》中所表现的相反情怀是多么的不同：

那些要接管大地
按照他们的意志来塑造它
永远不会，我警告，成功。
(译注：原文应是“将欲取天下而为之者，吾见其不得已。”二十九章)

如果我们把创世记开头篇章中有关自然的三项重要断言命题化——

神创造了地；
让“人类”管辖地；
瞧，它是很好的……

——我们看到的是对自然的欣赏，相信人能好自为之地善用其力量，这在当时是很特殊的。众所周知，这种态度注定会有其结果，即现代科学最先发源于西方世界并非偶然。坦普尔（William Temple）大主教惯常说犹太教及其后代——基督教，乃是世界上最物质主义的宗教。再把伊斯兰教加上去，就可以说源自闪族的宗教具有与众不同的特色，就是主张人根深蒂固地既是身体又是灵魂，并且这样的结合并不是一种负面的条件。从这一基本前提可以有三项推论：（1）生命的物质面是重要的（因之西方强调人道主义和社会服务）；（2）物质得以参与在拯救情况本身之中（由“耶稣”身体复活的教义而确立）；（3）自然能够款待**神**（**神**的国度会来到“地上”，基督教在其上又加上了道成肉身的教义）。

人存在的意义

人类思想的最关键性因素乃是自我主导的。作为人的自我，过人的生活，究竟有什么意义？

这里，犹太人也找寻着意义。他们对人性极端地有兴趣，不过并非为了其动物性的一面。他们要生命的真理。他们要了解人的情况，以便使自己达到最高的成就。

犹太人非常清楚人的限制。与诸天的威仪比起来，人是“尘土”（诗篇103：14）；面对着自然的力量，他们可以被“压死像一只飞蛾”（约伯记4：19）。他们在世上的时间很快就过去了，像清晨茁长的草般，却“在晚上憔悴而枯干”（诗篇90：6）。就算这样短暂的生命也混合着痛苦，使得我们的岁月结束“似一声叹息”（诗篇90：9）。犹太人不只一次，而是多次重复被迫发出这修辞性的问题：“人算什么”致使**神**对他们要稍作考虑？（诗篇8：4）

只要知道以色列人爱好自由思想并且拒绝压抑怀疑，我们就不会奇怪他们会有这样的猜想：“人……只不过是动物罢了。因为人的命运和动物的命运是一样的；一个死，另一个也是死。”（传道书3：18—19）这里所说的乃是对于人种的生物学解释，其态度之不妥协正如任何19世纪所出现的生物学解释一样。不过，有意思的是，这项偶然的思想并没有流行。犹太人对人性看法的明显特征在于，它并非无视于其脆弱，却继续肯定其说不出的宏伟。我们乃是尘土和神性的混合体。

上面所用的“说不出”这个字并不夸张。詹姆士国王版本的《圣经》，把犹太人有关人的位置的核心主张翻译成这样：“你把他造得比天使低一点”（诗篇8：5）。天使这个字是完全翻错了，因为原来的希伯来文，明明是“比诸神（或**神**）低一点”——希伯来语elohim的单复数是不确定的。为什么译者要把**神**降低成天使呢？答案是显而易见的：并不是他们缺少学识，而是他们缺少希伯来人的胆量——甚至可以说是勇气。我们能够尊重他们的“保留”。写一个好莱坞剧本其中每一个角色都是那么好是一回事，要令这些角色像真的一样又是另一回事。没有人指责《圣经》说它里面的人物并非是真的。就算是最伟大的英雄，像大卫吧，也毫无掩饰地被表现了出来，那么“如实照录”以至于撒母耳记被称为是古代世界最忠实的历史文字记录。然而，不论多少写实主义也不能减少犹太人的抱负。虽然有时候是该当得到像“蛆和虫”（约伯记25：6）的称号，却也同样是**神**“冠之以荣耀和尊贵”的存在（诗篇8：6）。犹太教士的一种说法是，只要一个男子或女子走在街上，他或她的前面都有一个看不见的天使合唱团呼唤道：“让路！让路！给**神**的形象让路。”

说到犹太人对人性论的写实主义，到目前为止我们强调了它对肉体限制的认识：软弱、对痛苦的感受性、生命的短暂性。但我们尚未探究其写实主义的全幅范围，除非我们补充说他们视基本的人性限制是道德的而不是肉体的。人不仅是脆弱的；他们还是罪人：“我生而有罪，自母亲怀我时就是一个罪人。”（诗篇 51：5）如果说这节诗是主张人是全然腐败的或者性是邪恶的，那就完全弄错了。这两种意见都是外来的，完全与犹太教无关。不过，这节诗篇的确对犹太人类学提供了某种重要的东西。罪这个字的字根意思是“达不到目标”，而这个民族（虽然他们有高贵的出身）却一直继续在这样做。本意是要高贵的，他们却往往是某种较次等的东西；本意是要慷慨的，他们却抓紧着不给人。原本被创造得不仅仅是动物性的，他们却常常沉沦到只不过是动物而已。

然则在这些“缺失”中，错误却从来都不是必然的，犹太人从不怀疑人的自由。第一项记载的人类行为就包含了自由的选择。在吃伊甸园中的禁果这件事上，的确，亚当和夏娃的坠落的故事。无生命的物体除了自己而外没法成为别的东西；它们按照自然和境遇的规定。人类，一旦被创造了，无论造就或毁灭自己，乃是通过自己的决定来铸造自己的命运。“停止作恶，学习为善”（以赛亚书 1：16—17）——只有人可以遵守这项指令。“我在你面前设置了生与死……因此选择生。”（申命记 30：19）

最后，犹太人认为他们的**神**是仁爱的，因此可以说人是**神**的挚爱的儿女。在整部《圣经》中最温柔的暗喻之一，何西阿（Hosea）想象**神**呼喊人有如他们是学步的婴儿：

是我教以法莲人走路，
我把他们搂在我的怀里；
我用慈绳爱索牵引他们。
我待他们就像把儿举起

放在面前。
我怎么能舍弃你，以法莲人哪，
我怎么能把你交出去，以色列啊？
我的心在我内部收缩，
我的同情增长变得温暖柔和。
（何西阿书 11：3—4，8）

甚至在这如此广大无边并交织着自然强大威力的世界上，男人和女人却还是能够像孩子们在自己家中一样完全被接受，并且充满信心地在其中自由来去。

我们以最富创意的方式所能想到有意义的人的存在形象，有些什么成分呢？去除了人的脆弱性——如草，如一声叹息，如尘埃，如被压死的飞蛾——衡量就变得浪漫了。去除了宏伟——比**神**稍低一点——抱负就减退了。去除了罪恶——达不到目标的倾向——感伤性就来威胁了。去除了自由——今天你就要选择——责任心就此破产。最后，去除了那**神**的根源，生命就变得疏离、松脱了缆，在冰冷不关心的海洋上漂流着。在这 2500 年之间所发现的有关人的生命的种种，很难在这样的评估中找到一点瑕疵出来。

历史的意义

让我们从一个对比谈起。"按照多数的古典哲学和宗教，"一位历史学家写道，"当人通过理性的冥想或神秘的攀升，跨越了我们称之为'历史'的事件之流，终极的真实才会显示出来。目标是去理解那不可预知的人类命运所不能影响的真实秩序。比方，在印度，感官经验世界被当作是幻觉；因此宗教教人寻求从生命之轮中解脱出来，使得他的个体得以消融到世界灵魂——梵天中去。或者，希腊哲学视世界为一种自然的过程，像四季的转换，永远是遵循着同样理性的设计。不过，哲学家却能够把心智关注在属于那外在秩序的、不变的绝对上，而因之得以翱翔于历史的重复周期之上。这两种看法与《圣经》的主张是十分不同的，它说**神**是在变化、挣扎的世界限制之内找到的，特别是他把自己在独一的、特殊的、不会再重复的事件中启示出来。对于《圣经》来说，历史既非幻觉，也非一种自然的循环过程；它乃是**神**有目的的活动场所。”[199]

当我们问历史是否有意义的时候，什么会受到挑战呢？是我们对社会秩序以及其中的集体生命的整个态度。倘若我们决定历史是无意义的，那么随之而来的是：生命中的社会、政治以及文化脉络都不能保证主动的关怀。生命的枢纽性问题会被断定是在其他地方，至于在什么地方，则要依我们超越境遇及克服境遇的程度而定。由于我们这样看待事情，我们对困扰社会、文化和文明的问题就不会有什么兴趣，并且觉得对它们没有什么责任。

希伯来人对历史的评估正好与这种不关心的态度相反。对犹太人来说，历史有极重要的意义。首先，它是重要的，因为他们相信生命所生活的脉络，在每一方面都影响着那个生命，为它制造了问题、勾画出机会、限制了结果。我们不可能离开特定的情境（如伊甸园与洪水）来谈论亚当与诺亚（《圣经》中每一位主要角色皆如此），因为他们受特定的情境所环绕，并且他们也因着回应这样的情境而塑造了自己的生命形态。希伯来圣经中所描述的事件都是有深厚的前后处境关系的。

第二，如果处境是左右生命的关键，那么集体行动亦然；我们通常称之为社会行动。有时候唯一可以改变事物的方法就是一起来做——计划、组织，然后一起做。在埃及的希伯来奴隶的命运，并不是被描述为要靠个人培养一种能容忍身体锁链的精神自由，让各个人“超越”其奴隶性格。他们需要的是集体站起来走向沙漠。

第三，历史对犹太人重要，是因为他们视它为一个充满机会的场地。由于它是由**神**来统治的——加尔文（John Calvin）所谓的“**神**的荣耀戏院”，是根据这旧约基础推论出来的——历史中所发生的没有一件是偶然的。雅威的手在每一事件中有所作为——在伊甸园、洪水、出埃及、巴比伦的流亡——把上面列出的每一事件为他的人民塑造成有教育性的经验。

最后，历史是重要的，因为生命的机会并非单调地相同。事件虽然全都重要，却并不是同样的重要。并非任何人在任何地方、任何时候，都能在历史中发现有相等的机会等在那里。每一个机会都是独一无二的，不过有的却是决定性的：“在人的事务上有一股潮流，在洪水中奔逝，朝向幸运。”因此，历史必须小心应付，因为当机会过去之后就永远地消失了。

这种事件的独特性集中体现在希伯来的两项观点上：（1）有关**神**在某种重要时刻上会直接干预历史；（2）有关接受**神**的特别挑战的选民。两者都在亚伯拉罕的史诗中得到生动的叙述。这一史诗之前有一篇非凡的序幕，创世记Ⅰ—Ⅱ，叙述了世界从其原初的、纯朴的善良，如何一步步坠落。不服从（吃禁果）紧接着就是谋杀（该隐杀害亚伯），男女乱交（**神**之子与人之女），乱伦（诺亚的儿子们），一直到需要洪水来把这些污秽清洗干净。在腐败之中，**神**并非是不活动的。以其腐败为背景，在苏美尔人统一国家最后日子当中，**神**召唤亚伯拉罕。他将出发到一个新的地方去建立一个新的民族。那个时刻是决定性的。因此亚伯拉罕回答了召唤，他不再是无名的了。他成了第一个希伯来人，第一个“选民”。

我们需要回到这“选民”的论题上，不过目前我们必须问，是什么给予犹太人对历史意义的洞见。我们已经注意到了他们在历史中所找到的那类意义。是什么令他们视历史是体现这个意义的?

对印度来说，人类命运是完全在历史之外的。人住的世界（如我们所见）是“中间世界”。善与恶、乐与苦、对与错以差不多相等的比例编织起来作为其经纬。事物就继续如此。一切清洗世界、改变其性质的想法，在原则上是错误的。以色列的邻人们，其自然宗教通过不同的道路得到相同的结论。对于他们来说，人的命运的确是在历史之内，不过是在现在这种状况的历史之中，而不是在未来可能成为的历史之中。我们能够看到何以改变——特别是变得更好——并未出现在自然宗教信徒的心中。如果我们的眼光只专注在自然上，就不会另外在别处寻求满足。

但是重点在于：这样的人不会梦想去改善自然或其所延伸的社会秩序，因为这些是被当作根植在事物本性之内，而不能任人来加以改变的。埃及人不会质问太阳神，是否如他所应该的那样来照射，正如现代的天文学家，不会疑问太阳是否以适当的速度在消耗其热量一样；因为在自然中其重点乃在“是什么”，而不在“应该是什么”——是实然（is），而不是应然（ought）。

以色列人对历史的看法与印度及中东多神教不同，这是因为他们对**神**有不同的观点。如果将这个论点提升到自觉的辩论层次上，他们就会反对印度的说法，认为如果对他们的命运来说物质完全是偶然的，**神**就不会把人创造成是物质的存在。对于自然多神论者，犹太人会辩称自然并非自足的。因为自然是**神**所创造，**神**并不能与之化而为一。把**神**与自然保持区别的结果是重大的，因为它意味着“应然”不能化为“实然”——**神**的意志超越（并且能不同于）内在的现实。用双重的手法，既把人的生命与自然秩序牵涉在一起，却又不将之限制在那秩序之中，犹太教所建造的历史是既重要而又得受批评的。那些不领受历史教训的人，是注定要重复同样的错误的。

环绕着犹太教的那些自然多神教全都支持现状。各种现实条件可能并非完全如人所愿，但是多神教者却以为这些条件也有可能更糟。因为设若自然的威力存在于许多神祇中——在美索布达米亚，他们的数目可以千计——这些神祇彼此争吵，而造成混乱的危险永远可能存在。因此宗教的注意力就是要尽可能地保持现状。埃及的宗教一而再地以“激情的民众”对比于“沉默的民众”，并因为后者不惹麻烦而加以赞扬。自然多神教从来没有酿成有原则的革命因此也是毫不足奇的了。传统上，印度宗教也同样有保守的倾向；因为如果多神教惧怕变化，印度教更认为实质的社会变迁是不可能的。

对比起来，在犹太教，历史是处于其神性的可能性与其表现的挫折之间的紧张中。应然及实然间存在着尖锐的紧张性。结果，犹太教为社会抗议奠定了基础工作。当事情不是如它们应该的那样的时候，就会需要某种形式的变化。此一观点产生了效果。乃是在受到犹太人历史观影响的基督教及某些伊斯兰教地区，才发生了追求社会进步的主要冲刺。先知们确立了模式。“受到宗教承认的保护，犹太国的先知们是一股改革的政治力量，在随后的世界史中从来未曾被超越过，也许没有能与之比肩的。”受到“事情不当如此”的信念激励，他们以**神**之名为**神**说出一种改革的调子，令“海德公园以及专事报导丑闻的报纸最得意的时期都要感到惭愧”。[200]

道德的意义

人是社会的动物。若一旦出生之后就与同类隔绝的话，他们就将永不能成为人；然而与他人共处时，他们往往是野蛮的。对道德的需要就是出于这两方面的事实。人不喜欢道德规则就如同他们不喜欢红灯或“不许左转”的信号一样。但是没有了道德的约束，人的关系将会变成好像在芝加哥市中心每个人随自己的意思开车所造成的交通瘫痪一样。

犹太人对“那些使人自由之聪明的约束”所作的陈述，包含在她的律法之中。我们将会有机会注意到这种律法含有仪式的以及伦理的指示，不过目前我们只关注后者。按照犹太教士的看法，希伯来圣经包含有不下于613项规约人的行为的戒律。举出其中的四项就足以达到我们的目的了：十诫中的四项伦理前提，因为通过它们——希伯来的道德才产生了最大的效果。被基督教和伊斯兰教所挪用的十诫，构成了西方世界极大部分的道德基础。

在人的生命中有四个危险区域，如果失控的话就会造成无尽的麻烦：暴力、财富、性和语言。在动物的层次，这些都受到很好的钳制。有两项根本是很少出现问题的。语言没有产生问题，因为动物沟通的能力不足，根本不会有严重的欺骗。财富当然也一样，因为要在这方面造成严重的社会问题，对财富的追求所需要的预见和持续贪欲的程度，在动物国度是没有的。至于说性和武力，也不构成严重的问题。周期性使性不至于变得执迷，内在的机制克制住了暴力。除了蚂蚁是奇异的例外，物种内部的战争很少发生。当它发生的时候，通常物种就会自我毁灭了。

可是在人情况就不同了。嫉妒、怨恨和复仇能够造成暴力，除非将之控制住，不然就会把社群撕得粉碎。谋杀所挑起的家族仇恨可以没完没了地持续下去。性，如果冒犯了某种禁忌，所引起的激情可以强烈到毁灭整个社群。盗窃和撒谎也是一样的。我们可以想象人们在这几方面都得以任意胡为的社会，但是现今人类学研究了整个地球之后，并没有找到这样的社会。显然地，就算曾经尝试过全然放任的话，其发明者也未曾生存下来可以供人类学家研究。或许在此，远超过在别处，我们见到了人类不变的常数。巴黎人是邦哥地人（Bongolanders）的堂兄弟；20世纪老于世故的人与原住民有亲属的关系。但如果历史要继续下去，所有的人都必须控制他们的胃口。

十诫在这些范围中所指示的，乃是使得集体生活成为可能的最低标准。在这个意义下，十诫之于社会秩序，就如同创世记的首章之于自然秩序一样；没有前者，剩下的只能是一个没有形式的虚空。创世记建构（因之创造）了物质世界，十诫则建构（因之可能产生）了一个社会世界。对于暴力，他们事实上说：你可以争吵打斗，但是不可以在同一族群之内杀人，因为它所引起的族群仇恨会粉碎社会。因此“你不可杀人”。对性也是同样的。你可以是个累犯，到处拈花惹草，甚至于乱交，虽然我们并不推许这样的行为，也不以法律来追究你。但是到了一个地步就得划上一条界线：结了婚的人，在婚姻盟约之外从事性上的放纵行为是不许可的，因为它所挑起的激情是不见容于社会的。因此“你不可通奸”。至于说财富，你可以随你高兴累积很多的财富而且精于此道。不过，有一件事你不可以做，就是把别人的直接夺为已有，因为这违反了公平竞争的意义，所造成的敌视将变成不可控制。因此“你不可盗窃”。最后，关于语言，你可以掩饰以及含糊，但是在某种时刻，我们要求你讲真话，全部真话，只可以是真话，不可以讲任何别的。如果纷争到了一个地步要到法庭上来裁决的时候，这时法官必须知道真相。如果你那时发了誓要讲真话却说了谎，惩罚将是严厉的。“你不可作伪证”。

十诫在其伦理层面的重要性，不在于其特殊性而在于其普遍性，不在于其终极性而在于其基础上的优先性。它们在所接触的题目上之发言并非是最后的；它们所说的话是必须要说的，其他的话才会随之而来。这就是何以，自西奈山之后三千多年，它们仍然是“道德的世界语”。这使得海涅惊叹那接受十诫的人：“当摩西站在上面，西奈山显得多么渺小啊，”而《圣经》的书写者明确地断言，“在以色列再没有产生另一个像摩西那样的先知。”（申命记34：10）

公正的意义

西方文明有两个信念要归功于一群我们称之为先知的杰出人物，远超越归功于任何其他人。这两个信念是：（1）任何人民的未来大都有赖于其社会秩序的公正；（2）个人要对其社会的结构以及个人直接的行为负责任。

今天如果有人被指为先知或预言者，我们就想到占卜家——某人可以预知未来。这可不是这个字的原初意思。“先知”出自希腊字 prophetes，其中 pro 的意思是为了，而 phetes 的意思是说。因此，在原初的希腊语，一个先知乃是某人为另一人“说话”。这个意思是忠于原来希伯来字意的。当**神**委托摩西要求埃及法老释放他的人民的时候，摩西抗议说他说不出来，**神**说：“你的兄弟亚伦将是你的先知。”（出埃及记7：1）

假如对希伯来人，先知的一般意思是“根据另外一个人的权威而说话的人”，它的特殊意思（惯常指在圣经时期特殊的一群人）是“为**神**说话的人”。一位先知不同于其他人之处，在于他的心灵、他的语言甚至有时候他的身体，可以成为**神**对当下历史情况发言的管道。

回顾以色列的先知运动，显示它并不是一项单一的现象。摩西本人自成一格，但是先知运动却经过了三个阶段，在每一阶段中，**神**以不同的方式运作着。

第一期是先知行会，撒母耳记上的第九、第十两章对它提供了最好的一瞥。在这个阶段，预言是一种群体现象。先知在此阶段中不被指认为个人，因为他们的才能不是个人所有。在成群结队的行旅中，预言对于他们乃是一种需要一群关键性的大众才能产生的田野现象。当代心理学家会把它当作是一种集体的、自我引发的狂喜形式。佐之以音乐和舞蹈，一个先知队伍可以把自己造成一种疯狂状态。其各成员会丧失掉他们的自我意识而进入一种神性沉醉的集体海洋中。

在此一行会阶段中，预言是没有伦理向度的。先知假定他们被**神**附上了身，只是因为那种经验带来了一股狂喜的力量。在第二个阶段中，伦理进来了。这乃是前书写时期个别先知的阶段。活跃而有作用，预言开始像发射火箭般，从构成他们基地的团队中放射出个别人物来。他们的名字留传了下来：以利亚（Elijah）、以利沙（Elisha）、拿单（Nathan）、米该雅（Micaiah）、亚希亚（Ahijah），以及其他的——不过由于他们仍然是在前书写阶段，当时还没有《圣经》，所以未记载他们的名字。狂喜仍然在他们的预言经验及力量中甚为突出，因为当“**神**的手”降临在这些人身上，他们比战车还快了三十里，在平原上被抓起，而被抛到山顶上。[201]不过有两件事情是不同的。虽然这些先知也有一个行会基地，但他们都能够在孤独一人时接受**神**的降临。其次，**神**通过他们来说话更为清楚明白。**神**已经不再只是把自己作为一种强大的情绪来表现了。情绪支持了**神**对公正的要求。

《圣经》中有两个故事可以从许多故事中抽出来说明这一点。一个故事是拿伯，因为他拒绝把他家族的葡萄园交给亚哈王，就被诬陷为亵渎和叛变**神**而被石块打死；由于亵渎是死罪，他的财产就被转给了国王。当这桩丑闻传到以利亚那里，**神**就向他说：“你去见以色列王亚哈，对他说，‘主如此说。你杀了人还得了他的产业。狗在何处舔拿伯的血，也必会在何处舔你的血’。”（列王纪上21：18—19）

这个故事对人类历史富有革命性的意义，因为它是讲一个没有官位的人，站在被诬陷的人那一边，以不公正为理由当面声讨一个国王。吾人要在历史年鉴中找类同的事是徒劳的。以利亚不是一位教士。对于他所发表出的可怕判决，他自己是没有正式权威的。以当时常规的模式他会就地被护卫打死。可是因为他是代表一个不是他自己的权威来“说话”，这事实是如此的明显，使得国王也接受以利亚的判决为公正。

同样惊人的事件也发生在大卫和拔示巴的事件上。大卫在他家屋顶上瞥见了拔示巴洗澡而想要她。可是却有一个障碍：她是结了婚的。对当时的王室来说这只是一桩小事；大卫只需把她的丈夫除去就行了。把乌利亚派到前线，随身携带着命令，要他到战斗最激烈之处，并且撤回支援，好让他被杀。事情依计而行；的确，这种手续似乎只是例行公事罢了，直到先知拿单听到了风声，即刻意识到“大卫所做的事已经使**神**不悦”。他就径直到国王那里，国王是对他的生命有绝对权力的，他对国王说：

主，以色列的神如此说：“你用刀把乌利亚杀死了，又娶了他的妻子做你的妻子，因此，我会在你自己的家中兴起祸患来对付你；我会在你眼前把你的妃嫔赐给你的邻人，他就在这同样的日光下与你的妃嫔们同寝。你暗中做了这件事；而我却要在全以色列面前做这件事。因为你彻底藐视了主，你生的孩子必死。”（撒母耳记下，12：7，9，11—12，14）

在这两桩事件中令人吃惊之处不是在于国王的作为，因为他们只不过行使着当时普遍被接受的皇家特权罢了。其革命性的前所未有的事实，是先知们挑战他们行为的方式。

我们已经说过了先知行会以及个别前书写期的先知们。先知运动的第三个高潮阶段随着伟大的书写先知而来：阿摩司（Amos）、何西阿（Hosea）、米加（Micah）、耶利米（Jeremiah）、以赛亚（Isaiah）以及其他。在这个阶段中，狂喜也并非绝缘于先知的经验中；以斯帖记1—3，耶利米哀歌1，以及以赛亚书6（先知“看到主，高高在上”），是其中最令人印象深刻的**神**显现的记录。前书写期先知对伦理的强调也继续着，不过此一阶段有一项重要的发展。有鉴于一个拿单或一个以利亚，觉察到了**神**对个人公然不公正的行为的不悦，一个阿摩司或一个以赛亚能够意识到**神**对较不明显的不公正的不满，因为它们并非由个人通过特殊行为所犯下的，而是隐藏在社会的脉络中。前书写期的先知挑战个人，而书写的先知则挑战社会秩序中的腐败和压迫人的制度。

书写先知们发现，他们所处身的时代到处都是不公平、特权以及最恶劣不堪的不义。财富集中在有钱的大公之手，贫民被烙上印记像牛般当奴隶来卖，欠债者被用来换一双鞋。那是一个主人任意惩罚奴隶，女人屈服于男人，不要的小孩就被遗弃在荒地任其死亡的世界。

在当时，这种道德罪行对于国家社会健康的威胁，乃是犹太人政治生活的一项重要事实，不过还有另外一项。外在的危机并不下于内在的危机；由于位置处在东面的亚述和巴比伦的庞大帝国、南边的埃及以及北方的腓尼基和叙利亚之间，以色列和犹太人处在被毁灭的危险之中。处在类似的情况下，该地区的其他民族假定最后结果是基于所牵涉的民族神祇相对的力量上——换句话说，基于简单的民族神祇的力量计算，道德问题是不相干的。可是，这样一种解释却任由机会从这样的情况中流失，同时意义亦流失了。如果可能发生的事件完全由力量来决定的话，弱小民族所能做的就很有限了。犹太人抗拒了这种看法，乃是出于我们标明的他们对意义的不懈的热情。就算在似乎是毫无可能另有选择的情况下，他们仍然拒绝承认任何事件是无意义的，当牵涉道德选择时，要留下创造性的因应空间。因此，当其他民族会解释为只是力量的压迫时，他们却认为是**神**的警告，要清洗他们民族的生命：在地上建立公正，否则就被灭亡。

抽象地说，先知的原则可以如下地表述出来：政治安定的先决条件是社会正义，因为就事物的本性而言，不公正是不会持久的。用神学的话来说：**神**有崇高的标准。**神**是不会永远容忍剥削、腐败与平庸的。这项原则并不违反早先有关雅威是爱的说法。整体而言，先知与赞美诗的作者一样多讲爱而不那么讲正义。后来，一位犹太教士描述两者的关系如下：

一位国王有几个空杯。他说："如果我把滚水倒进去它们就会破裂；如果我把冰水倒进去它们也会破裂！"国王怎么做？他把滚水与冰水混在一起再倒进去，杯子就不裂了。甚至圣主也是这样做，赞美主，他说：“如果我创造世界全然以仁慈属性为基础，世界的罪恶就会大大地增加。如果我创造世界全然以公正属性为基础，世界如何得以持久呢？因此我将以仁慈和公正两者的属性来创造它！希望它得以持久！”[202]

以色列和犹太人的先知乃是历史上最惊人的群体之一。他们发现自己处身于道德的沙漠之中，而他们说的话世界从此永远也不能忘记。阿摩司，只是个简单的牧人，但没有草是偶然被吹向北方的；相反，他是一个有使命的人，如同他所自来的沙漠般严峻而粗鲁；他充满机智和警惕，在贝塞尔（Bethel）的市场中呼喊道，“让公正像水一般，正义像一条巨大的河流般下泄。”以赛亚，城市出生的、华贵、文雅、善辩，但也一样燃烧着道德的激情，呼唤一位“将为整个大地带来公正者”之来临。何西阿、米加、耶利米——他们形成了怎么样的一伙呀！先知们来自各阶层。有的是老练的，有的则有如他们所自来的山坡那么朴素而自然。有的听见**神**像狮子般吼叫；有的则在暴风雨之后的死寂中听到了**神**的命令。

可是他们都有一个共通处：相信每一个人生来就是**神**的孩子，因之所拥有的权利连国王也必须尊重。先知们进入历史的舞台像一股奇异的、根本的、爆炸性的力量。比起他们的同胞来，他们居住在一个更辽阔的世界中，在那个世界之内浮夸和仪式、财富和显赫都不能算数，王公们似乎是渺小的，而强人的权威比起纯洁、公正与仁慈就微不足道了。因此任何地方的男女要在历史中为长期追求公正而奋斗的去找鼓励和启示的时候，他们最能在先知的响亮宣告声中找到。

受难的意义

自公元前第8到第6世纪中，以色列和犹大国（Judah，译注：巴勒斯坦南部古王国）在叙利亚、亚述、埃及和巴比伦的侵略势力面前摇摆着，先知们视他们的苦境为**神**对正义要求的强调，而在他们的受苦中找到意义。**神**与他的子民之间进行着巨大的论争，对世俗观察者来说，是一场并不明显的牵涉到道德问题的论争。要纠正一个任性的孩子，做父母的可能对他又哄又骗，可是如果言语没有效果，有所行动就成为必然了。同样的，因为以色列对**神**的命令和要求都无动于衷，雅威就毫无选择地只有让以色列人领教谁是**神**了——他的意志必须奏效。就是为了表明这一点，**神**利用以色列的敌人来对付他们。

因此**神**说：

以色列人三番四次的犯罪，
我不会免去他们的刑罚；
因为他们为了银子出卖义人，
为了一双鞋子卖了穷人——
所以敌人必来围攻这块土地，
瓦解你的防卫；
抢掠你的家宅。

（阿摩司书2：6，3：11）

耶利米为**神**帮腔。因为犹太人放弃了正义，**神**的决定是“使这城为地上万国所诅咒的”。（耶利米书26：6）

我们能够体会到，对那即将来临的厄运，这样的解释所需要的道德勇气。相形之下，假定**神**是站在我们这一边，或者听天由命接受失败，岂不是要来得容易得多了。

可是，高潮还在后面呢。失败不可避免。公元前721年亚述人“像狼入羊栏般来临”把北方的王国永远从地图上消除，把它的人民变成“以色列的十个失去的部落”。公元前586年，南方的犹大国被征服了，不过其领导阶层未被消灭，因为尼布甲尼撒（Nebuchadnezzar）把他们作为俘虏集体赶到巴比伦了。

如果说有一个时期“意义的可能性”似乎没有什么希望的话，那就是在此时了。犹太人弄坏了他们的机会，结果遭遇了厄运。现在先知们肯定会承认他们人民的厄运，用自得的口吻说："我告诉过你们啦。"

这种反嘲，混合着报复和绝望，可不是先知们的词语。犹太人追求意义中，最令人吃惊的事实，乃是在于这最黑暗的时刻，当意义在犹太人所自掘的最深地层下耗尽时，先知们却更深地挖进去，而发掘出一条全新的命脉。如果没有这样的话，就会变成接受当时普遍的看法，视胜利者的**神**强大过战败者的**神**，这种逻辑将会终止了圣经的信仰，连带也终止了犹太人民。拒绝了那个逻辑，就拯救了犹太人的未来。公元前第6世纪一位先知写道，犹太人在巴比伦帝国做俘虏时——这位先知的名字已经失传，不过他的话在以赛亚书后面数章中流传了下来——雅威没有被巴比伦的神，马尔都（Marduk）击败；历史仍然是雅威的范围。这意味着以色列的失败必有其意义；对以色列人的挑战是要再看到这个意义。"第二位以赛亚（Second Isaiah）"所看到的意义在这次并非是惩罚。以色列人需要学习到他们的失败所要教导的某种东西，而他们的经验对世界而言也是救赎性的。

由领取教训这一方面来看，受难所启发的教训和洞见，是如何其他东西所不能比的。在这个例子中，战败和放逐的经验教导了犹太人自由的真实价值，虽然他们早期曾经有过在埃及被虏的经验，却仍然还是对它不够重视。有一些文字留传了下来，透露了流离失所的以色列人精神的苦况——他们多么沉重地感觉到囚禁他们的枷锁，如何狂热地渴望着他们的家园。

我们在巴比伦的河边坐下，
一追想锡安就哭了。
我们把琴挂在那里的柳树上，
因为在那里掳掠我们者要我们唱歌，
抢夺我们者要我们作乐，说：
"给我们唱一首锡安歌罢！"
我们怎能在外邦唱我主的歌呢？

耶路撒冷啊，我若忘记你，
情愿我的右手干枯掉！
情愿我的舌头贴在上腭。

（诗篇 137：1—6）

有的时候只需要简单的一句话，就足以表示出他们处境的痛苦和艰难：“对你来说不算什么，啊！过路人”或“还要多久，啊！主呀，还要多久？”

当波斯王居鲁士（Cyrus）在公元前 538 年征服了巴比伦，而许可犹太人回到巴勒斯坦时，先知们又看到一个只有受难才能全幅传授的教训：这个教训就是能够在逆境中保持坚定信仰的人将能得到维护。最后他们的权利将得以恢复。

你们要从巴比伦出来，
以欢呼的声音传扬开去，
把它宣扬到大地的极端，
说：“主救赎了他的仆人雅各。”

（以赛亚书 48：20—22）

不过犹太人自己从他们的被囚遭遇所学到的，并非他们受难的唯一意义。**神**乃是利用他们来把所有人都需要，却被安适和自满蒙蔽而看不到的洞见引进历史中。**神**通过犹太人的受苦，而在他们的心中燃烧起那将影响整个人类对自由和公正的热情。

我令你作外邦人的光，
开瞎子的眼，
领被囚的出牢狱，
领坐在黑暗中的出监牢。

（以赛亚书 42：6—7）

抽象地说，犹太人在他们的放逐经验中，所找到的最深刻的意义是代人受难的意义：进入到自愿承担痛苦的生命，以使他人得以减免的意义。第二以赛亚展望有一天地上的诸国会明白，他们曾经藐视过的小国家（此处将之人格化了成为个人），事实上是为了他们在受苦，而把这一般性的原则与其人民的经验关联起来。

他诚然承担我们的软弱
背负我们的病患；
我们却以为他受罚了，
被神击打，并且受害了。
哪知他是为了我们的过错受害，
为了我们的罪孽压伤。
因他受的刑罚我们得平安，
因他受到的鞭伤我们得到医疗。
我们都像走失的羊，
各人偏行己路，
而神却把我们的不义
全都罚在他身上。

（以赛亚书 53：4—6）

救世主信仰的意义

虽然犹太人能够在他们的受苦中找到意义，意义对于他们来说并不就在这里结束。它的顶峰乃是在救世主信仰（Messianism）。

我们可以通过一项显著的事实进入此一概念中。进步的观念——相信生命的情况能够改善，历史在这一意义下，得以前进到某种地步——乃源自于西方。至于说其他民族有这一想法，则是他们从西方得来的。

这个事实令人瞩目，却似乎是可以说明的。如果我们把自己局限在两个持久的文明中——南亚，以印度为中心；以及东亚，以中国为中心及其文化分支[203]——我们会发现其主要面貌是由当权的人所铸造的；在印度是婆罗门，在中国则是士。对照起来，西方的面貌在这种事情上是决定性地由犹太人塑造，他们在整个形成时期中都是失败者。统治阶级可以满足于其身份地位，而失败者就不会。除非他们的精神被粉碎了，而犹太人的精神从来就没有被粉碎过，被压迫的人希望改进。这种希望给予圣经上的犹太人一种前进的向上心灵。他们乃是一种盼望的民族，一种在等待的民族——不是要摆脱压迫者的控制，就是要横跨入到福地。

甜美，甜美开阔的延伸的田野
展示在闪亮的碧绿里；
对犹太人来说，美丽的迦南也如此矗立在那里，
而约旦河则展延在其间。

总结上面所说：受压迫者只能朝一个方向看，乃是犹太人力争上游的想象力最终引导西方下结论说，生命的情况整体上来说是可以改进的。

当希望表现成具体的时候就能赢得更多的人心，因此，最后犹太人的希望就被人格化在即将来临的救世主身上。字意上来说，救世主（来自希伯来文 mashiah）的意思是“涂油”；不过如同国王和教士们用油涂抹，这个词就成为一种荣誉的称号，意指某个被推崇的或“被选中的”人。在巴比伦的放逐期间，犹太人开始希望一位救赎者，能够令“放逐者聚集”在他们自己的家园。犹太圣殿第二次被毁（公元 70 年）之后，“救世主”的荣衔，是用来指把他们从那分散各地的情况中拯救出来的人。

可是，事情从来就不是那么简单，在时间的流程中，救世主的观念变得复杂了。它的活泼的概念永远是希望，而这个希望永远有其两面性；政治国家一面（预见犹太人对敌人的胜利以及他们在世界事务上提升到重要的地位），以及精神的、普遍的一面（他们在政治上的胜利会伴随

着世界性的道德上的进步）。

> 他们要将刀打成犁头、把枪打成镰刀；
> 这国不举刀攻击那国，
> 他们也不再学习战争了。
>
> （以赛亚书2：4）

这三种救世主观念的特征——希望、复国和世界的提升——保持固定不变，可是在这稳定的框架之内就有了不同的方案了。

一项重大的不同，关系到救世主时代来临的方式。有的指望救世主真的会出现——一位教士或国王，作为**神**的副手，会建立新的秩序。另一方面则有一些人，认为**神**会指派一位代理人直接来干预。后者的看法，适当地称之为救世主的期盼，希望有“一个时代，以色列人能够在他们自己的土地上有政治自由、道德完美以及尘世的福祉，而且全人类也能如此。”[204]第一个概念把第二个概念的一切都包括进去了，不过更加上了一个崇高而卓越的政治和精神人格，他来让世界为**神**的国度做好准备。

第二项紧张所反应的是，在犹太教之内，一般而言有复兴国和乌托邦的冲动。复兴的救世主义要想把过去的情况加以重新创造，特别是现在理想化了的大卫王式的君主制。在这一点上，希望倒转头去重新建立事务原先的状态，以及倒回到“与祖先生活在一起的生命”。不过救世主义也配合上犹太教向前看的冲动，因此而有预见一种前所未有的事务状态的乌托邦的版本。

最后，救世主义者对于新秩序是否与先前的历史连续，或者把整个世界的基础动摇，而（在末日）代之以类别上超自然地不同的永世，意见各有不同。当犹太人的势力在面临欧洲之兴起而衰退时，以色列政治复兴的希望似乎是愈来愈不可能的时候，盼望奇迹的救赎之心窒息了政治上的渴望。救世主的时代随时会来临，突发而灾变地来临如山崩海啸。自然的律法会被取消而由不能想象的神圣秩序所取代，唯一可以想象的是“救世主时代诞生的阵痛”——由恐惧而引起的可怕图像是犹太人正在真实地经验着的——随之而来的就是和平。因此就连这种启示的版本也包含有乌托邦的成分。危险和害怕由安慰和救赎平衡了过来。

在这三种对立中，本质虽然彼此相反，而选择却是深深地互相纠结在一起。救世主的观念由于其组成分子的对立所产生的紧张性，而得以凝聚和保留了它的活力。我们无法找到纯粹一种主张而不混杂另一种主张的；只有在成分的多寡上有所变动，而且往往是很剧烈的。钟摆摆动的方向由历史的事件以及宣告者个人的性格来决定，他们之中有好些“假救世主”，假冒救世主的名号，而且有好几个还吸引了大量的追随者。当以色列仍然在他们自己的土地上享受着独立政治生活的时期中，所强调的是道德的完善性和尘世上的福祉；而在被征服和流放时期，渴望政治自由变得较为突显。在民族自由的时代，重点就转到希望之世界性与普遍主义的部分，可是在混乱和痛苦的时代，民族性的因素就上台了。不过，整体来说，政治的成分与道德的成分，民族主义的与普遍的成分是挽臂同行的。政治的与精神的要求结合在一起，正如为他们自己的以及为广大世界的希望也结合在一起一样。两种主题都包括在犹太复国主义中，近代犹太人的政治和精神复兴运动，帮助了犹太人回到巴勒斯坦，而且在1948年建立了以色列。

因此我们回到潜在救世主的主题，它乃是希望。进入到基督教中，它就变成了基督第二次来临的形式。在17世纪的欧洲，它表现为历史进步的观念，而在19世纪，它在即将来临的无阶级的社会美景中，使用了马克思的术语。不过无论我们在犹太人的、基督徒的、俗世的或异端的版本中所了解到的，其潜在的主题则是同样的。“将会有美好的一天！”如实地说出了这个意思。马丁·路德·金从先知以赛亚那里取得他的意象，在1968年华盛顿游行的人权运动中，对二十万人的演讲词优美地表达了这个意思。

今天，我有一个梦。

我梦见有一天每一个山谷都将被高扬，每一个山丘和高山都将被压低，崎岖不平的地方会被填平了，弯曲的地方会被弄直了，主的荣耀将会展示出来，而所有一切众生都将一同看到。

生命的神圣化

到目前为止，在我们进入犹太人观点的努力中，所处理的观念都是在犹太人挣扎着想从生命中找到意义时出现的。作为犹太教的入门来说已达到了目的，因为观念有一种普遍性，使得它们甚至可令局外人了解。不过，如果我们想要更深刻地了解此一信仰的话，我们已经到了必须停止进一步考察犹太人的观念，而要来看看犹太人实践的时候了。我们必须考察犹太人的仪式和戒律，因为一般都同意犹太教比较起来，不是一个思想正统，而是一个行为正统；犹太人得以结合起来，是通过他们的所作所为，远胜于通过他们的所思。一个证明是，犹太人从来没有颁布任何信教者必须接受的官方教条；另一方面，戒律例如男性的阉割礼，却是明确的。这种对实践的重视给予犹太教某种东方的味道；在西方，受到希腊对抽象理性爱好的影响，则重视神学和教条。在东方，则通过仪式和叙事来探讨宗教。差异是在抽象与具体之间。到底是柏拉图还是陀斯妥耶夫斯基更接近真实呢？爱到底是通过语言还是通过拥抱能够表达得更好呢？

在我们要谈犹太人的仪式之前，先简短地谈谈一般的仪式会比较好，因为虽然它在每一种宗教中都有其地位，而我们到目前为止并没有直接谈到它。从狭隘理性的或功利的观点来看，仪式是无聊的，从任何角度来看它都觉得是浪费。那么多钱花在蜡烛、教堂、祈祷书以及香上；花那么多时间在崇拜和圣礼上；花那么多力气站起来坐下来、跪下去和匍匐在地上，巡行以及唱颂。为了什么？一点都不划算，我们说。而且，它的霸道专横使其从外面来看几乎是不可理解的。一本流行杂志刊载了一张一国首长与一位爱斯基摩人互相擦触鼻子的相片。对爱斯基摩人来说，擦触鼻子是一种友谊的仪式。对我们来说，则只是滑稽好笑。

但是，虽然它有极大的专横性以及看似浪费，仪式在生命中所扮演的角色却不是任何别的东西可以填补的，这个角色并不只局限在宗教之内。比方，它可以让我们舒缓地度过紧张的局面和焦虑的时刻。有时候焦虑是温和的——在与人见面的时候，比方，我被介绍给一位陌生人，不知道他或她会如何反应，我不知道怎么做。我该说什么呢？我该怎么做呢？仪式掩盖了我的不安和别扭。它告诉我把手伸出去说“你好”或“很高兴见到你”。这样做的结果就在混乱中带来了形式。它应付了我需要了解如何举止的时刻。别扭过去了。我已恢复了我的平衡，而且准备尝试作比较自由的举止了。

如果我们在无关紧要的事，比如非正式的引见中，都需要仪式来帮助我们度过那个不知所措的情况，那么当我们发现自己真的不知怎么办的时候就更需要它了。死亡是尖锐的例子。被悲剧性的丧失亲友之痛所打击，如果我们只靠自己来想办法度过这个考验，我们会完全崩溃。这就是何以死亡要有葬礼和纪念仪式、守灵和坐湿婆，乃是最仪式化的跨越礼。仪式——以准备好的歌谱来安排这一场合，在一个孤独令人不能忍受的时候，来疏导我们的行为和感受。在这过程中就柔化了受到的打击。“尘归尘，土归土”——这些字没有说是谁的尘，因为这乃是每一个人的；我们所有的人。**仪式也唤起了勇气**：“主给予的，主拿回去；以主的名祝福！”最后，令人们正确地看待把这一特殊的死亡与其普遍的原型连接起来。逝世的人在人类的伙伴中找到了他或她的位置，在无尽的生命行程中一步一步迈进了死亡，以及又从死亡迈入生命中，两者形成连续体，由两个方向朝永恒走去。

从引见这样的小事到死亡引发的心灵创伤，**仪式能安抚生命的转变**，也许没有其他的方法可以做到。不过它还有另外一个功能。在快乐的时候它能够加强快乐的经验，而把欢乐提升成为喜庆。这方面的例子是生日、结婚之喜，**以及最简单的一顿家庭晚餐**。**在这一日最好的一餐饭中，或许这是一家人在一日中第一次轻松地聚在一起**，饭前的祷告可以比赛跑的起点更重要。它能使这个场合神圣化。与沉重的负担相反，**它神圣化了日常的欢乐**。

有了对生命中仪式地位的一般观察作背景，我们现在就转过来看它在犹太教中的地位，它在其中的目标是要神圣化生命——理想地来说，神圣化所有的生命。利未记第19章中简略说明了这个意思，当**神**向摩西说："你们要圣洁，因为我，你们的**神**，是圣洁的！"圣洁包含了什么？对许多现代的人来说这个字是空洞的，可是对于那些感到神奇的鼓动，并意识到那从各方面向他们生命作出不可言说的进逼的人，就会知道当柏拉图写出下面的话时是在说什么了，"起初是一阵战栗通过你全身，跟着就是那古老敬畏之情偷偷袭击着你"。那些曾经有过这种经验的人会认识这种奥秘、狂喜和神圣者的混合体。关于神圣者，在奥托（Rudolph Otto）的《神圣观念》一书中有经典性的描述。

要谈犹太教对生命的神圣化，就是指它对生命的信念，认为所有的生命一直到它最小的元素，如果正确地对待它，都可以视之为是神圣的无尽源头的一种反映，也就是**神**的反映。这种正确对待生命和世界的进路的名称就是虔敬，必须与其冒牌货的虚拟小心地分别开来。在犹太教，虔敬为**神**的国度在世上的降临，做准备：那时万物都将被救赎和净化，而**神**的一切创造物的神圣性将会十分透彻明白。

虔敬的秘密在于视整个世界为属于**神**，且反映着神的荣耀。晨起看见新的一天的光亮，吃一餐简单的饭，看见溪水奔流在长了青苔的石头之间，望着白昼慢慢地转变成夜晚——像这般的小事也都反映了**神**的庄严。"对于信宗教的人，"黑歇尔（Abraham Heschel）写道，"好像万物都背对着他，而脸则朝向**神**。"生命中美好的事物，大多不是靠我们自己的努力而成就的，因此在接受它们时以为理当如此而没有关连到**神**，那是十分错误的。在犹太圣法经传中，吃喝之前不先谢恩，就如同抢劫**神**的财富一样。在整个犹太教中都有这双层主题：**我们应该享受生命的美好，同时我们与神共享以增加它的乐趣，正如我们感受到的任何欢乐，都会因为与朋友分享而增加一样**。犹太法律认可生命中一切美好的事物——吃、婚姻、孩子、自然，而把它们全部提升到神圣领域。它教导人们应该吃，应该在神的面前布置餐桌。它教导人们应该喝，用酒来祭献安息日。它教导人们快活，应该围着犹太经典跳舞。

如果我们要问在世界常规的逆流背景下，如何能够保存这种一切事物都是神圣的意识，犹太人主要的回答是：通过传统。不去注意它的话，人对神奇和神圣的意识偶然间会鼓荡，但是要它成为稳定的火焰就需要去照顾它。要做到这样的最佳方法之一，就是令自己专注在每一世代都大声呼告着**神**的天祐和恩惠的历史中。与那些为了更能抓紧现在而全力把过去抛弃的人相反，**犹太教把过去的记忆当成是无价之宝。一切宗教中，最富历史心灵的犹太教，发现神性和历史是分不开的**。把他们生命的根深入到过去之中，犹太人从神的举动清楚可见的各种事件中吸收滋养。安息日夜晚的蜡烛和奉献杯、逾越节餐宴以及其多样的象征、赎罪日的素朴庄严、吹奏公平号角迎接新年、装饰着胸甲和皇冠的犹太经典书卷——犹太人在这些事物中，找到的正是那不下于生命的意义，也就是多少世纪以来都肯定着**神**对其子民的伟大美意。甚至于当犹太人回想起他们的灾难，以及他们得以生存下去所付出的代价时，他们也活生生地觉察到**神**支撑的手。“**依照律法来生活，**”晚近一位犹太哲学家写道，“**就是在时间之内过永恒的生活。**”[205]

神圣化生命的基本手册就是这个律法，圣经的前五部书，旧约 Torah。在传统犹太教堂礼拜中，到了要把旧约放回约柜的时候，人们就颂唱着箴言书中的一句话：“对于抓住它的那些人，它乃是生命之树。”这个比喻是有意思的，因为树乃是生命自身的象征，是太阳、雨水和土壤的无生命元素被吸收而进入成长奥秘的奇迹。如此，它也是一种创造力量，能够在人的生命中启发和支撑神性，没有了它，这些人的如花一般的世界就会变成干枯的石头。“对于抓住它的那些人，它乃是生命之树。”

启 示

我们追踪了犹太人对人类经验主要区域的阐释，发现他们比他们地中海任何邻人更能深刻地掌握意义；的确，犹太人对意义的掌握在本质上还没有被超过。这使得我们提出问题：是什么产生了这样的成就？是不是个意外呢？是不是犹太人只是在偶然间发现了这种见识的密藏呢？如果他们只是在一两个范围中发现到深奥，这样的论旨或有可能，但是因为他们在每一项基本问题上都到达天才的地步，就难以解释了。那么另一说法是，犹太人天生就比其他人聪明吗？犹太人的教旨说的是人属同一族类——这在亚当和夏娃的故事中已象征性地宣布了的——明白地排除了犹太人比其他人聪明的想法。犹太人自己的回答是，他们不是靠自己达到这些见识的，而是见识被启示给了他们。

启示的意思就是透露。当有人说："它对于我乃是一个启示。"意思是说一些事情到目前为止都是模糊不清的却变得清楚明白了。一层幕纱给掀起来了，先前被掩盖的现在给展露了出来。作为一个神学概念，启示包含了这项基本意思，同时集中在某种特殊的显露：神的本性以及其对人类的意愿。

由于这种公开的记录是在一部书中，因此一直以来对待启示录，都倾向于把它当成好像是口传的现象：把它想成是**神**对先知或其他圣经作者的说话。不过，这样做其实是把马车放到马的前面去了。对于犹太人来说，**神**最先也是最重要的，是在行动上显露了他自己——不是语言而是作为。这在摩西对其人民的指示上清楚地表明了出来。"日后你的儿子问你说，'主，我们的**神**吩咐你们的这些法度、律例、典章是什么意思呢？'你就告诉你的儿子说，'我们在埃及做过法老的奴隶，但主用大力之手，将我们从埃及领出来。'"（申命记6：21—22）。出埃及记，在那桩难以令人置信的事件中，**神**把一群没有组织的、被奴役的人民，从当时最大的强权手中解放了出来，并不单是令以色列自此成为一个国家的事件，这也是让他们了解到雅威性格的第一项明白的行动。

不错，创世记在出埃及记之前就描述了好几项**神**的启示，不过有关的报导，却是后来在决定性的出埃及记这件事的眼光下写成的。**神**乃是他们逃离法老事件的直接参与者，犹太人丝毫没有怀疑。"从所知道的任何社会学的律则来看，"梅耶（Carl Mayer）写道，"犹太人首先就不应该成为独特的民族。可是事实却是：一群人数不多、关系松散的人，没有真正的集体身份而又被奴役在当时的强权之下，却成功地逃走，避开了追逐者的战车。由于十分清楚他们自己的弱小和埃及的强大，对于犹太人来说，他们的解放不可能是他们自己能够做到的。这乃是一个奇迹。”“因为**神**的恩典，以色列从死亡中得救并从埃及的势力下解放出来。”（出埃及记12：50）

犹太人在出埃及记中，活生生地体验出**神**的拯救力量，因此就以这次**神**介入的眼光来省察他们早期的历史。由于他们的解放显然是由**神**发动的，是什么样的连串事件引发到这一步的呢？难道只是偶然发生的吗？犹太人在他们共同生存的每一步中，都看到神的主动性在作用着。使亚伯拉罕离开他在乌尔的家，向迦南踏上那漫长、未知的旅途的，并非出自浪游的冲动。雅威召唤他如父亲般保护一个有特殊命运的民族。通篇历史都是如此：以撒和雅各靠天祐而受到了保护，以及约瑟在埃及为了维护**神**的子民免于饥饿的清晰目的而地位被抬高。从出埃及记的观点来看，一切都十分明白。从一开始**神**就在领导、保护，以及通过为了那使以色列人立国的决定性的出埃及记事件而塑造着他的人民。

我们说的是，出埃及记还不仅仅是令一个人民建立了国家的历史分野。它乃是一个事件，令身处其中的人分外察觉到了神的真实和特征。不过，这样去说犹太人看到了**神**的特性，则又把事情倒过来了。由于是**神**在采取主动，是**神**显示给犹太人看他的本性。**神**应该是陈述的主体，而不是陈述的对象。

那么，在出埃及记所显露的**神**的本性是什么呢？首先，雅威是强大的——能够胜过当时最大的强权，以及支持这些强权的任何其他神祇。可是同时，雅威是善和爱的神。虽然这对于外人来说并不那么明显，对于其直接的领受者的犹太人来说却是明显不过的。一而再地，他们的感激爆发成诗歌：“以色列啊，你是有福的，谁像你——这蒙雅威所拯救的人民呢？”（申命记33：29）。他们究竟做了什么，才配得到这奇迹性的解救呢？远非他们所能见的，他们得到的，全然是一项他们不该得到的**神**恩，是雅威对他们出其不意的、令人吃惊的爱的明证。犹太人是否即刻就认识到这种爱乃是对整个人类而不单单是对他们，是不重要的。一旦体现到**神**的爱已经生了根，犹太人很快就明白了，并将之引申给了每一个人。到了公元前8世纪，犹太人就听到**神**说，“你们对于我来说不是像伊索匹亚人（Ethiopians）一样吗？”不过**神**的爱的事实必须要先掌握住，才能进一步探测其幅度范围，也就是在出埃及事件中，这一事实才令他们完全明白了。

除了**神**的威力和爱之外，出埃及记展现出一位极端关怀人类事务的**神**。四周的神祇们主要是自然神，是把人们对自然的伟大现象所感到的神圣敬畏实体化；相形之下，以色列人的**神**并非通过太阳或风暴或丰饶，却是在一历史事件中降临到他们身上。这种在宗教意义上的差异是有决定性的。出埃及记中显露**神**关心人的处境，因之介入其中并且对它做了一些事情。这一觉醒，把以色列的宗教议程永远地改变过来。犹太人再也不去做取悦自然的各种威力的人了。他们将注意力集中在辨明雅威的意志，并去努力实现它。

交代了出埃及记中的三项基本显露——**神**的威力、善以及对历史的关切——犹太人对**神**本性的其他见识也就随之而来了。**神**的本性既是善的，因而他也要求人们同样成为善的；接着就有西奈山，十诫在该处被视为出埃及的直接推论。先知对公正的要求，是把**神**对品德的要求引申到社会范围——机构性的组织也要负责任。最后，受难必须具有意义，因为一个奇迹似的拯救了他子民的**神**，会完全放弃他的子民，是不可思议的。

这整个加在犹太人身上的整体形象，是环绕着誓约的观念而成形的。一个誓约就是一项契约，不过还不止于此。契约（比方造一所房子）只关涉到参加契约中人的部分生命，而誓约（如婚姻）则牵涉到整个的自我。另一个不同点是，一项契约通常有一个终止的日子，而誓约却是持续到死。对于犹太人而言，**神**在出埃及记中的自我显露乃是一项誓约的邀请。雅威会继续祝福以色列人，如果他们尽其本分——遵守交给他们的律法。

我在埃及人所行的事你们都看见了，且看见我如鹰般将你们背在翅膀上将你们带来归我。如今你们若实在听从我的话、遵守我的誓约，就会在万民中作为我宝爱的子民。因为整个地都是我的。你们要归我作祭司的国度和圣洁的国民。

（出埃及记 19：4—6）

一旦誓约的关系清楚地在西奈山表白之后，那些书写《圣经》的人也以这种眼光来看亚伯拉罕的史诗。在苏美尔普世王国的最后一段日子中，从幼发拉底区所有的人民中，**神**召唤亚伯拉罕与他缔结誓约。如果亚伯拉罕忠于**神**的意志，**神**不仅给他一块美好的土地作为遗产，而且会令他的后代繁衍如海中之沙那么多。

我们通过犹太人对意义的渴求而进入本章。不过，当我们对宗教的了解加深了之后，我们就明白还要重新再加以解释。意义是掌握住了，但是从犹太人的观点来看，并非是因为他们特殊恳求才有的。意义乃是向他们显露的——不是告诉给他们，是通过雅威的惊人举动展示给他们的。顺序是始于出埃及中显露了雅威的威力、善性和关心。由之我们才能了解到接下来的一切。

但是何以这种显露是给了犹太人呢？他们自己的答案一直都是：因为我们被选拔了出来。这听起来是那么简单，以至显得很天真。显然，这个回答需要仔细加以省察。

选　民

有一首熟悉的四行诗是这样的：

多奇怪
神会
选拔
犹太人。

的确，一个普遍的**神**，却决定神性应该单独地、无比地对一种人民显露，这确实是整个宗教研究上要人认真看待的最困难的观念之一了。它显得不太合理，因为看来不单触犯了无私和公平的原则，也因为许多早期的人民认为他们自己是特殊的；我们想到日本人，他们创造神话，把自己当作是天照女神的直接后代。当摩西告诉犹太人，从地上万民中，“主——**神**拣选了你们作为他自己的子民”（申命记7：6），有没有任何理由以为我们面对着的只不过是一般的宗教沙文主义呢？

不错，犹太的选民教义是以通俗的方式开始的，不过几乎是即刻就有了惊人的转向。因为不同于其他人的是，犹太人并不认为他们自己被挑选出来是为了特权。他们是被选出来服务的，并且要去承受那服务所带来的考验。要求他们“去奉行和服从主所说的话”，由于他们被选，**神**对他们所要求的德行远比对他们的同侪为严格。一位犹太教士的理论说，**神**起初是把犹太教全部经典提供给整个世界的，但是只有犹太人愿意接受其严格的执行。连他们（该论文异想天开地作结论说）都是在一时冲动之下接受下来，根本没有搞清楚自己陷入什么情况中。因为“在地上万族中我只认识你们；因此我必追讨你们的一切罪孽”（阿摩司书3：2）。这还不算呢。我们看到了第二以赛亚“代人受难”的教义，意思是犹太人被选来承受苦难，才使苦难不至于更广泛地波及其他人民。

这套犹太人的选民教义，是多么不同于平常的选民教义呀！它的要求是那么多；对于正常人的心态是多么不具吸引力。可是，问题还是没有得到解决。因为就算**神**召唤犹太人接受的是壮烈的折磨，而不是挂名的闲差；在有关世界的救赎上，他们被选出来担任特别的角色仍然还像是偏袒的。圣经并不企图回避这项怀疑。“并非因为你们的人数多于别的人民……只因主爱你们，〔他〕才选你们出来做他的子民。”（申命记7：6—8）

这引起了怨恨。面对着民主的情绪，选民教义挑起了一个特别的神学用语来因应此一情况：“特殊性的丑闻。”这个学说指出神的作为会像一个烧杯一样地集中在特殊时间、地点和人身上——当然是要为了普遍人类的利益来着想。

我们无法证实这个学说，不过我们可以做两件事。我们能够了解何以犹太人采取了这个概念，以及这个概念为他们做了什么。

我们在探究是什么令犹太人相信他们被选中时，不采取民族自大狂这一明显的可能说法，而要把握前面已经讲述过的历史事实。以色列之所以成为一国，是经历了非凡的事故的，一群饱受折磨的奴隶粉碎了他们当时暴君的枷锁，而被提升到一个自由、自尊的人民身份。此后他们几乎是即刻就了解了**神**，远超过他们邻人所了解的，并由之引申出道德和公正的标准，到现在仍然挑战着世界。经过随后的三千年，他们在面对不可信的遭遇和逆境中继续生存，其对文明的贡献之大与他们人数之少简直是不成比例。

从头到尾——这就是事情的中心要点——犹太人的故事是独特的。按照预期，他们首先就不可能逃离法老的。何以他们的神——雅威——在他们的眼中是正义之神，而袇莫诗（Chemosh）——莫阿布人（Moabites）的神，以及其他当地的神祇却不是，这一点就连维豪生（Wellhausen）这样一个力主自然解释的人，都承认“是一个吾人无法给予满意答案的问题”。先知反对社会不公正的抗议，被普遍地认为是“古代世界没有其他能够相与比肩的”。[206]在我们已经援引过的论断“根据每一项社会学的律则，犹太人都应该很早就被消灭了”，我们现在再加上哲学家贝加也夫（Nicholas Berdyaev）的判断；“犹太民族经过那么多世纪，能继续生存下去，是理性上无法解释的。”

如果这些事实和论断证实为真，以致犹太人的历史是个例外的话，那么只有两个可能的原因。要不归功于犹太人自己，就应归功于**神**。作这样的选择时，犹太人本能地把功劳归之于**神**。这一民族的惊人特点，是他们一直认为作为一个民族来说，他们毫无特别之处。按照犹太人的传说，当**神**拿土造亚当时，他从世界各地收集各种颜色的泥土，以确保人类的普遍性和基本的同质性。因此犹太人经验的特殊性，必然出自**神**选中他们。一个起初似乎是自大的概念，却变成犹太人对他们出身和幸存的事实，所能给予的最谦卑的阐释。

当然，就连这样，也可能会令人憎恨其特殊主义，不过我们必须要问，如果这样做是不是就连对我们的世界也憎恨。因为不论喜欢与否，世界乃是由特殊构成，人的心灵对此也调适配合了。任何事情除非从其背景中冒出来，是不会引起人注意的。把这个论点应用到神学上会是什么结果呢？**神**可能通过我们呼吸的空气，如同通过其他礼物一样，来祝福我们，不过如果必须要等到人们由得到氧气来推断**神**的善，才会对**神**有虔敬的话，要等到那一天就还早得很了。从历史来说也是一样。如果从压迫中解救出来只是通常等闲事——犹太人就会视他们的解放为应该的。**神**的宠爱事实上能够包容人类如同海水包容鱼儿一样；由于人的愚钝，宠爱如果是当然的，就会被认为是平淡无奇。因为如此，或者只有个体的、独特的、特殊的才能够把**神**带到人的注意力面前。

今天犹太人对选民教义，其意见是分歧的。有的犹太人相信它在圣经时代所具有的有用性和客观有效性已经失去了。另有犹太人则相信除非世界的救赎已经完成，在作为**神**在历史中的工作部队的意义上，**神**继续需要选出特殊的人群来。对于有第二种想法的人，以赛亚说的话，不单是有关过去而且继续有着当代的意义。

众海岛啊，当听我言，
远方的众民哪，留心细听！
自我出世，主就选召我，
还在母亲的子宫内他就题我的名。
他使我的口如快刀，
将我藏在他箭袋之中。
对我说："你是我的仆人，
以色列，我必因你得荣耀。"

（以赛亚书 49：1—3）

以色列

本章将要结束了，而我们所谈的一切都发生在圣经时期。这是有理由的。第一，乃是在圣经时代，犹太教最伟大的造形观念成型了；第二，这些观念构成了最可以为外人所知的犹太教的那一面，而本书也主要是为这些人而写。不过，如果本章造成一种印象，说犹太人的创造力已随着希伯来经典的结束而终止了的话，那将是最严重的化约主义了。犹太教不可以化约到其圣经时期。事情是这样的，在公元 70 年，罗马人摧毁了犹太人从巴比伦放逐回来之后所重建的耶路撒冷圣殿，犹太教的焦点就从圣殿中的奉献仪式，转移到对整个经典，以及其所伴随的在学院中和教堂中的口述传统的研究。因此不是祭司——他们已经不再运作了，而是教士把犹太教维系在一起，他们的教堂不仅变成研究中心，而且也是一般崇拜和祝庆生活之处。教士的犹太教建基于戒律之上，而以研究经典为其一生的职志，犹太教因之得到了独特的、知性上的层面和性格。通过在犹太圣法经传中发展出来的经典研究传统，心灵成为宗教生活的主要部分，而把心智的活力引进到虔敬之中。研究包括那种弥漫在犹太圣法经传中的经常的、不断的质疑和严格的逻辑意义，成为一种崇拜的方式。在这种复合体中，圣经成为一种启示性的文本，邀请并要求阐释，而阐释被提升到启示自身的地位。

教士使散居各地的犹太人的犹太教得以维持两千年而不坠，这项成就是历史上的一项奇迹，不过为了我们上面所说的理由，就不在这里追踪下去了。由于我们对教士的犹太教已做了一些简略的报告，就让我们跳过两千年的共同时代来看 20 世纪以结束本章。

犹太教乃是一个民族的信仰。作为其特征之一的，就是它本身包含了对一个民族的信念，相信犹太人在历史上已经扮演以及将要扮演的角色的意义。这种信念要求保存以作为一个独特民族的犹太人身份。在过去犹太人的自我身份并不会构成政策上的问题。在圣经时期犹太人需要把自己隔离开来，以保持他们独特的观点，而不被周遭的多神教所折中(译注：指犹太人不愿与周围的多神教观念妥协、和解)。这就是先知一再重复要求犹太人保持为一个“奇特的”民族的基础。日后，特别是中世纪后的欧洲一直到法国大革命，犹太人被迫隔离，要住在四周是围墙，晚上大门会上锁的犹太区，他们没有选择，只能过着一种大部分是内向的生活。

自法国大革命以来，犹太人身份的争论就变成了某种问题。由于犹太人的解放，他们参与了他们所居住的国家的政治的、专业的以及文化的生活，世界已经不再要求他们维持他们的身份。曾经强迫犹太人在道德立场上与其邻人保持距离的清楚的道德差异也已不存在。今天，如果犹太人的独特性要继续下去的话，就必须加以论辩才行了。

在犹太教内部，论辩就有不同。有的犹太人坚持上节所说的宗教主题：既然**神**选中以色列人作为特别工具，那个工具的形态和优势应该要保持。另外的犹太人则站在文化多元化的立场而主张特殊性。一个健康的个体身份，有赖于一种对个人的血统、根源的意识。一个社会中如果包括了多样的传统就是一种优势，因为一致性就会滋生同一性以致削减了创造性。马克思、爱因斯坦和弗洛伊德对现代思想贡献巨大。说他们的犹太性与他们的伟大有某种关联，似乎是合理的。

如果到目前为止，我们所提出的论点还算有分量，并且得以掌握到一点犹太人要维持他们身份的重要性，这种身份包括了些什么呢?

不是教条，因为一个人并没有什么东西一定要相信才能成为犹太人。从相信全套犹太经典每一字每一个标点都由**神**制定，到完全不信**神**，什么样的犹太人都有。的确，要指出任何一项事务本身就足以使一个人成为犹太人，是不可能的。犹太教是个复合体。它像是一个圆圈，是一整体，却可分成汇合在同一中心的各部分。并没有权威说，一个犹太人必须肯定这些部分（或任何一个部分）的全部，否则就要面临开除教籍的命运。当然，如果一个人愈能包含愈多的部分，就显示了愈多的犹太性。

一般说来，构成犹太教精神组织的四个伟大部分是信仰、仪式、文化以及民族。它的信仰已经描述过了。犹太人所采取的知性角度，其幅度从原教旨主义（fundamentalism，或称基本教义派）到极端的自由主义，但是他们的信仰所注视的方向则大多是相同的。对于犹太人的仪式也是一样的。不同团体的犹太人在他们对诸如安息日、饮食律法、每日的祈祷等基本仪式的解释和执行都有所不同。不过无论其遵行的程度有多大的不同，其意图都是一样的：把生命神圣化，正如我们已经描述过的。剩下来的是有关犹太教的另外两个成分：文化和民族。

文化指谓生活的整个方式，很难加以彻底地描述。它包括风俗、艺术形式、幽默的风格、哲学、一套文献以及许多其他别的。它的成分是那么多，我们将只限制在三项来讨论。犹太文化包括语言、口头传说以及对一片土地的密切关系。

它的口头传说是很清楚的，因为其中的极大部分已经普遍地渗透进西方文化中。环绕着希伯来经典中的人物和事件，有一个连奥林匹斯山都被比下去了的光环，但是对于犹太教来说这只是开始呢。犹太教经典之后跟着的是犹太圣法经传，一大套作为后圣经犹太教基础的有关历史、法典、民间故事以及评注的概要。这又跟着辅之以犹太法学博士的圣经注释，是一个包括了几乎有相同分量的传统、注释和布道的集子，是在中世纪后期，圣经正典的制定、完成之前开始发展的。它为学术、掌故和文化认同提供了无尽的宝藏。

除了它的口头传说之外，每一个民族还有它的语言和土地。对于犹太人它们分别是希伯来语和以色列[207]。两者都因为它们对神圣的联系而成为神圣的。因为乃是在那片神圣的土地上，通过希伯来语，启示降临到犹太人身上，对于那项启示的关怀就延伸到语言和土地上。犹太人祈祷时全部或部分用希伯来语，而圣地的意识使他们在阅读经典以及研究犹太教士文献时显得生动有力。两千年来犹太教传到了每一个国家，浪迹天涯却心系故土，对他们的发源地保持一份热诚，这真是犹太教的一个吊诡。在每一公众礼拜和每一私人崇拜中，包括就寝之后的晚祷都会祷告要求回到锡安去。祝酒时他们说："明年——明年在耶路撒冷"盛载着那么多的希望和感受，有时候非犹太人也会这样说。

我们在本章开始的时候，引述了威尔逊描写巴勒斯坦是"温柔而单调”的话。对犹太人来说，这样的描写似乎是不可思议的，因为就算在实质上来说，它也确是一块美妙的土地，其大部分的领域是壮观的：从耶路撒冷到死海，在56公里的路程中下降了1061米，约旦河从黑蒙山（Mount Hermon）蜿蜒向南深深穿过岩山，那多刺的山脊从卡梅儿山（Mount Carmel）向南来到海边，德柯阿（Tekoah）的蛮荒一直向南进入尼格夫（Negev）的荒凉中，与南约旦河岸的富饶青葱构成强烈的对比。丝柏树的尖端像黑色的塔尖般向上伸去，“大山跳跃如公羊、小山跳跃如羊羔”。（诗篇山114：4）爱斯德拉龙（Esdraelon）田野向上朝加利利倾斜在宽广的黄色和绿色的棋盘中，而深海港带着地中海的蓝色，一切都沐浴在那提升起期盼的精神的灿烂阳光和透明大气中。历史从每一个城市和山腰大声呼喊着，贮存在过去中。到处弥漫着一种湮远年代的沉思意识，正如古希伯来先知们所见，现在坐在王位上的，正是那“日子中的古老者（Ancient of Days，译注：由人格化的观点看日子）”。

但是说到这片土地，就进入到整个犹太教的第四个部分——它的民族。因为我们是生活在巴勒斯坦第一次回归给了犹太人的世纪中，而犹太人自从公元70年就被迫四处分散了。

造成1948年建立了以色列现代国家的原因是复杂的。除了强大的宗教推动回归之外，主要的动机有四个。

（1）从安全考虑的论点。1938到1945年之间，纳粹发动的大屠杀有六百万犹太人——总数的三分之一——被杀，使得许多人确信自1881年在俄国的集体屠杀之后所一直增长的信念：犹太人在欧洲生活和文化中是没有安全的希望的。他们需要有一个地方能让那些受到创伤和恐吓，却有幸存活的人可以聚在一起呼吸自由和安全的空气。

（2）心理上的论点。有的人认为，让犹太人以少数人的身份散处各地，在心理上是不健康的；这样的境遇会在他们生命中滋生出一种从属性和自我排斥，只有建立他们自己的国家才得以纠正。

（3）文化上的论点。犹太教的内容愈见稀薄，它的传统正在流血至死。世界上总得有个地方让犹太教是主要的民族精神之所在。

（4）社会的、理想国的论点。世界上应该有个国家致力于先知的理想和伦理历史的实现——包括经济结构，在整体上有一个历史上前所未有的更好生活方式。远在大屠杀之前，一小部分坚决的犹太梦想家，他们多数是在东欧，渴望有个机会能够以较健康的方式来重新塑造社会。这开始于19世纪末期，好几代的拓荒者成功地抵达巴勒斯坦，来打造一种他们得以在各方面自由规定其存在的生活。在他们离开的土地上他们是被禁止从事农业的，现在他们希望通过身体劳动和在土地上生活的基础方式，来产生一种新的人性。他们所成立的集居区——集体农业集居区，就是那类理想主义的一种表现。

无论令他们创立以色列的理由是什么，它是被建立起来了。而其成就是令人印象深刻的。土地开垦、接待犹太人移民（真正是放逐者的聚集）、为劳工阶级提供资助、群居生活的新模式、知性和文化的活力——这一切合起来，使以色列成为一个令人兴奋的社会试验。

不过，20世纪犹太人也遇到了两个烦恼的问题。第一个跟集体屠杀有关。他们怀疑，面对一个允许这样的暴行发生的神，选民的概念会有什么意义。有的人甚至会疑问他们正义之神的基设（postulate）是否能继续有意义。

另一个麻烦的问题与我们提到的以色列建国理想论点有关。犹太人几乎为西方文明——如果不是整个世界，写下有关自由、公正理想的原稿，现在却发现他们自己在抑制这些权利——许多犹太人相信是为了安全的理由而被迫这样做——抑制巴勒斯坦人这些权利，以色列是因为1967年的战争胜利而占领了巴勒斯坦的土地。巴勒斯坦国家的权利和以色列安全之间的紧张，是尖锐而尚未解决的问题。

我们并不以为能够回答这些问题，却能够了解放在这样一个特别有责任心的民族的良心上的重担。面对其严重性，事实上，至少他们现在在政治上是可以去鼓起勇气自由地正视它们。大卫之星扬在他们精神的家园之上，这是几乎20世纪以来他们自己的第一面国旗。此时犹太人心中的主要思想是：以色列人民活着！当这一切都在发生的时候，能够活着是多么美妙啊。

第八章
基督教

在所有的伟大宗教当中，基督教流传得最广，并且拥有最大数量的信徒。数字可能有些夸大，不过根据记录每三个人就有一个是基督徒，为数大约有十亿到十五亿之多。[208]

近两千年的历史为这一宗教带来了惊人的多样性。从圣彼得教堂教皇主持的庄严大弥撒到贵格派（Quaker）聚会中的安静纯朴；从圣托马斯（Saint Thomas Aquinas）知性上的错综复杂到黑人圣歌如“主，我要做一个基督徒”中动人的纯朴；从伦敦的圣保罗教堂，大不列颠的教区教堂，到加尔各答贫民区的德蕾莎修女（Mother Teresa）——这些全都是基督教。从这一令人头昏，令人不知所措的复杂体中，我们的工作是，首先指出联结此一宗教的中心组成部分，然后就是它的三个主要分派：罗马天主教、东正教以及新教。

历史的耶稣

基督教基本上是一种历史的宗教。这是说，它不是建筑在抽象的原则上，而是建筑在具体的事件、真实的历史发生上。这些事件中最重要的事是一个犹太木匠的生命，正如常常被指出的，他出生在马厩中，33

岁就被当作犯人处死了，从来没有离开他出生地 90 里之外，一无所有，没有上过学，没有带领什么军队，没有出版什么书，只在沙土上写过一次。可是他的生日全世界在庆祝，在他的忌日，几乎每一地平线上都竖起了那处死他的绞架（译注：十字架）。他是谁呢？

耶稣一生传记材料之贫乏，使 20 世纪初有些研究者甚至说他可能根本就没有存在过。这个可能性马上就被反驳了，不过由于史怀哲（Albert Schweitzer）强力影响了 20 世纪的名著——《探求历史的耶稣》的冲击，把世人从圣经学者们所听到的有关耶稣的资料化约成两点：我们几乎对他一无所知；而对于我们所知的一点点来说，最确定的是耶稣错了——错的是指他推断性的信念，认为世界末日很快就要到了。有关耶稣的这一些资料实在不足以建立起教会，幸而，“20 世纪大多数耶稣研究所具有的极端怀疑主义色彩，已在减退之中”。[209]古典主义者曾经说，如果为圣经所树立的历史可靠性准则，也要在古典研究上加以要求的话，我们对希腊—罗马世界的观点（似乎是并没有问题）就会垮掉了。

那么，新约学者开始回转过来考察的这个耶稣是谁呢？他可能在公元前 4 年左右，出生于希律（Herod）王朝统治下的巴勒斯坦——我们由他出生开始所作的年代推算，几乎可以确定有数年的差距。他在拿撒勒（Nazarth）附近长大，大概是按照当时其他正常犹太人的方式。他受洗于约翰，一位宣告神即将来临的审判而震惊该地区的热诚先知。在他 30 岁出头时，从事教导兼治疗的专业，维持了一到三年的时间，大部分集中在加利利。不久就招致自己一些同胞的敌意和罗马方面的疑心，将他在耶路撒冷郊外钉上了十字架。从确定耶稣生命框架的这些事实，我们转过来看生活在这个框架之内的生活。

就最低限度来说，耶稣是一位有魅力的奇迹施行者，他固守在一直可以回溯到希伯来历史开端的传统内。构成该传统的先知和预言家，担任日常世界与圣灵世界的中介人。他们从圣灵世界获取力量，用来帮助人们及挑战他们的作风。我们将扩大这简略的性格描写，而继续思考下列几点：（1）圣灵世界，耶稣特别以之为指归，并推动了他的职务；（2）他运用由圣灵引导出来的力量，以减轻人的痛苦；（3）他寻求实施的新社会秩序。

“主的圣灵在我身上”，根据路加的说法，耶稣引以赛亚这项声明开始了他的神职，并且说，“今天这一经文已经实现了”。我们必须留意耶稣所经验到的那给予他力量的圣灵，因为如果忽略了这一点，对于他的生命和工作就不会有所了解。

在20世纪已经证明是最耐久的宗教书之一，《宗教经验之种种》中，詹姆士（William James）告诉我们说：“在最广义的说法下，宗教认为有一个看不见的秩序，而我们最高的善就在于跟它的正当关系。”直到最近，现代科技似乎还在怀疑那看不见的存在的真实性；但是依爱丁顿（Eddington）的观察，世界更像是一个心灵而不是一部机器，并且天文物理学家的报告说，宇宙中90%的“物质”都是看不见的，意即它对他们的仪器没有任何冲击，然后科学上的怀疑论才开始平息下来。[210]不过，在此处的论点是，耶稣所属的圣经传统，只能被视为希伯来民族与詹姆士所强调的看不见的秩序之间的一种持续不断而又费神的对话。他们称这个秩序为圣灵（正如《圣经》开始的章节中，圣灵运行在原初的水上来创造世界），觉察到它是极度地活跃，他们就让诸如天使、大天使、有翅小天使和六翅天使居住其中。可是，圣灵的中心乃是雅威（Yahweh）：他们是通过人格来看他：视他为牧人、国王、主、父亲（很少视之为母亲）和情人。虽然圣灵典型地被认为是在地之上——到天堂的梯子的形象乃是惯例——不过这只是强调其不同于、优越于世俗世界。**两者并非空间地隔离，而是在不断地相互作用中**。神行走在伊甸园中，“整个大地充满了神的光辉”，他灿烂地显现。

不仅圣灵不是空间地隔开的，它虽看不见，却可以被感知。往往是它采取主动而作自我宣告。它庄严无比地在西奈山上对摩西宣告，可是它也低声细语向以利亚说话，用狮子的吼声向其他先知们示意，以及在像出埃及这样戏剧性的事件中显露。同时，**人类也可以采取主动与它接触。禁食和独处是这样做的方法**，感到受召唤的犹太人会定期地离开世界的纷扰，通过这些助力与神圣沟通。在这些守夜仪式中，把他们想成是把自己沉浸在圣灵之中是不会错到哪里去的，因为当回到世界中来的时候，他们往往会拿出证据，他们几乎是明显地吸收了什么东西——圣灵及其伴随的力量。

耶稣所处的犹太传统向来就有许多充满圣灵的中介者，这是了解他历史事业的最重要事实。他在这个传统中最接近的先驱就是施洗者约翰；他在为耶稣施洗时，见证了耶稣的精神力量，使他张开了第三只眼（或者如亚洲人所说的精神之眼）看到“诸天打开了，圣灵像一只鸽子般降临在他身上”。既降临下来了，那圣灵“驱策”耶稣进入荒野之中，在那里经过40天祈祷和禁食，他把进入他生命的圣灵体证了。完成之后，他重新进入这个世界，充满了力量。

“**用神的圣灵我驱走魔鬼**。”如果科学不再忽视那些看不见的真实，那么它也会发现那些真实可以是强而有力的，因为实验结果提示：“一立方厘米的空间中所固有的能量，要比所知宇宙中一切物质的能量为大。”[211]无论这特定假设的命运如何，犹太人毫无疑问地接受了圣灵的优越性超过自然。圣经中充满圣灵的人物拥有力量。说他们有魅力是说他们有吸引人注意的力量，但是这只不过是事情的开始而已。他们吸引注意的理由，乃是因为他们拥有的特殊力量。他们“有种东西”正如我们说的——某种一般世人没有的东西。那某种东西乃是圣灵。圣经常常把他们描述为“充满了圣灵的力量”，一种力量，使他们有时影响了事件的自然进程。他们治疗疾病、驱赶魔鬼、偶然会平息风暴、分隔水流、令死者复生。福音书详尽地把这些力量归之于耶稣。一而再地报道说人们朝他聚集，被他施行奇迹的声誉所吸引。“他们给他带来所有的病人或魔鬼附身的人，”我们读到，“全城的人都聚集在他门前。”一位新约学者评述说：“尽管奇迹对于现代心灵构成困难，但在历史的基础上，耶稣是个治疗人和驱魔人，实质上是无可争辩的。”[212]

的确——如同这位新约学者所说的，他原本可以是“那有魅力的犹太治疗人系列中最特殊的人物”，不会吸引当地以外更多的注意。使他超越其时空的乃是，他用那由他而显的圣灵的方式，不只要治疗个人，并且——这乃是他的渴望——更要从他自己的人民开始治疗人类。

“你的国度将在世上来临。”在政治上，耶稣时代犹太人的地位是绝望的。他们在整个世纪的大部分时期都被罗马奴役，除了丧失自由之外，还被征收令人无法忍受的重税。对于他们的困境，当时的反应有四种。撒都该人（Sadducees）一般较为富裕，主张尽量利用不利的情况，使自己去适应希腊化文化和罗马的统治。另外三者的立场则是希望改变。三者全部都承认改变只能通过雅威才能实现，大家都假定犹太人需要做出些什么来激起他的干预。三者中的两个是复兴运动。爱森尼斯人（Essenes）认为世界太腐败了，无法让犹太教在其中复兴自己，因此就脱离出来，退居于财产公有的社区中，专心致力于严格的虔敬生活。而另一方面，法利赛人继续留在社会中，寻求通过严格保守摩西律法，特别是其神圣法典，以恢复犹太教的活力。第四个立场的代表者是指狂热分子，不过值得怀疑的是，他们根本没有什么组织足以担当这个名称。他们感到若没有强大的武力，而想有任何改变是无望的，他们发动了局部性的反抗，而终结于公元66—70年的灾难性的反抗行动，结果是耶路撒冷的圣殿第二次遭到了毁灭。

在这样的政治旋涡中耶稣引进了第五种选择。不同于撒都该人的，他要改变。不同于爱森尼斯人的，他留在世界之中。不像那些主张选择武力的人，他扮演调停人的角色，并且极力主张连敌人也要去爱。与耶稣最接近的是法利赛人，彼此的差别只在强调之不同。法利赛人强调雅威的神圣性，而耶稣则强调雅威的同情心；不过法利赛人或许在起初曾坚持雅威是富于同情心的，而耶稣也坚持雅威是神圣的，最初两者的差异看来是很小的，而现实上要一个单一的宗教来迁就这样的差异性，却证明是大得不能克服了。我们必须了解何以事情是如此。

以理解雅威是庄严的神圣为其基础，法利赛人进一步肯定犹太人对自我理解一般接受的版本。由于雅威本身是神圣的，他也要神圣化这个世界，为了要完成这个目标，他选了犹太人为他播种，因此而成为人类历史中神圣的滩头堡。在西奈山上他制定了一个神圣法典，希伯来人忠实地遵守它，就能成为“教士之国”。雅威给他们的箴言“你们将是神圣的因为我，主！你们的神是神圣的。”变成了法利赛人的口号。乃是由于对遵守神圣法典的疏忽，才把犹太人降低到堕落的境地，唯有全心回到法典上才能把情况转变过来。

这一切耶稣大多是同意的，但神圣纲领中有一项重要的特点他却不能接受：在人民之间所画的分界线。首先是把行为和事物以洁或不洁来分类（比方食物及制作），神圣法典接下来按照他们是否尊重这些不同，而把人分类。结果就是一个被界线分割的社会组织：洁的与不洁的、纯洁的和污损的、神圣的和粗俗的、犹太人和非犹太人、义人和罪人。由于已经断定雅威的中心属性是同情，耶稣视社会的分界线乃是对雅威同情的属性的侮辱。因此他与收税者谈判，与被逐的人和罪人共餐，与妓女谈话交往，被同情心驱使的时候在安息日为人治疗。这一切使得他成为一位社会的先知，挑战着现存秩序的分界，而提倡一种人类社群远景的另一选择。

耶稣乃是根深蒂固的犹太人；同时他却与犹太教处于尖锐的紧张关系中。（吾人会认为这是他犹太性重要的一面，因为再没有一个宗教像犹太教那样地展现出，也大体上鼓励着如此程度的内在批评了。）耶稣看到神圣法典以及其特性，是要用来把犹太人的纯净性提升到远超过他们的邻人之上。不过，他自己与神的面对令他相信，当时实行的那套纯净系统所造成的社会分化，损害了神的怜悯心，而这项怜悯心，法利赛人在原则上也一样是同意的。

要强调问题不是在神的怜悯心这一点上是重要的，问题乃是在神圣法典外围工作所建构的社会制度是否为怜悯的。耶稣认为社会制度并非怜悯的论点，使他与法利赛人不和，可是他的抗议没有成功。但所引起的注意却足以惊动了罗马当权者，使得耶稣被捕而以叛乱罪名处死。

因此“耶稣的子民”的未来就置放在这广大的世界中。基督徒就会及时正面地来看待这个发展了。在他们看来，神对犹太人的启示是太重要了，而不能只限制在单一的民族团体中。耶稣的使命乃是把包裹着犹太教启示的外壳打破，而将那启示向一个预备好了的，以及在等待中的世界释放出来。这样说并非是要取消犹太人继续参与的需要。除非世界重生了，一个教士之国的见证仍然是有重大意义的。

信仰的基督

我们如何从前面所说的历史的“耶稣”之生命和工作，转移到他的追随者所信的以人形现身的神那位“基督”身上？耶稣的门徒在他死之前并没有作出那个结论，不过就算他在世的时候，我们已经能见证到向形成耶稣是神成人这个结论的动力了。在前面的段落中，我们已尝试描写了耶稣生命中的一些事实，现在我们要看他的门徒觉得他是怎样的。在这一方面我们立足于比较踏实的基础上，因为如果福音书在报道历史事实上很少的话，耶稣对他同伴的影响却是显而易见的。我们的陈述将分成三部分：他们看见耶稣做了什么，他们听到他说了什么，以及他们感觉到他是什么。

“**他到处在行善事**。”我们先以耶稣所做的来开始。由早期教会成员书写的福音记载，以惊叹的笔调描述他的作为。在他们书写的篇页中，特别是马可的，充满了奇迹。我们看到这些事件给许多人留下了深刻的印象，不过我们如果把重点放在这里那就错了。因为首先，耶稣并不强调他的奇迹。他从来就不用之作为强迫人们相信他的方法。他曾被引诱要这样做，但是在他施行神职之前，在荒野中的灵魂省察之后，他拒绝了这样的诱惑。几乎所有他的特殊行为，都是远离人群、静静执行并且作为一种信仰力量的证明。而且，当时其他文字也多得是奇迹的记载，但却没有使见证的人把行奇迹者奉为**神**。他们只承认奇迹施行者有不平常的力量。

如果我们把重点放在耶稣的一个门徒所强调的，我们就会对他的行为有较清楚的看法。有一次，在对一群人演说时，彼得觉得有必要把耶稣一生的行为浓缩成简短的范围。他的总结是什么？“他到处在行善事。”（使徒行传10：38）一个简单的墓志铭，却是最动人的一个。在平常人和不能适应社会的人中间，轻松而毫无矫饰地穿梭着，治疗他们，劝告他们，帮助他们从绝望的深渊中解脱出来，耶稣周游四方行善事。他以那般专一的态度和灵验性来行善事，令耶稣身边的人们经常要重新调高对他的估计。他们发现自己在想：如果神圣的善是要以人身来显现其自己的话，就应该是这样的。

“从来没有人像这样说话的。”不过，使耶稣同时代的人以新的尺度来看他的理由，并不单是他的作为，还有他所说的话。

关于耶稣的教义的原创性一直有极大的争论。最持平的看法，可能是卓越的犹太学者克劳斯纳（Joseph Klausner）的。他写道，如果分开来看耶稣的教义，你会发现它们每一项都与旧约及其评注或犹太圣法类似。不过如果你把它整体地来看，它们有一种迫切感，一种炽热的、活泼的品质，一种弃绝的态度，最重要的是，完全没有二流的货色，使得它们令人耳目一新。

耶稣的语言证明了其本身是一桩令人入迷的研究，与其内容可以完全分开。如果伟大宗教文献的标志就是简明扼要以及能分辨什么是紧要的见识，光只这些品质就足以使耶稣的话不朽了。但这还只是开端，耶稣的语言是那些看重平衡论断的聪明人所不能说出的。它们那激情的品质，令一位诗人给耶稣的语言想出一个特别的字，叫做“巨人似的庞大”。如果你的手冒犯了你，把它砍掉；如果你的眼睛阻挡在你和那最好的之间，把它挖出来。耶稣说骆驼穿针眼，说人们专心致志地把蚊蚋由饮料中挑出来，却不在意骆驼队开进了咽喉要道。他描写的人物，眼睛里横着梁木到处走着，却在别人的眼睛里找小木屑。他讲到人们外在生活是堂皇的王陵，而内在生活却散发出腐尸的臭气。这可不是为了修饰效果所用的语言。这语言乃是其信息的一部分，是被迫切感的驱策引发出来的。

耶稣语言第二个吸引人的特征是其邀请性的风格。他并不告诉人们去做什么或去信什么，他邀请人们以不同的角度去“看”事物，相信人们只要这样做，行为也会因之改变。其所要打动的是人们的想象力，而不是他们的理性和意志。如果听众接受了邀请，那么他们所被请去的地方，对于他们来说就必定是看似真的了。因此，由于耶稣的听众最为熟悉的真实，是包含了具体的特殊细节，耶稣就以那些特殊细节来开始。他说到芥子和岩区的土壤、仆人和主人、婚宴和酒。这些细节给予他的教诲一种通向真实世界的韵味；他所谈到的乃是他听众世界的一部分。带领他们到那么远之后，成功地在他们心中引发出一种赞同的动力，耶稣就借着那股动力的跃动而将之作震惊的、破坏性的扭转。“同意的动力”这个词语是重要的，因为其深意是，耶稣并不把他教训的权威设在他本人或远处的神那里，而是设在他听众的心中。我的教训是真实的，他说，并非因为它们出自我，甚或通过我来自神，而是因为（与整个惯例不同）你们自己的心，证实了它们的真理。

那么耶稣使用他那邀请性的、巨人似的庞大语言说了些什么呢？从数量上来说，根据记录的报道并不太多。新约记录的一切在两个小时之内就可以说完。然而他的教训在历史上是被重复得最多次的。“爱你的邻人如爱你自己一般。”“你要人对你做什么，你也要对他们做什么。”“到我这里来，所有劳苦的人和担重担的人，我会给你们休息。”“你该知道真理，而真理必使你自由。”不过，他更多地讲一些我们称之为寓言的故事：讲埋藏的宝藏，讲播种者出去播种，讲珍珠商人，讲为善好施的人，讲一个青年把遗产在一次欢闹中花光，而沦落到在猪群中讨生活，讲一个人有两个儿子的故事。整个世界都对这些知之甚详。人们听到这些故事被感动得惊叹道：“这个人说话有权威……从来没有人像这样说话的！”

他们有理由大为惊讶。如果我们不吃惊，乃是因为我们太常听到耶稣的教训，其锋刃被磨平了，其颠覆性减轻了。如果我们能恢复其原有的冲击的话，我们也会被惊动的。耶稣的语言是美丽的，而表达的却是与世俗相反的价值，说的是“硬性的话”，像地震般地震撼着我们。

他要我们不要对抗邪恶而把另外一边脸转过来让它打；而世界则断定邪恶是我们必须尽其所能来加以对抗的。他告诉我们要爱我们的敌人，并祝福那些诅咒我们的人；而世界则断定朋友是要去爱而敌人是要去恨的。他告诉我们说太阳同样地照耀在义人和不义的人身上；而世界则认为这是不分青红皂白的，它会喜欢看到乌云笼罩着恶人，不高兴恶人没有受到惩罚。他告诉我们，被逐的人和娼妓，会在许多看似正直的人之前进入天国；再次的不公平，世界认为令人尊敬的人应该走在前面。他告诉我们，得救的门是狭窄的；世界则宁可它宽阔一点。他告诉我们要像鸟儿和花一般地无忧无虑。世界则劝告我们要审慎。他告诉我们，有钱人要想进天堂比骆驼穿针眼还难；世界则是爱慕财富的。他告诉我们谦卑的、哭泣的、仁慈的和心中纯洁的人是快乐的人；世界则假定有钱的、有势的和出身好的才是快乐的人。伟大的俄国哲学家别尔加耶夫（Nikolai Berdyaev）说，一阵自由之风通过这些教训吹来，惊骇着世界，而令我们想要用拖延来令它偏斜转向——还不要，还不要！威尔斯（H. G. Wells）显然是对的：要不就是这个人有点疯狂，要不就是我们的心还太小装不下他的信息。

我们必须再回头去看这些教义说了什么。从他口中说出的一切形成了聚光玻璃面，把人的觉识聚集在生命中两个最重要的事实上：**神**对人势不可挡的爱，以及需要人接受那个爱并借着他们这爱向别人流去。在体验到**神**对人那无限的爱上，耶稣乃是犹太教真正的孩子；我们所看到他的不同之处，只是在不让放逐后期的神圣法典阻挠了**神**的慈爱。正如牧羊人不顾99只羊，而去追回那一只走失的羊的故事，耶稣一而再地想要传达**神**对每一个人绝对的爱。要了解这个爱并让它渗透入人的骨髓，就必要以唯一可能的方式来回应——对**神**恩典的奇妙，作深刻而完全的感激。

要想明白耶稣对人应该如何生活的非凡训诫，唯一方法就是要视它们是出自于这样一个信念：**神**绝对地爱人，而从不去考虑人值不值得。如果人们有需要，我们就把斗篷和大衣给他们。何以如此呢？因为**神**给了我们所需的。我们要陪同别人走下一里路。又为什么呢？因为我们知道，深刻地、不可抵挡地，**神**要我们生下来就得走更长远的路。何以我们应该不单是要爱我们的朋友还要爱我们的敌人，并且还要为迫害我们的人祈祷呢？“这样就可以做你们天父的儿子；因为他叫日头照好人，也照歹人，降雨给义人，也给不义的人……所以你们要完美，像你们的天父是完美的一样。”（马太福音 5：45，48）我们说他的伦理是完美主义的——这是给“不切实际”的一个礼貌的字眼——因为它要求我们毫无保留地去爱。**但是耶稣回答，我们之所以认为那样做不切实际的原因，是因为我们没有体验到，从神那里流到我们这里来的永恒而无限的爱。**如果我们的确体验到的话，问题仍然会出现。有限数量的斗篷和大衣要如何分配给数不清的有需要的人呢？如果罪行的对象是别人而不是我自己，我还是不去抗拒任由罪行去施虐别人吗？耶稣并没有提供一定的规则来避免困难的选择。他所争辩的是对伦理问题所应该采取的立场。我们能在事前说明的是，当我们面对一个纷乱世界的要求时，我们应该对我们的邻人有所回应——在我们能够预见行为的结果范围内，向所有的邻人回应——不是按照我们判断他们应得多少的比例，而是要按照他们需要的比例。对我们个人的损失则应该毫不计较。

我们已经谈到耶稣做了什么以及他说了什么。如果不是因为这第三个因素：他是什么？光是做了什么、说了什么都还不足以使他的门徒下结论说他是神。

“我们见过他的荣光。”“在世界上，”陀斯妥耶夫斯基写道，“只有一个绝对美丽的人物：基督。那个无限可爱的人是……一个无限的奇人。”

当然，耶稣的教训最令人印象深刻的，不是他教导了这些教训，而是他看来真的在实行。从我们所有的报道看来，他的整个生命表现是谦卑、自我给予和不为自己的爱。他谦卑的最高证明在于，我们找不到耶稣究竟如何想他自己。他关心的是人们如何想神——**神**的本性以及**神**对他们生命的意愿。不错，我们从其中也可以间接得知一些有关耶稣的自我形象；不过，明显的是，他把自己定为次于**神**。“为什么你们称我是善的，难道你们不知道只有神才是善的吗？”读了耶稣有关无我的说话，是不可能不感受到耶稣自己是多么的不自傲。诚意也是一样。他在这个题目上所说的，只能出自一个生命不被欺骗蒙蔽的人之口。真理对他就好似空气一样。

福音篇章中的耶稣脱颖而出，是一位有力量和正直的人，正如某人说的，只除了他是完美的这一点奇特之外，完全没有什么奇特之处。他喜欢人，人也因而喜欢他。他们爱他，热烈地爱他，并且众多人爱他。不仅是因为他够魅力而被他吸引，也同时因为他们感受到他内在的慈爱而受到吸引，他们围着他，成群聚集在他周围，跟随着他。他站立在加利利海边，他们靠得好近，最后他只好从船上向他们说话。他白天出去，好几千人聚集着，误了午饭，直到突然间发现他们没有吃东西。人们回应着耶稣，他也同样地回应他们。耶稣感觉到他们的呼吁，不论他们是富的或是穷的、年轻的或年老的、圣人或罪人。我们已经看到他不顾社会习俗树立于人与人之间的界线。耶稣爱孩子。他恨不公正，因为它会伤害他温柔地称之为“我这兄弟中最小的一个”（马太福音 25：40）。他最恨伪善，因为它把人自己隐藏起来，而隔断了耶稣想建立的关系的真实性。最终似乎对那些最知道他的人来说，这儿是一位已经消失了自我的人，让他的生命那么完全置放于**神**的意志之下，使耶稣与**神**的意志合一。到了一个地步，他们觉得当看着耶稣时，他们是在看着类似**神**以人形现身的某种东西。这就是早期教会那抒情的呼声背后的东西：“我们见过他的荣光……充充满满的有恩典有真理。”（约翰福音 1：14）多少世纪之后，莎士比亚用这样的话说：

有人说从来没有一个季节
像庆祝我们的救世主的诞生那般，
破晓的鸟儿整夜不停地唱着；
接着，他们说，没有精灵能走出国门；
夜晚是整全的，没有行星碰撞，
没有童话，也没有女巫能施魔法，
如此神圣、恩典的时刻。

终结与开始

耶稣在地上的神职终止的方式，是每个人都知道的。经过几个月与他的人民相处在一起并教导他们之后，他就被钉上了十字架。

那很可能就此结束了整个故事。历史上有好多梦想家提出了各种方案，但这些人后来都过世了，就此销声匿迹了。可是，在耶稣这一事例上，却还只是开始。在极短的时间之内，他的门徒就在宣扬他们那复活的主之福音了。

我们对于耶稣钉死十字架上之后所知的细节太少，而很难正确地知道究竟发生了什么；能确定的是，他的门徒相信死亡不能拥有他。他们传话说，在复活节星期日他“向他们现身”，正如他们在他神职期间所认识的那样，不过却是以一种新的方式。但又无法决定那新的方式到底是什么；有些记录暗示了肉身存在——吃东西，以及触摸他侧边的伤口——而其他的记录则比较是视觉所见的，有人说他穿过关上了的门。各样的报道一五一十地全数都被那些相信耶稣复活的门徒记录了下来，明白指出耶稣并非只是恢复了原先的肉身；复活并不是回生。反之，是进入另一种模式的存在，一种有时看得见，但通常看不见的模式。很清楚的是，耶稣的跟随者开始以一种新的方式体验到他，即是体验到他具有神的品质。他现在在任何地方都为人所知，而不只是在他现身时才为人所知。

信仰耶稣的复活就产生了教会以及基督神学。要掌握此一信仰的力量，我们必须了解它不单只关注一个有价值的人的命运。其主张最终延伸到善在宇宙中的地位，坚持善是最强大的。如果十字架就是终结，耶稣所体现的善将会是美丽的，但是有多少意义呢？一朵柔弱的花朵飘浮在急流的河水中，很快就要被撞击得粉碎——如果真实无法挣得，没有力量供其使用，善会有多大意义？复活让十字架安置了耶稣的善，而倒转了宇宙的位置。不再是柔弱的，门徒在他那里所经验到的慈爱是强大的；耶稣的善战胜了一切，甚至于战胜了那似乎是万物终结的死亡自身。**“坟墓，你的胜利在哪里？死亡，你的刺在哪里？”**

这个信息进入地中海世界，并最后接管了它；这其中的过程乃是我们接着要讨论的。

佳音

由于相信耶稣这位被人钉死而名誉扫地的领袖继续活着，十二个仓皇失措的门徒转变成为人类历史上最有活力的一个团体。我们读到火舌降落在他们身上的说法。那正是注定了要燃烧地中海世界的一把火。原先不会说话的人却能滔滔不绝地讲起来。他们在整个希腊及罗马世界中爆发开来，宣扬以后称之为福音的教义，不过如果按字义翻译，应该称之为佳音。他们开始于耶路撒冷的一个顶楼，凭着无比的热情传播着他们的信息，使得在耶稣同时的那一代，它就已在该地区的每一主要城市中生了根。

这将西方历史像枯枝般折断的佳音到底是什么呢？——它进入纪元前及纪元后，并在整个基督教会中留下影响。是不是耶稣的伦理教训呢——黄金法则？登山宝训？完全不是。我们已经指明，耶稣的每一教训都已出现在当时已有的文献中。保罗的书信扼要说明了早期教会所关心的事务，他知道耶稣所教的是什么，但是几乎从来都不引述它。显然地，使保罗归化的佳音，并不是耶稣的伦理戒律，甚至也不是耶稣如何在生命中体现这些戒律的方式。那是一种非常不同的东西。

这另外的一种东西可以通过一个象征来加以探讨。如果我们生活在基督纪元早期的东部地中海附近，我们可能会留意到涂在墙边和房子上，或涂在地上的一条鱼的粗糙外形。不过就算我们在几处地方看到了，我们或许也会把它当作是无关痛痒的涂鸦或胡写乱画，因为这一带主要是海港城市，渔业是日常生活的一部分。不过，如果我们是基督徒的话，就会视这些绘画是佳音的图徽。鱼头向我们指出当地基督团体召开秘密集会的地点。因为在那些充满地下墓窟和斗兽场的年代里，基督徒如果被认出来，就是可能被掷给狮子咬死或被火烧死，因此基督徒被迫使用比十字架更隐蔽的符号。鱼是他们喜爱的符号之一，因为鱼的希腊字也是希腊语“耶稣基督，**神**之子，救世主”这三个字的头一个字母所合成的。这就是佳音，扼要地展现在一条普通鱼的粗糙轮廓上。

但是这个词语：“耶稣基督，**神**之子，救世主”本身的意思是什么？那些伴着它长大的人可能对答案知之甚详。不过，对那些最先说出这个词语的人，它的意义是什么，我们的工作就是走到这一词语巨大的历史背后去尝试说明。因为整个随后的基督教之历史，就从那些人对其意义的了解上产生出来。

在这样做时，我们很容易立即投入观念、定义和神学中，不过用另一种方法比较聪明。观念在生命中是重要的，但是就其本身而言，它们很少提供出发点。它们是出自事实和经验，脱离了这个土壤，就会像连根拔起的树那样失去了生命。除非我们能清楚看到它试图说明的经验，否则会发现十分难以了解基督教的神学。

最先听到耶稣门徒宣扬福音的人，对他们所见到的正如对他们所听到的同样留下了深刻的印象。他们看到生命被转化了——男男女女除了似乎找到了生活的秘密之外，在每一方面他们都是平常人。他们表现出一种平静、单纯和欢乐，是听者在别处所没见过的。这些人似乎成功地创造了一桩每个人都想成就的事业——那生命自身的事业。

特别说来，他们的生命充满了两项品质。其中之一是相互的关切。留传至今最早一份教外人对基督徒的观察是：“看这些基督徒如何彼此相爱。”与这种相互的关切结合在一起的乃是完全没有社会界线；正如一位新约学者的说法，是一种“平等的门徒情谊”。[213] 这是一群男男女女，他们不仅说在**神**的面前人人平等，而且也如他们所认真相信地那样生活。习俗上的种族、性别和身份的界线对他们来说不算一回事，因为在基督那里是没有犹太人或非犹太人、男或女、奴隶或自由人的。结果，尽管在功能和社会地位上有所不同，他们的团契却标志着一种真正平等的意识。

席勒必克斯（E. Schillebeeckx）告诉我们，“在耶稣面前觉得悲哀，是实际上的不可能”，[214]这把我们带到早期基督徒表现的第二项品质上。耶稣有一次告诉他的跟随者说，他的教诲最终“是要叫我的喜乐存在你们心里，并叫你们的喜乐可以满足”（约翰福音 15：11），而且在相当程度上那个目标看起来已经实现了。外人觉得这是难以理解的。这些散处在各地的基督徒人数并不多。他们既不富裕也没有权势。如果要说的话，他们面对的困难远较一般的男女为多。然而，在他们的考验当中，他们已经掌握了一种内在的宁静，表现于那看来是洋溢的喜乐中。或者发光是个比较适当的字眼。发光几乎不是用来描述一般宗教生命的字眼，但是再也没有比之更适当的字眼，可以用在这些早期的基督徒身上了。保罗是一个例子。他是一个被人取笑的人，从一个镇被驱赶到另一个镇，船沉掉了、被关进牢里、背被鞭子打得满是伤痕。然而却是一个经常在嘴上发出欢乐颂赞的生命：“说不出的喜乐和充满了荣耀。”“感谢那赐给我们胜利的**神**。”“为了**神**赐予无法描述的礼物感谢他。”这些早期基督徒的喜乐是说不出的。正如以弗所书第五章所指出的，他们歌颂并非出自习惯，而是出自他们直接经验到那压抑不住的满溢。生命对他们来说已经不再是一件要应付的事了。它乃是辨认清楚了的荣耀。

在这些早期基督徒身上，是什么使其产生出这样的爱和喜乐出来呢？这些素质本身是普遍地为人所欲的；问题是如何得到它们。就我们从新约的记录中所能够收集的资料看来，其解释是，有三项令人不可忍受的重担，突然间戏剧性地从他们肩膀上移走了。其中第一项是恐惧，包括恐惧死亡。我们以荣格（Carl Jung）的话说，他还从来没有遇到过一个40 岁以上的病人，其问题不是根源于惧怕死亡的趋近。基督徒之所以不受狮子的恐吓，甚至在进入斗兽场还歌唱着的原因，乃是因为耶稣的劝导“不必怕，因为我与你们同在”，对他们产生了作用。

他们得到解除的第二项重担是内疚。理性主义者认为内疚是一件正在消去的现象，但是心理学家不同意。不论是公认的或是被压制的，某种程度的内疚，看来是建构在人的生存状态中，因为没有人能够完全无愧于他或她的理想。不仅是我们不能完全按照良心来对待别人；我们也让自己的才能未曾发挥出来，任由机会溜走而辜负了自己。在白天我们还能控制那悔恨之情，但是在夜晚不能安枕的时刻里，它就来造访：

……那重新上演的割裂的剧痛
你所有做过，和曾经是的一切；
那耻辱
最近所揭露出来的动机，以及觉察到的
做糟了的事以及伤害别人的事，你一度将之当作是德行的实践。

（艾略特 T. S. Eliot，“Little Gidding”）

未经解脱的内疚降低创造力。在其最尖锐的状态下，能变成一股结束生命的自责的愤怒。保罗在他没有解除内疚之前就曾感到它的力量：“我真是苦啊！谁能救我脱离这取死的身体呢?”（罗马人书 7：24）

基督徒所经验到的第三项解除乃是从自我局限的约束中解脱出来。没有理由推测说，这些男女在获得新生命之前，比旁人更为自我中心，但是这对他们来说已足以知道自己的爱是十分狭窄的。他们知道“加在人类身上的诅咒就是：去爱而且有时候爱得很好，但是却永远也不够好”。[215]现在这个诅咒戏剧性地被解除了。

不难看出从内疚、恐惧和自我解脱出来会感觉像是重生一样。如果有人能把我们从这些令人丧失斗志的障碍中解放出来，我们也会叫那个人救世主的。不过这只是把我们的问题推后一步。基督徒如何从这些重担中解脱出来的？而这样一个现在已经死去名叫耶稣的人，与这样的解脱过程有什么关系，能使得他们将之归功于他的所为呢？

唯一能造成转化我们所描述状态的力量就是爱。一直要到 20 世纪才发现，锁在原子之内的乃是太阳自身的能量。但是，要解放这股力量，必须从外面将原子爆破。因此，封锁在每一个人里面的是那分享了**神**的爱的贮藏——有时候称之为**神**的形象。也只有通过爆破才能加以启动它，在这一情况下就是爱的爆破。过程开始于婴儿期，母亲主动的单方面爱的微笑唤醒了婴儿的爱，当协调能力发展出来之后，就引生了回应的微笑。过程持续到儿童时期。一个可爱的人不是通过告诫、规则和威胁产生的。只有在爱向儿童施予时，才能使爱在他们身上生根——开始于也最重要地来自生养的父母。从个体发生学上来说，爱是一种回应的现象。字义上来说是一种反应。

一件真实的事件可以帮助说明这一点：

他是美国中西部一所小学院中的一名缺乏自信的大学新生，一天早晨他崇拜的一位讲师上课时说："昨天晚上我读到记忆中最有意义的句子。"当他开始念给学生听的时候，那男孩的心跳到喉头上来了，因为他所听到的正是前一星期他交出去的论文中的话。他讲述这件事："在那一个钟点里我不记得其他的事了，可是当钟声唤回了我的意识时，我永远也不会忘记那感觉。那是正午，而十月从来就没有那么美丽过。我简直欣喜若狂。如果当时有人向我要任何东西，我都会高兴地给他，因为我什么都不要。我只渴望向那已经给了我那么多的世界付出。"

如果一个年轻人只不过因为一个人对他表示了兴趣，就会发现自己改变到这种地步，那就不难想象，早期基督徒如果知道他们为神所爱，会给他们带来多大的改变了。在此想象力可能会不灵光，不过推理却未必没有用。因为如果我们也感觉到被爱，不是抽象地或原则上地，而是活生生地亲身地，被一位结合一切力量和完美的**神**所爱，那经验可以永久地溶解了我们的恐惧、内疚和自我关切。正如克尔凯郭尔说的，如果现在或未来的任何时刻，我都确定未曾发生或不会发生任何事情，来将我们与"无限者"无限的爱分离，那就会是喜乐的原因了。

神的爱恰正是最初的基督徒所感觉到的。他们经验到了耶稣的爱，而且相信耶稣是**神**的化身。那爱一旦到达了他们那里就不能停止。溶化了那恐惧、内疚和自我的障碍，它朝基督徒涌来有如他们是水闸一般，把他们到目前为止所感受到的爱扩大到他人身上，直到那在程度上不同的爱变成了不同类别爱的一项新品质，世界后来称之为基督的爱就诞生了。习俗上的爱是由被爱者的可爱品质所引发出来的，但是人们从基督那里所遭遇到的爱却包括了罪人和被遗弃的人、乐善好施的人和敌人。它施予，并非考虑要得到回报，而是因为施予是其本性。保罗在哥林多前书第13章中著名的有关基督之爱的描写，我们不应将之理解为保罗好像是在评论我们已经熟悉的一种态度。他的话是指耶稣基督这个特别的人的属性。它以古典的美丽的词语描述了那种神圣的爱，**保罗相信基督徒一旦经验到了基督对他们的爱，就会对他人反映出来**。读者应该把保罗的话，当作是在定义一种新的能耐，这种能耐唯有基督以“肉身”全部实现了，而保罗第一次描述到它。

爱是恒久忍耐；爱是恩慈；爱是不嫉妒不自夸不张狂。不坚持己见；不轻易发怒；不喜欢不义，只喜欢真理。凡事包容、凡事相信、凡事盼望、凡事忍耐。爱是永不止息。

（哥林多前书，13：4—8）

最早的基督徒发现了这爱，也看到它真正进入他们生命中的事实，感到如此惊奇，使得他们必须在描述它时求助于别人说的话。保罗在结束最早记录的一篇论“福音”的讲道时，他描述这个爱，是借用了一个先知代替**神**说的话：“你们这轻慢的人要观看、要惊奇忘了自己；因为在你们的时代，我行一件事，虽有人告诉你们，你们总是不信。”（使徒行传13：41）

基督的奥体

最早的基督徒把佳音传遍了整个地中海世界，他们并不感觉自己是孤独的。他们即使不聚在一起也不是孤单的，因为他们相信耶稣作为一种具体的、活动的力量存在于他们之间。他们记得他说过：“有两三个人奉我的名聚会，那里就有我在他们中间。”（马太福音18：20）因此，当他们同时代的人用浑名称呼他们为基督徒（Christ - ians 文字上的意思是弥赛亚人们，因为他们相信耶稣是先知们预告的救世主），他们开始称呼自己是Ekklesia，一个希腊语，字义是“大声喊叫”或“唤醒”。选择这样的名称，指出了早期基督徒团体并非他们自以为是的一个自助社会。它并非是一个一群好意的人聚集在一起互相鼓励做善事，通过集体的力量来提升自己的人的团体。由人类分子组成，但却是通过基督的力量——也就是说**神**的——现身在其中来推动，虽然基督的现身现在是精神的而肉眼不再能看到。

门徒完全信服了这一点，他们走出去占有一个他们相信**神**已经为他们占有了的世界。因为他们所感受到的强烈共同身份而令脑海中有形象出现。其中的一个来自基督本人："我是藤，你们是枝。"这显然是一个隐喻，除非我们能看到早期教会所解读的正确意思，我们就会忽略它的力量。正如一种物质的东西通过藤，流进枝、叶和果实把生命带给它们，一种精神的东西，亦即圣灵，也从复活了的基督流进他的信徒，用爱的力量使他们产生善行的果实。（早期的基督徒认为圣灵是基督/**神**在世上力量的呈现。到了第 4 四世纪，那个呈现就有了它自己在精神上的身份，而被认定是三位一体的**神**中的第三位，与圣父和圣子基督共实体与共永恒。）这就是耶稣的信徒，解读基督自己关于这件事的说明的方式："我是真藤〔葡萄树〕……〔你们〕要常在我里面，我也常在你们里面。枝子若不常在葡萄树上，自己就不能结果子。你们若不常在我里面，也是这样。"（约翰福音 15：1，4）

圣保罗把基督的形象拿过来，用人的身体而不用葡萄树来象征教会。这保留了葡萄树是提供生命到各部分的主要生命体形象，而同时容许枝叶之间有颇大的差异性。虽然个别基督徒在任务和才能上，可能会如眼睛和脚那样地不同，但保罗辩说，大家都由同一源泉提供了生命。"正如我们一个身子上有好些肢体，我们这许多人，在基督里成为一身，也是如此。"——基督和教会在此是同义词（罗马人书 12：4—5）。

这对于早期的基督徒来说，似乎是他们共同生命完全适当的形象。教会乃是基督的**奥体**（神秘之身）。此处神秘的意思是超自然和不可思议的，但却并非不真实。基督的人形离开了尘世，但是他通过一个新的身体——他的教会，来继续他未完成的使命，他仍然是头。这个**奥体**通过圣灵的活泼力量在耶路撒冷五旬节（又译圣灵降临节，是耶稣复活后的第50日）的“顶楼”内产生的。因为“灵魂之对于人之身”，圣奥古斯丁写道，“如同圣灵之对于基督之身，而基督之身就是教会”。

如果基督是这身体的头而圣灵是其灵魂，个别的基督徒就是其细胞，起初只有少数，在身体成长时会增加。一个有机体的细胞不是孤立的；它们从其主人周身的活力中吸取生命，而同时对那份活力有所贡献。这个类比是准确的。基督徒崇拜的目的是说那些话，做那些事，来保持**奥体**的生气活泼，而同时把个别的细胞，亦即灵魂，向流入**奥体**的活力打开。这种交流简直是把基督徒合并到基督之人身中，因为在一种重要意义下，现在基督就是教会。在任何一位基督徒身上，神圣生命可能完全或部分通畅，或完全不通畅，那要按照他或她的信仰是否充满活力的、敷衍塞责的或叛教的而定，而后者的情况则与瘫痪差不多。有的细胞甚至可能变成癌细胞而转过来为害它们的主人——这些就是保罗提到的落入丑行中，给教会招来恶名的基督徒。按照成员的基督式健康状态程度，圣灵的脉搏就会在他们周身循环。这就把基督徒彼此结合在一起，而同时把他们放在与基督本人最亲近的可想象的关系中。“岂不知你们的身子是基督的肢体吗?”（哥林多前书6：15）“现在活着的，不再是我，乃是基督在我里面活着。”（加拉太书2：20）

建立在这早期教会的概念上，基督徒把教会想成有双层的面向。就它包含了那寓于人们之中，并为他们充满了恩典和爱的基督和圣灵而言，它是完美的。就它包含了可能堕落的人的成员而言，它永远无法是完美的。[216]教会的尘世面目永远是要遭受批评的。但是它的错误，基督徒认为，乃是因为教会是通过人的素材来为它工作的。

除了基督之身以外，在什么意义下可以得救的问题，基督徒有不同的意见。有些新教的自由派完全不接受基督教的历史主张说“教会之外没有得救”，而认为那是宗教帝国主义的表示。另一个极端是，坚持只有那些有意和正式成为基督徒的人才会得救的原教旨主义者。不过，其他的基督徒，在看得见的教会和看不见的教会之间作出区分，来回答这个问题。看得见的教会是由那些正式作为尘世机构的教会分子组成。教皇庇护九世反对以看得见的教会之教徒为得救的必要条件，说出了大多数基督徒的意见。“关于我们神圣的宗教，有些人受制于无法克服的无知，这些人，”他说：

遵守自然法以及神写在每人心中的指令，随时准备好服从他，以可敬而正直的方式过活，以神的光和恩典帮助他们，最后也能够得到永生。因为神，他清楚地看得到，寻找出，并且认识一切人的心智、感情、思想和气质，以他的伟大的善和怜悯，无论如何不会令任何不是有意犯错的人，受到永恒痛苦的处罚。

此项声明，明显地许可那些不可见的教会成员之得救。[217]在可见的教会之外，是那不可见的教会，这个不可见的教会，包括了各种信仰的人，他们尽力追随的是他们具有的灵光。大多数的基督徒继续肯定，在教会的这第二种意义下，离开了它就没有得救。他们大多数更会增加他们的信念，认为通过可见到的教会之神圣生命脉搏，比通过任何其他机构为强。因为他们与邓尼（John Donne）在他有关耶稣复活的十四行诗中，用诗歌所表达的思想是一致的，他说基督：

当他躺下整个是金，但是起立时全是色泽……

邓尼所指的乃是炼金术士，其最终希望不是要找到一种制金的方法，而是一种色泽，一碰到它，所有的贱金属都能变成金子。一个基督徒乃是找不到任何色泽可与基督相比的人。

教会的心灵

首先受到耶稣吸引的并不是门徒的心灵。我们已经看到，可以说是他们的经验——生活在一个人面前的经验，他无私的爱、透明的喜乐以及超自然的力量一齐同时来的方式，令他的门徒觉得有如神圣的奥秘。

不过，要基督徒会感到有需要了解这个奥秘，好对自己与他人解释，只不过是时间问题而已。基督教的神学诞生了，自此之后教会是头也同时是心。

被迫要在这简短的概述中有所取舍，我们将讨论限制在基督教的三个最有特色的教义：道成肉身、赎罪和三位一体。单单这些教义的名字就预告了我们的讨论将会是神学的，因此在进一步讨论之前，我们应该对这一门学问说几句话。现代心灵对心理学和伦理学的兴趣远大于神学和形而上学。这意思是，人们包括基督徒在内，倾向于比较欣赏耶稣的道德教诲，而不是圣保罗的神学论辩。即使他们可能根本不在乎是否去遵守登山宝训来生活，但至少还是尊重它。可是像我们即将讨论的那些学说，就算可信，也似乎是单调沉闷到时而令人厌烦。基至新约学者，有时也掉进这样的情绪中，企图在“耶稣的宗教”和“关于耶稣的宗教”之间、在耶稣直率的伦理学和保罗盘旋的神学之间、在作为人的耶稣和宇宙的基督之间，画上清楚的界线，可以说在每一情况下都强烈的暗示，认为前者是比较高贵的。

尽管事实上连学者都可能屈从于主张宗教的本质是伦理学的看法，但这个看法却是错误的。高级的宗教永远包括了去实现正直生命的召唤，但是它的眼光主要并不放在那召唤上。信仰的注意力，是集中在那推动道德前进的某种对实在的视象上，道德几乎常常是一种副产品。**宗教起始于经验**；“信仰、仪式以及精神上的经验，而最伟大的乃是最后一项。”[218]因为所经验的事物是看不见的，当心灵试图去想象看不见的事物时，它就产生象征符号。可是符号是含糊不清的，因此最后心灵就引进思想来解决符号的含糊性，而把他们的直觉加以系统化。把这一系列倒转过来阅读，我们就可以把神学定义成：系统化有关宗教经验所产生的符号的意义。基督教信条是基督教神学的基础，是基督徒要系统性地了解那改变了他们生命的事件，所作出最早的努力。

我们可以从道成肉身的教义来开始，它是经过了好几个世纪才得以适当地加以定位的。它主张**神**在基督那里以人身出现，它确认基督是神/人；同时是全神和全人。说这样的论点是吊诡似乎太厚道了，它看起来倒像是一个露骨的矛盾。如果教旨主张基督是半人半神，或说他在某些方面是神而在其他方面是人，我们的心灵还不会受挫折。但是这样的让步却正是教条所拒绝答应的。用卡尔西唐的教条的话来说，耶稣基督是“同时在神性上是完全的，也在人性上是完全的，真正的神和真正的人……就其神性而言其本质与父为一，而同时就其人性而言，其本质与我们为一，各方面来说，除了罪以外，都与我们一样”。

教会一直都承认这样的主张是含糊的；问题在，这是否为这个问题的定论。其实，我们可以对科学问同样的问题。尖端物理学的反常现象使得霍尔丹（Haldane）发出他有名的抱怨说：“宇宙不仅比我们所猜测的怪异，而且还比我们所能猜测的怪异。”似乎不只在一个领域上，真实对逻辑来说可以是太奇怪了而不能理解。而在逻辑与证据互相冲突的地方，似乎坚持证据的处理法是稳健的，因为这样做有通向更广的逻辑的前景，而相反的处理，就关闭了新发现的大门。

至于基督徒说基督同时是人和神这种逻辑上有麻烦的断定是根据证据的说法，这种证据我们当然是指宗教经验——也就是灵魂对有关终极存在的直觉。那种证据是无法明白表达出来去强迫人承认的。因为它不是建立在感官报道上。不过如果我们尝试，至少能够找到基督徒所追随经验的线索的提示。当康斯坦丁大帝在公元325年召开了尼西亚会议来决定基督究竟是与神同体或只是类似体，三百名主教和他们的随员从帝国各处，兴奋到发狂地赶来。那必是一幅奇怪的景象，因为他们曾遭受到宗教迫害，以致其中许多人没有了眼球、脸孔变形了、双腿扭曲了、瘫痪了。显然地，他们的讨论所牵涉的应该不止是辩论而已。

尼西亚的决定是基督“与天父是同体”，这对于耶稣和神两者都有所主张。首先注意其有关耶稣的初步主张。在“神”这个字所具有的许多可能意义中，再也没有比“把自己毫无保留地给予”更为重要了。说耶稣是神，教会在说的事情之一，是指用耶稣完美的生命作为人安排自己生命的模范。不过一味盲目模仿耶稣生命的细节却永远都不是创造性的，但是就基督的爱、他的自由以及他生命日常的美而言，我们都能够在自己生命内找到其真实的对应，由此把自己朝向神提升，因为基督生命的那些品质是真正神圣的。

这一切都非常明显。但是当我们更深地进入道成肉身的教义时，我们必须准备好面对意外。

首先，虽然基督教宣布的道成肉身——一个神人——在当时正如对现在的我们一样是令人震惊的，但原因却各有不同。因为我们发现“一个人能够是神”这种想法令人困扰，我们发现道成肉身之所以令人震惊，是它说耶稣是神。但是在当时，人与神之间的分界线不是绝对的，连皇帝也经常声称自己是神圣的，一个在挣扎中的教派，声称其肇始人是神圣的并不令人诧异。还有什么新奇的呢？相反的方面才是大家共同要反驳的。

在基督教的信息中，声称耶稣道成肉身是有新闻价值的。即是说，它宣告**神**愿意以人的生命形式出现在世上，亦即以耶稣生命所示范的样子。这种神性有别于地中海区一直以来所知的理解。基督教的看法是**神**关心人类，愿意代替人类受苦。这是前所未闻的，以至于反而产生了不信，继之以惊慌。在受到威胁的保守者的眼光中，这是对**神**的亵渎。再加上基督教极端平等主义的社会观点，更使人们有理由要迫害这一新支派并予以铲除。基督徒觉察到他们神学的新颖处，在于每当提及**神**，他们便必须指出“我主耶稣基督的**神**和父”这一个事实。

至于说，道成肉身对基督的意义是什么？在这里我们又惊讶地发现，基督教的教条并不浪费口舌在耶稣的神性上，反而假定最主要的工作是辩护耶稣的全幅人性。这一点就要把原因联系到我们方才所说的宗教背景，就是在希腊罗马有关神人偶然的重叠的理解——有许多奥林匹克诸神，半人、半神。基督教的耶稣并不适应于此一框架中。我们已经看到在他的神/人重叠并不是一种妥协——有点人性、有点神性。它乃是两种全然相反的结合：绝对的神性重叠于完全的人性。教会的经验是，耶稣的神性非常快速地被移到他的人性之前。教会担心，耶稣完全的人性反而有危险会从他们的掌握中溜走，于是教会首要的信条就是表示确定耶稣的人性。

我信仰神万能的父，创造天地；信仰我主耶稣基督，由圣灵怀胎，处女玛利亚所生，在彼拉多治下受苦，被钉上十字架，死了，被埋葬……

这一使徒信条多么不在意地触及基督的神性呀！早在公元第2世纪，这一点就已经是没有争议的了，它是大家接受的。使徒信条的负担在于，我们已经用罗马拼音写出来的，坚持基督同样是人。他真的被生出来，它说；他真的受苦，他真的死了并且被埋葬了。这些事件并不只是假装的，说神只是通过这一顺序假意地与人的情况有所接触，这一看法日后被批判为基督幻影说的异端邪说。基督，正如我们一样，充分地忍受了作为人的经验。他是“真正的人”。

是不是真的呢？是真的，
这一切故事中最为惊人的故事……
说神是在巴勒斯坦的那个人
今天，就活在面包和酒里面。

（约翰·贝杰曼，Christmun）

不难看出何以（宁可招致重大的逻辑困扰）教会感到需要保持基督的人性。一座桥梁必须接触两岸，**基督乃是把人联结到神的桥梁**。“**神变成人，使得人可以成为神**。”这是依雷纳斯（Irenaeus）的说法。说基督是人而不是神，就会否定了他的生命是完美的模范，同时也承认有另外的模式可能一样好。说他是神而不是人，就会否定他的榜样是有充分相干性；对神可能是一个合理的标准而对人就不是了。基督徒本可放松其中一项主张使之合乎逻辑，而代价却是背叛了他们核心的经验。

转过来看赎罪的教义，我们知道其字根的意思是和解，恢复完整或一如。基督徒相信，基督的生死在神和人之间造成了前所未有的接近。用圣保罗的话来说：“这就是神在基督里，叫世人与自己和好。”（哥林多后书5：19）两个暗喻主宰着教会对这一事件的了解。其一是法律上的：由于自愿地不守**神**的命令，吃了伊甸园的禁果，亚当犯了罪。由于他的罪是违背了**神**，在比例上它乃是无限大的。罪必须得到补偿，否则**神**的公正就受到了损害。一件无限大的罪要求无限大的补偿，而这只能通过**神**来代替承认我们的罪，并付出它所要求的最终处罚——死亡。**神**通过基督的人身作出补偿，债务就被消解了。

当心灵有一种不同的倾向——特别是在中世纪——这种对赎罪的了解就有分量，但是基督王国对此一题旨有主要暗喻，是指从枷锁中释放出来。基督把人由之释放出来的枷锁是罪，意思就是说我们没有选择，只有去应付这讨厌的问题。

我们一开始就注意“罪”这个字虽然通常是用复数，因此是指一连串的罪行和规则被破坏了的特别行为，或许是十诫所指的那些事，而基督徒却在其单数的“罪”上找到某种更深刻的东西：从**神**那里断开或疏远了。这乃是心的错置；我们的爱心失调。奥古斯丁以一种正面的情怀说出这一点，“爱〔**神**〕并做你所意欲的。”当对那全体或对那普遍的善有着全心全意的爱时，意志自然就要那善而无须规则。而大多数的事情却不是如此；只考虑我们自己，就会破坏了我们对他人的爱。然而我们并不真的十分喜欢我们自己。我们的心受到某种更大的东西所吸引，超出自我的狭窄局限。

因此那把我们囚禁的枷锁乃是对我们自己的执著；在醒时尾随着恐惧和内疚。换句话说，我们的枷锁乃是我们的疏远、我们的罪或分离，乃是不全部参与在神圣生命的结果。排除在这样的参与之外的感觉并不好。保罗首先坦率诚实的看到这一点并承认，他说：我感到悲惨。囚犯常常如此。他们的悲惨大部分是出于自身的无助；在定义上他们无法释放自己。因此保罗继续道：“我不做我要做的，却去做我恨的事情”（罗马人书 14：15）他承认他被诱陷了，这一觉悟令他发出我们已经引过的绝望的呼声，“谁会将我从这死亡的身体中解救出来?”（罗马人书 14：24）无论用什么话，这乃是每一个酗酒的人一再重复的呼声。如果是有解救的话，它必来自外面，或更好，是来自上面——一个更高的力量。基督教的见证是作出解救的力量，把自我恢复到其存在基础上的，是基督。吾人可以同样地说是**神**，不过基督徒补充说在这个例子中**神**的目的是由基督来完成的。

第三项我们所要考虑的基督教基本教义是三位一体。它主张神是充足圆满的；同时神也是三。后一半的主张令犹太人和穆斯林怀疑基督教是不是真正的一神论者，不过基督徒自信他们是的。正如水、冰和蒸气只是 H_2O 处于液体、固体和气体状态，却保留着其化学的同一性。

是什么使基督徒持这种神是“三在一之中”的非典型的观点呢？正如基督教总是建筑在经验基础上，这种想法也是一样的。三位一体的神学学说到第4世纪才定下来，但是它所抓牢的经验却是早期教会的；的确，它们产生于那教会。作为完全成长了的犹太人，耶稣的门徒毫无疑问地肯认了雅威。但是正如我们所看到的，他们渐渐视耶稣为雅威在世上的延伸，而当他的生命和使命愈见生动的时候，他们开始在神圣的范围之内给予他的人格一个特殊的领域。这意思是说在他们的宗教形象中，他们现在能直接或通过圣子来理解神，虽然事实上两者是那么紧密地联结在一起，其结果是一样的。接着就是五旬节带来第三次的降临。当他们聚在一处时，

> 忽然从天上有响声下来好像一阵大风吹过，充满了他们所坐的房子。又有舌头如火焰显现出来，分开落在他们各人头上。他们就圣灵充满。
>
> （使徒行传2：1—4）

世俗的心灵会说门徒最先实体化这种经验，把它转变成一件事物——圣灵，然后将那实体人格化，因之产生了三位一体的第三位，但是信徒们会反对这种解释的。耶稣可能没有说过“父就另外赐给你们一位保惠师，叫他永远与你们同在，就是真理的圣灵”；这项确认是在最后完成的约翰福音中记载的，因此是有争议性的。可是如果这些归之于耶稣之口说出，是因为它们反应出了门徒对五旬节经验的理解。他们被说服在那儿所见证到的，乃是这戏剧性到来加入了这神圣集会的圣灵第三位。

这就是门徒如何被带到他们对**神**在三位位格中的理解上来；不过一旦那个理解得到定位，他们就将之投射回到最初始。如果神圣的“三角”现在有三“边”了，它必然永远都是有三边的。子与圣灵的确在本原上，并非时间性地是从父那里来的。三者从一开始就是在一起的；因为他们认识了神性中的多重性之后，基督徒就不能再把神想成是完全没有多重性的了。我们已经留意到其他两种亚伯拉罕的宗教，犹太教和伊斯兰教，就反对这样的神学，可是基督徒却喜欢它。因为他们说，**爱是一种关系，而爱如果没有他者来爱是不完全的**。那么，如果爱并非只是神的属性之一而是神的本质——可能基督教在历史中的使命就正是去主张这一点——**神**没有了关系就不会真正的是**神**，在“**神**从创立世界以前”（以弗所书1：4）通过三位一体的神的三个“位格”彼此相爱而达到要求。“**神**是三个神人的团体，是那么完全地相知相爱，不仅互相间缺其一即无法存在，且在某种奥秘之下亦互为彼此。”一位神学家曾经写道。[219]尼西亚信经是这样说的：

> 我们信仰一神全能的父……
> 和一个主耶稣基督，神唯一的儿子……
> 和圣灵，主，生命的施予者……
> 它与父与子一齐
> 受到崇拜和荣耀。

罗马天主教

我们一直把基督教作为一个整体在谈。这并不是说每一个基督徒都会对我们所说的一切同意。基督教是那么一个复杂的现象，有关它任何重要性的说法，都是很难得到所有基督徒的同意的。然而，至少在实质上，是要寻求对基督徒共同主张的观点作出一番解释。

当我们从迄今一直在谈论的早期基督教，转到今天的基督王国中来的时候，我们发现教会分成了三大支派。罗马天主教集中在罗马梵蒂冈并由之传播出去，一般而言，它支配了中欧和南欧、爱尔兰以及南美洲。东正教在希腊、斯拉夫国家、独联体部分国家皆有其主要影响力。新教则支配着北欧、英格兰、苏格兰和北美洲。

直到公元 313 年，教会都在罗马官方宗教的迫害中挣扎求存。在那一年它得到合法的承认，而与帝国中的其他宗教享受相同的权利。在世纪结束之前，380 年，它变成了罗马帝国的国教。除了几次次要的分裂，诸如景教之外，它继续保持为一个统一的团体直到 1014 年。这意思是说教会大约有一半的历史都在实质上维持了一个机构。不过，**1054 年，它的第一次大分裂发生了**，是在东部的东正教会与西部的罗马天主教会之间。分裂的原因很复杂——地理、文化、语言和政治以及宗教都牵涉到——不过我们无意在此详述。我们所关切的，是下一个大分裂，发生在西方教会第 16 世纪的新教改革。新教主义顺着四个主要的路线走——浸信教徒、路德教徒、加尔文教徒和圣公会教徒——他们自己最近的统计数字显示，单在美国就再分成超过九百个派别之多。目前，泛基督教运动把这些派别中的某些派别又结合了起来。以这些极少的事实我们就着手我们真正的关注，即是试图去了解基督王国三大宗派的中心观点。先从罗马天主教会开始，我们必须限定在可能是了解此一宗派最重要的两个概念：教会作为宣教的权威，以及教会作为圣礼的媒介。

教会作为宣教的权威。首先，教会作为宣教的权威。此一概念由下列前提开始，**神**以耶稣基督之人身来到地上教导人们得救之道——教他们要如何在这个世界上生活，才能继承下一世的永恒生命。如果这是真的，如果他的教训的确是得救之门，并且如果打开这道门是他何以来到地上的主要原因之一，那么就不太可能说，他只为他那一代人将门打开一半。难道他不要他的救世教训继续提供给世界吗？

读者们可能会同意，不过会补充说：“他的教训我们不是已经有了吗——在圣经中？”可是，这就有了解释的问题。美国的宪法是一部相当明确的文献，但若没有高等法院的权威来解释它的话，社会生活就会混乱。《圣经》也是一样。任由个人去解释，结果必然会产生混乱。没有教会作为宣教权威的指导，圣经研究必定会令不同的学生得到不同的结论，就算是最重要的题目亦然。由于对同样的问题提供选择性的答案，其影响是使人无法坚定地去相信任何一种，这样的处理方法就会减弱基督教的信仰。

让我们举一个特殊的例子来说明。离婚是道德的吗？的确，在一个如此重要的问题上，任何宗教都要给它的信徒良心的指导，都可能被期盼它会有一个一定的看法。可是如果我们试图从《圣经》来直接吸取那看法的话呢？马可福音（10：11）告诉我们："凡休妻另娶的，就是犯了奸淫。"路加福音（16：18）同意这个看法。可是马太福音（5：32）加上了一项保留："除非是为了淫乱的缘故。"基督徒要怎样想呢？究竟马太经文有多少可能性曾经被窜改过了吗？没有错的一方可不可以再结婚呢？

如果我们的指导只是《圣经》和个人良心的话，上面的问题只是许多必然是永远悬而未决的例子之一。基督是由处女所生的吗？他的身体死后升天了吗？第四福音是可靠的吗？如果没有一个确定的上诉法庭，道德和神学上的解体似乎是必然的了。正是为了避免这样的解体，基督才建立了教会，作为他在世上持续的代表，使得有一个完全称职的权威，在对生死攸关的事情上，在真理和错误之间作出裁决。唯有如此，经文上"死的字母"才能通过人格神活的本能来继续重恢复生气。就是这些话的意思被认为是出于耶稣之口："我告诉你，你是彼得，我要把我的教会建造在这磐石上……我要把天国的钥匙给你。凡你在地上所捆绑的，在天上也要捆绑。凡你在地上所释放的，在天上也要释放。"（马太 16：18—19）

最终，这种教会作为宣教权威的观念，就形成了教皇不谬性的观念。每一个国家都有其统治者，他可以是皇帝、国王或总统。而教会地上之首是教皇，是罗马天主教管区内圣彼得的继承者。教皇不谬性的教义声明，当主教正式对信仰或道德这类问题发言时，**神**支持他反抗错误。

这项教义常常被误解，因此我们必须强调不谬性是一种严格地有限制的礼物。它并不断定教皇具有非凡的智力，并不是说神帮助他去知道每一个可能问题的答案。显然地，它也并不是说天主教徒一定要接受教皇在政治上的观点。教皇可以犯错误，可以犯罪，他所主张的科学或历史意见可以是错的，他可以写出内容有误的书来。只有在信仰和道德的领域里，他是不谬的，就算在这两个领域上，也只有在作为教会最高导师和施法者正式发言，及界定一项所有成员都应遵守的教义的时候才是不谬的。对于信仰和道德的问题他和专家顾问谨慎研究之后，教会才带着答案出现——在这类少有的情况下，严格地说不是一个答案，它就是唯一的答案。因为在这类情况下，圣灵会保护他使之免于错误的可能性。这些答案构成了教会的不谬教训，且对罗马天主教徒有约束力。

教会作为圣礼的媒介。罗马天主教的第二个中心观念，是教会作为圣礼的媒介观念。这乃是教会作为宣教权威观念的辅助。知道我们应该做什么是一回事；能够去做却完全是另外一回事，这就是何以有圣礼的需要。教会对这两方面的问题都提供帮助。它指出我们应该如何生活的方式，并给予我们力量去实行。

第二项礼物正如第一项一样的重要。基督号召他的门徒在慈爱和服务上，要远超过一般人来生活。没有人会说这是容易的。可是，天主教徒坚持，除非我们明白若没有帮助这种生命根本不可能，否则就始终还没有正视我们的情况。因为基督唤起众人的是超自然的生命，在严格意义上是与人天生的本能相反的。光靠人自身的努力，人是不能超越人性而活的，正好像大象不能过理性的生活一样。因此，需要帮助。教会，作为**神**在地上的代表，是提供帮助的代理者，而圣礼乃是执行的手段。

公元 12 世纪以来，罗马天主教会的圣礼数目被固定为七项。它们与人生命中伟大的时刻和需要，有惊人的对应。人们出生、长大、结婚或完全把自己献身于某种生命目标，然后死亡。而同时，当他们误入歧途时就必须重新纳入社会中，而且他们必须要吃。圣礼提供了这些自然事体在精神上的对应物。由于出生把小孩带到自然世界中，施洗（把**神**第一项特殊的恩典植于其灵魂之中）把婴儿引进到超自然的存在秩序中。

当孩子长大到理性的年纪，需要增进其成熟的反省和负责的行为时，就要受坚信礼。通常在一个成人与另一位伴侣以神圣婚姻结合时，就到了人生庄严的时刻。或者在加入圣职时，他或她把自己整个的生命供奉给**神**。在生命结束的时候行病人的圣礼（涂油礼），闭上尘世的眼睛，为灵魂的最后旅程作准备。

同时两个圣礼需要经常重复地做。其一是重归于好（告解）。由于天性，人无法不犯错而离开了正道。这些错失使我们有必要追随一定的步骤，通过它们让人回到人的社群和教会团体中来。教会教导人说，如果一个人在一个**神**的代表、一位教士面前对**神**悔罪，并且真诚忏悔，决心改过，他就会得到宽恕。**神**的宽恕要靠罪人的忏悔和真正的决心，可是教士并没有可靠的方法来决定其真假。如果忏悔者欺骗他或她自己以及教士，其所宣布的赦罪就不能运作。

天主教会的中心圣礼是弥撒，也称为圣餐礼，或主的晚餐。弥撒这个词出自拉丁文 missa，乃是动词“派遣”的一个形式。古代的礼拜仪式包含有两次遣散，一次是为那些对基督教有兴趣却没有受洗的，受洗礼是在领圣餐礼之前的，第二次乃是为正式通过入会的基督徒。由于弥撒是在这两次遣散之间的，这个仪式最先称之为 missa，后来按照音译，就成了弥撒了。

弥撒的中心特征是重演基督最后的晚餐，在那次晚餐中，他给了门徒面包和酒，他说，“这是我为你们而流的血”。对于天主教的圣礼概念来说，如果把它想成是一种纪念，教士和圣餐接受者通过它由象征性的记忆想起了基督的榜样而提升了他们的士气，那么这种想法是错误的。弥撒真的从**神**那里把他的精神力量输送给人的灵魂。一般而言，所有的圣礼都是如此，而对于弥撒更是如此。因为天主教会教导说，在圣饼和圣杯中，圣面包和圣酒，基督的人身和血是真实地呈现的。他们认为他的话：“这是我的身体……这是我的血。”明显是说这个意思。因此，当一个教士说出这些献祭的话，它们在面包和酒上所引起的变化并非只是意义而已。面包和酒事后可能看起来没有什么不同，分析它们也并没有起化学变化。用技术语言来说它们的“偶然性质”依旧，可是它们的

“实体”却转化了。我们可以说圣餐乘载了**神**的恩典有如船乘载了它的乘客一样，而其他的圣礼所传达的恩典就如同一封信所传达的意思一样。要信有意义，除了纸和墨迹之外，还需要智力；同样，在圣餐礼以外的其他圣礼之中，除了圣礼的工具之外还有必要加上神的力量。在弥撒中，精神的滋养的确是来自圣餐的面包和酒的。对于基督徒的精神生命而言，领圣餐吃它的面包和酒完全是像肉体生命要吃食物一样重要。张开嘴来吃生命的面包，圣弗兰西（Saint Francis de Sales）写道：

满心的信仰、希望与爱，接受他，在他那里、由他那里并且为了他，你相信、希望与爱……想象自己如蜜蜂般采集花朵上天堂的露水以及地上最好的琼浆，把它们化成蜂蜜带进她的蜂窝中，教士也是如此，从圣坛上取之于世界的救主，神真正的儿子，他如露水般从天堂下降，又是处女所生的真正的儿子，他如花朵般从我们人性的土地开出来，把他当作美食放进你的口中和你的体内。[220]

这种**神**在弥撒的面包和酒中的人身之出现，使得它与其他的圣礼格外的不同，却没有破坏那结合全部圣礼的共同连锁。每一项圣礼都是工具，**神**通过基督的奥体，真实地向人的灵魂灌输超自然的力量，使他们能在这个世界中活下去，以及在未来的世界中可以得到永生。

天主教徒视基督在他对门徒结束的任务中，明显地把教会圣礼的代理功能与宣教权威联结在一起。“所以你们要去，使万民作我的门徒，奉圣父圣子圣灵之名，给他们施洗。凡我所吩咐你们的，都教训他们遵守，我就常与你们同在，直到世界的末了。”（马太 28：19—20）

东正教

东正教会，今天大约有两亿五千万名信徒，于公元 1054 年正式脱离罗马天主教会，它们彼此指摘对方应负破裂的责任。东正教包括了阿尔巴尼亚、保加利亚、格鲁吉亚、希腊、罗马尼亚、俄罗斯、塞尔比亚和西奈的教会。虽然这些教会每一个都是自己治理，而在不同程度上它们又是彼此沟通的，它们的成员首先视自己为属于东正教会，其次才属于其中的特殊分会。

在大多方面东正教会是很接近罗马天主教的，因为他们大半部历史都由一个教会构成。他们遵守同样的七项圣礼，基本上完全像罗马教会一样地解释它们。在宣教权威上，虽有些不同，不过纵使如此，其前提也是相同的，若由人私自解释的话，基督教信仰就会分散成有争论性的主张和大量的不确定说法。教会的职责就是要确保这种情况不至于发生，而神使它能这样做；圣灵保住了教会的正式说法不会犯错误。这些都与罗马相同。不同的有两点。其一与程度有关。东正教会认为要全体意见一致的问题上，其数量比罗马教会少。原则上只有在经文上提到的问题才够得上资格，那就是说教会可以解释教义却不可以创始它们。

实际上，教会在实行她作为解释者的特权只有在七次大公会议（基督教各地代表共同讨论解释教义的大会）上，全部都是在公元787年之前召开的。也就是说东正教会认定，虽然一个基督徒必须相信的条款是明确的，但它们的数目比较起来是并不多，严格地说，大公会议所达到的全部决议，都包含在教条本身之中；除此之外没有需要对这类事件如炼狱、赦罪、童贞怀胎说或圣母升天等宣布成为教条，其中最后一项圣母升天由东正教引进，在实际上却没有把它宣布为教条。天主教徒则正面地看待这些教条，视之为教义的发展，而东正教徒则视它们为“创新”。把这种不同概括一下，我们可以说拉丁教会强调基督教教义的发展，而希腊教会则强调其延续性，主张教会在大公会议之外并不需要去运用它的宣教权威。加入了这项区别之中的，还涉及被称为“教诲权威”者，因为东方的经验没有像波洛纳（Bologna）和巴黎杰出的大学中心这样的特征。当我们要找形象来体现罗马天主教，我们就想到中世纪。对于东正教的相应形象就是教父。

在另一方面，东正教对其宣教权威角色的了解，不同于西方的是对于达致教条的手段。正如我们已经了解的，罗马教会主张，在最后的分析下它们是通过教皇而来，乃是圣灵保住了教皇宣布的决定不会有错误。东正教没有教皇——如果我们要具体化两个教会的区别，就在这一点上。取而代之的是——它主张神的真理是通过“教会的良心”透露出来，而用这样的词语来指一般基督徒的一致性。当然，这一致性是需要加以集中的，这就是基督教会的会议权责了。当教会所有的主教聚集在大公会议上，他们集体的判决就建立了神的真理于不变的碑铭上。[221]说圣灵保住了他们的决定是不错的，但是对于东正教的精神来说，圣灵保持基督徒的心灵作为一个整体，令之不至于陷入错误会更为正确，因为主教们的决定所做的，只不过是把基督徒的思想集中起来罢了。

这就把我们带到东正教的一个特殊重点上来了。因为在许多方面它是介于罗马天主教和新教之间，很难在其中找到清楚的特征；不过如果我们要挑出两点（就像我们概说罗马天主教时一样）来的话，其中之一就是对教会特别团体的观点。

对全体基督徒共通的是，视教会为基督的奥体。正如同身体的各部分在共同福祉或病痛上是结合在一起的一样，基督徒的生命也是互相关联的。所有的基督徒都接受他们是“互相的成员”的教义；但是程度如何却是十分难以决定的，可以说东正教比罗马天主教或新教更认真地采取这样的看法。个别的基督徒配合着教会的其他成员做出他或她的救赎，而不是个别地去拯救一个个分离的灵魂。俄国东正教支派有一个说法大意是：**“一个人可能单独地被诅咒，但却只能与别人一起得救。”**而东正教更进一步，它认真地看待圣保罗的论调，把整个宇宙等着赎罪说成是：“在呻吟和阵痛中”。不仅个人的命运与整个教会结合在一起；它也有责任帮助把整个自然和历史的世界奉献给神。在创造中的一切事物的福祉，都在某种程度上受到每个个人的贡献或损坏的影响。

虽然这种强烈的团体感觉最重要的结果是方才说的精神方面的——降低把一己的得救放在一切其他事物之前的那种“神圣的自私性”的重要性——这个概念在另外两个十分实际的方面表现了出来，其一我们已经留意到了。在认同教会宣教权威与作为基督徒的整体良心上——“人们的良心就是教会的良心”——东正教坚持圣灵的真理，普遍地通过基督徒的心灵扩散，都是“基督心灵”的细胞，通过它们集体地运作着。

这个主张的另一面是有关行政的。罗马教会的行政是公认了的有等级性的，而东正教会把它的决定基础比较置于俗人之上。例如，教会会众在选择教士时有较多的发言权。罗马教会可能会辩说这样做会把俗世的机构与教士的混淆了；可是东正教强烈的集团感觉令她再度相信，就算下达到教会行政的实际问题上，**神**的指令一般是超过罗马传统所许可地更散布在基督徒之间的。教士有其不可侵犯的领域，即圣礼的实施；但是那个领域之外分隔教士和俗人的界线是不太明显的。教士不需要独身。甚至东正教会的挂名首脑，君士坦丁堡教长也不过是“平等众生之首”，而俗人则被称之为“皇家教士身份”。

在讲述亚洲的宗教时，有人说，比起西方来，它较重视联合而少重视个性；印度教就是最好的例子，它把“与绝对合一”作为其主要的目标。如果这大概是不错的话就有助于解释：何以基督教最东方的支派，是最强调教会的集团性质，包括其教会成员在教会中的平等（相对于天主教），以及他们的团结一致（相对于新教）。[222]也可能因为它地处欧洲的边缘，而较少被现代和西方镀金，因而比较接近早期的基督教。不过我们将不去探讨这一可能性，而去看它的地理环境可能孕育出的第二个特殊的重点——密契主义，其与亚洲的方式是有共鸣的。

正如我们研究过的所有宗教一样，基督教相信真实是由两个领域组成，自然的和超自然的。人死了之后，人的生命就全部地转换到超自然的领域中。可是就算在现世中，也并不与之隔绝。举个例说，圣礼，如我们所了解的，就是一种令超自然的恩典可以提供给人们处身现世状态的渠道。

这是所有基督教派都会讲的。当我们问：在尘世中，基督教计划应该试图参与多少超自然的生命时，差异就来了。罗马天主教主张三位一体寓于每一位基督徒的灵魂之内，可是它的呈现通常是感觉不到的。通过祈祷和忏悔的生活，使个人可能接受一种特殊的礼物，三位一体得以展示其呈现，而追求者得以提升到一种神秘的狂喜状态。但是因为人没有权利进入这样的状态中，那种状态的性质乃完全是**神**的恩典和礼物，罗马教会既不鼓励也不反对人们去培养它。东正教比较活跃地鼓励神秘的生命。自很早时期以来，当安提俄克和亚历山大里亚附近的沙漠满都是追求启示的隐士时，神秘的事业在其生命中占据较显著的位置。由于超自然世界与感官世界整个地相交渗透，一般来说，去发展直接经验**神**呈现的荣耀的能力，应该是基督徒生命的一部分。

鱼腾跃而起来，寻海洋
鹰一飞冲天，找大气
试问运行不已的星星
有没有你在那边的风声？
不是在运转体系黯淡的地方，
我们麻木了的想象在飞翔，
翅膀的漂流，我们才会听到，
在我们自己泥土封闭的门上的拍打声。
天使们留在他们古老的位置上；
只需翻动一块石头，展动一翼；
是你，是你那些疏离的面孔
没有看到光芒灿烂的东西。

（弗朗西斯·汤普森，“神的国度”）

甚至对于俗人来说，神秘主义也是一个实际的计划。每一个生命的目的都应该是与**神**联合——通过神恩、真正的神化达到共享“神圣生活”的地步，这种以共享为可能的教义在希腊字就是 theosis。当我们的命运是创造性地进入到三位一体的生命中，受无休止地周流在圣父、圣子和圣灵之间，朝向这个目标的活动，应该是每一个基督徒生命的一部分。因为只有在趋近越来越参与三位一体时，我们才能用我们整体的感情、灵魂和心灵去爱**神**，并且爱人如己。奥秘的神恩朝每一个人开放着，而使个人的生命成为向荣光的朝拜是义不容辞的责任。

新 教

招致罗马天主教和后来称之为新教的基督教之间的分裂，其原因是复杂的，而且仍在争论中。政治经济问题、民族主义、文艺复兴的个人主义以及日益关注教会职权滥用，都是一部分原因。但是，它们并不能掩盖一项事实，就是其基本原因是宗教的，也就是在罗马天主教和新教之间的基督教观点的差异。由于我们此处所关注的是观念而不是历史，我们将不再对新教改革的原因多说什么。相反的，我们将满足于把16世纪发生的一系列事件——路德、加尔文、九十五条论纲、窝姆斯的会议、亨利八世、奥格斯堡和平（译注：1521年马丁·路德在窝姆斯为他的观点提出辩护，结果被逐出教会。1530年梅伦克敦[Philipp Melanchthon]在奥格斯堡为路德撰文加以声援，未获接纳）——作为一个庞大的队伍。西方教会整全地进入那队伍；出来的时候成了两段。更正确地说，它冒出来成为好几段，因为新教并不是一个教会而毋宁说是多个教会的运动。

今天在新教最深刻的差异并不是名称上的；它们的重点乃是横跨各种支派，而往往结合在同一个人身上：原教旨主义者、保守的福音派、主流派、魅力派以及社会行动派。在这简短的概观中我们不去讨论这些出之于晚近的差异。相反地，不去重复其信仰和实践的大部分，那是它与天主教与东正教共同的。新教（原意为反对派或抗议派）的立场与其说是反对的或抗议的，毋宁说是更为基督教的。我们在这里讨论两项重大而持久的主题就够了。其一是“因信称义”，其二是新教的原则。

信仰。信仰，在新教的概念中，并不单是指“相信”，亦即一种接受认为确定的知识却并没有建立在证据之上。它乃是一种整个自我的回应，以布鲁纳的话来说，“整个人格的一项整合的行为。”因此，它的确包含了心灵同意的活动——特别是坚信**神**有无限而无所不在的创造力——可是这还不是它的全部。真正的信仰必须同时包括在爱和信任的感情活动，以及意欲成为**神**救赎之爱的工具的意志活动中。当新教说，人被称为义——意思是，与他们的存在基础及他们的伙伴恢复正当关系——乃是要通过信仰；即是说如此的恢复，需要在心灵上、意志上和感情上，所有三方面的整个自我的活动。罗马天主教的神学家们现在也逐渐以同样方式来了解信仰，这乃是我们这时代泛基督教运动力量的标志。

在如此定义下，信仰乃是一种私人的现象。“正确的相信”或“健全的学说”可以是第二手地或大多是机械地被接受，可是修行和爱却不能。那原先是哲学家或神学家所假设的**神**，通过信仰回应他，就变成了为着我的**神**，也就是我的**神**。正如路德所说：“**每一个人都必须去做他自己之所信，就如同他必须要行他自己的死亡一样**。”

要感受新教所强调的，信仰是整个自我回应的力量，我们需要视它为一种对宗教例行公事的激烈驳斥。路德之抗议赎罪券——认为可以帮助购买者缩短在炼狱中的时间——只不过是这一更广泛抗议中的一个象征罢了，它伸展到了多个方向上去。无论多少宗教仪式，多少善行的记录，相信了多少教义的手册，也不能保证个人得以到达他或她所意欲的状态。这类的事情对于基督徒生命不是不相干的；不过除非它们帮助转化了信仰者的心，否则它们就是不够的。这才是新教徒呐喊的意义，“只可因信称义。”它并不是说教条或圣礼不重要。它的意思是除非这些是伴随着**神**的爱的经验，以及对**神**回报的爱，否则它们是不够的。善行也是一样。新教的立场并不是说善行不重要。它的意思是，充分去了解善行乃是信仰的相关物而不只是其前奏。如果一个人真的有信仰，善行会自然地流露出来[223]，可是反过来却不一定；那就是说，善行并不必然导致信仰。保罗和路德之所以在很大程度上被驱策去对信仰作出强调，乃因为一连串可敬的善行被顽强地执行了，却并没有成功地转化他们的心。

在这里我们需要再度引用儿童在家中的类比，它非常直接地说到人的宗教性方面。在儿童身体的需要已经满足或正在被满足时，孩子更需要的是，那包围他们的爱和双亲的接受。一般而言，保罗、路德和新教徒在一生中都说了关于人类的相类似的话。由于他们始终在面对力量时容易受伤害，故其一生的需要是去认清一点，就是：他们基本的环境，亦即他们所自来以及要回去的存在基础，是支持他们而不是反对他们的。如果他们能够深刻明白并且真正感觉到这一点，那么他们就不再会有求安全的根本焦虑了。这就是何以，**正如被爱的孩子是合作的孩子，神在男人或女人生命中唤醒了那信仰回应的，就是那个真正能爱他人的人。**钥匙是在这里面的。对神的善有信仰，其他一切重要的东西都会随之而来。没有它，什么东西也不能产生。

新教的原则。新教另一个支配性的看法后来被称之为新教的原则。以哲学的方式来说，它反对把相对的事物绝对化。以神学的方式来说，它反对偶像崇拜。

意思是这样的。人的效忠属于**神**——这一点一切宗教（或许有术语的差异）都会肯定的。不过，**神**是超越自然和历史的。**神**并非要撇开这些，可是**神**不能等同于两者之一或它们的任何部分，因为世界是有限的，**神**却是无限的。这些真理，所有伟大的宗教都是同意的。然而，它们是很难保留在心灵中的硬性真理；其硬性的程度使得人们不断让它溜走，而把**神**与他们能见到或触及或至少比无限更能概念化的东西等同起来。最早他们把神等同于雕像，直到先知——在这一点上可以说是第一批“新教徒”或抗议者——起来谴责他们的转换，称他们可怜的代替品为偶像，或“空有形式的小东西”。后来，人们不再神化木头或石块了，但这并不是说偶像崇拜就此结束了。正当俗世把国家、自我或人的智力绝对化之际，基督徒则堕落到把教条、圣礼、教会、圣经或个人的宗教经验绝对化。如果以为新教贬低这些或怀疑**神**牵涉在其中，那就是严重地判断错误了。不过，它的确坚称它们没有一件是**神**。它们全都牵涉在历史中，都包含了人的一些东西，因为人永远是不完美的，这些工具在某种程度上也是不完美的。只要它们超越自己指向**神**，它们就可以是无价的。但若任由它们其中之一去自称是绝对的或要求人们对它毫无保留的忠顺——也就是说自称是**神**——它就变成像恶魔一般了。因为，按照传统，这就是恶魔：至高的天使不甘于做第二，决心要做第一。

奉至高的**神**之名，他超越了一切有限存在的限制和曲解，因此，对于凡是人所声称的绝对真理或终极性都必须加以拒绝。有一些例子会显示这项原则在施行上的意义。新教徒无法接受教皇不谬性的教条，因为这牵涉到对意见永远不能批评，而意见是通过人的心灵在引导的，是永远（新教的看法）不能完全避免限制和部分的错误的。教条和宣告可以去相信；它们可以全部地、全心地被相信，但是把它们置放在有清洗作用之交叉火网的挑战和批评之外，就是把有限的某种东西绝对化——把“空有形式的小东西”抬高到单独保留给**神**的位置上。

新教徒认为偶像崇拜的例子并不只限于其他派别或宗教。新教徒承认把相对性的东西绝对化是普遍的现象；如同在其他地方一样也发生在他们之间，使新教自身需要不断的自我批评和革新。主要的新教偶像崇拜一直是圣经崇拜。新教徒的确相信**神**通过圣经向人们说话，这与其他方式不一样。但是把它抬高成是超越批评的一部书——坚称其每个字都是直接出自**神**而不含有历史的、科学的以及其他的不确定性，又是忘记了**神**的话在进入世界时必须通过人的心灵说出来。另一个在新教中普通的偶像崇拜的例子是，把个人私下的宗教经验神化。它坚持信仰必须是活的经验，往往令其成员假定任何生动的经验必然是圣灵的作用。情况可能是如此，不过同样的，经验永远也不会是纯粹的精神。精神必须借人为载体来表现，那意思又再度是，整体永远是组合性的。

拒绝所有这一类的绝对物，新教企图坚持其对第一诫的信仰，“除了我之外你不可有别的神”（出埃及记20：3）。此禁令含有一项否定，而对于很多人来说新教徒这个字也带有很明显的否定音调。难道一个新教徒不是一个抗议某些事情的人吗？我们已经看到的确是如此，**新教徒乃是那些真正不停地抗议，那用任何次于神的东西来篡夺神的位置的人**。不过新教的原则也可以正面地表达出来，如果要使它的全幅重要性得以发挥就应该如是表达：它反对偶像崇拜因为要见证**神**在人生命中有最高主权。

但是**神**如何进入人的生命中呢？坚持**神**不能与这实质的、可见的世界中任何事物等同，令人处于**神**的海洋中不知如何是好。无疑地**神**在我们四周；但是为了得以进入人的觉识之中，神性需要浓缩和集中。

对于新教徒，这就是《圣经》能崭露头角之处了。在其记录神通过以色列、通过基督以及通过早期教会做工作的记录中，我们发现了**神**伟大善行最清楚的图画，以及人如何在与**神**的契约关系中找到了新生命。在这个意义下对于新教徒来说，《圣经》是终极的。但是要小心留意在什么意义之下是如此。乃是在当人以真正开放和渴求之心来阅读这一**神**恩典的记录的意义下，**神**站在神性和人性之间的最高交汇点上，《圣经》是终极的。在那儿，比世上时空中任何其他地方，更能令人不单以他们的心灵，更以他们整个的存在，可能捕捉到有关**神**本身以及**神**与他们生命的关系的真理，没有任何由宗教会议、学者或神学家作出的解释能够代替或等同它。**神**的话语必须直接与每个个体灵魂说话。正是这一点，解说了新教何以强调《圣经》是作为**神**有生命的话语。

难道这样的基督教概念不是输送着危险吗？新教徒马上就承认的确如此。首先，是有误释**神**的话的危险。如果，正如新教徒所坚持的，人的一切事物都是不完美的，那么随之而来的，每一个人对神的看法不单必然是有限的，而且可能会是十分错误的吗？的确如此。新教不仅承认这一点，它还坚持这一点。不过由于事实刚好如此，承认它并且让圣灵通过对其他心灵做引导来改正之，是远比让基督王国背负那假扮成终极而事实上只是有限的东西好多了。正如耶稣自己说的："我还有好些事要告诉你们，但你们现在担当不了。只等真理的圣灵来了，他会引导你们进入一切的真理。"（约翰福音 16：12）把最后的忠诚只献给超越的**神**，还有一个非常重要的原因，就是要保持未来是开放的。

另一项危险是，基督徒会从《圣经》中推出不同的真理。单单在美国就有九百多个新教的派别，证明了这个危险不但存在，而且可以想象出它会趋向完全的个人主义。新教承认这一点，不过有三项补充。

第一，新教的分歧不如其数百个派别那么大，大多数或者更应该称之为分支。其人数少得不足道。其实，85% 的新教徒都属于 12 个派别。试想新教在原则上肯定信仰自由，那么新教徒还能在许可分歧之余保持着相当大程度的统一，才真是奇迹呢。

第二，新教徒的区分，反映了欧洲不同的民族根源，或美国的不同社会群体，甚于他们不同的神学主张。

不过第三点却是最重要的。谁说分歧是坏的呢？人就是不同，历史情况也能引起影响生命的差异，而必须认真对待；“新的情况教导人新的责任。”新教徒相信生命和历史是太过于流动性，以至于无法只许可**神**的赎罪之声被封闭在单一的形式中，无论它是教义性质的或是机构性质的。他们关注着基督“身体”的破碎性，而采取步骤去修补那些已经不再有意义的差异；这就是所谓的泛基督教运动，这是颇具活力的运动。不过他们不相信大家应该彼此拥在一起，只是为了来取暖。聚在一起的舒适，不应该产生机构让**神**的不断启示的生动性格受到限制。“圣灵随着意思吹。”（约翰福音 3：8）

那么，新教徒承认他们的看法是充满着危险的——当个人内向地（有时似乎是处于可怕的孤独中）努力去决定，到底他们是否正确听到**神**的意志时，这是不确定的危险；当基督徒发觉他们自己不同地理解着**神**的意志时，这是教会分立的危险。但是他们接受这些危险，因为危险归危险，他们宁取这不安定的自由，而舍教义或机构的安全，并且就算后者在朝**神**仰望时，也仍然是可能犯错误的。最后，正是他们的信仰，使他们免于为这些负担而气馁。**有人问路德，如果教会驱逐了他，他将立于何处时，据说路德回答道：“天空底下。”**

第九章
原初宗教

本书已经探讨过几种主要的历史宗教了。历史的宗教有神圣的经典以及一个由建构与发展累积成的传统。中世纪的基督教并不完全是使徒的教会，正如新儒家不完全是其创始者所教授的儒家一样，虽然在这两种情况中都能看出很强的连续性。

历史的宗教现在几乎覆盖了整个大地，可是以编年的角度来看，它们只是宗教冰山的一角；因为与在它们之前大约为时已有三百万年的宗教比起来，它们只有四千年。在那么漫长的时间里，人们以一种十分不同的模式实行着他们的宗教，这种模式必然也明显塑造了他们的感性。我们称他们的宗教模式为原初的，因为它最早出现，不过有时我们又会称它是部落的，因为它的团体都是很小的，或是称之为口述的，因为他们还不会书写。这种模式的宗教信仰特性目前仍然在非洲、澳洲、东南亚、太平洋岛屿、西伯利亚和北美以及南美的原住民之间持续着。其成员在减少中，不过我们辟最后的专章来讨论，部分原因是承认原初宗教的贡献，同时也因为它们可以对我们所讨论过的历史宗教提供对照的角度。在方才提到的一些地区上，人们过去以及现在都生活在小社区中，靠自给自足的经济方式，又不依赖文字，这些人的宗教会是怎样的？既无法充分讨论这个题目，又得跳过洲内与洲际的那些差别，我们只想尝试捕捉一点人类在其最早宗教模式中的宗教性。这不只是学术的作业，因为我们可以确定这种模式的残余，还留在我们潜意识深处的心理痕迹上。而且也有可能我们可以学习它们，因为人类的部落可以保留着一些洞见和品德，而都市化和工业化的文明却任之弃于路边了。

澳洲经验

我们可以先从拒绝19世纪的偏见，认为愈新近的就是更好的开始，那种偏见只能在技术上成立，却不是在宗教上。历史的确显示出，社会愈扩大愈复杂，社会角色也愈见分化。教士与俗人之间划上界线，宗教的和俗世的划分也出现了；在这一方面，较晚期的社会，有点类似在演化晚期中已经生长出四肢和器官的晚期生物物种。在上述两种情况中生命从一开始就在那里。而在宗教情况中，预先假定较后的历史表现比早期的要高贵，却是错误的。如果神不演化，宗教人似乎亦然，至少不是在任何重要的方面有什么演化。伊利亚德（Mircea Eliade）于是相信古代人比其后裔更富精神性，因为他们身穿树叶和皮毛、直接靠土地上长出的果实生存，不为外在的设计所约制。尽管如此，我们发现，在历史的宗教中开花的一切——比如一神主义——在原初宗教中早已显出微弱可辨的模式了。

在原初宗教中对于差异不发一言的性格——这些差异在历史的宗教中爆发成对立性，诸如天堂和地狱，轮回与涅槃——为进入我们的主题提供了一个很适当的入口，澳洲原住民的宗教正好说明了这一点。澳洲是唯一没有经历新石器时代的大陆，在别的地方新石器时代开始于大约公元前一万年，而经历了农业和技术改进的石器发明。这个例外，使澳洲原住民进而成为现存人类中最接近地球原住民的地位，除菲律宾一个极小的部落塔沙迪（Tassaday）是例外，而其真实性还有争议。原住民宗教的世界是单一的世界。我们将会看到其他原初宗教在这方面的类似性，每一个世界都包括了某种差异，不过原住民的“古老”使得他们世界中最尖锐的差异，与在其他原初宇宙论中的差异相比之下似乎是微不足道的。

我们所了解的差异，是指原住民的日常生活与人类学家开始称之为原住民的“神话世界”的差异，这个神话世界如今照原住民自己的话说就是“梦中世界”。后面这个词语有利之处是它表明并没有两个世界，相反地，却是一个可以用不同的方式去经验它的单一的世界。

原住民平常经验的世界是由时间来量度的；季节周期、世代更迭。而同时，这无尽的行列的背景却是稳定的。时间接触不到它，因为它是“每一个时刻”。传说中的人物充满在这背景世界中。他们并不是神，他们更像我们自己，而同时又大于生命。给予他们特殊身份的是，他们创始了或制定了日常生活中所包含的示范行为。他们是塑造以及规范生命基本条件的天才——男人和女人；人、鸟、鱼以及其他——还有其主要活动诸如狩猎、集会、战争、爱。我们往往喜欢说当阿隆达人（Arunta）去打猎时，他们模拟第一个猎人原型的伟绩，但是这把他们与其猎人原型太尖锐的划分开来了。比较好的说法是，他们完全进入原型的模子中，使每一个人都变成了最早的第一个猎人；没有差异存在了。其他的活动也一样，从编织篮子到做爱。只有在他们使行动与某些原型的英雄模式一致时，阿隆达人才感到他们是真正的活着，因为在那些角色中他们是不朽的。而他们从这种模式滑脱的时刻则是十分没有意义的，因为时间立刻就把那段时刻吞没了，并将之化为无。

从这里我们可以看到，原住民宗教活动并非在于崇拜，乃在于认同，是一种“参与”和表演出原型的典范。原住民的整个生命，就其提升于琐事之上，成为真实的这一点来说，即是仪式的。那些神话角色是不可沟通、对话、讨好或哀求的。分隔人类和神话角色的界线，在原则上是辽阔的，但却可以轻易地被抹去，因为仪式生效的那一刹那，每一时刻就成了现在，而分隔的界线就不见了。这里没有教士，没有宗教集会，没有中介的主祭，没有旁观者。

与做梦主题同类的多的是，但是再也没有比澳洲原住民原型的做梦主题，更有清晰外形的了。虽然这种差异很小，但在原初宗教的人口中却是我们唯一要提到的一个。本章余下的篇幅我们将谈原初宗教所共有的特征，这些特征使它们单独成为一个团体，而不同于本书所集中描述的历史的宗教。下一节考虑他们的“口述性”——这个词造出来专指语言只被说出来，从未被书写出来的生命模式——以及他们理解时空的特殊方式。当他们的世界观描述出来之后，其他的共通性也就显现出来了。

口述性、地点和时间

口述性。我们注意到，读写对于原初宗教是不存在的。不错，现在读写已经出现在其中某几个原初宗教；但这对于我们所要探讨的问题并没有多大的改变，因为当读写出现时，领袖们通常把他们部族神圣的知识隐藏起来，以免受到侵犯。他们认为把活的神话和传说变成无生命的书写文件，就是把它封闭起来，并为它响起了死亡的丧钟。重视书写的人们在这里是不容易了解这些领袖们的直觉的，不过如果我们加以尝试，或许也能一窥，何以他们认为书写不仅是独占性口述的竞争者，而且还威胁到口述所赋予的效力。

我们可以先从说话的多面性优于文字来开始。说话是说话者得生命的一部分，且由于如此而分享了那说话者生命的活力。这给予它一种可以按照说者以及听者来剪裁的弹性。熟悉的话题可以通过新鲜的措词而重新赋予生气。节奏可以引进来，配合以抑扬、顿挫、重音，直到说话几近乎吟诵，讲故事演变成了一种高深的艺术。再加上方言和演讲的方式，令所要描述的人物形象生动，等到把动物的姿态和步法加以模拟，声音也复制了出来时，我们就进入剧院了，静默也可以用来增强紧张或悬疑的效果，甚至于可以用来指示描述者中断故事，以便让人去做私人的祈祷。

这一切都是明白不过的，却丝毫还没有论及原初口述性的独特性。因为如果我们不从上面所说的更进一步来看，就等于把门敞开让主张书写的拥护者回应说，“好吧，我们两种方式都采用吧，”这当然就是历史宗教的做法了；它们的经文，与布道、歌唱、游行和道德剧等共享着舞台。我们不能了解到原初口述性的特殊之处，直到我们面对其排他性，它视书写不是说话的辅助而是其敌人。因为书写一旦被引进来，就无法不影响口述性的效力，并在重要的地方削减了这些效力。

完全依赖说话，带给人的主要贡献之一，就是人的记忆力。书写人的记忆力会逐渐变差。“如果我所需要的已经写在某处，我还花力气说它干什么？”这正是书写人对记忆的态度。不难看出如果没有图书馆事情会多么的不同。比方，盲人的记忆是传奇性的；我们还可以加上这样一个来自新海勃来底斯（New Hebrides）的报导：“儿童们的教育是叫他们听和看……没有书写，记忆是完美的，传统是精确的……每一个儿童学到的一千个神话（往往一字不差，一个故事可以持续好几个钟点）就是整个图书馆。”他们怎么想我们呢？“白人影响之后，原住民轻易地学会了书写。他们认为书写是一种奇怪而无用的表演。他们说：‘难道一个人不能记忆和说话吗？’”[224]

为了进一步了解没有书写的生命是怎样的，我们可以尝试想象我们的先人是一群瞎眼的荷马，每晚在工作完成之后聚拢在营火前。他们的祖先在困难中所学的，从治病的草药到感人的传奇，现在都收藏在他们集体的心灵中，而且只收藏在那里。他们难道不会爱护他们的谈话所支撑的遗产？不会尊崇它、不停地背诵它，各人彼此补足纠正吗？

此处对我们重要的是这种进行中的、有力量的研讨会对参与者的冲击。每一个人都向活的知识贮藏库输送知识，同时接受其资讯的回流，而塑造和贮备他们的生命。部落的每一分子都成为部落的活动的图书馆。为了了解口传的确是不逊于阅读的一个学习方式，我们可以听听早期在非洲一位探险家的报导，“我所信赖的朋友和同伴，是一位不会读与写的老人，不过却精通过去的故事。老酋长们听得迷住了。在现行制度（殖民地的）教育下，这一套大部分可能会有消失的严重危机”。[225]另外一位到非洲的旅行者指出“不像英国制度，亦即一个人可以不用接触诗而度过一生，乌拉昂（Uraon）部族制度用诗来作为舞蹈、婚嫁和种植农作物不可缺少的附属物——所有的乌拉昂人都参加这些集会，作为他们部落生活的一部分。如果我们要举出那使得英国乡村文化衰落的一个因素的话，我们应该说是识字”。[226]

假如排他性的口述保护了人类的记忆，它也防卫着另外两种损耗。首先是通过非语言的渠道，去感受到神圣者的能力。由于书写能够明确地抓住意义，神圣典籍就趋于移到显著的地位，就算不是独一无二，也是最优越的天启渠道。这就遮蔽了其他神圣显露的方式。口述的传统就不会掉进这种陷阱中。他们口述的内容，也就是那看不得的神话，使他们的眼睛能自由地去细察其他神圣的预兆，处女般的自然与神圣艺术乃是主要的例子。在中世纪，**“无知的、不识字的人能够阅读雕刻上的意思，而现在只有受过训练的考古学家才能释意”**。[227]

最后，因为书写没有极限，它可以扩散激增到一个地步，人们会在其无止境的通道上迷失了。次等的资料把重要的资料弄模糊了。心灵变得浸在资讯中，更由于专业化而狭窄了。记忆则对抗了这样的残缺。记忆深植于生命之中，生命呼唤它，在每一次变动中都有用，对没有用的和不相干的则很快地将之清除。

我们可以引述人类学家雷丁（Paul Radin）的话来总结排他性口述的天赋。“由于字母的发明，使我们整个心理生活以及整个对外在事物的领悟，都出现了混乱，并且字母的整个倾向是要提升思想与思考以作为一切真实的唯一证据；这些情况，从来都没有在‘部落’民族中出现过。”[228]

地点对比空间：原初宗教第二个特点是它深植于地点中。地点不是空间。空间是抽象的而地点是具体的。一个立方米的空间，无论我在什么地方来计算，它都是相同的，但是没有两个地点是完全一样的，正如福斯特（Stephen Foster）的歌曲，**“没有一个地方像家一样”**所证明的。

许多历史的宗教都隶属于地方；马上令人联想到的就是犹太教和神道教，两者都始于原初宗教。不过，历史的宗教并不是像原初宗教那样的深植于地方上。两个小故事，都是从纽约州北部的六民族的鄂能达加（Onondaga）族那里取得的，可以用来说明这一点。

欧雷·雷昂士（Oren Lyons）是第一个上大学的鄂能达加族人。当他第一次回到保留区度假时，叔父提议他到湖上去钓鱼。到了湖中心时，叔父就开始审问他。"好了，欧雷，"他说，"你上大学了；学会了他们教你的一套，现在你一定是颇聪明的了。让我来问你一个问题。'你是谁?'"被这个问题吓了一跳，欧雷勉强想办法回答。"什么意思，我是谁？怎么，我当然是你的侄子啰。"叔父拒绝了他的回答，一再重复他的问题。侄儿逐次地大胆地说他是欧雷·李昂士，一个鄂能达加族人，一个人，一个男人，一个青年，都没有用。当叔父令他无言以对时，他就要求叔父告诉他他是谁，叔父说："你有没有看到那个悬崖？欧雷，你就是那个悬崖。还有对岸上那棵大松树？欧雷，你就是那松树，还有这支撑我们船的水。欧雷，你就是这水。"[229]

第二个故事也是出自这同一族人。本书作者也参加其中的一个户外仪式，以一个持续了50分钟的祈祷开始了。没有人闭上眼睛，相反地，每一个人似乎都在东张西望。因为祷告用的是当地土话，我什么也听不懂。当我事后问起祷告的内容时，才知道整个的祷告都在举出所见的一切东西，有"生气"和没"生气"的，还包括了该地区看不见的精灵，邀请他们来参与和保佑仪式的进行。

如果以为注意细节（在这第二个故事中）以及祖先传下的天地（在第一个故事中）会令这一有关地点的看法受到了拘限，那可就错了。当澳洲的古尔耐（Kurnai）人走动的时候，地点的具体性跟着他们一起走。他们所碰到的瀑布和大的树木及石头，是不可与其他同类物互换的；每一样东西都引发出他们是其中一部分的传奇事件的记忆。纳瓦何（Navajos）人甚至于不需要离开家就能令他们对地方的感受膨胀起来。把他们的居处按照世界的形状来制造，他们的建筑就把世界引进到家中来了。支撑他们屋顶的柱子，是用支撑整个宇宙的神祇来命名，因之也与宇宙的神祇等同：把支撑他们屋顶的柱子命名为**大地**、**山妇人**、**水妇人和玉蜀黍妇人**。

在《**原始思维**》开头数页中，列维·斯特劳斯（Claude Lēvi－Strauss）引用一位原住民思想家透辟的观察说："**一切神圣的事物必须有它们的地方**。"这个观察主张的是，地点的位置——并不是任何地方，而是在个别的每一场合的严格而正确的地点——这正是神圣的一项特征。"处身于它们的地点，”列维·斯特劳斯继续道，“乃是使‘物体’神圣的原因：因为如果把它们移开到其他地点，就算只是在念头中，宇宙的整个秩序就会被毁灭。”[230]

永恒的时间。比照起西方历史的宗教是救世主式前瞻性的，原初宗教则像在回头过去。这样说并不全错，**从西方的观点来看，时间是直线的，因此找不到其他的方式来说明这件事**。**但是，原初的时间不是直线的，不是一条直线从过去移动，通过现在，进入未来的**。甚至也不是亚洲宗教所认为的时间，像世界转动、四季周而复始那样。**原初的时间是非时间性的；是一种永恒的现在**。说到非时间性的或无时间性的时间，是吊诡的，不过如果我们明白原初时间集中在因果的而不是编年的顺序的话，吊诡就会解消了。对于原初人来说，“过去”的意思，是显著地更接近于事物发生之源。至于说那源头在时间上是否先于现在，乃是次要的。

此处用“源”这个字是指诸神，他们并没有真的创造世界，但却建立了秩序和给予世界可行的结构。当然那些神祇继续存在着，但这并不能把兴趣转移到现在来，因为过去继续被认为是黄金时代。当神的创造没有遭受到时间和管理不善的破坏，世界是如它所应该的那样。情况已经不再是如此了，因为某种衰弱出现了；因此需要采取步骤来恢复世界到其原初的情况。“对于古老文化中的宗教人，”伊利亚德写道，“世界每年都更新了。换句话说，每一个新年都恢复了它原初的神圣，亦即它从创造者手中产生时所拥有的神圣。”[231]神坛树立起以模拟世界原初的形状，诸神在世界被创造出来时所发出的指令，其话语被忠实地重复着。我们可以把这种更新的仪式，比成是把下垂的电缆线撑起来的电线杆。平原印第安人一年一度的太阳舞（Sun Dance）被称为世界和生命更新之舞。个人的工作也需要更新。比方，波里尼西亚的底科比亚岛（Tikopia）有一种修补船的仪式。在这个仪式中一艘船修补了，并不是因为它需要修理，而是仪式地被修补了，“按照一定的规格，”我们可以说，在这件事情上的意思，是神示范了修船的方式。仪式重新灌输了这项重要的岛上活动的意义，同时也重申了可能已经衰退的标准。

如果我们就此打住，对于原初的时间观我们就什么特点也没有说到，因为历史的宗教也有更新的仪式，这些乃是它们保留原初遗产的特征。它们全都有某种倒转冬天黑暗的冬至节，以及助长自然重生的“复活节”。在台湾道教节“醮”通过60年一周期的仪式来施行更新，因为正如自然需要每个春天的更新，更大的宇宙也必须按照人一生的尺度来更新。每一个人都参与在这些仪式中。对于一个周期某一特定阶段的准备，可以花上好几年，而经济上的费用是巨大的。

已经被历史的宗教大体上放弃了的原初时间观，还有一项特点，就是它倾向于按照万物跟其神圣根源的远近，来安排尊卑秩序。因此动物往往因为它们的“先出性”而受到尊敬，在动物之中比较愚蠢的水獭，威尼巴古人（Winnebagos）就指它是最后创造出来的。此一原则也同样应用在人身上；祖先要比后代受到尊敬，后代被认为是某种蹩脚的模仿者。原初人们十分尊敬他们的长者。

东亚人的孝顺和祖先崇拜也是一样的；可以顺便一提的是，道教和其日本表兄弟神道教是历史的宗教，但还与它们的原初根源保持得非常接近。不过再回到原初宗教，说它们把神多少以祖先的方式来想也是不为过的。人们的祖先，被看成是部族具有神性的最早祖先的延伸。这使他们成为当今一代与其最早的至高祖先沟通的桥梁；我们再一次地想到神道教，皇帝是太阳神（天照女神）直接的后代，而日本人民则是她间接的后代。由于祖先比当今这一代更接近神祇们，他们就被认为是继承了较多的神祇们的品德，而使他们成为行为的模范。排除了退化所带来的生命混杂性，祖先被认为享有子孙所缺乏的性格的完整性。这种假定可能不是出于弗洛伊德对父母角色下意识理想化的设定，而是出在更深的直觉领域；从一种本能的本体论认识；较接近源头意即在某种意义上比较好。无论如何，所说有关祖先的一切，在某种程度上适用于当代的长者。甚至于他们老年的孩子气和天真，都有被认为是迈向世界在衰败之前的那种天堂似的恰当状态。**奥格拉拉·西阿族（Oglala Sioux）的萨满巫师黑麋（Black Elk），在他生命的最后岁月中，往往趴在地上与蹒跚**

学步的孩子们玩在一起。“我们有很多共通之处，”他说，“他们刚刚才从那伟大的神秘那里来，而我则快要回到那里去。”

现在让我们转到原初宗教深植于其世界观内的其他特点。在速写那观点时，我们继续粗笔勾勒，只谈那些表现在繁多的具体宇宙论中所保持的相对稳定的特点。

原初世界

从原初人们在他们世界中的深植性来开始是颇有用的。他们一旦离开了部落，就不太能够感受到独立的身份。部族关系之网在心理上支撑着他们，并且赋予他们生命每一方面的活力。与部族的隔离可以令他们死亡，不仅是身体上的同时也是心理上的。其他部族的人，被视为是外来人甚至于被视为是有敌意的，但是对于自己的部族，则几乎是像生理器官与其主人的身体关系一样。

至于说部落呢，它深植在自然中，而又是那么坚牢，两者之间的界线是不容易设定的。的确，在图腾崇拜的例子上就不存在有界线。我们等一下再来继续谈图腾崇拜，这里且先让我们指出我们将采取的路线。深植性的反面就是分割和隔离的世界，我们注意到原初世界中的生命是比较没有分别和隔离的，我们将从这一方面来探讨它的深植性。从图腾崇拜来开始是适当的，因为它表示出原初人们完全不顾动物与人之间的划分。

在图腾崇拜下，一个人类的部落与一种动物类，结合在一种给予他们一个共同生命的社会的和仪式的整体之中。图腾动物把崇拜该图腾的氏族成员彼此结合在一起，而充当他们的配偶、朋友、守护和助手，因为它是他们的“亲骨肉”。他们尊敬它作为回报，除非在极端危难情况下绝不加害于它。图腾动物是氏族的标志，而同时也象征着成员们纪念的先人或英雄。它也象征物种的生命力量，因为它的健康是由该图腾的人类成员通过仪式来负责任的。这一切都是出自人类和自然属于同一秩序的信念。增进图腾物种的仪式，不是源自独立于自然之外并且企图去控制它的态度。相反的，它们乃是人类需要的表达，特别是保持自然正常秩序的需要。当某一特殊物种的增加或当落雨的季节里，仪式乃是与自然合作的方式。不企图产生非凡的效果，或奇迹地去控制自然，原初仪式主要是要保持正规和正常；它们乃是合作的仪式。它们本身有经济的和心理的方面。仪式在清楚表现经济上的事实及需要时，也维系了人们对自然界的信心，它是由精神所构想与决定的，另外，仪式又更新了人们对未来的希望。

图腾崇拜本身在部族人们之间并没有普遍性，不过有关动物和人的区分，他们却全部抱着无动于衷的态度。动物和鸟常常被称为“人们”，在某种情况下，动物和人还可以互换形状而转换成对方。动物和植物之间的区别同样是微弱的，因为植物也像我们这些人一样有灵。下面一个掌故可以说明这一点；这是本书作者一个学生的父亲所叙述的有关该学生经历的事。亚利桑那州立大学艺术系，一度曾决定开授一个编织篮子的课程，就到邻近印第安人保留区去找教员。该部落就提议由编织师父，一位老妇人来担任。整个的课程结果变成是多次远足，去到供应她篮子材料的植物处，讲述有关那植物的神话，并背诵那些辅助性歌唱的祈祷。完全没有编织。

当我们注意到在有“生气”与无“生气”之间的界线都被穿透，前面这一段所述的进展，就到达其逻辑的目标。岩石是活的。在某种情况下它们被相信能说话，有时候——如在澳洲的艾耶斯岩石的例子——它们被认为是神性的。我们可以轻易地明了到这种不连续性的缺失如何产生了深植性。原初人并不是无视于自然的差异性，他们观察的能力是有名的。问题毋宁是他们视差异为桥梁而不是障碍。生殖的周期，伴随着庆祝和支撑它们的仪式，在人类和其环境间建立起创造性的和谐，有神话来确定每一转换中的共生现象。男女平等地对宇宙力作出贡献。一切存在，并没有忽略了天体和风雨的元素，大家都是弟兄和姐妹。**样样东西都是活的，而每一样东西都以各种方式依赖着其他的一切**。当我们继续沉思这种深植性之际，到了一个地步，秩序颠倒了过来，我们开始想着不是原初人深植于自然，而是自然本身在寻求自己，将自己延伸，而深深地进入到原初人之中，渗透他们，为了寻求被他们所探测。

从世界的结构转到人类的活动，我们再度被它们之间比较缺乏间隔化所吸引。比如，“**在美国印第安人的语言中没有‘艺术’这样的字眼，因为对于印第安人而言，每一件事物都是艺术**”。[232] **同样的，一切事物，以其自身的方式，都是宗教的**。这意思是说，要学习原初宗教，我们可以从任何地方开始，绘画、舞蹈、戏剧、诗、歌唱、居处，甚至于用具和其他制作物。或者我们可以研究人民的日常作为，也不为神圣的和世俗的所分隔。比方，**一个猎人的出发并不单单是为了满足他部族人的饥饿。他发动一连串复杂深思的举动，它们全部——无论是预备性的祈祷和洁礼，追逐猎物，或按照圣礼的方式把动物杀了而后请客——都灌注了神圣**。一位调查者与黑麋族（Black Elk）住了两年后报导说，**依黑麋族人的主张，认为打猎“是”**——黑麋族人没有说“代表”，报导者强调——**生命所追求的最终真理**；这项追求需要预备性的祈祷和献祭的洁礼。“辛勤追踪的行踪是所追逐的目标的信号和通知，最后与追踪对象的接触或认同就是真理的实现，是生命的最终目标。”[233]

到目前为止，我们所留意到的是在原初世界中尖锐区分的缺失，其实，另一项缺失更为明显；那就是缺乏一条线把这个世界，从一个监督它和对抗它的另外一个世界分割开来。在历史的宗教中，这种区分脱颖出来，并且发生了很大的作用。[234]

柏拉图代表希腊宗教以哲学的角度发言，提出把身体当作坟墓的说法。希伯来经文把创造出来的世界与一个神圣的、正义的、超越的神来对比。对于印度教来说，世界是幻影，只有极有限的真实性。佛陀把世界比喻为一座着了火的房子，逃离它是绝对必要的。一项伪经文记载耶稣说，“世界是一座桥；走过去，却不要在上面造房子。”《古兰经》把世界比喻成很快就会被收割，或变成稻草的植物。在日本 Taishi 师父称世界是谎言，只有与之相对的佛陀才是真实的。贬低世界的价值，在历史的宗教中是很明显的。

在原初宗教中，如此严格的区分从未出现过；比方，它没有从无中生有的创造观念。我们强调，原初的人是指向一个单一的宇宙的，这个宇宙像一个活的子宫般孕育着他们。因为他们假定其存在是为了养育他们，因此就没有倾向去挑战它、反抗它、重新塑造它或逃离它。世界并不是放逐之地或朝圣之地，虽然也有朝圣这么回事。空间并不是同质的；我们可以说，一个家有许多房间，有的房间在正常情况下是看不到的。但是合起来它们构成一个单一的住所。原初的人们关心的是维持个人的、社会的、宇宙的和谐，以及获取特殊的物品——雨、收获、孩子、健康——正如人们的日常所为。不过那宰制历史宗教的、凌越一切的救赎目的却全然不存在，至于死后的生命，则是朦胧阴暗的半存在着，共处于某个地点不明的单一领域中。

象征性的心灵

到目前为止，我们简单勾勒的原初世界的大纲，所表现出的内部差异是暂时性的，并且，另外并没有一个超越的真实界来使这个世界沦为相对的。不过，如果我们不引进产生世界的神圣根源或者（如其他说法中的）给混沌带来秩序的神圣安排者的话，这一切都将成一串零，而没有一点价值。这些神祇的出现，使人想到在原初传统中的有神论问题，必须小心考虑，因为这是一个颇为微妙的问题。

一般习惯把原初宗教评定为多神教，如果多神教这个字象征着神圣者可以凝结在神圣的地方，并且能下降到特殊的物体上，则这样的说法并不完全是错的。但是这与圣经必须与之竞争的那些明白宣示的、奥林匹克的与地中海地区的多神教，是完全无关的；它也不与许多神是其具体化或表现的单一终极者冲突。出版于 1912 和 1955 年之间的施米特（Wilhelm Schmidt）十二卷《神观念之起源》[235]下结论说，每一为人所知的部族都有其最高的神，通过其代理人来生活和工作。比方，西非洲的约鲁巴（Yoruba）从来不把他们至高存有鄂罗迪玛夫（Olodimave）与次级的神祇奥里沙（orisa）相提并论。不过，就算是施米特夸大了这种情况，也没有什么相干；因为问题并不在于部族人们是否明白地指认出一个协调诸神的最高存有，而在于他们是否感受到这样一个存有，无论他们对他是否命名或加以人格化。有证据显示，他们的确感受到其存在。正如纳瓦何（Navajo）艺术家哥曼（Carl Gorman）所指出："有些纳瓦何宗教的研究者，说我们没有至高的神，因为他没有被命名。事情并非如此，至高存有之所以没有被命名，是因为他是不可知的。他纯然只是'不可知的力量'。我们通过他的创造来崇拜他，因为他是他创造中的一切事物。创造的各种形式都有一部分他的精神在里面。"[236]如果你要的话可以叫这种宗教为泛一神教或多元一神教。事实是虽然原初宗教对认定神圣统一体比较缺少排他性，并且在某种情形下还令之隐蔽不彰，所以它们完全不似早期欧洲人之拟人多神教。它只是神的、圣的、如北美西阿族（Sioux）称之为"威肯"的，无须专门附属于或有意识地附属于可辨认的至高存有。

与至高存有如此的附属，甚至使一些东西可能遗失，那种遗失乃出自不附属于神的事物丧失了它的神圣性。这把我们带到可能是活的原初精神性的最重要的单一特征；就是被称为其象征主义者的心态[237]。象征主义者认为世界中的万物可以直接显现它神圣的根源。不管那根源是否特别指明了，世界万物对神圣根源的灵光是开放的。肉眼看到的湖水是孤立的存在，因为就眼睛所见来说，水是以其自身作为一个真实而存在的。现代思潮由之继续推论说水由氢氧构成，如果欲求精神的解释，它可以把寓言的意义归之于水。不过，正常情况下，现代性并不承认物质的东西与其形而上的、精神的根源有什么本体论上的关联。在这一方面，原初人是比较好的形而上学家，虽然我们已经知道他们的形而上学并没有全部明白说出来，不过，就其说出来的而言，却天生地具有神秘的外貌。当人种学家宣称，对于阿尔刚昆（Algonquins）人来说"在现象世界之外是没有精神的"，这只是说他们没有觉察到对于原初人的心灵而言，外表现象从来都不是完全自己独立存在的。就这一点来说，正如我们的黑麋朋友这样说明：

> 对那些要从外在或通过“受教育”的心灵来看红人传统的人而言，了解“没有任何物体如它所显现的那样，它只不过是真实之苍白的影子”，往往是很困难的。就是因为这个原因，每一个被创造的物体都是威肯也都是圣洁的，按照其所反映的精神真实的崇高性，而拥有一种力量。印第安人在创造的全体之前贬低他自己，是因为一切可见之物都先于他而被创造出来，因为比他年长，就应该受到尊敬。[238]

研究哥伦比亚的高安德斯（Andes）之慕西卡斯（Musicas）族人的一位专家，确定了这一观点：“**所有的原初人都在‘少’中看到‘多’，对他们来说，其意思是视像反映了一种‘包含’物质真实的更高真实；或者可以说，他们为物质真实加上了一个现代人看不见的‘精神向度’**。”[239]

较早时我们提到过的雷丁（Paul Radin），针对那种说原初人全是神秘主义者的“错误印象”，像任何一位人类学者一样地不耐烦。他坚称我们在他们之中所发现的，也如在我们之中发现的一样，是“行动人和思想者，这两种普通却又不同的类型，行动者是一种几乎完全凭着可以称之为动力层次来生活的类型，而思想者却以要求解释，并从玄想性的思考来得到快乐的类型。”然则雷丁又说，他“什么时候都不会否认原初人比起在今天西方欧洲人之间来说，更会经常利用神秘主义和象征主义……只有当我们全面把握了原初人活动中固有的神秘和象征意义，我们才能希望了解他们”。[240]作为他所指的一个例子，我们可以列举部族人指出蜘蛛网的圆圈是黏的，而其“中心的”却不是。这意思是说，**你一生左右游荡就会被困住了，可是如果你向中心移去就不会**。

在这一段落中我不能不提到萨满“巫师”这一独特的人物类型——在部落社会中广泛流传但却并非普及的——他可以越过象征符号而直接见到精神实像。我们可以把萨满想成是精神大师，所谓大师可定义为，其才能无论是在音乐（莫扎特）、戏剧（莎士比亚）、数学或任何其他领域，是特殊到属于完全不同等级的地位。他们早年受到严重的身体上和情绪上的创伤，萨满能自我医疗和重新整合自己的生活，即使不能运用宇宙的力量，也能运用心灵的力量。这些力量可以令他们与各种善的和恶的精灵打交道，从前者吸取力量而在需要的时候来对抗后者。他们忙于从事治疗，似乎具有不可思议的力量来预言未来和认出失去了的东西。

结　论

在原初的和历史的宗教之间，时间似乎是站在后者这一边，因为虽然成百万的人现在会喜欢看到原初的生命方式能够继续下去，事实上却似乎不像是有这样的可能。“文明”在不专横时是诱人的。我们不能把少数现存的原初人隔离，保留他们供人类学者研究，让我们其余的人将之浪漫化，来作为我们失去的乐园的象征。工业时代的人需如何调整自己，来面对在这星球上似乎已经时日不多的原初人，乃是本章最后的论题。

历史宗教大多已经放弃了对他们早期曾一度轻蔑地指为是“异教徒”的传教计划。钟摆反而朝反方向摆动去浪漫化原初人了。由于对科技社会毫不留情的功利主义，以及它似乎无节制的摧毁人类和地球的力量感到惊慌，城市人现在希望或许能有一个基本上不同的生活方式，他们拉上原初人来支持这个希望。作为当权者的后代，面对先人向无权者做种种轻蔑、掠夺和摧毁时，不免产生内疚之心。但是，以当时征服者的理解，以及那些有权者似乎必然会滥用权力的情况而言，事情是否可以不一样，我们永远也不会知道。我们所知道的是，至少我们的功劳是，现在我们承认了，的确是有全球性种族毁灭的事发生。

从正面来看，我们现在承认我们对这些人的评价是错了。原初人并不是原始和不文明的，更不是野蛮的。他们并不落伍；他们只是不同。他们并非是不完整的；他们只是与众不同。把对原初人的轻蔑置诸脑后，取而代之的就是这样的了解。我们再回过头来思考一下当前之所以喜欢把原初人浪漫化的冲动，因为此一冲动的一个面向并没有被广泛地了解。

我们由于工业化生活的繁杂和错误而不再存有幻想，对于它所造成人类和自然之间的断裂以及那断裂所产生的苦果都已了解，于是因为反作用而产生了部落民族是完全自然的形象。我们把他们当作是天地的儿女，是动物和植物的兄弟姐妹，他们按照自然的方式来生活，而没有扰乱他们生态范围的微妙平衡；温和的猎人仍然与我们自己极端需要的魔术和神话保持着接触。看到他们如是，我们假定我们的祖先在这些方面也类似他们，而把他们推崇为我们的英雄。这种思想的倾向是有一种深刻而不自觉的理由的。每一种民族，我们本身亦不例外，都需要善视其起源；它乃是健康的自我形象的一部分。因此，现代人不再自信自己是神创造的，而把一部分神的高贵性转移到他们假定自己所自来的源头之上，即是早期的人类。这就是18世纪所发明的**“高贵野蛮人的神话”**背后的最深的冲动。

我们希望当下能把偏见和理想化都置诸脑后。如果我们接受一位原初发言人的梦想说——“我们终于可以成为兄弟”——的引导，或许我们能以相互的尊重来度过我们有数的星球伙伴的岁月。如果我们能做到这一点，那么我们还有时间来从他们那里学到一些东西。即使此处我们采取存而不论的态度，去肯定柯来尔（John Collier，一度曾经担任印第安事务的美国特派员）有关他负责管理的人所说的话也并不是浪漫的：

> 他们具有现代世界所丧失掉的东西：对人的人格性那种古老的、失去了的崇敬和激情，再配合对土地及其生命之网那种古老的、失去了的崇敬和激情。自石器时代以来，他们就把那激情，照料成一道核心的、神圣的火。重新把它在我们全体之内点燃起来，该是我们长久的希望。[241]

第十章
最后的考察

在此项探究结束之际，我们所要提示的最显然的问题是：从这项探究中我们得到了什么？究竟有没有做出什么贡献呢？

如果我们一路上没有学到一些事实那才怪呢：什么是瑜伽，佛教对生命混乱原因的分析，孔子对君子的理想，阴阳符号的意思，“伊斯兰”的字面意思，出埃及对犹太人的意义，“福音”如何令早期的基督教徒振奋，等等。这些事实是不能小看的；一个储藏丰富的心灵，对那迎面而来的世界增加了兴趣。不过就只有这些吗？

在阅读本书时，新的问题可能会出现，老问题或者又呈现了新的迫切性。现在三个这类问题浮现了出来，我们对它们的思考将作为这项研究的结束。第一，我们要如何以完形（gestalt）或模型来安排我们所研究的各宗教？经过个别地聆听了之后，我们现在如何来看待它们彼此之间的关系呢？第二，它们对广大世界是否集体地有什么话要说？即使它们彼此有差异存在，在任何重要事务上，它们是否能以一致的声音发言呢？第三，处于一个宗教上多元化，乃至到底还是不是宗教的这样一个世界之中，我们应该如何自处呢？

宗教之间的关系

对于如何以模型安排这些宗教的问题，有三个答案自动出现了。第一个立场，主张在世界宗教中，一个宗教优于其他宗教。现在世界的人们，彼此间的了解增加了，这样的回答比过去少了，不过就算如此也不应该就此摒弃不谈。本书第一章中曾经引述汤因比的话说，没有一个活着的人有足够的知识，使他可以有信心说，一个宗教是否优于其他宗教——问题仍然是敞开着的。不错，本书没有找到什么足以特许一个传统高于其他传统，但这可能是因为本书的类别所致：它在原则上避免作比较。即使在宗教的比较研究上，也并没有任何要求说，各宗教要在竞争激烈的赛跑中，一定冲过读者关怀之终点线来决定谁胜过谁。

此一立场是诉诸我们对人类一体性的渴望，可是一经审查，却证明了它是三个立场中最为靠不住的一个。因为一旦超出于含糊的一般性之外——像“每一宗教有某种版本的黄金法则”，或“我们大家都一定相信着某种东西”，如一位国会议员在一次对英国教会的祈祷书问题中，在众议院进行激辩之后鼓起勇气说的那样——这一立场就不能成立，因为各个宗教对于什么是根本的、什么是可以商量的，意见分歧。印度教和佛教在这个问题上分裂，正如犹太教、基督教和伊斯兰教一样。堪培尔（Alexander Campbell）在19世纪基于新教各派共同接受《圣经》是信仰和组织的模范，企图搞大团结。他吃惊地发现，各教派的领袖并没有准备好让步，来承认他所提出的团结原则比他们个别不同的信条更为重要；他的运动结果是增加了另一个教派——“基督的门徒”——列入新教的名册中。世界性规模的Baha'u'llah传道会（又译大同教）也是遭受到同样的命运。Baha'u'llah源自希望团结那些持有共同信仰的主要宗教，结果也变成众多教派中的另一教派。

因为这两个立场的动力是来自希望有一天会有一个单一世界宗教，但是我们最好得再提醒自己注意在宗教方程式中人的因素。有人就是要有他们自己的信徒。他们宁可做自己那一群人的首领，不管人数多么少，也不愿在最大的宗教结社中做副手。这暗示着如果我们发现明天只有一个宗教，很可能再过一天就变成两个了。

第三个观点，把宗教间相关联的方式比喻成染色玻璃窗，其各部分把太阳光分成不同的颜色。这种类比容许宗教之间颇大的差异，而并不宣判它们有各自相对的价值。如果世界上的人，彼此在气质上各有不同，这些不同就很可能影响到精神对他们显现的方式；好比说，可以从不同的角度来看。用启示的语言来说，要**神**的启示就必须以个别听者的方言来表述。《古兰经》在14：4 中所讲的几乎就是这个意思："我派出的使者都是会说他人民语言的人，这样他就可以为他们把（信息）说清楚。"

提过了世界宗教可能成形的三种明显方式之后，我们转过来看他们集体地对广大世界有什么可说的。

智慧传统

在本书首章中引了**艾略特**修辞性的反问：（**出发点**）**前面所译的是**："**在智慧中失去了的知识哪儿去了**？在知识中失去的智慧到哪儿去了？"甚至更早时，在本书的一条引文中，我们看到苏默切尔（E. F. Schumacher）[242]的主张说："**我们需要勇气请教'人类的智慧传统'，并从那里得到益处**。"那个传统正是本书的题材。它们对世界提供了什么智慧呢？

在传统的时代，是假定它们展现了真实之终极本性。16 世纪和 17 世纪时期，科学开始对这项假定产生怀疑；因为经文只不过断言它们的真理，而设定的实验则可以证明科学的假设。不过对于这一点，经过三个世纪的纷扰，我们现在看到这种证明只能对经验世界成立。真实之价值面——其价值、意义和目的——却通过科学的设施溜走了，有如海水通过渔人的网溜走了一样。

那么我们能找谁来商议那有关的最为紧要的事呢？我们知道科学不能帮助我们重新打开大门，因而去再度认真看待智慧传统提出的是什么。

智慧传统所有的内容，并非都是持久性智慧的。现代科学取代了它们的宇宙论，并且它们所反映的昔日的社会习俗——性别关系、阶级结构等等——也必须在时代改变以及为正义继续奋斗之光照下，重新加以评估。但如果我们用一个滤网，把世界各宗教对真实以及应该如何生活的结论过滤出来，那么结论就会开始看起来像是从人类挑选出来的智慧了。

那智慧的细节是些什么呢？**在伦理学的领域里，十诫所说的几乎是跨文化的**。我们应该防止凶杀、盗窃、说谎和通奸。这些乃是低限度的指导方针（讲犹太教那一章时稍稍将之扩大了一点）却并非是无足轻重的，因为我们明白如果它们受到普遍地尊崇，世界将会好得太多了。

从这个伦理的基础上，进到我们应该努力去做什么样的一种人，我们就碰到品德的问题，此智慧的传统，在基本上可辨明为三种：谦逊、仁爱和诚实。**谦逊并不是自贬。它乃是一种与他人在一起的时候，把自我视为一个人却不高于一个人的能力。仁爱则是换一个角度，把邻人同样视为一个人，与自己一样的完全的人。至于说诚实，则不只是最低限度地说真话，而是要达到崇高的客观性，完全如实地看事物之道的能力。把一己的生命顺应事物之道就是真诚地做人**。

亚洲宗教同样赞美这三种品德，而强调要得到它们必须克服一些障碍。佛教辨认出这些障碍是贪、嗔、痴，而称之为“三毒”。一旦它们被除去了，取而代之的就是无我（谦逊）、同情（仁爱）和如实地看待万物（诚实）。虽然品德这个字眼颇有道德的意味，智慧传统强调的是该字眼的字根意义，而倾向于它的力量的意思；哲学的道家始终特别对这原初的意思警觉。当人们偶然说到像“药的效力”一类的话时，我们就能捕捉到“品德”一字中力量成分的回响。

当我们转到视野上面来时，有关智慧传统对事物终极性格的描绘，此处只说三点就足够了。

宗教一开始就向我们保证，如果我们能看到全面的景象，我们就会发现它是比我们一般常态以为的要更为整合。生命没有给我们一个整体的视野。我们所见的是这里一点那里一点，而自利也把我们的看法奇怪地扭曲了。最接近我们的东西其重要性被过分夸大了，而其余的我们则以淡漠的冷静态度视之。**生命有如一张极大的挂毡，我们却从其反面来面对它。这使它的外表看来像是线和结的迷魂阵**，其大部分看起来都是混乱不堪的。

从纯粹属于人的立场来看，**智慧传统乃是人类最持久而认真的企图，要从挂毡的迷魂阵这一边去推测其正面的图案**，来赋予整体以意义。由于图案的美与和谐乃是出之于其各部分的相互关系，而我们只能看到图案的碎片，故图案所赋予那些部分的意义，在一般常态情况下就看不到了。与一张画的各部分所暗示的相类似，我们几乎可以说那归属于整体的正是宗教之所以为宗教的所在，其“合一”的主题交织在它的每一表达中。佛教徒把手掌合并，象征克服二元性，而不二吠檀多派（Advaitic vedantins）则完全否定二元性。

智慧传统对真实所作的第二项主张则是隐含在第一项里面。如果万物都被一个巨大的设计所弥漫着，它们不仅是比它们外表更为整合，也比它们的外表更好。在用艺术（透过挂毡）来象征世界的统一性之后，我们将援用天文物理学来类比这第二点，即真实的价值；如果天文学的结论是它断定宇宙比人类感官所能揭示的为大，智慧传统的结论则是它要比我们的感性所能分辨的为好。是在类似的程度上来说要更好，也就是说我们此处所谓的价值是与光年相当。天与道，梵与涅槃，神与安拉全都富有完美存有之印记。这使得智慧传统所发出的本体上的丰富光辉，是别处找不到的。这种丰富性反映在其对人的自我的评价上，因为世界的统一意味着人的自我属于世界，而世界的价值则意味着人的自我分享着世界崇高的地位。世界宗教所见的人的自我之广大无限是可畏的。真我以及佛性即刻出现在我们脑海中，我们也想起走在人前面的犹太教士的天使喊道：“给神的形象让路。”圣保罗报导说：“得以看见主的荣光，‘就变成主的形状’荣上加荣，如同从主的灵变成的。”（哥林多后书3：18）

在万物一体以及其不可计量的价值之外，乃是智慧宗教传统的第三个报告。真实被无可避免的奥秘所浸润；**我们生来就是置身在奥秘中，**

我们生活在奥秘中，我们死于奥秘中。在此我们必须再一次把我们的世界从时间的贬值中拯救出来，因为“奥秘”已经与侦探小说中谋杀的神秘联系起来，由于后者是可破解的，就根本不是神秘的了。对于人的心灵而言，奥秘是那类没有解答的特别问题；**我们懂得愈多，我们就愈是觉察到有更多我们不了解的因素与之有关**。**对于奥秘，我们所知的，以及我们明白到我们所不知的两者并进，知识的岛屿愈大，惊奇的海岸线就愈长**。**正如量子世界，我们愈是了解到它的形式结构，那个世界也就愈变得陌生**。

万物比它们外表看起来要更为整合、更为美好也更为神秘；这种状况所展现的，正是智慧传统的各项报导所有的最大公约数。当我们再加上它们为伦理行为所建立的基线，以及对人类品德的说明，我们会想，是否有一个更智慧的生命纲领被构思出来了。**在宗教生活的核心，有一种特别的喜悦，这种快乐结局的前景，是从必要的痛苦中开花结果的，带着人类的困难将被衷心接受而克服的允诺**。在我们日常生活中，只有这种喜悦的暗示。当它到来的时候，我们竟不知道到底我们的快乐是世上最难得的还是最普通的东西；因为在一切尘世上的事物中，我们都能找到它，将它给予人，并且接受它，却无法保住它。当我们拥有这些提示时，似乎如此快乐一点也不奇怪，可是回想起来，我们会惊诧伊甸园中这样的黄金有多少本该是我们的。宗教告诉我们，**人类的机会在于把偶尔瞥见的洞见转化为长存的光明**。

不过，世界一般而言，特别是现代世界是不会相信这种对事物的看法的，它没有如此主张的勇气。那么我们要怎么办呢？这就是我们的最后一个问题。对我们来说，宗教究竟是个好字眼或是坏字眼；究竟（如果结果是好字眼）我们要站在某一个宗教那一边呢，或是在某种程度上对一切宗教张开我们的手臂：我们要如何在一个被某些神圣的和某些世俗的意识形态所撕裂的多元世界中自处呢？

我们聆听。

聆　听

如果一个智慧传统要认领我们，我们以聆听它来开始。不是非批判性地，因为新的情况教我们新的责任，而每一有限之物在某些方面总是有瑕疵的。可是我们仍然带着期盼聆听它，知道它拥有的真理在人一生中是无法将之包容尽的。

不过我们也聆听其他人的信仰，包括俗世论者。我们之所以首先要聆听，正如本书一开始就指出的，是因为我们的时代需要如此。**今天的社群不能只是单一的传统；它乃是星球。世界日渐缩小，了解乃是和平唯一能够找到的家**。我们还没有准备好接受科学所导致的消灭距离。今天有谁能站起来准备接受庄严的万民平等呢？有谁能绝对排除把外国的等同于次等的那种下意识倾向呢？我们当中有一些人经历了这最血腥的世纪而活过来了；但是如果它的折磨将是出生的阵痛，而不是死亡的挣扎的话，20 世纪的科学进步必须要在人类的关系上有相当的进步与之匹配。**那些聆听的人是在为和平而努力，一种建筑在了解和相互关怀上的和平，而不是宗教的或政治的霸权上的和平。因为，至少在如人类如此伟大信仰的固有高贵领域中，了解带来尊重；而尊重为“爱”这个更高的力量，作出了准备。“爱”，这唯一能熄灭恐惧、疑心和偏见的力量，它也能提供给这渺小而珍贵的地球上的人们，可以彼此成为“一”的方法。**

那么，“了解”能导致“爱”。反过来亦然，“爱”导致“了解”；两者是交互为用的。因此我们必须聆听去了解，不过我们必须也聆听去把各个智慧传统都嘱咐的同情心付诸实行，因为没有去听对方是不可能彼此爱对方的。**如果我们要对这些宗教真诚，我们就必须深刻而注意地倾听别人，就如同我们希望他们会这样倾听我们一样，默尔顿（Thomas Merton）说明这一点，指出神在三个地方向我们说话：在经文中，在我们最深的自我中，以及在陌生人的声音中。我们必须有接受以及给予的**

雅量，因为再也没有比只说而不听更能把他人非人化的了。

愿耶稣的名受祝福，他说：“你希望别人如何待你，你也要这样待人。”也愿佛陀的名受祝福，他说：“凡人立意要，就可能到达最高境界——不过他必须热切地学习。”如果说我们没有在这些意见上引用其他宗教，那是因为它们都是异口同声在说这些话。

注 释

[1] 标准的一部书是 John B. Noss 的，*Man's Religions*（New York：Macmillan，1984）。

[2] *Katha Upanishad* I. iii. 14。

[3] Arnold Toynbee，*Civilization on Trial*（New york：Oxford University Press，1948），156。

[4] A. N. Whitehead，*Science and the Modern World*（New York：Free Press，1967），181。

[5] Erwin Schrodinger，*Science and Humamism*（Cambridge：Cambridge Universty Press，1952）。

[6] R. C. Lewontin，in *The New York Review of Books*（April 27，1989），18。

[7] 此处的梵文是 artha，字意是“东西、物件、物质”，因此通常翻译成“财富”或“拥有的物”。我翻成“尘世上的成功”，因为印度教经文事实上是处理这个较大的题目而不只是财富。从身份和权力与物质上的拥有物的正常关连而言，这个字眼是恰当的。

[8] Simone Weil，*Waiting for God*，1951. Reprint.（New York：Harper & Row，1973），210。

[9] D. G. Mukerji，*The Face of Silence*，有 Romain Rolland，*The Life of Ra-*

makrishna（Mayavati，Almora，Himalayas：Advaita Ashrama，1954）的意译本，第 80 页。

[10] B. K. s. Iyengar ' s *Light on Yoga*（1965，Reprint.〔New York：Schocken Boods，1979]）对于瑜伽这一面表达了最好的统观。

[11] 由于这一类需要筛选的声言的例证，在 1954 年 9 月 14 日的 The Reporter 中，珍·李昂（Jean Lyon）谈到，亲见一名瑜伽信徒被埋了 8 天之后掘出仍然活着，西方医生计算他的空气供应只够两天用。又在 1982 年 1 月 21 号的 *Nature* 上，哈佛医学院的 Herbert Benson 与他的五位同仁报告对三名西藏瑜伽修炼者做实验，通过心灵的控制可以增加他们手指和脚趾的温度到 14. 9°F 之多。

[12] Heinrich Zimmer，*The Philosophies of India*，1951，Reprint.（Princeton，NJ：Princeton University Press：1969），80 – 81。

[13] 经过轻微的改动，在整本《奥义书》中不断出现的叠句。

[14] Tukaram 写的计歌，引自由 John S. Hoyland 译的 *An Indian Peasant Mystic*，1932. Reprint.（Dublin，IN：Prinit Press，1978）。

[15] Bede Frost，*The Art of Mental Prayer*，1950 Reprint.（London：Curzon Press，1988），29 – 30。

[16] Hubert Benoit，*The Supreme Doctrine*，1955. Reprint.（New York：Pantheon Books，1969），22。

[17] 此处与路德神圣化日常生活以舒缓神职人员和俗世人之间的分别的决心有相似之处。让人回想起他对官吏、农人、工匠以及仆人大声疾呼说，如果他们以正确的精神处进他们位置上的工作，世上再也没有比之更高的了。的确，其中任何一种都可能是“比主教更高的身份”。

[18] *Bhagavad-Gita*，V：10。

[19] Swami Swarupananda，trans，*srimad-Bhagavad-Gita*（Mayavati，Himalayas：Advaita Ashrama，1933），125。

[20] Zimmer，*Philosophies of India*，303 – 304。

[21] 引自 Zimmer，*Philosophies of India*。

[22] *Katha Upanishad* Ⅱ，iii，10。

[23] Paul Deussen，*The Philosophy of the Upanishads*，1908，Reprint.（New York：Dover Publications，1966）。

[24] 经轻微改动，一再在《奥义书》中不断出现的描写。

[25] 有关一个人花了六个月的时间在这种情况下的描述，见 Romain Rolland，*Life of Ramakrishna*，1952，Reprint.（Calcutta，India：Advaita Ashrama，1965）77－78。

[26] Zimmer，*Philosophies of India*，44。

[27] Zimmer，*Philosophies of India*，157－158，这整个有关四个阶段的描述大量采用自 Zimmer 的解释。

[28] 在最近对种姓的讨论中很少承认到这个事实，以至于要通过三项引证来证明。一位古代颇有权威的立法者写道："甚至要向出身低的人学习至高无上的知识和职务，甚至于要向贱民（Chandala）学习；学习通过服务他到达拯救之路。"引自 *The Complete Works of Swami Vivekananda*（Mayabati，India：Advaita Ashrama，1932），vol. 3. 381. Swami Tyagisananda's translation of the seventy-second aphorism of Narada's *Bhakti-Sutras*（Madras，India：Sri Ramakrishna Math，1943）是这样写的，"在〔爱神者〕来说是没有种姓或文化的区分的"。最有力的声明乃是在《摩诃婆罗多》（Mahabharata）中 Sri Karishna 说："神的皈依者就不再是首陀罗〔最低的种姓〕；无论他属于什么种姓，对神没有信仰的就是首陀罗。一个聪明人如果皈依了神，就连一个首陀罗也不应轻蔑；谁要是瞧不起他，就要下地狱。"

[29] 有关这类最有思想的辩护请看《印度对人类福祉贡献了什么?》Ananda Comaraswamy，*The Dance of Shiva*，1957. Reprint.（New York：Dover Publications，1985）。或者有关最好的统观，以及种姓制度的审慎的评估，请看 Louis Dumont，*Homo Hierarchicus*（Chicago：University of Chicago Press，1980）。

[30] 梵文 Kshatriya 原初有武士以及统治者的含义，因为后者是被期望

要保护弱者并征服恶徒。

[31] Coomaraswamy, *Dance of Shiva*, 12。

[32] Coomaraswamy, *Dance of Shiva*, 125。

[33] 请比较 Thomas à Kempis:“在人通过自然理性想象出来的东西，与那受启发了的人通过沉思所见的东西之间，是有无法比较的距离的。”

[34] 西方与这种 via negativa，通过极端的否定而到神之方法有相似的说法，可以在大多数的伟大神秘主义者和神学家作品中找到。诸如 St. Bernard 的 *nescio*, *nescio* 以及 Angela of Foligno 的《不是这个！不是这个！我亵渎了！》当她挣扎着把她那不可挡的神的经验用语言表达出来的时候这样说。“那么我们对神知的真理，” St. Gregory 说，“只有当我们变得合理，明白我们不能知道任何关于他（神）的任何事物始得体认。” Meister Eckhar 坚持“神被爱时必须被当成非神、非精神、非人、非形象，而只是如它这般地被爱，亦即如同一个全然纯粹绝对的一，不为任何二所分割，在它那里我们必须永远从无沉入无”。

[35] 与印度关于这一点的西方类似说法是在 Simone Weil 的 *Waiting for God* (1951, Reprint. [New York: Harper & Row, 1973], 32):“这是一个互相矛盾的案例，两者都是真的。有神。没有神。问题出在哪里？我十分肯定在我确定我的爱并非幻觉的意义下是有神的。我也十分肯定当我说神这个字的时候，决没有任何东西像我所能想象的那样，在这个意义下是没有神的。”

[36] 简缩自 Shankara's Commentary on *The Brahma Sutra*, II. iii. 46。

[37] 集自 *Katha Upanishad*, II. ii. 15 *Mundaka Upanishad*, II. *ii*. 10; *Svetasvatara*, V. vi. 14。

[38] *Brihadaranyaka Upanishad*, III. *vii*. 23。

[39] Christopher Isherwood, “The Wishing Tree” in *Vedanta for the Western World* (Hollywood: Vedanta Press, 1945), 448 –451。

[40] *Mundaka Upanishad*. I. i. 7。

[41] Prema Chaitanya, "What Vedanta Means to Me", in *Vedanta and the West*, 1948, Reprint. (London: Allen & Unwin, 1961), 33。

[42] 本段所述不外 Sri Ramakrishna 的教导，由 Swami Abhedananda 集结在 *The Sayings of Sri Ramakrishna* (New York: The Vedanta Society, 1903)，只有很少的编辑上的改动。

[43] 在耶稣基督的情况下用的字是不同的，不过问题的方向则是一样的。

[44] Cf. Clarence H. Hamilton, *Buddhism: A Religion of Infinite Compassion*, 1952. Reprint. (New York: The Liberal Arts Press, 1954), 14 – 15。

[45] Cf. Hamilton, *Buddhism*. 3 – 4。

[46] 引自 Digha . ikaya in J. B. Bratt, *The Pitgrimage of Buddhism and a Buddhist Pilgrimage* (New York: AMS Press, 1928), 10。

[47] 在 Partt, *The Pilgrimage*, 12 讲到过。

[48] 引自 Pratt, *The Pilgrimage*, 8,

[49] 引自 Pratt, *The Pilgrimage*, 9。

[50] 引自 Pratt, *The Pilgrimage*, 10。

[51] Majjhima LXXⅡ引自 Pratt, *The Pilgrimage*, 13。

[52] William James, *The Varieties of Religious Experience* (New York: Macmilam, 1961)。

[53] 引自 B. L. Suzuki, *Mahayana Buddhism*, 1948. Rev. ed. (London: Allen & Unwin, 1981), 2。

[54] E. A. Burtt, *The Teachings of the Compassionate Buddha* (New York: Mentor Books, 1955), 49—55。

[55] Burtt, *Teachings*, 18。

[56] 比如，请看 Burtt, *Teachings*, 32。

[57] 我把 E. J. Thomas 翻译的 *Early Buddhist Scriptures* (New York: AMS Press, 1935) 64 – 67 是 Majjhima Nikaya, Sutta 63 的讲道作了稍稍的释义。

[58] 引自 F. L. Woodward, *Some Sayings of the Buddha* (London: Gordon Press, 1939), 283。

[59] 引自 Burtt, *Teachings*, 50。

[60] 引自 Christmas Humphreys, *Buddhism* (Harmondsworth, England: Pelican Books, 1951), 120。

[61] 引自 Woodward, *Some Sayings*, 283。

[62] 引自 A. Coomaraswamy, *Hindusim and Buddhism* (New York: The Philosophical Library, 1943), 62。

[63] Woodward, *Some Sayings*, 294。

[64] Burtt, *Teachings*, 49。

[65] Sir Edwin Arnold, *The Light of Asia*, 1879, Reprint. (Los Angeles: Theosophy CO., 1977).

[66] Robert Penn Warren, *Brother to Dragons* (New York: Random House, 1979)。

[67] Sigmund Freud, *General Introduction to Psychoanalysis* (New York: Liverwright, 1935), 344。

[68] Humphreys, *Buddhism*, 91。

[69] 引自 Pratt, *The Pilgrimage*, 40。

[70] *Anguttara Nikaya*, 8: 83。

[71] Lew Ayres, *Altars of the East* (Garden City, NY: Doubleday, 1956), 90–91 稍作了修改。

[72] 恰正是涅槃的这种不可描述的特征，使得日后的佛教徒以 shunyata 或 emptiness 来说到它。它是虚空 (void)，但并非绝对意义的。而毋宁说，它是缺乏限定的、能详细说明的特性，有点像缺乏我们耳朵可以听到的声音那样。

[73] 引自 Burtt, *Teachings*, 115。

[74] *Iti – vuttaka*, 43; *udana viii*, 3; Cf. Pratt, *The Pilgrimage*, 88–89, and Burtt, Teachings, 113。

[75] Edward Conze, *Buddhism: Its Essence and Deuelopment*, 1951, Re-

print.（New York：Harper&Row）。

[76] 比如，把它的关系与 Paul Tillich 的 *The Courage to be's God above God*（上帝以上的上帝，New Haven，CT：The Yale University Press，1952，186－190）来做比较。

[77] *Vairacchedika*，32。

[78] 顺便提一下，这是佛陀对再转世的一种理解方式，不同于当时大多数印度教徒的想法。标准的印度教条把再生归之于业报，是前世的生命中所作行为的结果。因为这些行为是数不清的，数不清的生命就需要来随这些结果。佛陀特别之处是他比较采取一种心理上的看法。他认为再生不是因为业报（karma）而因为欲（tanha）。只要坚持盼望有另外一个自我，那个盼望就会实现。因此欲望是关键。只要一个人全心全意地盼望，是有可能永远地脱离轮回的。

[79] 引自 Pratt，*The Pilgrimage*，86。

[80] 引自 Pratt，*The Pilgrimage*，91。

[81] 西藏的说法认为，佛陀明确地宣扬大乘教义，但是用他"光耀之身"（报身，Sambogakaya）来讲道的，只有最高深的门徒才见得到。

[82] 出自 *Bodhichayavatara of Shantideva*。

[83] 不过大乘尊重智慧，因其导致慈悲。

[84] 如果这样说有点像是把政治和宗教相混淆，我们应该明白，本书的确是集中在形上而学、心理学以及伦理学，而不涉及这一点：就是说，伟大的宗教进入历史中，不是指狭义的宗教意思，而是指文明的意思而言。每种宗教都为其拥护者立下了一整套的生活方式——其生命世界涵盖的不仅是我们目前认为明显的是宗教性的事物，也包括了现代世界经济、政治、伦理、法律、艺术、哲学和教育的生命各领域。

[85] 这一部分，开始于铃木大拙（D. T. Suzuki）博士的作品和其人的影响之下，通过1957年夏天在京都六个星期的禅的训练而进入最后完成阶段——那六个星期包括了每日跟着著名禅师 Goto Roshi 参

禅（有关冥想的咨询）；与 Myoshinji（妙心寺）的和尚们作 Cematsu O. Sesshin（夏末接正）八天的时间对心的审查；翻阅美国第一禅学院（First Zen Institute of America）在京都分会的文献，以及与它当时的主持 Ruth Fuller Sasaki 有过多次的谈话。

[86] 一位西方的教授，想要表示他已经掌握住了禅要超越形式（色）的决心，当他拜访的寺庙主持人对他们路过的佛像虔敬地鞠躬的时候表现出惊讶。“我以为你已经超越了这种事情了，”他说，并加上一句，“我已超越了；我还不如朝这些佛像吐口水呢！”“好呀，”那主持人以他那不十分流畅的美语说，“你吐口水。我鞠躬。”

[87] 因为理性颇严重地干扰着本书作者的禅的训练，他的老师 Goto Roshi 就诊断他是得了“哲学的病”，不过，他即刻就收回了，承认哲学本身并没有什么不好，Goto Roshi 本人就从日本一所较好的大学得到一个哲学硕士学位。“不过，”他继续说，“理性只能在对其有效的经验才行得通。你显然是懂得如何推理。你缺少的是智慧地推理所要的经验。这几个星期要把理性放到一边，而去对经验下工夫。”

[88] 两者是 Soto，源自 Dogen（道元）由中国把禅的曹洞宗引入日本，以及 Eisai（荣西）介绍到日本的 Rinzaai，（临济宗的日本版本。）前者认为悟道乃是一个渐进的过程，而后者则主张顿悟。

[89] 有人告诉我解决一条公案（看正文下面那句话）所需时间的最短纪录是一晚，最长的时间是十二年。

[90] Dylan Thomas，“Light Breaks Where No Sun Shines.”（没有太阳照的地方光亮就停止了。）公案其实是有不同类型的，配合着学生进度的阶段。由于心灵必须按照所分配的公案种类不同而工作着，一个对整套公案学习的现象学的描述会颇复杂的。我在此处所说的只可应用在早期的公案上。Miura Roshi and Ruth Fuller Sasaki 的 *Zen Dust*（New York：Harcourt，Brace & world，1967）表达了一个公案训练的完整说明。

[91] 引自 *Cat's Yawn*（New York：The First Zen institute of Amreica，

1947），32。

［92］引自 *Zen Notes*（New York：The First Zen institute of America，〔vol. 1，no. 5〕），1。

［93］一位伟大的师父，Dai Osho（大和尚）报告说："我经验过 18 次大悟，至于小悟我经验过的次数就记不清了。"

［94］Sasaki，*Zen Dust*。

［95］引自 *The Sayings of the Lay Disciple HO*，没有英文的版本。

［96］摘要自 D. T. Suzuki 的英译，见 *Edward Conze，ed. Buddhist Scriptures*（Baltimore：Penguin Books，1973），1171－1175。（译者按，原文见《五灯会元》卷一，"至道无难，唯嫌拣择。但莫憎爱，洞然明白。毫厘有差，天地悬隔。欲得现前，莫存顺逆。违顺相争，是为心病……圆同太虚，无欠无馀。良由取舍，所以不如……一即一切，一切即一。但能如是，何虑不毕……言语道断，非去来今。"）

［97］引自 *Zen－A Religion*，Ruth Fuller Sasaki 的一篇未出版的论文。

［98］西藏人用来翻译梵文字 Vajra 的字是 dorje，它的字意是主要的石头（dorj，石头；je，主要的）。

［99］有关这一点的讨论，请看 Jeffrey Hopkins，*The Tunlric Distinction：An lntroduction to Tibetan Buddhism*（LondonL：Wisdom Books，1984），148－149。

［100］我是在描述 Gyume 与 Gyutö，现在流亡在印度的西藏两个最高密宗学院的仪式。有关它们特殊的吟诵细节，请看 Huston Smith，"Can One Voice Sing a Chord?" *The Boston Globe*（January 26，1969）；WIth Kenneth Stevens，"Uniquc Vocal Ability of Certain Tibetan Lamas" *American Anthropologist* 69（April 1967）：2；and with K. Stevens and R. Tomlinson，"On an Unusual Mode of Chanting by Certain Tibetan Lamas，" *Journal of the Accoustical Society of America* 41（May 1967）：5.

［101］*Majjhima-Nikaya*，3. 2. 22. 135。

[102] Cf. Edward conze, *Buddhism: Its Essence and Development*, *n. d. Reprint.* (New York: Harper & Row, 1959), 136。

[103] 这几行字出自白隐 *Hakuin's "Song in Praise of Zazen"*，并非直接来自《般若波罗蜜多心经》(*Prajnaparamita Sutras*)，却清楚地重复着它的旨意。

[104] Ramprasd 引自 H. Zimmer, *The Philosophies of lndia*, 1951. Reprint. (Princeton, NJ: princeton University Press, 1969), 602。

[105] *The Analects of Confucius* (《论语》), Ⅶ: 1。

[106]《中庸》，第十三章。另一在精神上与此类似的说法可见《论语》，XⅠV: 28。

[107] *The Analects of Confucius*, Ⅶ: 33。

[108] 各处均见《论语》。

[109] 由 Ruth Benedict 报道。

[110] Arthur Waley, *The Way and Its Power*, 1934. Reprint. (London: Allen & Unwin, 1958), 32。

[111] 我表述的现实主义者的立场，主要是通过正统儒家历史学的眼光得来的。学者会奇怪有时候对他们的描写几近于讽刺书，不过对他们的表述的一般指向仍然是不可争论的。

[112] 引述在 Arthur Waley, *Three Ways of Thought in Ancient China*, 1939. Reprint. (London: Allen & Unwin, 1963), 199。

[113]《韩非子》，引述在 Waley, *The Way*, 74。

[114] Waley, *The Way*, 162.

[115] 虽然 love 的字义就是“爱”，A. C. Graham 用“相互关怀”或“对每个人的关怀”，来翻译这个片语，争论说这样比较适合墨家实用和功利的主张。

[116] 译注/原文：今若国之与国之相攻，家之与家之相篡，人之与人之相贼……此则天下之害也。然则崇此害亦何用生哉？……以不相爱生。今诸侯知爱其国，不爱人之国，是以不惮举其国以攻人之国。今家主独知爱其家，而不爱人之家，是以不惮举其家以篡人

之家。今人独知爱其身，不爱人之身，是以不惮举其身以贼人之身……凡天下祸篡怨恨其所以起者，以不相爱生也……何以易之？……以兼相爱交相利之法易之。然则兼相爱交相利之法将奈何哉？……视人之国，若视其国；视人之家，若视其家；视人之身，若视其身……天下之人皆相爱，强不执弱，众不劫寡，富不侮贫，贵不傲贱，诈不欺愚。凡天下祸篡怨恨可使毋起者，以仁者誉之。（见《兼爱》篇）

[117] Yi – Pao Mei，（梅贻宝），*Motse*，*the Neglected Rival of Confucius*，1929. Reprint.（Westport，CT：Hyperion Press，1973），89，145。

[118] Yi – Pao Mei，*Motse*，83。

[119] 我是纲要性的，而不是按年代来处理这些答案的。孔子拒绝的答案，在他死后才被系统化地提倡。它仍然要留待孔子的追随者根据孔子的指导原则明显地加以驳斥。

[120] A. C. Graham，*Disputers of the Tao*（La Salle，IL：Open Court，1989），43。

[121] Walter Lippmann，*The Public Philospophy*（Boston：Little，Brown & Co.，1955）。

[122] Waley，*The Way*，161。

[123] Chiang Molin（蒋梦麟），*Tides from the West*《西潮》（New Haven，CT：Yale University Press，1947），9，19。

[124] Confucius，由 Arthur Waley 引的 *The Analects of Confucius*，1938. Reprint.（London：Allen & Unwin，1956），28。

[125] *The Analects of Confucius*，XⅠ：2. XⅤ：24。

[126] 我把孔子的"父子"、"兄弟"这种字眼扩大了，来适合现代的敏感性。我不以为这样做破坏了孔子的真实意向。

[127] *The Analects of Confucius*，XⅦ：9。

[128] *The Analects of Confucius*，Ⅱ：17。

[129] *The Analects of Confucius*，Ⅺ：11。

[130] *The Analects of Confucius*，Ⅸ：5。

[131] *The Analects of Confucius*, Ⅲ: 13。

[132] Tu Wei-Ming（杜维明）, *The World and I*（August, 1989）, 484。

[133] 同上, 485。

[134] Cnarles Galton Darwin, *The Next Million Years*（Garden City, NY: Doubleday, 1953）。

[135] Ding Chen, "*The Economic Development of China*," *Scientific American*（September 1980）, 152。

[136] *F. C. S. Northrop*, *The Taming of the Nations*（New York: Macmillan, 1953）, 117。

[137] Maxine Hong Kingston, *The Woman Warrior*（New York: Random House, 1989）, 12。

[138] 引述在 Rene Grousset, *The Rise and Splendour of the Chinese Empire*, 1953. Reprint.（Berkeley: University of California Press, 1965）, 207 中一位有知识的收藏家的意见。

[139] 报纸专栏作家 Georgie Anne Geyer, from Tokyo, August 13, 1983。

[140] *East West Journal*（December 1979）。

[141] *Tao Te Ching*, *chapter* 56（《道德经》, 第五十六章）。

[142] "任何古代中国医生所用的药单，许多如果不是实验证明其有效性也都有丰富的历史，这一点使得整个西方医学世界受到疏忽和傲慢的指摘。" Richard Selzer, *Mortal Lessons*: *Notes on the Art of Surgery*（New York: Simon & Schuster, 1987）, 116。

[143] 道家的长生不老既有粗糙也有精细的解读。塞索（Michael Saso）写道："一个道家从定义上就是一个在现世上寻求永生的人。"不过他更进一步指出，对许多人来说，这种永生"并非是一种人不死的长寿，而是一种他不会在死后降落到燃烧的阴间世界受罚的状态"。*Taoism and the Rite of Cosmic Renewal*（Pullman: Washington State University Press, 1989）, 3。

[144] 其实精液进入膀胱，然后与尿一齐排出。

[145] 瓦利（Arthur Waley）引述的，*The Way and Its Power*, 1934, Re-

print.（London：Allen & Unwin，1958），48 –49。

［146］*Tao Te Ching*，chapter 2 and 7，Arthur Waley's translation。

［147］Daniel Overmyer，*Religions of China*（New York：Harper & Row，1986），39。

［148］除非有特别的说明，本节以及次节的引言皆出自 Tao Te Ching。第 8、15、34 及 78 诸章，皆引自 Stephen Mitchell 在他的 Tao Te Ching（New York：Harper & Row 1988）的英译本；引自 9、12、17、23、27、29 及 30 诸章的乃是出自 Witter Bynner 的 *The Way of Life According to Laotzu*，1944. Reprint.（New York：Putnam，1986）。

［149］改写自 Thomas Merton 的英文翻译 *The Way of Chuang Tzu*（New York：New Directions，1965），45 –47。

［150］Burton Watson（tr.），*Chuang Tzu*：*The Basic Writings*（New York：Golumbia University Press，1964），109 –110。（译注：见《庄子·秋水篇》）。

［151］Fung Yu –lan's translation of the *Tao Te Ching*，chapter 80，in his *A Short History of Chinese Philosophy*（Pringceton，NJ：Princeton University Press，1953），20。

［152］Quoted in K. L. Reichelt's translation of the twenty – fifth chapter of the *Tao Te Ching in his Meditation and Piety in the Far East*（New York：Harper and Brothers，1954），102。

［153］Bynner，*The Way of Life*，12 –13。

［154］Adapted from K. L. Reichelt's translation of The twenty – fifth chapter of the *Tao Te Ching in his Meditation and Piety*，41。

［155］Meg Greenfield，*Newsweek*（March 26，1979）：116。

［156］*Norman Daniel*，*Istam and the West*：*The Making of an Image*，1960，Rev. ed.（Edinburgh：Edinburgh University Press，1966）详细阐述了支配西方超过一千年对伊斯兰教的歪曲图像。

［157］Philip Hitti，*History of the Arabs*，1937. Rev. ed.（New York：

St. Martin's Press，1970），3－4。

[158] *Thomas Carlyle's description in "The Hero as Prophet," in Heroes and Hero－Worship*，1840. Reprint.（New York：Oxford University Press，1974）。

[159] 阿拉伯语没有中性。由于其名词都不变地是阳性或阴性，其代名词亦然。因此，为了忠于《古兰经》的文法，当指涉到拥有阳性专有名的安拉时，我将采用阳性的代名词。

[160] 见 Charles Le Gai Eaton，*Ilam and the Destiny of Man*（Albany：State University of New York Press，1985），103。

[161] iqra'这个字的字意是"吟诵"，但此处，穆罕默德被交予一项任务，我就追随 Victor Danner 采用"preach（讲道）"一词（*The Islamic Tradition*〔Amity，NY：Amity House，1988〕，35），不过把那个字改成了"proclaim（宣告）"。

[162] 依照 Ameer ali 在 *The Spirit of Islam*，1902 Rev. ed.（London：Christophers，1923），18 中所译出的。

[163] Ali，*Spirit of Islam*，32。

[164] Sir William Muir，引述在 *Ali*，*Spirit of Islam*，32。

[165] 引述在 Ali，*Spirit of Islam*，52 中，没有说明出处。

[166] Ali，*Spirit of Islam*，52。

[167] Philip Hitti，*The Arabs*：*A Short History*. 1949. Rev. ed.（New York：St. Martin's Press，1968），32。

[168] Michael H. Hart，*The* 100：*A Ranring of the Most Influential Persons in History*（New York：Citadel Press1989），40.

[169] Edward Gibbon，*The Decline and Fall of the Roman Empire*，1845. Reprint.（New York：Modern Library，1977），vol. 2，162。

[170] 伊斯兰语言在当今是一件非常富争议性的事性。一方面正统的穆斯林同意，《古兰经》的祈祷文等等在仪式上必须使用阿拉伯语，却有许多人，包括部分的 ulama（宗教学者），相信那些不懂得阿拉伯语的人在另外的情况下应该阅读翻译了的《古兰经》。

[171] Kenneth Cragg, trans; *Readings in the Qur'an* (London: Collins, 1988), 18。

[172] Frithjof Schuon, *Understanding Islam* (New York: Penguin Books, 1972), 44-45。

[173] "她（玛利亚）说：我主！没有人碰过我，我怎么可能会有孩子呢？他（天使）说：就是如此。安拉按照它意志来创造。倘若它要命令一件事，它只需说：有了（Be）！于是就有了。"（3：47）

[174] Tabari讲了这个故事的传统，上帝只消动它的小手指头就把山铲平了。

[175] Ali, *Spirit of Islam*, 150。

[176] William James, *The Varieties of Religious Experience* (New York: Macmillan, 1961), 57。

[177] Sir Muhammad Iqbal, *The Secrets of the Self*, 1920. Reprint. (Lahore: Muhammad Ashraf, 1979), xxi。

[178] 引述在Ali, *Spirit of Islam*, 199。

[179] Ali, *Spirit of Islam*, 170。

[180] Gai Eaton, *Islam and the Destiny of Man*, 55。

[181] 先知的一项经文说法（hadith）在*Mishrat al-Masabih*, James Robson, trans. (Lahore: Sh. Muhammad Ashraf, 1965), 1264-1267中有报导。

[182] Bernard Lewis, *The Atlantic Monthly* (September 1990): 59。

[183] Ali, *Spirit of Islam*, 173。

[184] 在写本书时，巴基斯坦的首相以及孟加拉的反对党领袖都是女性。伊斯兰教妇女自始就能以她们自己的名字拥有财产，而美国的已婚妇女要到20世纪才赢得这项权利。

[185] 在蓄奴之外，我们必须补充一个题目，由于其地区性及历史的形式的不同，要在这里讨论就太复要了。见Bernard Lewis, *Race and Slauery in the Middle East* (New York: Oxford University Press, 1990)。

[186] Victor Danner, *The Islamic Tradition* (Amity, NY: Amity House, 1988), 131。

[187] Kenneth Cragg, *The House of Islam* (Belmont, CA: Wadsworth, 1975), 122。

[188] 见 Malcolm X, *The Autobiography of Malcolm X* (New York: Grove Press, 1964), 338–347。

[189] Daniel, *Islam and the West*, 274。

[190] 被 Ali, *Spirit of Islam*, 212 引述。

[191] Norman Daniel 之 *Islam and the West* 在这一点上支持他们。

[192] Hadith qudsi，先知的一项未收入《古兰经》的经典的说法，在其中安拉以第一人称来说话。

[193] Cyprian Rice, *The Persian Sufis* (Londom Alten & Unwin, 1964), 57。

[194] 心智和视象的知识之间的关系在伟大伊斯兰教哲学家 Ibn Sina (Avicenna) 和名叫 Abu Sa'id 的同时代狂喜派的对谈中引发了出来。Ibn Sina 说 Abu Sa'id，"我知道的，他看见了"。Abu Sa'id 回应了他的称赞："我看见的，"他说，"他知道了。"

[195] 他确切的话语是："我就是真理（Truth）。"不过此处所用的真理乃是安拉99个美丽的名字之一。

[196] Idries Shah, *Tales of the Deruishes* (New York: E. P. Dutton, 1970), 23–24。

[197] *The New Yorker* (December 4, 1954): 204–205。

[198] Henri Frankfort, *The Intellectual Adventure of Ancient Man* (Chicago: University of Chicago Press, 1946), 363。

[199] Bernard Anderson, *Rediscovering the Bible* (New York: Haddam House, 1957), 26–28。

[200] W. F. Albright, in *Approaches to World Peace* (New York: Harper Bros. 1943), 9。

[201] See 1 *Kings* 18: 46 and 2 *Kings* 2: 16。

[202] Quoted by Aba Hillel Silver, *Where Judaism Differed*, 1956, Reprint. (Northvale, NJ: Jason Aronson, 1987), 109。

[203] 我在这里所想到的文明（civilization）是拥有大城市和累积的书写记录。在这样的定义下世界其他地区拥有丰富的文化（Cultures）——在第九章中将考虑到——严格地说都不是文明。我的定义是描述性的，不是规范性的。

[204] Joseph Klausner, *The Messiauic ldea in Israel* (New York: Macmillan, 1955), 9。

[205] Abraham Heschel。

[206] G. Ernest Wright, *The Old Testamet Against Its Environment*, (Chicago: Alex R. Allenson, 1950), 60。

[207] 希伯来语方面，除了正式的祈祷要用希伯来语的事实外，我的说法把事情过分简单化了，因为还有其他的犹太语。两种犹太圣法经传是用阿拉姆语（Aramaic）写的，有一大堆的语言出现（Yiddish, Ladino, Judeo - Arabic, Judeo Per - sian 等等）在犹太人居住的地方，他们采用当地的语言书写，但使用的是希伯来字母。在许多情形下发展成了丰富的文化和文学，其中特别的语言是主要的因素。

[208] 数字来自 1989 *Encyclopedia Britannica Book of the year*。

[209] Marcus Borg, *Jesus: A New Vision* (San Francisco: Harper & Row, 1988), 15。

[210] See the chapters on "Excluded Knowledge" and "Beyond the Modern Western Mindset," in Huston Smith, *Beyond the Post - Modern Mind* (Wheaton, IL: Quest Books, 1989)。

[211] B. Alan Wallace, *Choosing Reality* (Boston: Shambhala, 1989), ll. See also Smith, *Beyond the Post - Modcrn Mind*, 60, and his summary of David Bohm on this point, 76。

[212] Borg, *Jesus*, 61。

[213] Elisabeth Schüssler Fiorenza, *In Memory of Her: A Feminist Theologi-*

cal Reconstruction of Christian Origins (New York: Crossroad, 1983); esp. 68 -159。

[214] E. Schillebeeckx, *Jesus* (New York: Crossroad, 1981), 201。

[215] Robert Penn Warren, *Brother to Dragons*, 1953. Rev. ed., (New York: Random House, 1979)。

[216] 实际上说，这个区别是成立的。但是神学上来说，奥秘之身〔指教会〕的神与人的面向被认为是不可分割地结合在一起，与基督本身的双重性类似。

[217] 从1962—1965期间的会议，第二次梵蒂冈泛基督教会议（Vatican Council）重新确定了这个立场。“那些……通过良心的指令，努力用他们的善行去行他们所知的〔神的〕意志，也能达到得救的目的。”（*Lumen Gentium*, The Church, paragraph 16）。

[218] I. M. Lewis, *Ecstatic Religion*, 1971. Reprint. (New York: Penguin, 1978), ll。

[219] Thomas Corbishley. *Roman Catholicism* (London: Hutchinson House, 1950), 40。

[220] Erancis de Sales, *Introduction to the Devout Life* (New York: Harper & Row, 1966), 40 -41。

[221] 罗马教会同意这一点，当然作为罗马主教的教皇包括在这样的基督教会议中。它也主张在没有正式的定义时，主教们是不谬的，然而他们一致的教训说某一特定的教义是神圣地启示出来的，要一切信仰坚定的人去相信。差别是在罗马教会在讲说其教义时，清楚地划分开教士和俗人（正如已经说明了的），以及东正教没有单一个人的最终的权威性的声音。

[222] 思考东正教这两项重点，其神秘主义和对生命相互相关性的敏感性，非常突出地出现在俄国小说中，特别是陀斯妥耶夫斯基和托尔斯泰的，是很有趣的事。

[223] 詹姆士对这一点态度是明显的：“信仰没有善行就死了。”（James 2：17，20，26）。

[224] Tom Harrisson, *Savage Civilization* (New York: Alfred Knopf, 1937), 45, 344, 353。

[225] R. St. Barbe Baker, *African Drums*, 145, as quoted in Ananda K. Coomaraswamy, *The Bugbear of Literacy* (Pates Manor, Bedfont, England: Perennial Books, 1949 – 79), 38。

[226] W. G. Archer, *Journal of the Bihar and Orissa Research Society*, 29 – 68。

[227] Edward Prior and Arthur Gardner, *An Account of Medieval Figure – Sculpture in England* (Cambridge: Cambridge University Press, 1912), 25。

[228] Paul Radin, *Primitve Man as Philosopher* (New York: Dover Publications, 1927/1957), 61。

[229] Related to the author by Chief Oren Lyons。

[230] Claude Levi – Strauss, *The Savage Mind* (Chicago: The University of Chicago Press, 1966), 10。

[231] Mircea Eliade, *The Sacred and the Profane*, 1957, Reprint. (New York: Harcourt Brace Jovanovich, 1959), 75。

[232] Jamake Highwater, *The Primal Mind* (New York: Hork: Harper & Row, 1981), 13。

[233] Reported by Joseph Epes Brown, *The Spiritual Legacy of the American lndian*, 1987, Reprint. (New York: Crossroad, 1989), 73 – 74。

[234] This paragraph and the next owe much to Robert Bellah's article on "Religious Evolution" in his collection of essays titled *Beyond Belief*, 1970. Reprint. (Los Angeles and Berkeley: University of California Press, 1991)。

[235] Abridged in English as Wilhelm Schmidt, *The Origin and Growth of Religion: Facts and Theories, translated by H. J. Rose* (London: Methuen & Co., 1931)。

[236] Quoted in Joseph Epes Brown, "Modes of Contemplation Through Ac-

tion: North American Indians", in *Main Currents in Modern Thought* 30, no. 2 (November/December, 1973), 58 – 59。

[237] As in Frithjof Schuon's chapter on "The Symbolist Mind" in his book *The Feathered Sun* (Bloomington, I.: World Wisdom Books, 1990)。

[238] From a letter written by Joseph Epes Brown, quoted in Schuon, *The Feathered Sun*, 47。

[239] Francois Petitpierre, "*The Symbolic Landscape of the Musicas*," *Studies in Comparative Religion* (Winter 1975), 48。

[240] Radin, *Primitive Man*, 230, 212, 208。

[241] John Collier, *Indians of the Americas* (New York: New Amenican Library, 1947), Slightly rearranged from pages 1 and 7。

[242] 传统上，哲学和宗教是携手合作的；不过现代性把两者划分开来了，我们应该留意到苏默切尔（Schumacher）在智慧传统中，把一直到笛卡儿的哲学包括在里面。请看他的 *A Guide for the Perplexed* (New York: Harper & Row, 1976)，以及我的 "Western Philosophy as a Great Religion" in Alan Olson and Leroy Rouner, *Transcendence and the Sacred* (University of Notre Dame Press, 1981)。